KB167873

세계는 점점 더 평등하고, 부유해지고 있을까? 이에 대해 앵거스 디턴보다 더 정확한 답을 내놓을 수 있는 사람은 많지 않을 것이다. 그는 역사 전반을 통해 그리고 범국가적으로 삶의 질의 변화를 계측하는 놀라운 통찰력을 보여주고 있다. _〈이코노미스트〉

우리가 어떻게 예전보다 건강해졌고, 예전보다 더 잘살 수 있게 됐는지 궁금하다면, 반드시 이 책을 읽어야 한다. _빌 게이츠

개발경제학계의 석학인 저자는 경제 번영이 인류를 빈곤과 질병으로부터 어떻게 '대탈출'시켰는지 정교한 데이터 분석과 논리로 흥미롭게 풀어낸다. 저개발국에 대한 선진국의 일방적인 경제적 도움은 경제성장 과정에서 발생한 불평등 해소에 크게 기여하지 못하며, 빈곤국의 역량개발을 통해 스스로 '탈출'하도록 돕는 것이 진정한 '원조'라는 견해에서 저자의 전문가적 혜안을 엿볼 수 있다. _이덕훈, 한국수출입은행 은행장

《위대한 탈출》은 개별 국가 내의 불평등에도 주목하는 최근의 흐름 앞에서, 자본주의가 지난 수십 년간 수많은 나라를 절대 빈곤에서 탈출시켜 지구적 관점에서 불평등을 완화시켜 왔다는 점을 새삼 깨닫게 한다. _유지수, 국민대학교 총장

소득 불균형 문제를 격차로 보면 재분배가 해답이지만, 불균형을 발전의 과정으로 보면 빈곤의 해소가 해답이다. 피케티의 처방이 사회주의적 접근이라면, 앵거스 디턴의 처방은 정통 주류경제학이 제시하는 빈곤 해소의 대안이다. _김종석, 홍익대학교 경영대학장

수 세기 동안 지구촌은 불평등, 빈곤, 보건, 교육 등 모든 부문에서 의미 있는 진보를 이루었음을 명쾌히 보여주는 책. 특히 각종 차별 완화와 보편적 교육 기회의 확대야말로 가장 괄목할 만한 성취임을

강조하고 있다. 지구 온난화, 성장 둔화, 불평등 확대 등이 새로운 글로벌 이슈로 제기되지만 지금까지의 역사적 경험은 인류가 이를 지혜롭게 대처할 수 있음을 잘 보여준다. _박종구, 한국폴리텍대학 이사장

인류는 어떻게 건강하고 부유해졌으며, 왜 어떤 사람은 다른 사람보다 훨씬 더 건강하고 부유한가. 앵거스 디턴은 거의 모든 사람이 가난하고 질병에 시달렸던 시절부터 대부분의 사람이 이런 불행에서 벗어난 시대에 이르기까지 놀라운 여정으로 우리를 안내한다. 그리고 여전히 극심한 빈곤에 허덕이고 있는 수십억 인구가 이러한 대탈주 행렬에 동참할 수 있는 방법을 제시한다. _이언 모리스, 《왜 서양이 지배하는가》 저자

우리가 예전보다 더 오래 살고 더 건강하며 더 부유한 이유를 앵거스 디턴만큼 잘 설명해주는 사람도 없다. 그가 하는 이야기는 멈출 수 없는 진보의 흐름 그 이상이다. 세상의 부와 건강에 관심 있는 사람이라면 반드시 읽어야 할 책이다. _대런 애스모글루, 《국가는 왜 실패하는가》 저자

단번에 주의를 사로잡고 연민을 품게 하는 이 글은 뛰어난 석학이 들려주는 희망적인 이야기이다. _폴 콜리어, 《빈곤의 경제학》 저자

높은 소득과 긴 수명을 누리는 인구 비율이 높아지는 상황을 둘러싼 문제는 무엇인가. 이 책에서는 불과 한두 세대 전만 하더라도 환상으로 여겨졌을 법한 조건에서 이루어진 진보를 평가한다. 우아하고 이해하기 쉬운 문체로 쓰인 디턴의 주장은 힘이 있으며 전통적인 견해에 문제를 제기한다. _브랑코 밀라노비치, 《가진 자, 가지지 못한 자》 저자

권위 있고 탁월하다. _윌리엄 이스터리, 《세계의 절반 구하기》 저자

THE
GREAT
ESCAPE

건강, 부 그리고 불평등의 기원

위대한 탈출

건강, 부 그리고 불평등의 기원

위대한 탈출

THE GREAT ESCAPE

앵거스 디턴 지음 | 김민주 감수 | 이현정 · 최윤희 옮김

한국경제신문

위대한 탈출

차례

영화 〈대탈주The Great Escape〉는 제2차 세계대전 당시 수용소에 갇힌 포로들이 탈출하는 내용을 다룬다. 이 책《위대한 탈출The Great Escape》은 우리 인류가 어떻게 아이들이 죽고 가난에 시달리는 환경에서 빠져나와 자신의 삶을 개선하고 다른 사람들을 자신이 걸은 길로 이끌었는지 이야기한다.

그런 사람 중 한 명이 바로 내 아버지 레슬리 해럴드 디턴Leslie Harold Deaton이다. 아버지는 1918년 서크로프트라는, 사우스요크셔 탄광 지대에 있는 열악한 탄광촌에서 태어났다. 아버지의 조부모인 앨리스와 토머스는 새로 생긴 탄광촌에서 더 나은 삶을 살겠다는 희망을 품고 농사일을 그만두었다. 두 분의 장남이자 내 할아버지인 해럴드는 제1차 세계대전에 참전했다가 "탄광"으로 되돌아와 마침내 관리 감독이 됐다. 제1차 세계대전이 끝나고 제2차 세계대전이 시작되기 이전 시절에는 고등학교에 진학하는 아이들이 얼마 되지 않았던 까닭에 아버지가 서크로프트에서 교육을 받기란 매우 어려웠다. 탄광에서 잡다한 일을 하게 된 아버지는 다른 아이들과 마찬가지로 언젠가 막장에서 일하겠노라고 마음먹었다. 그러나 그 꿈은 결국 실현되지 못했다. 1939년

육군에 징집된 아버지는 불행한 운명을 눈앞에 둔 영국 해외 파견군 British Expeditionary Force의 일원으로 프랑스에 파견됐다. 영국군이 독일군에게 크게 패한 뒤 아버지는 특공대원 양성 훈련을 받도록 스코틀랜드로 보내졌다. 그곳에서 아버지는 어머니를 만났고 "운 좋게도" 결핵에 걸려 불합격 판정을 받은 뒤 요양원으로 이송됐다. 운이 좋았다고 한 이유는 그 특공대의 노르웨이 공격이 실패로 돌아갔고, 아마 그 자리에 있었더라면 아버지는 십중팔구 사망했을 것이기 때문이다. 아버지는 1942년 제대해 스코틀랜드 남부 도시 갤러실스에 사는 목수의 딸인 내 어머니 릴리 우드Lily Wood와 결혼했다.

요크셔에서는 고등학교에 진학할 기회를 빼앗겼지만 아버지는 야간학교에 다니며 광업 분야에서 유용하게 쓰이는 측량 기술을 배웠다. 1942년 당시 영국은 노동력 부족에 시달리는 상태였기 때문에 측량 기술을 익힌 아버지는 에든버러에 있는 토목 회사의 사환 자리를 손쉽게 구할 수 있었다. 아버지는 토목 기술자가 되기로 결심했다. 기초 지식이 거의 없는 상태에서 시작한 아버지는 10년 동안 힘겹게 공부한 끝에 마침내 토목 기사 자격증을 따냈다. 교육 과정은 대단히 험난했다. 특히 수학과 물리학 때문에 더 어려웠다. 아버지가 다녔던 야간 학교(지금은 에든버러 소재 헤리엇와트 대학교로 바뀌었다)에서, 최근 내게 정말 열심히 노력하신 흔적이 엿보이는 아버지의 시험 성적표를 보내주었다. 아버지는 스코틀랜드 남부 보더스 주에서 수자원 개발 기술자로 취직한 뒤, 어머니의 할머니가 살았고 초창기에는 가끔씩 스코틀랜드 대표 시인 월터 스코트 경Sir Walter Scott이 들렀다고 전해지는 오두막을 매입했다. 1955년 여름, 시커먼 그을음과 먼지와 끔찍한 날씨로 뒤덮인 에든버러에서 숲과 언덕, 송어가 뛰노는 시내가 있고 햇빛이 끝없이 쏟아지는 시골 마을로 이사한 일 그 자체가 내게는 "대탈출"이었다.

이때부터 아버지는 전형적인 부모의 모습을 보이며 자신보다 내가 더 잘할 수 있을 것이라고 확신하기 시작했다. 아버지는 에든버러에 있는 일류 사립학교의 장학생 선발 시험을 치를 수 있도록 방과 후에 나를 지도해달라고 선생님들을 끈질기게 설득했다. 사립학교의 연간 학비는 아버지 연봉보다 높았다. 동급생 중에 무료로 학교를 다니는 아이는 나와 다른 아이 한 명뿐이었다. 마침내 나는 케임브리지 대학교 수학과에 입학했고 시간이 흐른 뒤 처음에는 영국에서, 나중에는 프린스턴 대학교에서 경제학을 가르치는 교수가 됐다. 여동생은 스코틀랜드에 있는 대학교를 졸업해 교사가 됐다. 12명이나 되는 내 사촌 중 대학교에 진학한 사람은 우리 둘뿐이었다. 당연히 이전 세대에서는 한 명도 없었다. 아버지의 손자와 손녀는 미국에서 산다. 내 딸은 시카고에서 성공한 재무 설계 회사의 파트너로, 아들은 뉴욕에서 성공한 헤지 펀드 기업의 파트너로 근무한다. 두 아이 모두 프린스턴 대학교에서 풍성하고 다채로운 교육을 받았다. 다양한 경험을 쌓을 기회가 없었던 내 건조한 케임브리지 대학교 학부생 시절에 비하면 기회의 깊이나 넓이 면에서, 그리고 질적인 면에서 훨씬 뛰어난 교육이다. 둘 다 내 아버지로서는 상상할 수도 없었던 수준의 질 높은 삶을 살고 있다 (아버지는 좋은 세상을 많이 볼 만큼 충분히 오래 사셨고, 그에 대해 즐거워하셨다). 아버지의 증손들은 과거 요크셔 탄광 지대에서는 환상 속에서나 나오는 이야기로 치부될 법한 부와 기회의 세상에서 살고 있다.

서크로프트에서 탈출한 내 아버지의 이야기는 이 책이 말하고자 하는 내용을 보여준다. 아버지는 찢어지게 가난한 집에서 태어나지는 않았지만(지금 기준으로는 그렇게 보이겠지만 어쨌든) 노력을 통해 가난에서 벗어났고 비교적 풍족한 생활환경 속에서 돌아가셨다. 요크셔 탄광촌에 대한 정확한 수치는 없지만 1918년 당시 잉글랜드에서 태어난 아이 1,000명 중 만 5세가 되기 전에 사망한 아이는 100명이 넘었다. 서크로프트에서는 사망률이 더 높았을 것이다. 오늘날 사하라사막 이남 지역에 사는 아이들이 만 5세까지 생존할 확률은 1918년 잉글랜드에서 태어난 아이들보다 높다. 아버지와 친조부모는 1918년부터 1919년까지 전 세계를 휩쓴 인플루엔자 대유행(스페인 독감) 속에서 살아남았다. 비록 친할아버지는 그 얼마 후 탄광에서 브레이크가 고장 난 갱차에 치여 젊은 나이에 사망하셨지만 말이다. 외할아버지도 맹장 수술을 받은 뒤 세균에 감염돼 일찍 돌아가셨다. 그러나 아버지는 젊은 시절 당시 사망률 1위를 기록한 결핵에 걸렸음에도 90세까지 사셨다. 아버지의 증손자와 증손녀들은 100살까지 살 가능성이 충분하다.

100년 전과 비교했을 때 현대인의 생활수준은 엄청나게 높아졌다. 더 많은 사람들이 영유아 시절을 죽지 않고 무사히 넘긴 다음 풍요로운 삶을 누릴 만큼 오래 산다. 아버지가 태어난 지 채 100년이 지나지 않았는데 영국에서 태어난 아이가 만 5세를 넘기지 못하고 사망하는 비율은 1,000명당 5명에 불과하다. 요크셔 탄광 지대에서는 그 비율이 조금 더 높긴 하지만(서크로프트 탄광은 1991년 문을 닫았다) 1918년에 비하면 극히 일부에 불과하다. 내 아버지에게는 그렇게나 주어지기 힘들었던 교육받을 기회가 요즘은 당연한 것으로 여겨진다. 영국에서 출생한 내 또래 세대에서 대학교에 진학한 사람은 열 명 중 한 명도 안 됐지만 요즘 세대는 대부분 대학교에 가거나 직업교육을 받는 등 어떤 형태로든 고등학교 이후에 3차 교육을 받는다.

가난에서 탈출한 뒤 자식과 손자들의 미래를 위해 노력한 내 아버지와 같은 사람은 드물지 않게 찾아볼 수 있다. 그러나 보편적이라고 하기에는 거리가 멀다. 서크로프트에 살았던 아버지 세대 사람 중에서 전문 기술 자격증을 취득한 사람은 거의 없었다. 내 이모 중에도, 이모부 중에도 없었다. 외삼촌과 그 가족들은 스코틀랜드 보더스 주를 관통하는 철도가 운행을 중지한 뒤 이런저런 일을 하며 근근이 살아가던 길이 막히자, 1960년대 오스트레일리아로 이민갔다. 내 아이들은 경제적으로 성공해 안정된 삶을 누리지만 나와 내 아이들은 보기 드물게 운이 좋은 편이다. 많은 자녀가 고등교육을 받고 경제적으로 성공한 자신의 부모만큼 잘되기 위해 엄청나게 노력 중이다. 내 친구들은 자식의 미래와 손자·손녀의 교육 문제로 끊임없이 걱정한다.

이것이 이 책에서 말하는 이야기의 또 다른 측면이다. 평균수명이 늘어나고 전체적으로 경제 수준이 높아지는 가운데 내 아버지와 우리 가족은 전 세대보다 오래 살면서 풍요로운 삶을 누렸지만, 모든 사람이 아버지만큼 의욕적이었거나 노력하는 삶을 살지는 않았고 아버지만큼 운이 따르지도 않았다. 내 아버지는 그 누구 못지않게 열심히 일했지만 행운 역시 중요한 작용을 했다. 아버지는 어렸을 적 사망한 아이들의 명단에 오르지 않을 만큼, 전쟁으로 인해 탄광에서 벗어날 만큼, 불행하게 끝난 특공대 공격 작전에 참여하지 못할 만큼, 결핵으로 사망하지 않을 만큼, 그리고 노동력 부족으로 손쉽게 일자리를 얻을 만큼 운이 좋았다. 모든 사람들이 탈출하지는 못한다. 행운은 어떤 사람에게는 호의를 베풀지만 다른 사람에게는 손을 내밀지 않는다. 행운은 기회를 만들지만 누구나 기회를 잡을 만큼 준비돼 있거나 기회를 잡겠다고 마음먹는 것은 아니다. 따라서 발전에 관한 이야기는 불평등에 관한 이야기기도 하다. 이 말은 특히 번영의 물결이 퍼져나간 만큼 되밀려오는 오늘날 미국의 현실을 반영한다. 믿기지 않을 만큼 뛰어난 성과를 내는 사람은 얼마 되지 않는다. 많은 사람이 힘겹게 삶을 이어 나간다. 우리는 전 세계 곳곳에서 똑같은 발전 유형을 목격한다. 몇몇 사람은 탈출하지만 다른 사람은 뒤에 남아 기회를 빼앗긴 채 가난하게 살면서 병마에 시달리다가 죽는 비참한 삶을 산다.

이 책은 발전과 불평등 사이에서 끊임없이 벌어지는 춤에 관한 이야기이자 발전이 어떤 식으로 불평등을 탄생시키는지, 불평등이 어떻게 (다른 사람들에게 길을 보여주거나 기회를 움켜쥐도록 인센티브를 제시할 때처럼) 때로는 도움이 되고 (탈출한 사람들이 자신이 지나온 탈출로를 파괴해 자신의 자리를 보호하려고 할 때처럼) 때로는 도움이 되지 않는지를 다룬 이야기다. 그동안 여러 사람이 설명했지만 나는 새로운 방식으로 접근하고자 한다.

가난에서 탈출하는 것을 단지 많은 돈을 보유하는 것으로 간주하기가 쉽다. 즉 돈을 더 많이 벌어서 내일은 돈이 모자라지 않을까 전전긍긍하거나 돈이 부족해 결국 나와 내 가족을 절망에 빠뜨릴 어떤 위급한 상황이 벌어지지 않을까 두려워하며 살 필요가 없는 상황으로 본다는 말이다. 실로 돈은 이 이야기의 중심부를 차지한다. 그러나 사람들이 예전보다 건강해져서 성공할 기회를 얻을 정도로 오래 살 가능성이 증가했다는 사실도, 돈만큼 또는 돈보다 훨씬 더 중요하다. 아이가 죽을까 끊임없이 두려워하고 실제로 아이가 죽는 일을 종종 겪는 부모들과, 아이를 열 명이나 낳았지만 다 클 때까지 살아남은 아이는 다섯 명밖에 되지 않는 엄마들. 그들의 존재는 오랫동안 그들을 괴롭히고 끊임없이 돈에 대해 걱정하게 만드는 빈곤의 실체를 소름 끼치게 반영한다. 아이들이 병에 걸리거나 죽고, 어른들이 불치병에 시달리고, 죽을 때까지 가난하게 사는 생활이 어떤 가족을 한꺼번에 덮치는 일은 역사적으로 반복됐으며 오늘날에도 전 세계 곳곳에서 재연되고 있다.

많은 책이 부에 대해 말하고 또 다른 많은 책이 불평등에 관해 다룬다. 건강에 대해, 그리고 건강과 부 사이에 어떤 관련이 있는지, 또는 부의 불평등이 어떻게 건강의 불평등으로 나타나는지에 대해 이야기하는 책도 많다. 이 책에서 나는 인구 통계학자와 역사학자가 자신의 분야를 경제학자가 무단 침입하도록 허락한 기회를 빌려 두 가지 이야기를 한꺼번에 하려 한다. 그러나 무엇이 중요한가에 대해 어느 한 부분만 살펴보아서는 인간의 웰빙, 즉 무엇이 인간의 삶을 가치 있게 만드는가에 대해 제대로 이야기할 수 없다. 《위대한 탈출》은 학문의 경계 안에만 머무르지 않을 것이다.

경제학자로 사는 동안 나는 많은 사람에게 학문적으로 빚을 졌다. 리처드 스톤Richard Stone 교수는 아마 내게 가장 큰 영향을 미친 인물일 것이다. 나는 스톤 교수에게서 측정에 대해, 그리고 측정을 제외했을 때 우리가 할 수 있는 말이 얼마나 적은지, 측정을 올바로 이해함이 얼마나 중요한지 배웠다. 아마르티아 센Amartya Sen 교수는 내게 무엇이 삶을 가치 있게 만드는지를 생각하는 방법과 어째서 우리가 웰빙에 대해 부분적으로는 물론 전체적으로 공부해야 하는지를 가르쳤다. 웰빙의 측정은 이 책의 중심을 차지한다.

내 친구들과 동료들, 학생들이 이 책 초안의 전부를, 혹은 일부를 읽느라 엄청난 인내심을 발휘했다. 이들이 보인 사려 깊고 통찰력 있는 반응은 헤아릴 수 없을 만큼 귀중했다. 나와 견해는 다르지만 시간을 내서 날카롭게 비평하거나 나를 설득했을 뿐만 아니라, 가능한 경우 칭찬을 아끼지 않고 내 의견에 동의한 사람들에게 특히 고마움을 표하고 싶다. 토니 앳킨슨Tony Atkinson, 애덤 디턴Adam Deaton, 장 드레즈Jean Drèze, 빌 이스터리Bill Easterly, 제프 해머Jeff Hammer, 존 해먹John Hammock, 데이비드 존스턴David Johnston, 스코트 코스티샥Scott Kostyshak, 일리아나 쿠지엠코Ilyana Kuziemko, 데이비드 램David Lam, 브랑코 밀라노비치Branko Milanovic, 프랑코 페라치Franco Peracchi, 토머스 포기Thomas Pogge, 레안드로 프라도스 데 라 에스코수라Leandro Prados de las Escosura, 샘 프레스턴Sam Preston, 맥스 로저Max Roser, 샘 슐로퍼볼Sam Schulhofer-Wohl, 알레산드로 타로치Alessandro Tarozzi, 니콜라스 판 더 발Nicolas van de Walle, 리프 베나르Leif Wenar에게 감사한다. 프린스턴 대학교 출판사에 근무하는 내 담당 편집자 세스 디치크Seth Ditchik는 내게 이 책을 시작하도록 용기를 불어넣고 책 쓰는 내내 조언과 도움을 아끼지 않았다.

프린스턴 대학교는 내게 30년 이상 어디와도 비교할 수 없는 훌륭한 연구 환경을 제공했다. 국립 노화 연구소National Institute of Aging와 미국 경제 연구소National Bureau of Economic Research는 내가 건강과 웰빙에 관해 연구할 수 있도록 재정적으로 뒷받침했다. 그 연구에서 나온 결과는 이 책을 쓰는 데 많은 영향을 미쳤다. 그동안 나는 세계은행World Bank과 자주 공동 작업했다. 현실적이고 시급한 문제와 끊임없이 부딪히는 세계은행은 어떤 문제가 중요하고 어떤 문제가 중요하지 않은지를 내게 가르쳐 주었다. 최근 나는 여론 조사 기업 갤럽Gallup Organization의 자문 위원으로 활동했다. 갤럽은 전 세계인을 대상으로 웰빙에 관해 연구하는 작업을 처음 시작했다. 갤럽이 수집한 몇몇 자료가 이 책 앞부분에 등장한다. 모두에게 고마움을 전한다.

무엇보다 모든 문장을 꼼꼼히 검토하고 글이 완성된 다음에도 수차례에 걸쳐 정독한 앤 케이스Anne Case에게 감사한다. 케이스는 이 글이 눈부시게 발전하도록 만든 장본인이다. 케이스가 끊임없이 격려하고 지원하지 않았더라면 이 책은 탄생하지 못했을 것이다.

이 책은 무슨 이야기를 하는가

역사상 그 어느 때보다 인간의 삶이 나아졌다. 더 많은 사람이 부유해
졌고 지독하게 가난한 사람의 수는 줄어들었다. 평균수명이 증가했으
며 부모는 네 명 중 한 명꼴로 자식이 죽는 모습을 더는 보지 않아도
된다. 그러나 지금도 수백만 명이 끔찍한 빈곤과 영유아 사망을 경험
한다. 이 세계는 너무나 불평등하다.

  불평등은 종종 발전의 결과로 발생한다. 모든 사람이 동시에 부자가
되지는 못하며, 깨끗한 물을 사용하거나, 예방주사를 맞거나, 심장질
환을 방지하는 새로운 치료제를 사용하는 등 생명을 구하는 최신 조치
를 곧바로 접하지 못한다. 불평등은 다시 발전에 영향을 미친다. 이것
이 좋은 일이 될 수 있다. 예를 들어, 교육을 받으면 어떻게 되는지 보
고 자란 인도 어린이들은 자신도 학교에 다닌다. 만약 승자가 자신이
지나온 길을 따르지 못하게 다른 사람들을 방해하고 자신이 타고 오른

사다리를 치운다면 좋지 않은 상황이 벌어질 것이다. 신흥 부자들이 자신의 부를 동원해 자신에게 더는 필요하지 않은 공공 교육이나 공중 보건 서비스를 축소하라고 정치가에게 영향력을 행사할 수도 있다.

이 책은 세상이 얼마나 더 나아졌는지, 발전이 왜 그리고 어떻게 일어났는지, 이후 발전과 불평등이 어떤 식으로 상호 작용했는지에 대해 말한다.

영화 〈대탈주〉

제2차 세계대전 당시 전쟁 포로를 다룬 유명한 영화 〈대탈주〉는 독일군이 차지한 지역 상공에서 격추돼 포로가 된 남아프리카공화국 출신 영국 공군 장교 로저 부쉘Roger Bushell(극 중에서는 로저 바틀릿(Roger Bartlett, 리처드 애튼버러 분)이라고 부른다)이 펼친 활약을 기반으로 한다. 로저 부쉘은 끊임없이 탈출을 시도했다가 끊임없이 붙잡힌 인물이었다.[1] 부쉘이 세 번째 시도했을 때에는 영화 〈대탈주〉 속에서 묘사됐듯 슈탈라크 루프트 IIIStalag Luft III 수용소 아래에 판 땅굴을 통해 포로 250명이 동반 탈출했다. 영화는 포로들이 어떻게 탈출을 계획하고 진행했는지를 그린다. 포로들은 엄격한 감시 속에서도 기발한 아이디어를 내 톰과 딕, 해리라고 명명한 땅굴 세 개를 팠으며 임기응변으로 민간인 옷을 준비하고 전문 기술을 동원해 신분증과 통행증을 위조한다. 결국 세 명을 제외하고는 탈출한 포로가 전부 잡히고 부쉘 자신은 히틀러가 직접 내린 지시로 사형된다. 그러나 이 영화가 강조하는 부분은 이 특별한 탈주

극이 거둔 제한적인 성공이 아니라 불가능할 만큼 어려운 환경 속에서도 지칠 줄 모르고 자유를 추구하는 인간의 갈망이다.

이 책에서 말하는 자유는 만족스러운 삶을 누리고 인생을 가치 있게 바꾸는 어떤 일을 할 수 있는 자유를 의미한다. 그런 자유가 없으면 기회를 빼앗긴 채 가난 속에서 건강하지 못한 삶을 산다. 오랫동안 인류 대부분이 겪었고 지금도 여전히 엄청나게 많은 사람들이 맞이하는 비극적인 운명이다. 나는 이 죄수 아닌 죄수들이 감행한 끊임없는 탈출에 대해, 그리고 이들이 무슨 이유로 어떻게 탈출하게 됐는지, 이후 어떤 일이 벌어졌는지에 대해 서술할 것이다. 이 책은 물질적이며 생리학적인 진보에 관한 이야기며 더 건강하고 더 부유해진 사람들과 가난에서 탈출하는 것에 대한 이야기다.

부제에 사용된 문구인 "불평등의 기원the origins of inequality"은 탈출하지 않은 전쟁 포로들을 생각하는 과정에서 나왔다. 전쟁 포로 모두 탈출하지 않고 그대로 남아 있어도 됐다. 그러나 몇몇 포로는 남는 대신 탈출을 택했다. 그중 일부는 목숨을 잃었고 일부는 수용소로 되돌아왔으며 일부는 영원히 벗어났다. "대탈출"이라고 할 만한 거의 모든 사례에서 이와 똑같은 일이 생긴다. 즉 모든 사람이 탈출에 성공하지는 못한다. 그렇다고 해서 탈출이 덜 바람직하다거나 덜 존경스럽다는 뜻은 아니다. 하지만 탈출이 어떤 결과를 가져오는지 생각할 때에는 영화 속 영웅에 대해서뿐만 아니라 슈탈라크 루프트 III과 다른 포로수용소에 남은 사람들에 대해서도 고려해야 한다. 어째서 이들에게 관심을 가져야 하는가? 영화는 분명 이들에 대해 말하지 않는다. 이들은 영웅이 아니며 단지 부수적인 인물일 뿐이다. "대잔류The Great Left Behind"라는 영화는 세상에 없다.

그러나 우리는 남은 이들에 대해 생각해야 한다. 어쨌든 탈출하지 않은 독일 포로수용소 내 포로가 탈출한 포로보다 훨씬 많았다. 벌을 받았든 그동안 누리던 특혜를 박탈당했든 탈출로 인해 실질적으로 피해를 입은 쪽은 그들이었을 것이다. 누구나 쉽게, 감시가 더욱 엄중해지면서 예전보다 탈출이 훨씬 어려워졌으리라 짐작할 수 있다. 동료 포로의 탈출이 남은 그들을 탈출하도록 자극했을까? 남은 사람은 분명 대탈출을 감행한 동료가 개발한 탈출 기법을 보며 배울 수 있다. 그렇다면 실수를 피할 수 있을지도 모른다. 혹 앞선 탈주자들이 겪은 어려움을 보고, 탈출 성공률이 매우 낮다는 사실로 인해 의욕이 꺾이지는 않았을까? 어쩌면 탈주자들을 질투하거나 자신의 탈출 가능성을 비관해, 남은 사람들이 우울하고 불행한 나날을 보내면서 수용소 분위기가 더욱 나빠졌을 수도 있다.

모든 좋은 영화가 그렇듯이 여러 가지 다른 해석이 존재한다. 탈출 성공과 그로 인한 흥분이 영화 마지막 무렵에 가면 거의 모두 사라진다. 탈주자는 대부분 일시적으로 자유를 얻었을 뿐이다. 죽음과 빈곤에서 탈출한 인간의 역사는 약 250년 전부터 시작됐고 지금도 진행 중이다. 하지만 영원히 계속돼야 하며 기후변화와 정치적 실패, 전염병, 전쟁 같은 많은 위협 때문에 탈출 역사가 마무리될 수도 있다는 말 외에는 달리 할 말이 없다. 당연히 근대 이전에도 탈출 시도가 많이 있었으나 앞서 말한 위협으로 인해 생활수준이 크게 향상되지는 못했다. 우리는 성공을 축하할 수 있으며 축하해야 마땅하지만 아무 생각 없이 축배를 들기에는 아직 무리가 있다.

경제성장과 불평등의 탄생

일반적으로 모든 사람이 좋게 평가하는 사건을 포함해 인간이 발전하는 과정에서 발생한 위대한 사건 중 상당수가 불평등이라는 유산을 남겼다. 18세기에서 19세기 사이 영국에서 시작된 산업혁명Industrial Revolution은 수많은 사람이 물질적인 가난으로부터 탈출하는 데 원동력이 된 경제성장을 촉발했다. 하지만 동시에 역사학자들이 "대분기Great Divergence"라고 부르는 또 다른 측면을 낳았다. 대분기大分岐란 영국이, 그리고 시차를 약간 두고 그 뒤를 이어 서유럽 및 북유럽 국가와 북아메리카 국가가 다른 국가들과 분리되기 시작하면서 서구 사회와 나머지 사회 사이에 엄청난 격차를 만든 사건으로, 두 지역 간 차이는 아직도 줄어들지 않았다.[2] 오늘날 전 세계적으로 퍼진 불평등 현상은 대체적으로 현대 경제가 성공적으로 성장하는 동안 발생했다.

그렇다고 산업혁명 이전에 세계의 나머지는 늘 끔찍한 가난에 시달리던 낙후된 지역이었다고 생각해서는 안 된다. 콜럼버스가 항해에 나서기 수십 년 전 중국 명나라는 이미 정화鄭和, Zheng He를 총사령관으로 임명하고 대규모 해상 사절단을 파견해 인도양을 탐험할 만큼 부유하면서 기술적으로 진보한 국가였다.[3] 콜럼버스가 탄 배에 비하면 정화가 거느린 배는 항공모함 수준이었다. 이보다 300년 전 송나라 수도 카이펑開封은 백만 명에 달하는 인구가 북적대며 살아가는 대도시였다. 카이펑 주민이 운영하는 공장들이 연기를 내뿜어 도시를 감싸 안았다. 랭커셔에서는 800년이 지난 후에도 이 정도 규모의 시설을 수용하기 어려웠을 것이다. 인쇄소에서 책 수백만 권을 쏟아내면서 서민들까지도 책을 읽을 수 있을 만큼 책값이 싸졌다.[4] 그러나 중국과 다른 모든 지역은 혁신의 시대를 기점으로 끊임없이 발전하는 역사를 시작하기는커녕 성장 기반을 유지하지도 못했다. 1127년 전쟁을 치르기 위해 무분별하게 고용한 만주 출신 부족에게 침략을 받아 카이펑이 함락됐다. 위험한 동맹자를 군에 입대시키려면 이들에게 급료를 제대로 지급하는 게 좋다.[5] 아시아 내 경제성장은 탐욕스러운 지배자와 전쟁, 혹은 두 가지 모두로 인해 시작됐다가 중단되기를 반복했다.[6] 세계 일부 지역의 장기적이고 지속적인 경제성장과 다른 지역의 침체가 국가들 간 영속적인 격차를 이끌어낸 것은 오직 최근 250년 동안에 벌어진 일이다. 경제성장은 국가 간 소득 불평등 현상을 낳는 주요 원인이었다.

산업혁명과 대분기는 그동안 발생한 탈출 사건 중에서 자애로운 편에 속한다. 역사적으로 한 국가가 발전하기 위해 다른 국가를 희생시키는 일은 비일비재했다. 16세기와 17세기, 산업혁명에 앞서 등장했으며 산업혁명이 일어날 기반을 제공한 제국의 시대Age of Empire는 잉글랜드와 네덜란드에 여러모로 도움을 주었다. 두 국가는 치열하게 벌어진 쟁탈전에서 가장 많은 수확을 올렸다. 1750년 무렵 런던과 암스테르담에 사는 노동자들은 델리와 베이징, 발렌시아, 피렌체의 노동자들에 비례해서 임금이 올라갔다. 잉글랜드 노동자들은 설탕이나 차 같은 몇몇 사치품을 살 수 있을 만큼 돈을 많이 벌었다.[7] 하지만 아시아와 라틴아메리카, 카리브 해 지역에서 유럽인의 지배를 받으며 착취당하던 노동자들은 당시뿐만 아니라 이후에도 몇 백 년 동안 수차례에 걸쳐 자신들을 끊임없는 가난과 불평등 속에 몰아넣는 기업과 정부 기관에 시달려야 했다.[8]

과거에 등장한 세계화와 마찬가지로 오늘날의 세계화도 점점 많은 발전을 이끌어내는 동시에 점점 많은 불평등을 낳는다. 중국과 인도, 한국, 대만처럼 얼마 전까지만 해도 가난했던 국가들이 세계화를 등에 업고 현재의 부유 국가보다 훨씬 더 빠른 속도로 성장했다. 아프리카 대륙 국가가 상당수 포진한 빈곤 국가 목록에서 자신의 이름을 지운 신흥공업국은 성장하는 과정에서 새로운 불평등을 탄생시켰다. 일부가 탈출하는 동안 일부는 뒤에 처진다. 세계화와 새로운 행동 방식은 부유 국가가 끊임없이 더 많이 발전하는 길을 열었다. 그러나 부유 국가의 현재 성장률은 빠르게 성장하는 빈곤 국가뿐만 아니라 자신을 부유 국가로 만든 시절의 성장률보다도 낮다. 거의 모든 국가에서 성장 속도가 느려질 때 사람들 간 격차가 확대된다. 운 좋은 소수는 어마어마한 부를 쌓으면서 마치 수세기 전 왕과 황제의 생활 방식을 재현하듯 호화롭게 산다. 하지만 대다수는 물질적인 생활수준이 거의 발전하지 않는다. 일부 국가에서는 (미국도 여기에 속한다) 소득분포도상 중간에 속하는 사람들의 형편이 부모 세대와 비교해 더 나아지지 않는 현상이 벌어졌다. 물론 이전 세대에 비하면 몇 배나 훨씬 더 나아진 삶이다. 탈출이 전혀 발생하지 않았던 것은 아니다. 그러나 오늘날 많은 사람이 타당한 이유를 들어 자신의 아이나 손자·손녀가 현재를 상대적으로 부족한 시대가 아니라 오랜 기간 상실된 황금시대로 보지 않을까 걱정한다.

불평등이 발전의 시녀인 시절 우리가 평균 성장, 혹은 더 나쁘게 성공 속의 성장에만 초점을 맞춘다면 심각한 실수를 저지르게 된다. 흔히 산업혁명에 대해 말할 때 사람들은 주요 선진국에서 어떤 일이 벌어졌는지에 대해서만 이야기하고 나머지 다른 국가에 대해서는 마치 당시 아무 일도 일어나지 않은 듯, 혹은 이전부터 어떤 일도 일어나지 않은 듯 무시한다. 이는 대다수를 업신여기는 태도일 뿐만 아니라, 오히려 피해를 입었거나 기껏해야 뒤에 남겨졌을 뿐인 사람들의 의도치 않은 희생을 깔보는 태도다. 발견이 구세계에 미친 영향에 대해서만 생각해서는 신세계의 "발견"이 어떠한지를 말할 수 없다. 특정 국가에 대해서도 국민소득 증가율 같은 평균 성장률만 따진다면 (제2차 세계대전 직후 사반세기 동안 미국에서 나타난 모습처럼) 성장의 여파가 골고루 미쳤는지, 아니면 (최근 미국에서 일어나는 현상처럼) 엄청나게 부유한 소규모 집단만 성장을 누렸는지 알지 못한다.

나는 물질적인 발전을 말하려 한다. 하지만 그것은 성장과 불평등 모두에 관한 이야기다.

소득뿐만 아니라 건강도 불평등하다

보건 분야의 발전은 경제발전만큼이나 인상적이다. 지난 세기 부유 국가의 기대 수명은 30년가량 증가했으며 지금도 10년마다 2~3년씩 꾸준히 늘어나는 추세다. 예전 같으면 만 5세 생일을 맞이하기 전에 사망했을 아이들이 지금은 노인이 될 때까지 살고 과거에는 심장질환으로 죽음을 맞이하던 중장년층이 이제는 손자·손녀가 자라 대학교에 다니는 모습을 본다. 인생을 가치 있게 만드는 여러 요인 중에서 늘어난 수명은 분명 그 무엇보다 귀중하다.

하지만 여기서도 발전이 불평등을 등장시켰다. 흡연은 해롭다는 사실이 알려지면서 지난 50년 동안 수백만 명에 이르는 사람들이 목숨을 구했으나, 가장 먼저 빠져나가 건강이라는 측면에서 빈부 격차를 탄생시킨 사람들은 바로 교육 수준이 높고 부유한 사람들이었다. 1900년 무렵 세균이 질병을 유발한다는 사실은 새로운 지식에 속했다. 전문가와 고등교육을 받은 사람들은 이 지식을 실생활에 도입한 최초의 집단이었다. 우리는 몇십 년에 걸친 황금기 동안 어떻게 백신과 항생제를 사용해 아이들을 죽음에서 건졌는지 잘 안다. 그러나 여전히 예방접종으로 충분히 막을 수 있는 질병 때문에 해마다 아동 200만 명가량이 사망한다. 부유한 사람들은 상파울루나 델리에 세워진 세계적인 수준의 최신식 병원에서 치료를 받지만 2~3킬로미터 떨어진 곳에 사는 가난한 가정의 아이들은 영양실조나 손쉽게 예방할 수 있는 질병으로도 세상을 떠난다. 발전이 불공평한 이유에 대한 설명은 상황에 따라 다르다. 가난한 사람들이 담배 피울 가능성이 높은 이유와 가난한 가정의 아이들 대부분이 예방접종을 받지 못하는 이유는 같지 않다는 얘기다. 앞으로 이에 대해 설명할 것이다. 하지만 이 자리에서는 간단하게 요점만 말하겠다. 경제발전이 생활수준을 차이 나게 했듯이 보건 분야의 발전 역시 사람들의 건강 상태를 차이 나게 했다.

계층 간 "건강 불평등"은 오늘날 전 세계에서 관찰되는 엄청난 불평등 중 하나다. 새로운 발견이나 새로운 지식이 등장하면 누군가는 가장 먼저 혜택을 본다. 여타의 사람들이 (그 혜택을 입기까지) 일정 기간 기다리는 동안 발생하는 불평등은 마땅히 치러야 할 대가이다. 보건 분야에 새로운 불평등이 일어나지 않도록 흡연이 건강에 미치는 영향에 관한 지식을 숨겼기를 바란다면 터무니없는 생각일 것이다. 그러나 지금도 가난한 사람들이 담배 피울 가능성이 더 높다. 오늘날 아프리카 대륙에서 죽어가는 아이들은 하다못해 60년 전 프랑스나 미국에서 태어나기만 했어도 죽을 필요가 없을 것이다. 왜 이러한 불평등이 계속되는가? 그에 대해 우리가 할 수 있는 일은 과연 무엇인가?

이 책은 주로 두 가지 주제를 다룬다. 하나는 물질적인 생활수준이고 다른 하나는 건강이다. 두 가지는 만족스러운 삶을 사는 데 중요한 역할을 하는 요인일 뿐만 아니라 그 자체로도 중요한 무엇이다. 건강과 소득은 함께 고찰해야 한다. 그래야 지식이 고도로 전문화하고 각 분야의 전문가가 인간의 웰빙에 대해 자신만의 편협한 시각을 고수하는 이 시대에 흔히들 저지르는 실수를 피할 수 있다. 경제학자는 소득에 초점을 맞추고 공중 보건학자는 사망률과 질병 발생률에 집중한다. 인구 통계학자는 출생과 사망, 인구 규모에 모든 관심을 쏟는다. 이 모든 요소가 웰빙에 영향을 미치지만 그중 어느 하나만으로는 웰빙이 될 수 없다. 이 말은 충분히 명백하다. 하지만 여기서 발생하는 문제는 그만큼 명백하지 않다.

나와 같은 부류인 경제학자들은 돈을 더 많이 벌면 형편이 더 나아진다고 생각한다. 어느 정도까지는 일리가 있다. 소수는 돈을 훨씬 더 많이 벌고 다수는 조금 벌거나 아예 못 벌지만 손해를 보지는 않는다면, 경제학자들은 대개 세상이 더 좋아졌다고 주장할 것이다. 당연히 누구 하나 해를 입지 않는 한 형편이 나아지는 쪽이 더 낫다는 생각은 대단히 매력적이다. 이 생각을 파레토 기준Pareto Criterion이라고 부른다. 하지만 웰빙을 지나치게 좁게 정의하는 경우 이 생각은 뿌리째 흔들린다. 사람들은 물질적인 생활수준뿐만 아니라 웰빙에서도 더 나아져야 하거나 또는 더 나빠져서는 안 된다. 부유해진 사람들이 자신에게 유리하게 작용하게끔 정치에 영향을 미치거나 공공 의료 혹은 공공 교육 시스템을 뒤흔들어 부유하지 못한 사람들이 정치나 의료, 교육 부문에서 손해를 보게 한다면, 후자는 돈을 벌더라도 형편이 나아진 것으로 볼 수 없다. 생활수준 하나만으로는 사회나 정의를 평가하지 못한다. 그럼에도 경제학자들은 흔히 웰빙을 구성하는 다른 요소를 무시하고 소득에만 파레토 이론을 적용하는 잘못을 저지른다.

당연히 건강이나 웰빙의 요소 중 어느 한 가지만 검토할 때에도 똑같은 실수를 저지르는 것이다. 의료 서비스 개선은 좋은 일이며 의학적 처치가 필요한 사람은 반드시 치료를 받아야 한다. 그러나 비용에 대해 생각하지 않은 채 누가 먼저 치료를 받을 것인지 결정할 수는 없다. 또한 사회 발전의 척도로 장수를 사용해서는 안 된다. 장수 국가에서 산다면 더 좋겠지만 그 나라가 전체주의 독재국가라면 이야기가 달라진다.

불평등에 대해 생각하지 않고 평균만 고려해서는 웰빙을 제대로 평가하지 못한다. 또한 전체를 보지 않고 하나 또는 몇 가지 요소만 보아서는 웰빙을 정확히 판단하지 못한다. 이 책이 훨씬 더 길고 내가 훨씬 더 많이 알았더라면 나는 자유와 교육, 자율권, 품위, 사회생활 참여 가능성을 포함해 웰빙을 이루는 다른 요소에 대해서도 기술했을 것이다. 하지만 한 권의 책에서 건강과 소득을 함께 생각하는 것만으로도 두 가지 중 어느 한 가지만 검토했을 때 저지르는 실수에서 해방될 것이다.

발전은 어떻게 일어나는가?

조상들이 우리가 사는 세상을 상상할 수 있었다면 지금 우리가 누리는 삶을 얻고 싶어 했을 것이라는 데는 의심할 여지가 거의 없다. 아이들이 죽어가는 모습을 보는 데 부모가 익숙해질 것이라고 생각할 근거는 하나도 없다. 만약 내 말이 의심스럽다면 (수많은 예 중 하나일 뿐이지만) 재닛 브라운Janet Brown이 쓴 《찰스 다윈 평전》에서 첫 두 자녀를 잃었을 때 다윈이 고통스러워하는 대목을 읽어보기 바란다.[9] 탈출하고자 하는 욕망은 항상 존재한다. 그러나 그 욕망이 항상 충족되지는 않는다. 새로운 지식과 새로운 발명, 그리고 어떤 행위를 하는 새로운 방법이 발전에 필요한 열쇠다. 영감은 때로 여태까지 존재하지 않은 전혀 다른 무엇을 창출하고자 하는 고독한 발명가들에게서 나온다. 새로운 행동 방식은 별개의 사건이 낳은 부산물일 때가 종종 있다. 예를 들어 신교도들이 다른 사람의 도움 없이 《성서》를 읽고자 하면서 책 읽는 문화가 널리 퍼졌다. 그러나 사회적·경제적 환경이 필요에 부응해 혁신을 이끌어내는 경우가 훨씬 더 많다. 제국의 시대에서 성공을 거둔 뒤 영국 내 노동자들의 임금이 크게 올랐다. 영국 노동자들의 높아진 임금은 풍부한 석탄 자원과 더불어 발명가와 제조업자가 (산업혁명에 동력을 공급한) 여러 발명품을 내놓는 동기로 작용했다.[10] 영국의 계몽주의는 끈질긴 자기 계발 노력으로 발명품이 더 많이 발견될 수 있는 든든한 지적 기반을 제공했다.[11] 19세기 콜레라의 유행은 세균과 질병의 관계를 규명한 이론을 탄생시키는 중대한 자극제가 됐다. 최근 에이즈HIV/AIDS가 발생한 뒤 풍부한 자금을 바탕으로 의료 연구가 진행되면서 원인이 되는 바이러스가 규명되고, 비록 완치는 못하지만 감염된 사람들의 생명을 연장시키는 약이 개발됐다. 하지만 전혀 영감이 도출되지 않은 경우도 있고, 필요나 유인incentive, 誘因이 마법 같은, 하다못해 평범한 해결책을 이끌어내지 못한 경우도 존재한다. 말라리아는 수천 년 동안, 어쩌면 역사 전반에 걸쳐 인간을 괴롭히고 있다. 그러나 아직도 말라리아를 예방하거나 치료하는 종합적인 방법이 존재하지 않는다. 필요는 발명의 어머니일지 모르지만, 그렇다고 해서 성공적인 해결책이 늘 탄생한다는 보장은 없다.

불평등 역시 발명이 탄생하는 과정에 때로는 좋게, 때로는 나쁘게 영향을 미친다. 필수적인 무엇을 박탈당해서 불우한 이웃이 겪는 고통은 격차를 없애는 새로운 방법을 찾기 위한 힘을 제공한다. 그러한 박탈에서 자유로운 사람들의 존재가 박탈의 불필요성을 여실히 보여주는 경우에 그렇다. 적절한 사례로 1970년대 방글라데시에 설치된 난민 수용소에서 경구 수분 보충 요법이 발견된 사건을 들 수 있다. 설사로 고통받던 어린이 수백만 명이 값싸고 만들기 쉬운 치료제를 복용한 뒤 탈수증을 극복하고 어쩌면 죽을지도 모르는 상황에서 목숨을 건졌다. 하지만 불평등이 좋지 않은 방향으로 작용하는 경우도 있다. 새로운 발명과 새로운 행동 방식이 등장하면 강한 힘을 지닌 기존의 이익 집단은 많은 것을 잃는다. 경제학자들은 혁신의 시대를 "창조적 파괴creative destruction"의 물결을 일으키는 시대로 생각한다. 새로운 방식이 낡은 방식을 밀어내면서 구질서에 기대 살아가는 사람들의 삶과 생계 수단을 파괴한다. 오늘날 세계화로 인해 기존 질서에 의존하던 수많은 사람이 피해를 입었다. 재화를 외국에서 더 싸게 수입하는 것이 물건을 만드는 새로운 방식과 같은 것으로 자리 잡으면 국내에서 그런 재화를 만들어 생계를 유지하는 사람들은 타격을 받기 마련이다. 이때 손해를 보거나 곤경에 처할까 봐 두려워하는 사람들 중 일부가 정치적으로 강력한 힘을 발휘해 새로운 방식을 금지하거나 도입 속도를 늦출 수 있다. 상인 세력 때문에 권력을 잃을까 걱정한 명나라 황제는 1430년 해상 원정을 중단시켰다. 이로 인해 정화의 원정은 끝났고 다시 시작되지 못했다.[12] 이와 비슷한 예로 오스트리아 황제 프란츠 1세Francis I는 혁명을 전파해 자신의 권력을 위협할 수 있다는 이유로 철도 건설을 막았다.[13]

왜 불평등이 중요한가?

불평등은 발전을 자극할 수도, 발전을 막을 수도 있다. 하지만 불평등이 그 자체로 문제가 될까? 이에 대해서는 전반적으로 일치하는 의견이 존재하지 않는다. 철학자이자 경제학자인 아마르티아 센은 평등의 가치를 믿는 수많은 사람 사이에서조차 무엇을 평등하게 만들어야 마땅한가에 대해 각기 다른 관점이 존재한다고 말한다.[14] 몇몇 철학자와 경제학자는 모종의 더 큰 목적을 위해 필요한 경우가 아니라면 소득 불평등은 부당하다고 주장한다(바꿔 말하면 더 큰 목적을 위해서라면 소득 불평등이 정당할 수 있다는 얘기다). 예를 들어 정부가 모든 사람에게 똑같은 수입을 보장한다면 사람들은 더 적게 일하려고 할 것이다. 그렇게 되면 가장 가난한 사람들은 어느 정도 불평등이 허용된 국가의 최빈곤층보다 더 궁색한 삶을 살 수도 있다. 다른 학자들은 평등한 성과 분배보다는 평등한 기회 제공을 강조한다. 하지만 평등한 기회 제공이 어떤 의미인지에 대해서는 여러 가지 해석이 존재한다. 또 다른 사람들은 비례의 원칙이라는 관점에서 공정성을 생각한다. 사람들이 각자 공헌도에 따라 대가를 얻어야 한다는 뜻이다.[15] 이런 시선으로 공정성을 바라본다면 소득 균형 원칙에 따라 부자에게서 가난한 사람으로 소득 재분배가 실시되는 경우 소득 평등이 공정하지 못하다고 결론 내리기 쉽다.

이 책에서 나는 불평등이 어떤 역할을 하는지, 불평등이 도움이 되는지 아니면 해가 되는지, 우리가 어떤 불평등에 대해 이야기하는가가 중요한지에 관한 논의에 초점을 맞춘다. 대다수는 부를 누리지 못하는 가운데 극소수가 엄청난 부를 쌓는 상황이 사회에 이로울까? 아니면 어떤 사람이 다른 사람보다 훨씬 부자가 되도록 허용하는 법이나 제도가 사회에 이로울까? 혹 부자가 다른 모든 사람에게 손해를 입히지는 않을까? 일례로 부자가 아닌 사람들이 사회 운영 방식에 영향을 미치기 어렵게 만들지는 않을까? 보건 분야의 불평등이 소득 불평등과 같을까 아니면 어떻게든 다를까? 불평등은 항상 부당할까 아니면 때로는 더 나은 결과를 낳을까?

앞으로 할 이야기

이 책의 목적은 세계 각국의 부와 건강에 관해 이야기하는 것이다. 현재에 초점을 맞추면서 지금과 같은 세상을 만들기까지 인류가 어떤 길을 걸었는지 되돌아보기도 할 것이다. 1장에서는 개괄적인 설명이 나온다. 전 지구적인 관점에서 각국의 상황을 설명하는 그림을 그릴 것이다. 어느 곳이 윤택한 삶을 살고 어느 곳이 그렇지 않은지를 보여주는 그림이다. 1장은 빈곤층을 줄이고 사망률을 낮추는 엄청난 발전을 이룬 세상에 대한 기록이지만 생활수준과 생존 기회, 웰빙 면에서 엄청난 불평등이 발생해 사람 간, 국가 간 차이가 벌어진 세상에 대한 기록이기도 하다.

1부에서는 세 장에 걸쳐 건강에 대해 다룬다. 여기서는 과거가 현대인의 건강에 어떻게 영향을 미쳤는지, 어째서 수렵 · 채집을 하며 보낸 수십만 년이라는 시간이 현대인의 건강을 이해하는 작업과 관계가 있는지, 18세기에 시작된 사망률의 획기적인 변화가 현대인의 건강이 개선되는 과정에서 어떤 식으로 되풀이됐는지 살펴볼 것이다. 1만 년에서 7,000년 전 사이 농경 사회로 전환하면서 인류는 더 많은 식량을 얻을 수 있었다. 하지만 평등한 수렵 · 채집 사회가 계층 사회로 대체되는 동안 새로운 질병과 새로운 불평등이 탄생하기도 했다. 19세기 영국에서는 세계화로 인해 많은 생명을 구한 새로운 의약품과 치료법이 등장했으나 새 삶을 얻은 사람들은 대부분 돈을 지불할 능력이 있는 사람들이었다. 결과적으로 새로운 방법이 모든 사람의 사망률을 낮추기는 했지만 생존율에서 가장 먼저 서민층과 격차를 벌리기 시작한 사람들은 바로 귀족계급이었다. 19세기가 끝날 무렵 세균과 질병의 관계를 규명한 이론이 점점 발전하고 사람들에게 수용되면서 사회가 폭발적으로 발전하는 또 다른 단계에 진입하는 동시에, 또 다른 엄청난 차이를 만들었다. 경제적으로 부유한 국가에서 출생한 사람들의 수명과 그렇지 못한 국가에서 출생한 사람들의 수명이 차이 나기 시작한 것이다.

나는 뒤처진 국가에서 태어난 아이들의 생명을 구하고자 벌인 투쟁에 대해 서술할 것이다. 대부분 제2차 세계대전 이후에 전개된 이야기로, 발전에 관한 내용과 함께 18세기부터 벌어지기 시작한 엄청난 격차를 줄이기 위해 개시된 "따라잡기" 노력에 관한 내용을 담고 있다. 이 이야기에는 커다란 성공을 거둔 수많은 사건이 등장한다. 여기에는 항생제를 사용하고, 병충해 방제를 실시하고, 예방접종을 도입하고, 깨끗한 물을 공급해 어린이 수백만 명의 목숨을 구하고, 때로는 해마다 몇 년씩 기대 수명을 증가시킨(거의 불가능해 보이는 수준이다) 사례가 포함된다. 가난한 국가와 부유한 국가 간 기대 수명의 차이가 줄어들기는 했지만 없어지지는 않았다. 1958년에서 1961년까지 (인간이 만든) 중국의 비극적인 대기근 사태와 사망률을 낮추기 위해 지난 30년 동안 벌인 몇몇 아프리카 국가의 노력을 깨끗이 날려버린 에이즈 대유행 같은, 끔찍한 퇴보를 유발한 사건들도 발생했다. 이러한 대규모 재앙이 아니더라도 많은 문제가 대부분 해결되지 않은 채 남아 있다. 많은 국가가 일상적으로 의료 서비스를 제공할 수 있는 적절한 시스템을 갖추지 못한 상태고 여전히 많은 어린이가 단지 "가난한" 국가에서 태어났다는 이유로 죽는다. 어린이 절반이 심각한 영양실조를 겪는 국가도 존재한다(인도가 가장 심하지만 인도만 그런 것은 아니다).

부유 국가와 빈곤 국가 간 사망률의 차이가 더 빨리 줄어들지 않았던 (타당한) 이유 중 하나는 부유 국가 역시 사망률이 감소하는 동안 빈곤 국가와는 매우 다르게 그 혜택이 어린이에게 더 적게, 어른에게 더 많이 돌아갔기 때문이다. 건강에 관한 마지막 장은 부유 국가 내 사망률 감소 현상과 남성과 여성 간 기대 수명의 차이가 줄어든 이유와 경위, 흡연의 (엄청난) 역할, 심장질환과 벌인 투쟁이 암과 벌인 투쟁에 비해 훨씬 큰 성공을 거둘 수 있었던 이유를 다룰 것이다. 우리는 다시 18세기 말 영국에서 일어난 상황과 똑같이 발전이 건강 불평등을 점점 키우는 모습을 목도할 것이다.

2부를 구성하는 두 장은 물질적인 생활수준에 관한 이야기다. 출발은 미국이다. 미국이 소득 불균형 같은 문제에서 예외적이고 극단적인 모습을 보이는 경우가 종종 있지만 여기서 작용하는 힘은 다른 부유 국가에도 그대로 적용된다. 제2차 세계대전 이후 경제가 성장하면서 미국은 새로운 번영을 누렸지만 이미 2000년대 후반의 대침체가 시작되기 훨씬 전부터 10년 단위로 성장률 감소세를 보이고 있었다. 전후의 경제성장은 빈곤층을 뚜렷하게 줄였다. 특히 아프리카계 미국인과 노년층에서 두드러진 현상이었다. 불평등도 거의 확산되지 않았다. 1970년대 초반까지 미국은 현대 주요 경제 국가의 기본 모델이었다. 하지만 그 시절 이후로 성장이 둔화하고 불평등이 확대되기 시작했다. 불평등이 커진 이유는 특히 소득분포도에서 가장 상위를 차지하는 계층의 수입이 걷잡을 수 없이 증가했기 때문이었다. 늘 그렇듯 불평등에도 좋은 면이 있다. 교육과 혁신, 창조에 따르는 보상이 역사상 그 어느 때보다 커졌기에 하는 말이다. 하지만 미국은 불평등의 어두운 면, 즉 금권정치 국가에서 정치와 경제가 웰빙에 어떤 위협을 가하는지 보여주는 좋은 사례기도 하다.

나는 각국의 생활수준에 대해서도 전체적으로 검토하려고 한다. 이

부분에서 인간의 역사를 통틀어 아마도 가장 위대하면서 분명 가장 빠른 탈출이 된 사건, 즉 1980년 이후 전 세계적으로 빈곤층이 줄어든 현상을 다룰 것이다. 원인은 주로 세계에서 가장 큰 두 국가, 중국과 인도의 성장 때문이었다. 최근 두 국가의 경제가 성장하면서 10억 명 이상의 삶이 완전히 바뀌었다. 전 세계적으로 빈곤층이 감소할 것이라는 생각이, 인구가 폭발적으로 증가해 인류가 가난하고 불행해지는 비극적인 운명을 맞이하리라는 1960년대 전 세계적으로 유행한 인류 최후의 날에 관한 예언과 맞섰다. 세상은 비관주의자의 예언보다 훨씬 더 좋은 성과를 거뒀다. 그러나 10억 명 정도가 아직도 끔찍한 가난 속에서 산다. 많은 사람이 탈출했지만 많은 사람이 뒤처졌다.

3부는 한 장으로 구성된다. 그 속에서 나는 지금까지 한 이야기를 마무리하고 앞으로 해야 할 일과, 이보다 더 중요한 앞으로 하지 말아야 할 일에 대해 논의할 것이다. 나는 우리(여기서 우리란 "올바른" 국가에서 태어나는 행운을 누린 사람을 의미한다)에게 전 세계 빈곤층을 줄이고 형편없는 건강 상태를 개선할 도덕적 의무가 있다고 생각한다. 자신의 노력으로, 혹은 적어도 선조들의 노력으로 탈출한 사람들은 아직 빠져나오지 못한 사람들을 도와야 한다. 많은 사람이 (대부분 공식적인 원조 기구를 갖춘) 중앙정부들의 노력이나 세계은행 혹은 세계보건기구WHO 같은 국제기구, 또는 국내외에서 활동하는 수많은 민간 원조 단체NGO를 통해 다른 나라를 돕는 것으로 도덕적 의무를 다한 것으로 생각한다. 분명 이 중 몇몇 원조는 좋은 결과를 낳았지만(에이즈나 천연두 같은 질병과 싸우는 데 도와준 일은 확실한 예다) 나는 해외 원조 대부분이 좋은 영향보다는 해로운 영향을 더 많이 미쳤다고 생각하게 됐다. (내가 그렇다고 믿듯) 원조로 인해 국가의 성장 기반이 약해졌다면 "무엇이든 해야 한다"라는 이유로 원조를 계속할 명분은 전혀 없다. 우리가 해야 할 무언가는 바로 원조를 멈추는 일이다.

이 책은 주제에 대해 다시 언급하는 글로 끝난다. 마치는 글에서는 우리가 영화 〈대탈주〉와 달리 행복하게 끝나는 진정한 "대탈출"을 기대할 수 있는지 물을 것이다.

발전과 불평등을 측정하다

가능할 때마다 나는 구체적인 데이터를 사용해 내 주장을 뒷받침하려 한다. 거의 항상 도표가 등장할 것이다. 명확하게 정의를 내리고 그에 맞는 증거를 제시하지 않는다면 발전에 대해 일관성 있게 논의하지 못한다. 당연히 자료를 수집하지 않으면 정부가 진보를 도모하기란 불가능하다. 수천 년 동안 국가는 얼마나 많은 사람이 사는지 헤아려왔다. 로마제국이 인구조사를 실시하는 과정에서 마리아와 요셉이 호적을 등록하기 위해 요셉의 고향인 베들레헴으로 간 사건은 유명한 사례다. 미국 헌법에는 10년마다 한 번씩 인구조사를 실시하도록 명시한 조항이 있다. 인구조사가 없다면 공정한 민주주의는 탄생하지 못한다. 이보다 훨씬 전인 1639년에도 오늘날 매사추세츠 주의 식민지 개척자들이 출생자와 사망자 수에 대한 완전한 파악을 지시한 바 있다. 이토록 중요한 통계자료가 없다면 공공 의료 정책은 방향을 제대로 잡을 수 없다.

오늘날 전 세계 빈곤 국가가 직면한 건강 문제의 상당 부분은 어떤 이유에서 사망했는지는 고사하고 사망한 사람들의 수에 대한 정확한 정보조차 부족하다는 데에 기인한다. 국제기구에서 발표한 자료에는 허위로 작성하거나 어림짐작으로 채워 넣은 숫자들이 많다. 하지만 그러한 자료의 숫자들이 정책을 수립하거나, 혹은 외부 원조에 대해 생각하거나 평가하기 위한 적절한 기반이 되지 못함을 항상 많은 사람이 아는 것은 아니다. 무언가를 해야 할 필요는 무슨 일을 해야 하는지 이해해야 할 필요를 이기기 쉬운 경향이 있다. 자료가 없으면 어떤 일을 할 때 누구든 자유롭게 성공을 주장할 수 있다. 앞으로 나는 내가 사용한 숫자가 어디에서 나왔는지, 얼마나 신뢰할 수 있는지(혹은 얼마나 신뢰할 수 없는지)에 대해 설명할 것이다. 또한 누락된 자료가 물의를 일으킬 수도 있다는 사실을 입증할 것이다.

어떻게 숫자를 종합하는지, 숫자가 무엇을 의미하는지 이해하지 못한다면 실제로는 없는 문제를 있다고 보거나, 시급하지만 해결할 수 있는 요구를 빠뜨리거나, 무엇이 진짜 끔찍한 일인지 간과한 채 엉뚱한 이야기 때문에 분노하거나, 근본적으로 잘못된 판단에 따라 수립한 정책을 추천할 위험이 있다.

국민의 행복과 소득

이 책의 상당 부분은 물질적인 웰빙에 관한 내용을 담고 있다. 물질적인 웰빙은 전통적으로 소득, 즉 사람들이 지출하거나 저축하는 돈의 양으로 측정한다. 돈은 언제나 사람들이 사는 물건의 비용에 맞춰 조정돼야 한다. 하지만 그렇다 하더라도 돈은 물질적 웰빙을 결정짓는 재화를 사람들이 얼마나 구입할 수 있는지 나타내는 합리적인 지표다. 그러나 많은 사람이 너무 소득에만 관심을 쏟는다고 말한다. 만족할 만한 삶이라는 말에는 분명 돈 이상의 의미가 있지만 사람들은 종종 한발 더 나아가 적어도 일단 기본적인 욕구가 충족된다면 인간의 삶을 개선하는 데 돈이 아무 역할도 하지 못한다고 주장한다.

이 같은 주장을 뒷받침하기 위해 사용하는 증거 중 일부는 빈곤층을 제외하고 사람들을 행복하게 만드는 데 돈이 거의 또는 전혀 아무 역할도 하지 않음을 보여주는 행복에 관한 설문 조사에서 나온다. 이 결과가 옳다면, 그리고 행복이 웰빙을 측정하는 정확한 방법이라면 내 주장은 대부분 기반이 약화될 것이다. 따라서 행복과 돈이 어떤 관계가 있는지 검토하면서 시작하는 편이 좋겠다. 이 논의를 통해 나는 이 책 곳곳에서 사용할 도표를 작성하는 방법을 소개하고 설명할 것이다.

설문 조사는 대개 사람들에게 어떻게 살아가고 있는지 묻는다. 예컨대 사람들이 얼마나 자신의 삶에 만족하는지에 대해 전반적으로 조사해 발표하는 식이다. 삶에 대한 만족도를 측정하는 설문 조사에서 나온 자료는 흔히 "행복"을 측정하는 척도로 언급된다. 그러나 우리는 행복하지 않은 사람들이 자신이 잘 살고 있다고 믿거나 혹은 그 반대인 사례를 쉽게 떠올릴 수 있다. 앞으로 확인하게 되겠지만 실로 삶에 대한 만족도와 행복을 혼동하는 일은 큰 실수다. 전자는 심사숙고 끝에 내리는 삶에 대한 전반적인 판단인 반면 후자는 사는 동안 일시적으로 겪는 감정 혹은 기분이나 느낌에 해당하기 때문이다.[16]

갤럽이 전 세계 사람들에게 "인생의 사다리"를 떠올리면서 자신의 삶을 평가해달라고 요청했다. 사다리에는 가로대가 11개 있다. 가장 밑인 0번 가로대는 "자신이 경험할 수 있는 최악의 인생"을, 10번 가로대는 "자신이 경험할 수 있는 최고의 인생"을 의미한다. 갤럽은 모든 응답자에게 "지금 이 순간 개인적으로 자신이 몇 번 가로대에 서 있다고 말할 수 있을 것 같은가?"라고 물었다. 우리는 이 자료를 사용해 국가 간에 서로 어떤 관계가 있는지, 특히 소득이 더 높은 국가가 이 통계에서 더 높은 수치를 나타내는지 살펴볼 수 있다.

〈도표 1〉은 각국의 국민이 평균적으로 자신의 삶에 대해 어떤 평가를 내리는지를 1인당 국민소득, 더 정확하게 1인당 국내총생산GDP과 비교해서 보여준다. 2007년부터 2009년 사이에 집계된 자료의 평균값이다. 소득은 국가 간 물가 수준의 차이를 보정하기 위해 미국 달러로 환산해서 계산했다. 6장에서 나는 이런 수치를 따라다니는 수많은 의구심은 물론 수치의 출처에 대해 설명할 것이다. 각국의 인구에 비례해 도표 속 원의 크기가 달라진다. 도표 왼쪽에 있는 커다란 원 두 개는 각각 중국과 인도를 의미하고 오른쪽 위에 있는 큰 원은 미국을 뜻한다. 나는 특히 흥미로운 다른 몇몇 나라의 이름을 도표에 표시했다.

한눈에 봐도 도표 왼쪽에 표시된 실제 빈곤 국가에 사는 사람들이 전반적으로 자신의 삶에 굉장히 불만족스러워함을 알 수 있다. 이들은 소득이 낮을 뿐만 아니라 자신의 삶에 대해서도 낮은 평가를 내렸다. 지구 반대편에 있는 미국 및 다른 부유 국가에 사는 사람들은 소득이 높고 삶에 대한 평가도 높다. 최악의 국가는 가장 가난한 국가 중 하나

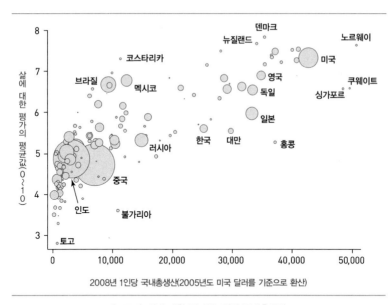

<도표 1> 삶에 대한 평가와 1인당 국내총생산

이자 국민들이 어떤 형태로든 자유를 거의 누리지 못하는 토고며 최고의 국가는 풍요롭고 자유로운 덴마크다. 스칸디나비아 반도에 있는 국가들은 보통 이런 비교표에서 미국보다 더 높은 자리를 차지한다. 하지만 미국인들의 평균적인 삶에 대한 평가는 여전히 전 세계에서 가장 높은 수준에 속한다. 소득의 원칙에 반하는 예외 사례들은 많이 있다. 동아시아 국가 및 과거 공산주의 국가의 국민들은 자신의 삶에 대해 낮게 평가하는 경향이 있다. 불가리아는 가장 극단적인 사례다. 이에 반해 라틴아메리카 지역 국가들은 상대적으로 후한 평가를 내리는 경향이 있다. 소득은 분명 자신의 삶에 대한 사람들의 평가를 좌우하는 단 한 가지 요인이 아니다.

빈곤 국가들이 자리 잡은 도표 왼쪽 아래를 살펴보면 국민소득에 따라 삶에 대한 평가가 상당히 빠른 속도로 증가함을 알 수 있다. 왼쪽 아래에서 오른쪽 위로 시선을 옮기는 동안 인도와 중국을 지나면서 소득에 따른 삶에 대한 평가의 상승률이 약간 꺾이다가, 브라질과 멕시코에 다다르면서 삶에 대한 평가가 총 10점 중 7점에 근접하는 모습이 보인다. 오른쪽 위를 차지한 실제 부유 국가 국민들이 내린 점수보다 약간 적거나 비슷한 수준이다. 소득은 부유 국가보다는 빈곤 국가에서 훨씬 더 중요한 역할을 한다. 물론 이 도표를 보면 1인당 국내총생산이 약 1만 달러에 이르면 돈을 더 많이 번다고 해서 삶의 질이 개선되지 않는다고 결론 내리고 싶은 충동에 빠진다. 실제로 많은 사람이 그렇게 주장했다.[17] 그러나 그 주장은 잘못됐다.

부유 국가에서조차 돈이 중요한 이유를 설명하려면 〈도표 1〉을 약간 다르게 다시 그릴 필요가 있다. 돈에 대해 생각할 때 우리는 보통 화폐 단위로 계산하지만 퍼센트 단위를 사용하기도 한다. 드문 일이기는 하지만 프린스턴 대학교에 근무하는 내 동료들이 자신의 연봉에 대해 서로 이야기를 나눌 때면 누구는 3퍼센트 올랐다느니, 누구는 1퍼센트 올랐다느니 하고 말하는 경향이 있다. 물론 학장은 증가 폭을 화폐 단위보다는 퍼센트 단위로 표현해 자신이 얼마나 만족했는지 혹은 얼마나 실망했는지를 표시할 가능성이 더 높다. 한 해 20만 달러를 버는 사람은 1퍼센트 오르고 5만 달러를 버는 사람은 2퍼센트 올랐다면 금액으로는 전자가 후자보다 많이 오른 셈이다. 그러나 후자는 (타당하게) 자신이 지난해 더 많은 성과를 올렸다고 생각할 것이다. 퍼센트를 사용한 증감률은 이런 계산에서 기본 단위로 사용된다. 기본 수입이 얼마든 상관없이 10퍼센트는 똑같이 10퍼센트다.

우리는 절대적인 금액을 기준으로 작성된 〈도표 1〉의 자료에 이 방식을 적용해볼 수 있다. 하지만 국가 간 차이가 너무 커서 단순히 퍼센트라는 잣대를 사용해 바라보기보다는 소득 차이를 4배 기준으로 나눠서 적용하는 편이 합리적이다. 250달러를 1인당 국내총생산의 최저치로 생각해보자. 짐바브웨와 콩고민주공화국DRC만 1인당 국내총생산이 250달러거나 거기에 못 미친다. 우간다나 탄자니아, 케냐 같은 나라들은 1000달러에 육박한다. 최저치의 4배에 해당하는 수치다. 중국과 인도의 1인당 국내총생산은 탄자니아와 케냐의 4배에 이른다. 최저치의 16배에 가깝다. 멕시코와 브라질의 1인당 국내총생산은 중국과 인도의 4배고, 세계에서 가장 부유한 국가들은 멕시코와 브라질의 4배를 번다. 세계에서 가장 가난한 국가보다 256배 부유한 셈이다(6장에서 나는 이 수치들을 그저 개략적인 지표로 삼아야 하는 이유에 대해 설명할 것이다). 이렇게 삶에 대한 평가와 비교할 때 세로축 단위를 1만 달러씩 증가시키는 대신 최저치의 4배, 16배, 64배, 256배씩 증가시키는 로그 축적을 사용할 수 있다. 그렇게 도출된 결과물이 〈도표 2〉다.

〈도표 2〉는 〈도표 1〉과 정확히 똑같은 자료를 사용한다. 하지만 이제 소득은 최저치의 1배, 4배, 16배, 64배, 256배 단위로 기록된다. 나는 이 다섯 지점을 각각 250달러에서 6만 4,000달러까지 달러로 환산해 표시해 이해하기 쉽게 만들었다. 가로축을 따라 이동하다 보면 소득이 매 칸마다 4배씩 증가하는 모습을 볼 수 있을 것이다. 더 일반적으로 말하자면 왼쪽에서 오른쪽으로 한 칸씩 이동할 때마다 수입이 〈도표 1〉에서처럼 1만 달러 단위가 아니라 400퍼센트 단위로 일정하게 증가한다. 이런 식으로 만든 척도를 로그 척도라고 부른다. 로그

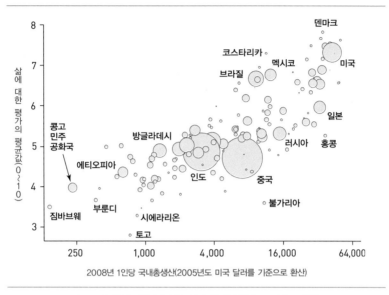

〈도표 2〉삶에 대한 평가와 1인당 국내총생산(로그 척도 사용)

척도는 나중에 재등장할 것이다.

　오로지 가로축에 붙인 이름만 바뀌었을 뿐인데 〈도표 2〉는 〈도표 1〉과 전혀 다른 양상을 보여준다. 부유 국가를 나타내는 원들이 가로로 거의 같은 선상에 기록되던 모습이 사라졌다. 이제 각국의 원이 대체로 비스듬하게 일직선을 그린다. 이 말은 퍼센트 단위로 환산한 소득의 증가율만큼 삶에 대한 평가가 똑같이 증가한다는 의미다. 평균적으로 어떤 나라에서 그 나라보다 1인당 소득이 4배 많은 다른 나라로 이동하는 경우 11단계로 나뉜 삶에 대한 평가 지수가 대략 한 칸 증가한다. 빈곤 국가에서 빈곤 국가로 움직이든 부유 국가에서 부유 국가로 움직이든 마찬가지다. 엉뚱하게 해석할 만한 여지를 모두 없애보자. 그렇다, 사실 예외는 많이 있다. 많은 국가가 국민소득을 기준으로 우리가 예상한 위치보다 더 높거나 더 낮은 곳에 표시된다. 부유한 나라라고 해서 항상 자신보다 소득수준이 낮은 나라보다 삶에 대한 평가가 높다고 말하지는 못한다. 중국과 인도가 대표적인 사례다. 그러나 부유하든 가난하든 모든 국가를 살펴보았을 때 평균적으로 수입이 4배 증가하면 삶에 대한 평가가 1포인트 높아진다.

〈도표 1〉이 맞을까, 아니면 〈도표 2〉가 맞을까? 연봉 5만 달러인 사람이 2퍼센트 오르면 1,000달러를 더 받고 연봉이 20만 달러인 사람이 1퍼센트 오르면 2천 달러를 더 받는다는 계산이 맞듯이 둘 다 정답이다. 콩고민주공화국과 인도의 차이를 계산할 때와 인도와 미국의 차이를 계산할 때를 비교하는 경우 퍼센트 단위의 증가율은 같지만 금액 증가분은 확연히 다르다. 〈도표 1〉은 소득이 절대적인 금액으로 일정량 증가하는 경우 부유 국가 국민의 삶에 대한 만족도 증가가 빈곤 국가 국민의 그것보다 적음을 보여준다. 이에 반해 〈도표 2〉는 소득이 퍼센트 비율로 일정량 증가하는 경우 (빈부에 관계없이) 삶에 대한 만족도가 그만큼 증가함을 나타낸다.

삶에 대한 평가 점수는 소득 뒤에 숨은 삶의 중요한 측면을 끄집어낸다. 이 때문에 소득의 중요성을 대단하게 생각할 필요가 없다는 주장까지 탄생했다. 건강이나 교육, 사회생활 참여 가능성 같은 웰빙의 다른 면을 고려해서 나온 결과라면 이 주장은 일리가 있다. 그러나 소득이 아무 가치도 없다는, 혹은 멕시코보다 소득이 높은 나라에 사는 사람들에게 소득이 아무 보탬이 안 된다는 결론을 함축한다면 잘못된 주장이다. 삶에 대한 평가에만 초점을 맞추고 다른 모든 요인을 무시해야 한다는 주장은 더 터무니없다. 삶에 대한 평가는 결코 완벽하지 않다. 조사할 때마다 사람들이 질문이 어떤 의미인지, 자신이 어떻게 대답해야 하는지 제대로 아는 것은 아니다. 또한 보고와 관련된 행동 방식의 국가 간 차이로 인해 국가 간 비교의 의미가 퇴색할 수도 있다. 많은 문화권에서 "불평할 필요는 없다"나 "그다지 나쁘지 않다"가 거의 좋다는 뜻으로 사용된다. 어떤 문화권에서는 사람들이 감정은 적극적으로 표현하면서도 자신이 거둔 성공에 대해서는 말을 많이 아낀다. 따라서 〈도표 2〉는 소득에 초점을 맞추는 일이 사람들을 심각한 오해에 빠뜨리지 않음을 보여준다는 점에서 중요하다. 세계에서 가장 부유한 나라들 사이에서조차 더 부유한 국가가 삶에 대해 더 높은 점수를 주었다.

1장에서 나는 행복과 삶에 대한 만족도를 측정하는 문제로 돌아갈 것이다. 그러나 1장에서는 주로 현대인의 웰빙에 대해, 아직도 탈출을 기다리는 사람들은 물론 대탈출을 감행한 사람들에 대해 보다 폭넓게 살펴보고자 한다.

CHAPTER 1

전 세계와
웰빙

인간의 역사상 가장 위대한 탈출은 무엇일까? 나는 빈곤과 죽음으로 부터의 탈출을 꼽고 싶다. 과거 수천 년의 세월 동안, 운 좋게 죽지 않고 어린 시절을 넘긴 사람들은 가난에서 헤어나지 못하는 삶을 맞이해야 했다. 인류는 계몽주의 시대와 산업혁명을 거치고 세균과 질병의 관계를 규명한 이론을 발전시키며 생활수준의 엄청난 향상을 이뤄냈으며, 수명 역시 2배 이상으로 늘렸다. 오늘날의 사람들은 그 어느 때보다 풍요롭고 윤택한 삶을 산다. 발전은 계속되고 있다. 내 아버지는 할아버지보다 2배 더 사셨다. 토목 기술자로 일한 아버지의 수입은 탄광에서 일한 할아버지보다 몇 배나 많았다. 나는 아버지보다 훨씬 더 많이 배웠으며 교수인 내 수입은 아버지보다 훨씬 높다. 전 세계적으로 아동과 성인의 사망률이 지속적으로 낮아지는 추세다.

그럼에도 탈출은 끝나지 않았다. 여전히 10억 명의 인구가 자신의

(혹은 우리의) 조상과 거의 다를 바 없는 낙후된 생활을 하고 있고 형편없는 교육을 받으며 수명만 좀 더 늘었을 뿐이다. 대탈출은 조상들보다 더 부유하고, 더 건강하며, 더 체격이 좋고, 더 교육을 많이 받은 우리에게 차별화된 세상을 선사했다. 그리고 또 다른 부정적인 의미에서 차별화된 세상을 선사하기도 했다. 많은 사람들이 탈출하지 못하고 뒤에 남겨진 탓에 세상이 300년 전에 비해 헤아리지 못할 만큼 불공평해졌다는 뜻이다.

이 책은 대탈출에 관한 이야기이자 대탈출로 인해 인류가 누리는 혜택이 무엇인지, 또 어떻게 해서 대탈출이 오늘날 불공평한 세상을 탄생시킨 원인이 됐는지에 관한 이야기다. 또한 아직까지 빈곤이라는 덫에 걸린 사람들을 돕기 위해 우리가 어떤 일을 해야 하는지, 혹은 어떤 일을 하지 말아야 하는지를 제시하고 있다.

나는 이 책에서 "웰빙"이라는 용어를 사람에게 이로우면서 만족할 만한 삶을 살기 위해 필요한 모든 요소를 지칭하는 데 사용할 것이다. 웰빙은 소득이나 부 같은 물질적인 웰빙, 그리고 행복과 건강 같은 육체적·정신적 웰빙, 또 민주주의와 법치를 통해 시민사회에 참여할 수 있는 기회, 교육수준을 포함한다. 이 책에서는 이 모든 요인 중 주로 두 가지, 즉 건강과 부에 초점을 맞출 것이다. 물론 이와 관련해서 행복에 대해서도 개략적으로 언급하게 될 것이다.

먼저 오늘날 세상 속에서 웰빙이 어떤 모습으로 나타나는지, 그리고 지난 30년에서 50년 사이 그것이 어떻게 바뀌었는지에 대해 간단히 살펴보고자 한다. 여기서는 기본적인 사실만 최소한으로 설명한 다음 이후 여러 장에 걸쳐 각각의 주제를 더욱 자세하게 탐구하고 우리가 어떻게 여기까지 왔는지, 그리고 앞으로 어디로 어떻게 가야 하는지 조명할 생각이다.

건강과 부

건강은 웰빙에 대해 탐구할 때 확실한 출발점 역할을 한다. 우리에게는 만족할 만한 삶을 살 시간이 필요하다. 사는 동안 건강이 악화하거나 장애를 겪는 경우 건강하고 만족스러운 삶을 향유할 가능성이 심각하게 줄어들 수 있다. 따라서 나는 수명에서부터 이야기를 시작하려 한다.

오늘날 미국에서 태어난 여자아이의 기대 수명은 80년 이상이다. 이 공식적인 추정치는 사실 상당히 보수적으로 계산한 수치다. 앞으로 아이가 사는 동안 등장할 수도 있는 사망률의 감소 요인을 전혀 고려하지 않았기 때문이다. 그동안 인간이 발전한 과정을 돌이켜볼 때 어느 날 갑자기 발전이 멈춘다고 생각하기란 대단히 어렵다. 물론 미래에 건강이 얼마나 개선될지 예측하기는 쉽지 않지만 합리적인 근거를 바탕으로 유복한 현대 미국 중산층 가정에서 태어난 백인 여자아이가 100살까지 살 확률은 50퍼센트라고 추측할 수 있다.[1] 이 여자아이와 1910년에 태어난, 여자아이의 증조할머니를 비교한다면 놀랄 만한 변화다. 출생 당시 증조할머니의 기대 수명은 54세였다. 1910년에 미국에서 태어난 모든 여자아이들 중 20퍼센트가 만 5세 생일을 맞이하기 전에 사망했으며 100번째 생일을 축하할 때까지 산 사람은 5,000명당

2명에 불과했다. 1940년에 태어난 여자아이이의 할머니조차 출생 당시 기대 수명이 66세였다. 1940년에 출생한 여자아이 1,000명 중 38명이 첫돌을 넘기지 못했다.

이와 같은 세대 간 차이는 오늘날 국가 간의 차이에 비하면 대수롭지 않게 보인다. 1910년의 미국보다 국민들의 건강 상태가 더 안 좋은 국가가 현재 전 세계 도처에 널려 있다. 시에라리온, 또는 앙골라나 스와질란드, 콩고민주공화국이나 아프가니스탄에서 태어난 아이들 중 4분의 1이 만 5세 생일을 맞이할 때까지 살지 못한다. 이 국가에서 출생한 아이의 기대 수명은 40세를 간신히 넘길 뿐이다. 일반적으로 이들 지역의 여성은 5명에서 7명까지 아이를 출산한다. 엄마가 된 여성 대부분이 아이를 적어도 한 명 이상 잃는 고통을 겪는다. 이들 국가에서는 1,000명 중 한 명꼴로 산모가 아이를 낳다가 사망한다. 10번 임신한 여성이라면 출산 중 사망할 위험이 100명당 한 명으로 증가한다. 이 수치도 심각하지만 몇 십 년 전에는 이보다 훨씬 더 심했다. 다른 것은 무엇 하나 개선되는 게 없어 보이는 가장 최악의 지역에서조차 사망 위험은 감소하는 중이다. 스와질란드 같은 가장 낙후된 일부 국가에서는 아이들이 만 5세를 넘기면 에이즈에 걸릴 위험과 마주친다. 이로 인해 대개 죽을 일이 거의 없는 10대 후반에서 20대 초반 젊은이들의 사망률이 급격하게 증가한다. 하지만 열대지방 국가 혹은 빈곤 국가라고 해서 모두 이런 안타까운 일을 겪는 것은 아니다. 열대 지역 국가 중 적어도 한 나라(싱가포르)를 포함해 많은 국가에서 신생아의 생존율이 미국 신생아와 같거나 더 높다. 심지어 중국과 인도에서조차 (2005년 기준 두 국가의 인구가 전 세계 인구 3분의 1 이상을 차지했으며 두 국가에 전 세계 빈곤층의 절반가량이 살았다) 오늘날 신생아의 기대 수명이 각각 73세 (중국)와 64세(인도)에 이른다.

1장 후반부에서 나는 앞에서 언급한 수치의 출처에 대해 더 자세히 설명할 것이다. 하지만 지금은 국가가 가난할수록 건강 관련 통계가 더 좋지 않은 경향이 있음을 부각하는 일이 중요하다. 그런데 우리에게는 만 1세 혹은 만 5세 이전에 사망하는 아이들의 비율 등 영유아 사망에 관한 정보는 충분하나, 산모 사망률이나 15세 청소년의 기대 수명 같은 성인 사망에 관한 정보는 이보다 훨씬 빈약한 상태다.

건강은 생존 및 장수와 관련됐을 뿐만 아니라 건강하게 사는 삶과도 관련된 문제다. 건강에는 여러 가지 측면이 있으며 누군가가 살아 있는지 여부와 같은 단순한 사실로만 판단하기가 어렵다. 그러나 여기 부유 국가와 빈곤 국가 간 여러 가지 차이가 존재할 뿐만 아니라 시간이 흐르는 동안 발전도 있었음을 보여주는 증거가 있다. 각종 보고서에서 빈곤 국가보다 부유 국가에서 고통을 겪거나 장애를 입는 사람들이 더 적다고 말한다. 부유 국가에서는 장애인 비율이 시간이 갈수록 줄어드는 추세다. 지능 지수IQ는 점점 높아진다. 전 세계적으로 평균 신장이 커지고 있다. 이상적인 환경에서 성장하면 유전자 정보만큼 키가 자라지만, 어린 시절 음식을 충분히 섭취하지 못하거나 질병을 앓으면 그 만큼 자라지 못한다. 자라야 할 만큼 자라지 못한 키는, 뇌가 정상적으로 발달하지 못하게 방해하고 더 나아가 성인이 됐을 때 누릴 수 있는 기회를 빼앗는 불행한 유년 시절을 보냈음을 의미할지도 모른다. 유럽인과 미국인은 평균적으로 아프리카인보다 크고 중국인 및 인도인보다 훨씬 크다. 다 자란 아이들은 부모보다 크고 조부모보다 훨씬 크다. 전 세계적으로 불평등이 확대됐음은 물론 소득과 건강 분야가 개선됐음은 이렇게 사람들의 몸에서도 여실히 확인할 수 있다.

물질적인 생활수준의 차이나 빈부 격차가 건강 상태의 차이로 이어지는 경우가 많다. 현대 미국인은 1910년 혹은 1945년에 산 미국인에 비해 훨씬 부유하다. 오늘날 기대 수명이 가장 짧은 국가에 사는 사람들이 올리는 소득은 현대 미국인이 올리는 소득에 비해 믿기 어려울 만큼 적다. (터무니없을 만큼 잘못된 이름인) 콩고민주공화국Democratic Republic of the Congo(조제프 모부투Joseph Mobutu가 통치한 1965년부터 1997년 사이에는 '자이르'라고 불렸다)의 1인당 국민소득은 미국의 1인당 국민소득의 약 0.75퍼센트에 불과하다. 콩고민주공화국 국민 절반 이상이 1인당 하루에 1달러 이하로 생활한다. 시에라리온과 스와질란드 국민도 이와 유사한 처지에 있다. 몇몇 최악의 지역에 사는 사람들에 대해서는 정보조차 없다. 현재 분쟁이 벌어지는 곳에서 살기 때문이다. 아프가니스탄이 한 예다.

2009년 미국 인구조사국Census Bureau이 미국인 14퍼센트가 빈곤층에 해당한다고 발표했다. 그러나 미국 정부가 세운 빈곤층 기준은 앞서 나온 예보다 훨씬 높은, 하루 생활비가 약 15달러인 사람들을 가리킨다. 비록 주택과 의료, 교육에 투입하는 비용을 제외하는 경우 1.25달러로 생활할 수 있다는 계산이 나와 있기는 하지만 한 사람이 하루에 1달러 이하로 생활하는 삶은 미국에서는 상상하기 어렵다.[2] 그러나 전 세계에서 가장 가난한 사람들은 일반적으로 이렇게 근근이 살아나간다.

기대 수명과 빈곤 사이의 관계는 충분히 실제적이기는 하나 정확성과는 거리가 멀다. 기대 수명이 각각 73세와 64세인 중국과 인도에서 많은 사람들이 하루에 1달러 이하로 생활한다. 인도에서는 전체 인구의 약 4분의 1이, 중국에서는 농촌 인구의 7분의 1이 이 기준에 해당한다. 전체적인 규모로 보았을 때 머지않아 중국 경제가 미국을 추월할 것이라고 하지만 중국의 1인당 국민소득은 미국의 20퍼센트 정도밖에 되지 않는다. 평균적으로 중국인 5명이 미국인 1명의 소득을 나눠 갖는 셈이다. 중국이나 인도보다 훨씬 가난하지만 기대 수명은 적절한 수준인 나라들도 있다. 기대 수명이 60대 중반인 방글라데시와 네팔이 그 예다. 베트남은 형편이 아주 조금 나을 뿐인데도 2005년에 기대 수명이 74세에 달했다.

또한 부유 국가 중에서도 소득에 비해 기대 수명이 훨씬 짧은 국가들이 있다. 대표적인 사례가 바로 미국이다. 미국인의 기대 수명은 부유 국가 중에서도 가장 낮은 축에 속한다. 다른 유형의 경우로 들 수 있는 또 한 가지 예가 적도기니다. 2005년 적도기니의 1인당 국민소득은 석유 수출로 인해 엄청나게 증가했지만 기대 수명은 50세에도 미치지 못했다. 과거 스페인의 식민지였던 서아프리카 국가 적도기니의 대통령은 테오도로 오비앙 응게마 음바소고_{Teodoro Obiang Nguema Mbasogo}다. 오비앙 대통령은 아프리카 최악의 지도자 자리를 두고 벌어지는 치열한 경쟁 속에서 선두권을 차지하는 인물이며 대통령 가족은 석유 수출로 번 국가 수입을 대부분 착복한다.

높은 기대 수명과 건강, 빈곤층의 부재, 민주주의, 법치주의는 우리가 이상적인 국가를 설계할 때 포함시키는 여러 가지 요인에 속한다. 이런 요인이 충족되면 사람들은 만족스러운 삶을 살면서 자신이 중요하게 생각하는 목표를 추진할 수 있다. 그러나 사람들에게 물어보지 않는다면 사람들이 무엇을 중시하는지, 하나를 얻기 위해 다른 하나를 잃어야 하는 경우 어느 정도 건강이나 부를 희생할 수 있는지, 심지어 두 가지가 어느 정도까지 중요한지 등에 대해 정확히 알 수 없다. 인간은 때로 도무지 견디지 못할 것 같은 상황에서도 적응할 수 있다. 어쩌면 가난과 죽음이 만연한 곳이라도 약간이나마 행복을 찾아내거나 만족스러운 삶을 살 수 있을 것이다. 이를테면 죽음의 그림자가 드리운 마을에서 성공하는 사람이 나오는 식이다. 가난한 사람들은 가장 어려운 상황에서도 만족스럽게 산다고 말하고, 모든 것을 다 가진 듯 보이는 부유한 사람들은 자신의 삶이 굉장히 불만족스럽다고 말할지도 모른다.

상황이 이렇게 되면 우리는 오히려 사람들이 자신의 삶에 대해 느끼는 생각보다는 사람들이 만족스럽게 살 수 있도록 하는 기회라는 측면에서 웰빙을 측정하는 쪽을 선택할 수도 있다. 가난한 사람이 행복하고 적응력이 뛰어나다고 해서 그 사람이 더는 가난하지 않다는 뜻이 아니며, 부자가 욕심을 부리거나 불행을 느낀다고 해서 그 사람이 부자라는 사실이 사라지지는 않는다. 아마르티아 센이 "잠재능력capabilities"이라고 이름 붙인 요소에 초점을 맞추는 경우 사람들이 객관적인 환경에 대해 어떻게 판단하는지, 혹은 어떤 느낌을 받는지보다는 객관적인 환경이 열어놓은 가능성이라는 측면에서 얼마나 자유롭게 가난에서 탈출할 수 있는가에 대한 조사를 실시할 수 있다.[3] 하지만 누군가 자신이 잘 살고 있다고 생각한다면 그 자체로 좋다. 불행해하기보다는 행복해하는 편이 더 낫다. 그러한 느낌은 만족스러운 삶의 토대가 된다. 웰빙의 수준에 대해 평가할 때 어떤 특별한 우선순위를 제시하지 않더라도 사람들에게 어떤 감정을 느끼는지에 대해 묻는 과정은 중요하다. 경제 학자 리처드 레이어드Richard Layard 같은 일부 공리주의자들은 이와 다른 입장을 취했다.[4] 레이어드는 행복에 대해 스스로 내린 평가만이 중요하며, 좋은 환경은 행복을 증진시킬 때에만 좋고 사람들이 행복하기만 하다면 나쁜 환경도 나쁘지 않다고 주장한 인물이다. 그렇지만 우리가 머리글에서 소개한 〈도표 1〉과 〈도표 2〉을 통해 보았듯이 끔찍하고 폭력적이며 짧은 삶을 살아야 하는 국가의 국민들은 결코 자신의 삶에 만족해하지 않으며 부유한 장수 국가의 국민들은 대체적으로 자신이 누리는 행운에 대해 잘 알고 있음이 확인됐다.

각국의 기대 수명과 소득

대단히 흥미로운 예외적인 사례를 찾아내고 물론 일반적인 유형을 살펴보기 위해 우리는 건강과 부, 행복에 관한 유형을 보여주는 도표를 작성하고 전체적인 관점에서 세상을 바라볼 필요가 있다. 1975년 인구 통계학자 새뮤얼 프레스턴Samuel Preston이 이 작업을 하는 데 가장 유용한 방법을 처음으로 제시했다.[5] 프레스턴이 최초로 만든 도표를 2010년 자료에 맞춰 〈도표 1〉로 다시 그렸다. 〈도표 1〉은 각국의 기대 수명과 소득을 보여준다.

　가로축은 각국의 1인당 국내총생산을 나타내며 세로축은 남녀를 모두 포함한 출생 시 기대 수명을 의미한다. 각 나라는 원으로 표시되고 원의 크기는 인구에 비례한다. 도표 왼쪽 중앙에 있는 큰 원 두 개가

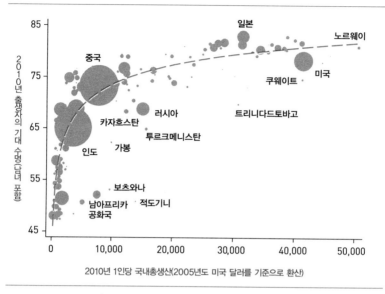

〈도표 1〉 2010년 기대 수명과 1인당 국내총생산

중국과 인도이고, 그 두 원보다는 상당히 작지만 그래도 큰 축에 속하는 도표 오른쪽 상단에 있는 원이 미국이다. 왼쪽 아래에서 시작해 오른쪽 위로 향하는 곡선은 저소득 국가가 모여 있는 곳에서는 급격하게 상승하다가 부유한 장수 국가가 모여 있는 곳에서는 거의 평평하게 진행하면서 기대 수명과 국민소득 사이에 성립된 전반적인 관계를 보여준다.

1인당 국내총생산은 한 나라의 영토 내에서 생산 활동을 통해 창출된 모든 재화와 용역의 가치를 합한 뒤 인구수로 나눈 값이다. 책에서는 공통 화폐 단위로 환산해 사용했다. 단위로 사용한 2005년도 국제 달러는 적어도 원칙적으로는 모든 국가에서 동일한 가치를 갖는 것으로 설정했다. 그래야 적절한 비교가 가능하기 때문이다. 브라질에서든 탄자니아에서든 국제 달러 1달러의 구매력이 미국에서와 같다는 뜻이다. 국내총생산은 외국인이 번 소득은 물론 정부가 거둔 세금이나 기업과 은행이 올린 수익 같은 개인에게 직접적으로 돌아가지 않는 소득을 포함한다. 상당히 많은 경우도 있지만 대체로 GDP의 일부만이 각 가정에서 필요한 물건을 구입하는 용도로 사용된다. 직접적으로든(교육 분야에 대한 정부 지출 등) GDP의 다른 부분은 간접적으로든(미래를 위한 투자 등) 각 가정에 도움이 된다. GDP는 국민총생산을 뜻하는 GNP와 다르다. 자국민이 해외에서 거둔 수익은 GNP에 포함되지만 GDP에는 포함되지 않는다. 반면 외국인이 자국에서 거둔 수익은 GNP에는 포함되지 않지만, GDP에는 포함된다. 그 차이는 대개 사소하지만 어떤 나라에서는 중요한 영향을 미치기도 한다. 벨기에와 프랑스, 독일에 사는 사람들이 많은 소득을 올리는 룩셈부르크는 GNP가 GDP보다 훨씬 적은 국가의 한 예다. 또 다른 예로 중국 남부 작은 반도에 자리 잡고 있으며 현재 세계에서 가장 큰 카지노가 영업 중인 마카오가 있다. 이 두 국가를 표시하려면 도표를 오른쪽으로 더 확장해야 할 것이다. 석유 수출로 부국이 된 카타르와 아랍에미리트와 더불어 룩셈부르크와 마카오의 2010년 1인당 GDP는 전 세계에서 가장 높은 수준을 기록했다(네 국가는 도표상에서 제외됐다). 국민소득을 측정하기에는 GNP가 낫지만 자료를 일관되게 사용하기에는 GDP가 더 좋다. 내가 여기에서, 그리고 다른 부분에서 GDP를 사용한 이유다.

　도표가 보여주는 중요한 특징은 중국이 표시된 지점에서 곡선이 급격하게 휘면서 경사가 완만해진다는 점이다. "구부러진 지점"은 '질병 구조의 전환epidemiological transition'을 의미한다. 전환점을 기준으로 왼쪽에 있는 국가에서는 전염병이 주요 사망 원인이며 사망자 상당수가 어린 아이들이다. 세계에서 가장 가난한 나라에서는 사망자의 절반가량이 만 5세 이하 어린이다. 전환점을 지나 부유한 국가로 이동하면 영유아 사망이 상당히 보기 드문 일로 바뀐다. 사망자의 대부분은 나이 든 사람들이며 사망 원인은 전염병이 아닌 만성질환이다. 그중에서 가장 문제가 되는 원인은 심장병(더 폭넓게 말하자면 뇌졸중을 포함한 심혈관계 질환)과 암이다. 빈곤 국가에서도 만성질환이 점점 일반적인 사망 원인이 되고 있다. 그러나 폐렴으로 사망하는 소수 노인을 제외하면 부유 국가에서 전염병으로 사망하는 사람은 거의 없다. 어떤 사람들은 이렇게 질병 구조가 바뀌는 현상을 가리켜 질병이 아이들의 장과 폐를 떠나 노인들의 혈관으로 움직인다고 요약하기도 한다.

웰빙의 전 세계적인 분포에 대해 생각할 때 기대 수명과 소득 간의 비례관계는 중요한 의미를 지닌다. 건강과 부는 웰빙을 구성하는 가장 중요한 두 가지 요소다. 도표를 보면 반드시 그렇지는 않지만 일반적으로 두 요소가 함께 움직이는 모습이 보인다. 사하라사막 이남에 사는 수많은 아프리카인처럼 물질적인 생활수준이라는 측면에서 부족함에 시달리는 사람들은 대개 건강이라는 측면에서도 기회를 박탈당하는 고통을 겪는다. 이들은 오래 살지 못하며 사는 동안 자신의 아이들이 죽어가는 모습을 바라보는 끔찍한 경험을 한다. 곡선의 반대쪽 끝에 자리한 부유 국가에 사는 사람들 중 아이가 세상을 떠나 괴로워하는 사람은 거의 없다. 이들은 가장 가난한 국가 국민보다 2배 가까이 오래 살면서 수준 높은 생활을 누린다. 건강과 부를 한꺼번에 생각하면서 세상을 관찰하면 어쩔 수 없이 양극화 현상이 더욱 심해졌음이 보이고, 건강이나 소득 중 한 가지만 놓고 볼 때보다 웰빙이 더 넓게 확산됐음을 알 수 있다. 양극화 현상을 이해하는 조잡하지만 때로는 유용한(윤리적으로는 매력적이지 못한) 방법이 있는데, 바로 기대 수명과 소득을 곱해서 비교해보는 것이다. 웰빙을 평가하는 궁색한 수단이지만 (추가적인 1년이 소득으로 평가되므로 부자가 1년 더 사는 것이 빈자의 그것보다 더 높은 가치를 갖는다) 국가 간 격차가 만드는 결과를 확실하게 보여준다. 예를 들어 콩고민주공화국의 1인당 국민소득은 미국의 약 0.8퍼센트로 추산되고 기대 수명은 미국의 3분의 2에 못 미치므로 평균적으로 미국인의 평생 소득이 콩고민주공화국 국민보다 200배 이상 높은 것으로 나온다.

도표에서는 사람들이 더 건강해지는 이유가 소득이 더 많기 때문인지, 혹은 흔히 "가난병"이라고 부르는 병이 발생하는 이유가 정말 가난 때문인지를 명확하게 보여주지 않는다. 물론 이 도표는 그 가능성을 배제하지도 않는다. 따라서 소득은 몇 가지 면에서, 그리고 때로 실로 중요한 요소라 아니 할 수 없다. 소득의 중요성에 대해서는 이 책나머지 부분에서 광범위하게 탐구할 것이다. 소득은 사람들의 건강을 증진시키기 위해 더 좋은 영양소를 섭취하거나(이를 위해서는 사람들에게 돈이 있어야 한다) 더 깨끗한 물을 공급하고 위생 시설을 개선하는(이를 위해서는 정부에 돈이 있어야 한다) 과정이 필요한 지역에서 중요한 역할을 한다. 분명 연구 및 개발에 돈이 많이 필요하다고는 하나 부유한 나라에서는 돈이 어떤 식으로 암이나 심장질환을 해결할 수 있는지 상대적으로 덜 분명하다. 따라서 질병 구조가 변하는 지점을 통과하는 순간 곡선의 경사가 완만해지는 현상에 대해서는 간단한 설명으로 시작한다.

인간의 기대 수명이 늘어나는 데에는 어느 정도 한계가 있으므로 (아마 놀랍겠지만 이 주제에 대해 치열한 논쟁이 벌어진다) 기대 수명이 일본이나 하다 못해 미국 수준에 다다르는 순간 더 늘리기는 점점 어려워진다.

이따금 부유 국가들의 경우 소득과 기대 수명 사이에 아무 관계가 없다는 주장이 제기된다.[6] 머리글에서 국내총생산과 삶에 대한 평가를 나타낸 도표를 두 번에 걸쳐 그렸듯이 소득을 나타내는 축을 로그 척도로 바꿔 〈도표 1〉을 다시 그리면 도움이 될 것이다. 〈도표 2〉는 〈도표 1〉과 정확하게 똑같은 자료를 사용했지만 굉장히 다른 느낌을 준다. 주로 미국에서 나온 형편없는 결과로 인해 오른쪽 윗부분에 가서 선이 살짝 완만해지고 가장 부유한 국가들에서는 여전히 둘 사이에 관계가 별로 없음이 확실히 보이지만, 처음에 얼핏 보면 왼쪽에서든 오른쪽에서든 선의 경사도가 거의 같다. 그러나 머리글에서 확인한 대로 소득이 증가하면 그만큼 삶에 대한 만족도가 높아지듯 전 세계의 많은 지역에서 (비례적으로 볼 때) 소득이 증가하면 그만큼 수명이 늘어난다. 물론 부유한 국가가 돈을 훨씬 더 많이 벌기 때문에 똑같은 비율로 증가하더라도 절댓값으로 계산하면 부유한 국가의 증가분이 가난한 국가의 증가분보다 훨씬 많다. 따라서 〈도표 1〉에서 보듯 똑같은 돈이 생기면 추가적으로 늘어나는 수명이 부유 국가보다 빈곤 국가가 더 길다. 하지만 부유한 국가들 사이에서조차 소득이 더 높으면 여전히 수명이 더 길어진다. 그렇지만 〈도표 2〉가 보여주듯 기대 수명을 기준으로 한 국가 순위는 소득을 기준으로 한 국가 순위와 전혀 같지 않다.

선과 멀리 떨어져 있는 국가들에 관한 이야기 역시 선상에 있는 국가들의 이야기만큼이나 중요하다. 소득수준을 고려한 예상치보다 훨

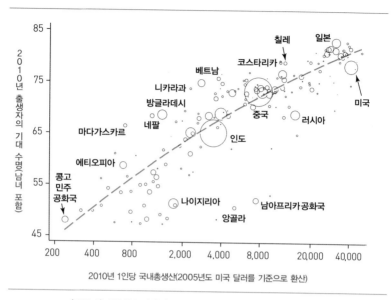

85

75

65

55

45

2010년 출생자의 기대 수명(남녀 포함)

칠레

일본

코스타리카

베트남

니카라과

방글라데시

네팔

마다가스카르

중국

러시아

미국

에티오피아

인도

콩고
민주
공화국

나이지리아

남아프리카공화국

앙골라

200   400   800   2,000   4,000   8,000   20,000 40,000

2010년 1인당 국내총생산(2005년도 미국 달러를 기준으로 환산)

〈도표 2〉 2010년 기대 수명과 1인당 국내총생산(로그 척도 사용)

씬 낮은 점수를 기록한 국가 중 일부는 전쟁으로 큰 타격을 받았다. (중요하게 언급하지는 않았지만 다른 아프리카 국가들은 물론) 보츠와나와 스와질란드를 비롯한 다른 국가들은 에이즈가 유행하면서 몸살을 앓고 있다. 이 중 몇몇 국가에서는 제2차 세계대전 이후 늘었던 기대 수명의 증가분이 거의 혹은 전부 사라졌다. 이들 국가는 질병으로 인해 선 아래로 멀리 떨어져버렸다. 나는 이미 가장 심각한 예로 적도기니에 대해 설명한 적이 있다. 그러나 똑같은 요인, 즉 소득의 심각한 불평등이 도표에 남아프리카공화국을 표시할 때에도 부분적으로 영향을 미쳤다. 남아프리카공화국은 에이즈가 출현하기 훨씬 오래전부터 선 아래쪽에 있었다. 아파르트헤이트Apartheid(남아프리카공화국의 극단적인 인종차별정책과 제도)가 종말을 고한 후에도 남아프리카공화국은 여전히 작고 부유한 지역을 훨씬 넓고 가난한 지역이 둘러싸고 있는 모습으로 묘사할 수 있다. 실제로 〈도표 2〉에서 미국과 나이지리아가 연결되도록 선을 그어 곡선이 10퍼센트가량 아래로 이동했다면(10퍼센트는 남아프리카공화국 인구에서 백인이 차지하는 비율이다) 남아프리카공화국의 위치는 곡선과 더 가까워질 것이다.

러시아는 상당히 좋지 않은 결과를 보이는 또 다른 국가다. 러시아에서는 공산주의 정권이 붕괴된 뒤 기대 수명이 빠르게 감소했다. 아마도 과도기에서 발생하는 혼란과 분열이 원인이었을 것이다. 사회적 혼란과 더불어 과도한 음주 소비는 특히 남성의 기대 수명 감소를 야기한 요인 중 하나였다. 다만 정치체제가 바뀌기 전에도 남성의 사망률이 증가하고 있었다는 것만으로도 러시아에서 벌어진 현상은 논란거리로 남는다.[7] 진실이 무엇이든 러시아와 과거 소비에트연방 공화국에 소속됐던 다른 국가들은 국민의 건강 상태와 삶에 대한 평가가 소득을 고려해서 예상했던 결과보다 좋지 않다. 이들은 공산주의 경제에서 자본주의 경제로 바뀌면서 소득을 측정하기가 어려워진 나라들이기도 하다. 그들의 소득이 도표에서 과도하게 표현됐을 수도 있다. 어떤 형태로든 불가피했고 아마도 결국에는 좋은 쪽으로 끝나겠지만 러시아에서 일어난 변화는 소득과 평균수명에서 엄청난 손실을 야기했다. 에이즈 유행이나 중국의 대기근 현상처럼 전후 세계에서 일어난 몇몇 대참사에 비하면 별일 아닐지 몰라도 러시아 국민들은 행복한 삶을 잃고 엄청난 고통을 겪었다.

미국은 소득에 비해 상대적으로 좋지 않은 결과를 얻었다. 그럼에도 미국은 다른 어떤 나라보다 국민소득에서 의료비가 차지하는 비중이 높다. 따라서 미국은 소득과 건강 사이에 밀접한 관계가 전혀 없음을, 그리고 건강과 의료비 사이의 관계는 더 말할 필요도 없음을 보여주는 좋은 사례가 된다. 칠레와 코스타리카는 미국만큼이나 기대 수명이 높다. 두 국가의 1인당 소득과 의료비는 각각 미국의 약 4분의 1과 12퍼센트 수준이다. 나는 2장과 5장에서 미국인의 건강과 의료비 재원 조달 문제를 다시 다룰 예정이다.

다른 국가들은 소득을 고려한 예상치보다 훨씬 더 나은 결과를 보여주었다. 로그 척도를 사용한 〈도표 2〉는 이 같은 사실을 〈도표 1〉보다 훨씬 명확하게 나타낸다. 네팔과 방글라데시, 베트남, 중국, 코스타리카, 칠레, 일본은 국가 간을 잇는 곡선에서 기대 수명이 예상했던 위치보다 높은 곳에 나타난 중요한 국가들이다. 가장 가난한 축에 속하는 국가가 좋은 결과를 얻은 이유가 영아(만 1세 이하) 및 유아(만 5세 이하)의 사망률을 크게 낮추는 데 성공했기 때문이라면, 소득 상위권에 속한 국가, 특히 일본은 중장년층과 노년층의 사망률이 현저히 낮기 때문이라고 할 수 있다. 나는 이 책 후반부에서 몇 가지 예외 사례에 대해 더욱 자세하게 탐구하려고 한다. 요점은 이 곡선과 관련해 숙명적인 것은 없다는 사실이다. 가난한 국가가 자원을 고려해 예상한 수치보다 더 좋은 결과를 얻을 수 있으며 부유한 국가가 더 나쁜 결과를 얻을 수도 있다. 소득이 적더라도 국민의 건강을 보장하는 방법이 있고 엄청나게 많은 돈을 헛되이 쓰는 방법도 있다. 또한 전쟁과 전염병, 심각한 불평등은 소득수준과 상관없이 국민의 건강에 좋지 않은 영향을 미친다. 적어도 앞의 두 가지는 부유한 국가에서보다 가난한 국가에서 발생할 확률이 훨씬 높지만 말이다.

전진과 상승, 그리고 대재앙의 방해

〈도표 1〉과 〈도표 2〉는 2010년 당시 세계 각국의 모습을 간략하게 보여준다. 그러나 기대 수명과 소득 간 관계를 나타내는 곡선은 제자리에 머무른 적이 없다. 〈도표 3〉은 자료를 토대로 두 가지 곡선을 그렸다. 하나는 2010년 자료를 이용한 곡선이고 다른 하나는 1960년 자료를 이용한 곡선이다. 1960년 자료로 그린 원은 2010년 원과 구분할 수 있게 더 밝게 표시했다. 원의 크기는 앞에 나온 도표와 마찬가지로 인구에 비례하지만 각 연도에서의 상대적인 규모를 나타내기 때문에 1960년의 원 크기와 2010년의 원 크기를 비교한다고 해서 한 국가의

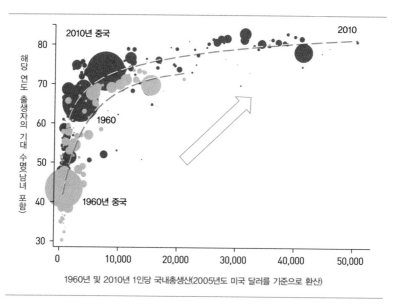

〈도표 3〉 더 길어진 수명, 더 부유해진 삶

인구 변화를 파악하지는 못한다.

더 어두운 원이 거의 대부분 더 밝은 원보다 위쪽과 오른쪽으로 치우친 모습이다. 1960년 이후 거의 모든 국가가 부유해졌고 사람들의 수명이 늘어났다. 아마도 이것이 제2차 세계대전 이후 세계가 잘살게 됐음을 말하는 가장 중요한 사실일 것이다. 상황은 점점 좋아졌고 웰빙에서 건강과 소득이 차지하는 부분은 모두 시간이 갈수록 개선됐다. 경제학자이자 역사학자인 로버트 포겔Robert Fogel은 더 오랜 역사를 토대로 기아와 영유아 사망에서 벗어난 사건에 대해 책을 썼다.[8] 그 책에서 묘사한 대탈출은 제2차 세계대전 이후 전 세계에 걸쳐 빠른 속도로 계속됐다. 일부 국가가 아직 탈출하지 못했고 더 많은 국가가 아직 탈출 중이기는 하지만 우리는 인류가 거둔 성공에 주목하고 축하를 보내야 한다. 수백만 명이 질병이 만연하고 물질적으로 궁핍한 세상에서 빠져나왔다. 아마르티아 센은 인류가 이룬 발전을 자유라고 표현했다.[9] 〈도표 3〉은 2010년의 세계가 1960년에 비해 더 자유로워졌음을 보여준다. 만약 (훨씬 불완전하기는 하지만) 1930년이나 1900년 자료를 사용해 도표를 추가했다면 자유가 오랜 시간에 걸쳐 점차 확대됐음을 알 수 있었을 것이다. 약 250년 전에 시작돼 조금씩 탄력이 붙다가 지난 50년 동안 더욱 더 많은 국가를 끌어들인 현상이었다.

전반적으로 발전하는 가운데 비극적인 재앙이 여러 차례 닥쳤다. 인류 역사상 가장 최악의 재난 중 하나가 1958년에서 1961년 사이 전개된 중국의 "대약진운동Great Leap Forward"이다. 처음부터 잘못된 산업화 및 식량 조달 정책으로 인해 대략 3,500만 명이 굶주림으로 사망하고 신생아 수가 추정컨대 4,000만 명 이상 감소한 사건이었다. 3년 동안 기후는 평상시와 같았다. 기근 사태는 전적으로 인간 때문에 일어났다.

마오쩌둥毛澤東과 추종자들은 생산성을 러시아와 영국 수준으로 빠르게 끌어올려 공산주의의 우월성을 보여주는 동시에 공산주의 세계에서 마오쩌둥의 리더십을 확립하고자 했다. 급격하게 산업화하는 도시의 식량 수요를 맞추고 수출을 통해 외화를 버는 데 필요한 식량의 양을 맞추도록 터무니없는 생산 목표가 수립됐다. 중국 공산당이 지배하는 전체주의 체제 속에서 이미 할당받은 식량 조달 목표가 도달 불가능한 수준이었음에도 각 지방의 인민공사(중국 농촌의 사회생활 및 행정조직 기초단위)들은 목표량을 더 크게 늘리며 생산량 과장 경쟁에 나섰고, 그 바람에 사람들이 먹을 식량이 바닥났다. 이와 동시에 중국 공산당은 모든 사유지를 인민공사에 귀속시키는 한편 사유재산은 물론 심지어 각 가정에서 사용하는 조리도구까지 몰수하고 사람들에게 공동 식당을 이용하도록 명령해 농촌 사회에 혼란을 야기했다. 또한 인민공사가 자신 있게 예상한 엄청난 증산 목표를 감안해서 농촌 인력 일부를 공공사업과 철강 생산 공장에 투입했다. 그러나 농촌 지역에 건설된 소형 용광로는 대부분 아무것도 생산하지 못했다. 여행과 의사소통의 자유가 엄격히 제한됐기 때문에 소문이 번지지 않았고, 반발하는 사람은 본보기로 처벌되었다. 1960년에서 1961년 사이에 약 75만 명이 사형에 처해졌다(어쨌거나 공산혁명의 초기 시절에는 인민들이 당을 신뢰했다).

(아마도 축소된 규모였겠지만) 사람들에게 닥친 재난에 대해 알게 된 마오쩌둥은 목표량을 절반으로 줄이면서도 자신에게 현실을 알린 사람들을 "우파 변절자"라는 꼬리표를 붙여 제거하고, 몰래 식량을 비축했다

며 농민들을 비난했다. 만약 그렇게 하지 않고 대약진운동이 실패했음을 인정했다면 마오쩌둥의 지도자 자리가 위태로워졌을 것이다. 마오쩌둥은 자신이 곤경에 처하는 일을 막기 위해 농촌 주민 수천만 명을 희생시킬 각오를 했다. 공산당 지도부가 처음으로 기근 현상이 얼마나 크게 번지고 있는지 확실히 파악했을 때 마오쩌둥이 정책 방향을 바꿨다면 기근은 3년까지 이어지지 않고 1년 만에 끝났을 것이다. 어쨌든 그때는 모든 사람들을 굶주림에서 해방시킬 수 있는 양보다 더 많은 식량을 중국 정부가 비축하고 있었다.[10]

몇몇 보고서는 1958년 당시 50세에 가깝던 중국의 기대 수명이 1960년 30세 이하로 추락했다고 말한다. 5년 뒤 마오쩌둥이 사람들을 죽이지 않게 되자 기대 수명이 55세 가까이로 늘어났다.[11] 대약진운동이 전개되는 동안 출생한 아이들 중 거의 3분의 1이 살아남지 못했다. 우리는 가끔씩 정책 실시로 어떤 이익이 발생하는지 정확하게 파악하거나 심지어 정책이 변화를 일으키기는 하는지 확신하는 데 어려움을 겪는다. 그러나 대약진운동이 보여주듯이 잘못된 정책이 불러오는 비극적인 결과는 너무나 확실히 알 수 있다. 전쟁이나 전염병이 발생하지 않았더라도 전체주의 국가에서 실시한 잘못된 정책은 수백만 명의, 때로는 심지어 수천만 명의 목숨을 앗아가는 사태로 이어졌다. 물론 잘못된 정책이라고 해서 항상 수백만 명의 죽음을 야기하지는 않는다. 대약진운동의 문제는 중국이 전체주의 사회인데다 마오쩌둥이 정책 방향을 수정하도록 만들 메커니즘이 없었기 때문에, 잘못된 정책을 되돌리는 데 그토록 오래 걸렸다는 사실이다. 오늘날 중국의 정치체제는 마오쩌둥이 처음 수립했을 때와 크게 다르지 않다. 달라진 부분은 정보의 흐름이다. 공산당의 통제가 계속되고 있기는 하지만 오늘날에도 중국 지도부나 다른 나라들이 모르는 가운데 그런 기근이 일어날 수 있다고 믿기는 어렵다. 그렇다고 다른 나라들이 그때와 달리 도움을 제공할 수 있을지는 결코 확실하지 않다.

에이즈 유행은 또 다른 엄청난 재앙이다. 앞에서 이미 확인했듯이 에이즈가 유행하면서 사하라사막 이남에 있는 많은 국가에서 사망률이 증가하고 기대 수명이 급격하게 떨어졌다. 남아프리카공화국은 그러한 실상을 생생하게 보여준다. 〈도표 1〉과 〈도표 2〉에서 남아프리카공화국의 위치는 곡선과 한참 떨어져 있다. 에이즈가 사망률에 영향을 미치기 훨씬 전인 1960년으로 되돌아가더라도 남아프리카공화국의 위치는 거의 같다. 전염병 때문이 아니라 백인과 흑인 간 심각한 불평등 때문이다. 만약 도표상의 곡선들을 영화처럼 돌리며 변화를 관찰한다면 아파르트헤이트 체제가 무너지고 의료 분야에서 인종차별이 줄어들면서 남아프리카공화국의 위치가 점점 올라가 곡선에 더욱 가까워지는 모습이 보일 것이다. 적어도 1990년까지는 그랬다. 그러나 그후 에이즈로 인한 사망자가 증가하면서 〈도표 1〉에서 보듯 남아프리카공화국이 원래 위치로 곤두박질쳤다.

지난 몇 년 동안 에이즈를 어느 정도 치료할 수 있는 항레트로바이러스 치료제가 사용되면서 아프리카에서 사망률이 감소했다. 전염병은 탈출이 일시적인 사건에 그칠 수 있으며 20세기에 발생한 에이즈와 19세기에 퍼진 콜레라, 중세 시대에 나타난 페스트 같은 전염병의 대유행이 과거에 국한된 사건이 아니라 현재도 일어날 수 있는 일임을 상기시키는 또 다른 매개체다. 과학 전문지와 대중매체는 "신흥" 전염병, 특히 에이즈처럼 동물을 숙주로 삼다가 인간에게 전염되는 질병이 현대인에게 어떤 위협을 가할 수 있는지에 대해 커다란 관심을 보이고 있다. 인간에게 위험한 "동물 매개" 전염병은 많이 있으며 그중 일부는 빠른 속도로 확산돼 치명적인 타격을 입힌다. 그러나 이들이 대규모로 유행하는 일이 거의 불가능한 이유가 바로 이 치사율 때문이다. 희생자의 죽음은 희생자는 물론 바이러스 자신에게도 좋지 않은 결과다. 쉽게 전염되지 않고 희생자를 오랜 시간에 걸쳐 천천히 죽이는 에이즈가 훨씬 더 위험하다. 에이즈의 유행은 미래에는 이런 질병이 안전하게 제거될 수 있다는 우리의 믿음을 꺾었다.

대재앙을 고려하지 않는 경우 〈도표 3〉을 통해 전 세계가 더 부유해지고 더 건강해졌을 뿐만 아니라 시간이 흐르는 동안 소득과 기대 수명 간 관계를 나타내는 곡선 자체가 상승했음을 볼 수 있다. 2010년 곡선은 1960년 곡선보다 위에 있다. 더 먼 과거로 거슬러 올라간다면 1960년 곡선이 1930년 곡선보다 더 위에 있고 1930년 곡선이 1900년 곡선보다 더 위에 있음을, 그리고 똑같은 현상이 반복됨을 알 수 있을 것이다. 곡선이 상승하는 현상에 주목한 프레스턴은 소득이 아닌 다른 체계적인 요인이 원동력일 것이라고 결론지었다. (전염병이나 국가 보건 정책 같은 다른 요인은 거의 영향을 미치지 못하고) 소득이 가장 중요한 요인이라면 국가별 원이 곡선의 위 또는 아래로(대부분은 위로) 움직였을 것이다.

그러나 분명 여러 국가가 곡선의 위로 움직이기는 했지만 전부 그러지는 않았다. 심지어 소득에 변화가 없는 경우에도 시간이 흐를수록 기대 수명은 증가했다. 소득수준이 낮든 높든 전 세계에서 공통적으로 일어난 현상이었다. 프레스턴은 이처럼 곡선 위치가 상승한 이유를 과학 및 의학 지식이 발달했기 때문으로, 혹은 적어도 기존에 있던 과학과 의학 지식을 훨씬 더 많이 실생활에 도입했기 때문으로 생각했다. 그리고 곡선을 따라 이동하는 이유는 생활수준의 개선이 건강에 기여하기 때문으로, 곡선 자체가 움직이는 이유는 새로운 실용적 지식이 기여하기 때문으로 보았다.[12] 책을 진행하는 동안 이렇게 웰빙 지수가 증가하는 데 소득과 지식이 각각 어느 정도로 기여했는지에 대해 생각하고자 한다. 나는 지식과 소득이 모두 그 자체로도, 그리고 웰빙을 구성하는 요소로도 중요하며 웰빙의 다른 측면을 유발하는 촉진제로서도 많은 역할을 하지만, 핵심은 지식이며 소득은 웰빙을 유발하는 궁극적인 요인이 아니라고 주장할 것이다.

전 세계적인 빈곤, 전 세계적인 불평등

전 세계 거의 모든 국가에서 물질적인 생활수준이 개선되고 있다. 그러나 전 세계적인 빈곤 감소 현상과 경제성장 사이에 필연적인 관계가 있음을 확신할 수 있는 논리적인 근거는 없다. 세계에서 가장 가난한 나라가 더는 성장하지 않을지도 모른다(실제로 1980년대부터 1990년대 초반까지 아프리카 국가 대부분이 그랬다). 아니면 경제가 성장했더라도 각 국가에서 이미 부를 쌓은 사람에게만 성장의 혜택이 돌아갔을 수도 있다. 세계화와 경제성장이 부유한 사람들에게만 유리하게 작용한다고 생각하는 사람들은 두 주장 중 한 가지 또는 두 가지 모두를 내세웠다. 분명 우리가 앞에서 확인한 대로 물질적인 생활수준의 평균이 국가 간에 거의 상상하지 못할 만큼 차이 난다. 국가 내에서 부유층과 빈곤층의 차이가 이보다 더 작다고 말하기도 어렵다. 이렇게 갈수록 커지는 불평등은 경제성장 과정에서 발생하는 보편적인 현상인가? 모든 사람이 혜택을 누릴 수 있는가, 아니면 대탈출에 성공한 기존의 부자들만 혜택을 누리고 나머지는 뒤처질 수밖에 없는 것인가?

이들 질문에 대한 답을 찾는 한 가지 방법은 원래 가난한 국가가 원래 부유한 국가에 비해 빠르게 성장했는지 여부를 살펴보는 것이다. 빈곤 국가와 부유 국가 사이의 격차가 줄어들려면 반드시 그런 일이 일어나야 한다. 경제성장을 가능하게 하는 요인이 과학과 실용 지식의 발달이라면, 적어도 지식과 기술이 한 국가에서 다른 국가로 쉽게 전파될 수 있다면 국가 간 생활수준의 격차가 줄어들 것으로 기대할 수 있다.

먼저 점이 거의 무작위로 찍힌 〈도표 4〉를 살펴보자. 도표상에 있는 점은 한 국가를 뜻하며 추적 시작 당시 해당 국가의 1인당 국내총생산(가로축)과 1인당 평균 성장률(세로축)을 보여준다. 추적 시작 시점을 1960년으로 정하고 1960년부터 2010년까지 성장률을 살펴본 국가는 어두운 색으로, 추적 시작 시점을 1970년으로 정하고 1970년부터 2010년까지 성장률을 계산한 국가는 밝은 색으로 표시했다. 점들이 일정한 유형을 보이지 않는 모습은 빈곤 국가가 부유 국가보다 더 빨리 성장하지 않았으며, 따라서 빈곤 국가가 부유 국가를 따라잡지도 못했고 국가 간 불평등이 감소하지도 않았음을 의미한다. 그렇다고 부유 국가가 빈곤 국가보다 더 빨리 성장하지도 않았다. 전체적으로 국가 간 불평등은 거의 변화가 없었다. 거의 모든 국가의 성장률이 양수 값을

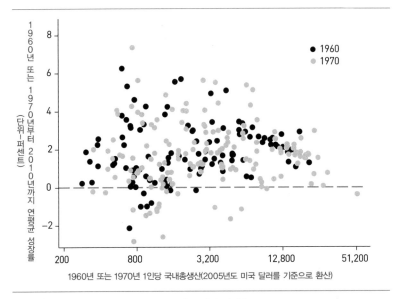

〈도표 4〉 국가별 성장률

기록하면서 전혀 성장하지 않았음을 나타내는 점선 위쪽에 찍혔다.

지난 50년 동안 많은 국가가 성장했다. 2010년 1인당 소득이 1960년보다 낮은 국가는 4개국에 불과하며 1970년보다 낮은 국가는 14개국뿐이다. 지금까지 나온 모든 도표에서 그러했듯 가장 안 좋은 국가 중 일부는(예를 들어 전쟁 중인 국가는) 대상에서 제외됐음을 기억해야 한다. 자료가 없거나 과거에는 존재하지 않았기 때문이다(〈도표 4〉를 작성할 때 최악의 결과가 나온 두 국가는 콩고민주공화국과 라이베리아다. 모두 전쟁 중인 국가였다).

정확히 똑같은 자료를 다르게, 더욱 긍정적으로 바라보는 방법이 있다. 경제학자 스탠리 피셔Stanley Fischer가 처음 이 방식을 도입해 그린 도표가 바로 〈도표 5〉다. 〈도표 5〉는 〈도표 4〉와 똑같지만 추적 시작 시점 당시 인구에 비례해 각국을 나타내는 원 크기를 결정했다.[13] 이렇게 그리면 강력한 반비례 관계가 성립됨을 한눈에 알 수 있다. 즉 더 가난한 국가가 더 빠르게 성장했다. 그러나 우리는 이미 더 가난한 국가가 더 빨리 성장하지 않았음을 알고 있다! 이 같은 인식의 차이는 인구가 많은 국가들의 점을 크게 확대한 데서 비롯한다. 세계에서 인구가 가장 많은 두 국가인 중국과 인도는 지난 50년 동안 대단히 빠른 속도로 성장했다. 두 국가에는 엄청나게 많은 사람이 살고 있다. 따라서 두 국가가 성장하는 동안 과거(추적 시작 시점) 전 세계 소득분포도에서 아랫부분을 차지하던 20억 명 이상 되는 사람의 평균 소득이 중간 부분에 훨씬 더 가까워져 현재 위치에 이르렀다. 한 나라에 사는 모든 사람이 그 나라의 평균 소득만큼 번다면 〈도표 5〉는 국가별 평균 생활수준의 격차가 줄어들지는 않았더라도 전 세계 모든 사람의 생활수준이 보다 비슷해졌음을 보여줄 것이다. 물론 어떤 국가에서든 모든 사람의 소득이 똑같아지는 상황은 결코 일어나지 않는다. 앞으로 6장에서 보겠지만 국가 간 소득 불평등은 존재할 뿐만 아니라 (전부는 아니더라도) 많은 나라에서 확대되고 있다. 일단 국가 내 소득 불평등을 고려의 대상으로 삼으면 전 세계 모든 사람의 소득 불균형에는 무슨 일이 벌어지고 있는지 훨씬 더 불분명해진다. 그것이 줄어들고 있다고 주장할 수는 있지만 말이다.

중국과 인도의 급속한 성장은 전 세계에서 수억 명이 대탈출을 감행할 수 있게 했을 뿐만 아니라 전 세계를 더욱 평등한 공간으로 만들었다. "국가"가 아닌 "사람"을 놓고 생각한다면 부정적인 그림을 보여주는 〈도표 4〉가 아니라 긍정적인 그림을 보여주는 〈도표 5〉가 옳다.

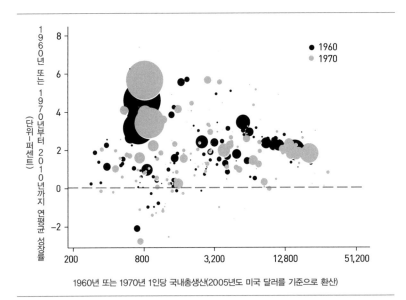

〈도표 5〉 인구 대비 국가별 성장률

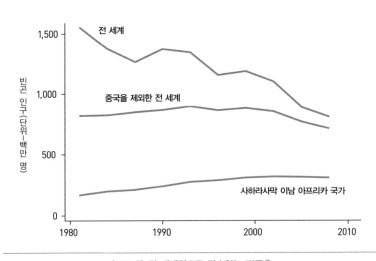

〈도표 6〉 전 세계적으로 감소하는 빈곤층

중국과 인도에서 일어난 일은 전 세계 빈곤 역사에도 크게 영향을 미쳤다. 세계은행은 전 세계에서 하루에 1인당 1달러 이하로 생활하는 가정에 속한 사람들이 얼마나 되는지를 주기적으로 산출한다. 세계은행이 2008년도까지 집계한 가장 최근 자료가 〈도표 6〉에 나타나 있다.[14] 빈곤 국가들의 인구 총합이 약 20억 명 증가했음에도 전 세계에서 1인당 하루에 1달러 이하로 생활하는 사람들의 수가 1981년에서 2008년 사이 7억 5,000명 줄었다. 그 결과 전 세계에서 하루에 1달러 이하로 생활하는 사람의 비율이 40퍼센트 이상에서 14퍼센트로 감소했다. 다른 지역에서도 빈곤층 비율이 떨어지기는 했으나 가난한 사람의 수가 절대적으로 줄어든 데에는 급속하게 성장한 중국의 역할이 매우 컸다. 적어도 10년 전까지만 해도 중국인이 아니면서 빈곤층에 속한 사람의 수는 다소 늘어나고 있었다(나중에 6장에서 살펴보겠지만 인도의 통계자료에는 실제 소득 증가분이 일정량 누락되었다는 주장이 제기되기도 했다. 따라서 이 숫자들은 빈곤층 감소 면에서 인도가 이룩한 진보의 규모를 과소평가했을 가능성이 있다). 2008년 세계은행은 사하라사막 이남 지역에 대해서 하루에 1달러 이하로 사는 사람들의 비율이 37퍼센트라고 발표했다. 최고 수준인 1993년의 49퍼센트에서 감소한 수치였다. 낮은 수준이기는 하지만 최근 몇 년 동안 아프리카 경제가 성장하고 있다. 늘 그렇듯이 아프리카에 대한 자료는 대단히 조심스럽게 다뤄야 한다. 전 세계의 빈곤도 전반적으로 개선되었다. 모든 지역에서 꾸준히 진행되지는 않았지만 지난 25년 동안 각국의 성장은 전 세계에서 빈곤층을 줄이는 데 크게 기여했다.

사람들은 자신의 삶에 대해 어떻게 생각하는가?

만족스러운 삶을 살기 위해서는 건강과 부 이상이 필요하다. 발전을 토대로 빈곤에서 탈출하는 과정은 더 나은 교육과 더 나은 사회 활동 기회를 포함해야 한다. 이 책에서 내가 주로 초점을 맞추는 부분은 소득과 건강이지만 전반적인 그림은 거의 같다. 앞으로 해야 할 일이 많이 남아 있기는 하지만 최근 몇 십 년 동안 세계는 엄청나게 발전했다. 더 많은 아이들이 일상적으로 학교에 다니고 더 많은 사람들이 글을 읽는다. 비록 아직도 수많은 독재자가 존재하고 수억 명이 사회 참여에 (때로는 대단히 심각하게) 제한받으며 살고 있다고 해도, 반세기 전에 비하면 오늘날 전 세계인이 더 많은 정치적 자유를 누린다고 말할 수 있다. 적어도 이런 환경이 허락하는 기회 측면에서는 전 세계 거의 모든 지역에서 삶의 질이 나아지는 중이다.[15] 그러나 사람들이 통계자료를 기준으로 자신의 삶을 살펴보지 않고 직접 경험한 사람의 말보다는 개발 전문가나 학자들의 말에 더 귀를 기울일 가능성이 항상 존재한다. 혹은 사람들이 우리가 사용하는 목록에 포함되지 않은 다른 요인에 더 가치를 둘 수도 있다. 그래서 사람들에게 자신이 어떻게 살고 있다고 생각하는지 물어보라고 많이 이야기하는 것이다.

그중 한 가지로 머리글에서 〈도표 1〉과 〈도표 2〉을 그릴 때 사용한 자료처럼 웰빙에 대해 스스로 평가한 결과를 사용하는 방법이 있다. 최근 경제학자와 심리학자, 철학자들이 웰빙에 대한 자기평가 결과에 대해 관심을 보이기 시작했다. 또한 많은 국가의 통계청들이 이 같은 자료를 주기적으로 수집하는 쪽으로 움직이고 있다.[16] 막연히 행복에 대한 평가로 자주 언급되는 자기평가 결과는 매력적인 요소를 많이 담고 있다. 웰빙에 대해 우리가 알아내고자 하는 사람들에게서 직접 나온 자료이자 실제로 거둔 성과에 대한 평가며, 어쩌면 웰빙에서 중요한 역할을 하지만 우리가 알지 못하거나 혹은 알기는 해도 측정하지 못하는 요인이 미치는 결과까지 포함할지도 모른다는 사실이 그것이다.

그러나 경제학자든 철학자든 많은 사람들이 웰빙에 대한 자기평가 결과의 유효성과 유용성에 대해 의구심을 품는다. 우리는 웰빙에 관한 질문에 대답할 때 사람들이 어떤 생각을 하는지 늘 알지 못한다. 또한 서로 다른 국가에서 서로 다른 사람에게 질문할 때 사람들이 똑같은 방식으로 질문을 이해했는지 의문이 든다. 원문을 그대로 옮긴다고 하더라도 질문을 번역하기가 때로는 쉽지 않다. 예를 들어 미국인은 프랑스인에 비해 더 자주, 더 자유롭게 "happy"라는 단어를 사용한다. 동아시아 사람들은 특히 자신이 행복하다고 말할 때 주저하는 듯 보인다.[17] 미국에서는 '행복 추구'가 독립선언서Declaration of Independence에 명시된 누구도 빼앗지 못하는 권리 중 하나를 가리키지만, 내가 자란 스코틀랜드의 칼뱅주의자 마을에서는 심각하게 나약한 성격을 가리키는 것이라고 생각한다.

더 큰 우려 사항은 적응이다. 절망적인 환경에서 사는 사람들이 자신이 처한 상황이 살면서 누릴 수 있는 최선의 환경이라고 생각하고 행복하다고 대답할 수도 있다. 사치스럽고 편하게 사는 다른 사람들은 자신이 누리는 부에 너무나 익숙해진 나머지 사소한 사치품 하나만 없어도 불만족스러워할 가능성이 있다.[18] 풍족하고 행복한 삶에 때때로 고통과 상실이 뒤따를 수 있다. 철학자 마사 누스바움Martha Nussbaum은 고통 외에는 아무것도 기대하지 못하고 어쩌면 죽을지도 모르는 전쟁에 뛰어들지만, 그런데도 자신이 만족스럽고 가치 있는 삶을 산다고 생각하는 "행복한 전사happy warrior"에 대한 글을 썼다.[19] 하지만 의구심이 든다고 해서 사람들이 자신의 삶에 대해 하는 말을 무시해야 한다는 뜻은 아니다. 그저 잠재적으로 문제가 있음을 항상 의식하고 의심하는 목소리에 귀를 기울여야 한다는 의미다.

사람들이 언제나 환경에 적응해 현재 누리는 생활에 대해 만족한다면 어느 나라에서 조사하더라도 대답이 평균적으로 크게 다르지 않을 것이다. 부유 국가는 대부분 오랫동안 부유했으며 빈곤 국가는 대부분 오랫동안 가난했다. 따라서 사람들이 자신의 환경에 적응할 시간은 충분히 있었다. 그러나 머리글에 소개한 도표는 그렇지 않음을 보여준다.

(이런 종류의 비교에서 지속적으로 가장 좋은 결과를 보여주는) 덴마크 사람들의 삶에 대한 평가 지수는 0부터 10까지 "가로대"가 있는 "사다리" 눈금 조사에서 7.97을 기록했다. 그 뒤를 북유럽 국가가 따르고(핀란드는 7.67, 노르웨이는 7.63, 스웨덴은 7.51을 기록했다) 미국이 얼마 차이 나지 않는 점수인 7.28을 얻으며 이들을 바짝 추적했다. 독재 정권이 들어선 토고는 2.81로, 오랫동안 내전을 겪은 뒤인 시에라리온은 3.0으로, 또 다른 오래된 독재국가인 짐바브웨는 3.17로 조사됐다. 또 다른 빈곤 국가인 부룬디는 3.56으로, 베냉은 3.67로, 아프가니스탄은 3.72로 집계되며 하위권에 차례로 이름을 올렸다. 이런 수치에 대한 철학적 의구심은 충분히 실제적이다. 그러나 빈곤 수준을 평가하고 어느 나라가

번영을 누리는지 어느 나라가 그렇지 못한지 확인하는 문제에 관한 한 삶에 대한 평가 지수는 소득이나 건강, 정치적 자유에 대한 평가 지수와 거의 일치한다. 유럽과 북아메리카에 있는, 혹은 유럽인들이 다른 지역에 건설한 부유한 선진 민주주의국가는 사하라사막 이남 아프리카와 아시아, 라틴아메리카에 있는 빈곤 국가보다 더욱 살기 좋다. 어떻게 살고 있냐고 직접적으로 묻는 경우 소득이나 장수에 대해 조사한 결과와 같은 대답을 얻는다.

앞서 내가 소득과 건강 사이의 관계에 대해 비교했듯이 지난 50년에 걸쳐 삶에 대한 사람들의 평가 결과를 조사해 1960년부터 어떤 일이 벌어졌는지 비교하면 좋을 것이다. 그러나 갤럽이 실시한 국가별 행복 지수 순위 조사는 2006년에 시작됐을 뿐이다. 그 이전에 몇몇 국가에서 실시한 조사 결과가 존재하기는 하지만 수치가 믿을 만한지, 심지어 어떤 식으로 응답자를 선정했는지조차 거의 알지 못한다. 따라서 현재 우리는 전 세계가 성장한 지난 50년 동안 삶에 대한 평가 지수가 동반 상승했는지 여부에 대해 말하지 못한다.

그렇더라도 대체로 더 부유한 국가에 사는 사람들이 더 가난한 국가에 사는 사람들보다 자신의 삶에 대해 높은 평가를 내린다는 사실로 미루어볼 때 성장이 삶에 대한 사람들의 생각에 긍정적인 영향을 미친다고 강하게 확신할 수 있다. 덴마크와 미국을 하나로 묶고 시에라리온과 토고, 짐바브웨를 다른 하나로 묶은 뒤 두 집단을 비교했을 때 드러나는 가장 확실한 차이는 한쪽은 부유하고 다른 한쪽은 가난하다는 점이다. 그 차이는 부유한 국가가 지난 250년 동안 성장한 반면 가난한 국가는 전혀 성장하지 못했기 때문에 생겼다. 또한 우리가 앞서 살펴보았듯이 기대 수명에서도 엄청난 차이를 보인다. 기대 수명 역시 지난 50년 동안 경제가 성장하면서 함께 증가했다. 따라서 2008년 중국이나 독일, 일본, 미국에서 실시한 삶에 대한 평가의 평균값이 1960년에 실시했다면 나왔을 동일한 국가들의 평균값보다 높지 않다면 당연히 이상한 일일 것이다. 그러나 전혀 논란의 여지가 없어 보이는 이 결론이 논쟁에서 궁지에 몰렸다.

1974년 경제학자이자 역사학자며 웰빙에 관한 자기평가 분야의 개척자인 리처드 이스털린Richard Easterlin이 일본인의 자기평가 결과를 바탕으로 일본의 경제성장이 사람들의 삶을 더 낫게 만들지 못했다고 주장했다. 이후 연구를 계속해 미국을 포함한 다른 여러 나라로 그 결론을 확대 적용했다.[20] 이스털린은 과거에도, 그리고 현재에도 경제성장이 사람들의 삶을 개선하지 못했다고 말했다. 성장이 그 자체로는 가치가 없다고 주장한 이스털린은 경제학자들 사이에서도 이례적인 인물이다 (이스털린은 반드시 경제성장 때문은 아니지만 경제성장에 수반되는 건강 개선 및 여타의 이익에 대해서는 조사하지 않았다). 이스털린의 생각은 웰빙에 물질적인 바탕이 필요하지 않다고 생각하는 많은 심리학자와 종교 지도자, 그리고 다른 여러 사람들에게 영향을 미쳤다(가장 가난한 사람들은 여기에 포함되지 않았을 것이다). 경제학자 벳시 스티븐슨Betsey Stevenson과 저스틴 울퍼스 Justin Wolfers는 이 같은 믿음에 반박하고 정확하게 비교할 수 있는 자료를 사용해, 부유 국가와 빈곤 국가 사이에 삶에 대한 평가가 차이 날 것이라는 우리의 예상과 똑같이 경제성장이 삶에 대한 평가를 끌어올린다고 주장했다.[21]

한 국가의 경제성장이 국민의 삶에 대한 평가 지수에 미치는 영향은 부유 국가와 빈곤 국가 간 차이가 미치는 영향보다 훨씬 확인하기 어렵다. 수세기에 걸쳐 국가마다 서로 다른 성장률을 기록하는 과정에서 벌어진 국가 간 격차와 비교할 때 50년 동안 계속된 경제성장은 한 국가의 위치를 그리 크게 바꿔놓지 않는다. 어떤 국가가 지난 반세기 동안 지속적으로 해마다 2퍼센트씩 성장했다면(〈도표 4〉에서 나온 평균 성장률이다) 조사가 끝나는 시점에 1인당 국민소득은 2.7배 증가해 있을 것이다. 이는 상당히 증가한 수치지만 오늘날 인도와 타이의 차이와 거의 비슷하다. 많은 국가가 삶에 대한 평가와 소득 사이의 관계를 나타내는 선상에 정확하게 자리 잡지 않았다는 사실을 고려할 때, 50년 동안 해마다 2퍼센트씩 경제가 성장한 뒤에도 삶에 대한 평가 지수의 증가폭이 알아보기 어려울 만큼 작거나 심지어 예상과 전혀 다르더라도 그렇게 놀랄 일은 아니다. 실제로 머리글에 소개한 〈도표 1〉은 2008년 1인당 국민소득이 2배인데도 중국인의 삶에 대한 평가가 인도인보다 상당히 낮음을 보여준다.

소득 조사 결과를 바탕으로 예상한 수준보다 사람들이 더 건강하거나 그렇지 않은 나라가 있듯이, 소득을 통해 예상한 수준보다 사람들이 자신의 삶에 대해 더 높게 평가하거나 더 낮게 평가하는 나라가 있다. 우리는 이미 북유럽 국가가 웰빙 부문에서는 슈퍼스타와 같은 존재지만 또한 이들이 대단히 부유한 국가며 사람들이 내린 삶에 대한 평가 지수가 국민소득에 맞춰 예측한 결과보다 그다지 높지는 않음을 확인했다. 자주 언급되는 또 다른 사례가 종종 높은 수치를 기록하는 라틴아메리카 국가들이다. 중국과 홍콩, 일본, 한국을 비롯한 몇몇 동아시아 국가에서는 상대적으로 낮은 수치가 집계된다. 우리는 이렇게 대륙 간 차이가 발생하는 이유가 순수하게 웰빙을 구성하는 몇몇 객관적인 측면이 달라서인지, 사람들의 전반적인 성향이 달라서인지, 아니면 설문 조사에 사람들이 대답하는 방식이 나라별로 달라서인지 알지 못한다. 러시아와 과거 소비에트연방 공화국에 속한 나라들, 그리고 한때 공산주의 진영에 속한 동유럽 국가들의 웰빙 지수가 이례적으로 낮은 결과도 자주 등장한다. 동유럽 국가와 소비에트연방 공화국 출신 국가에서 특히 자신이 불행하게 산다고 생각하는 사람들은 노년층이다.[22] 이 지역에 사는 젊은이들은 자유롭게 여행하고, 해외에서 공부하고, 세계시장에서 자신의 재능을 펼칠 곳을 찾는 등 이전 세대가 누리지 못했던 기회를 얻었다. 노년층은 기회를 얻지 못하는 동시에 자신이 알고 자신의 삶에 의미를 부여하던 세계가 무너지는 모습을 지켜보았다. 또한 몇몇 경우에는 연금 제도와 의료 서비스 시스템의 붕괴를 경험하기도 했다.

감정적인 면에서 바라본 웰빙

사다리를 사용한 설문 조사 결과에서 보듯 질문에서 행복에 대해 전혀 언급하지 않더라도 사람들은 흔히 삶에 대한 평가를 행복에 대한 평가로 생각한다. 사람들에게 어떻게 살고 있다고 생각하는지를 묻는 삶에 대한 평가가, (피조사자가) 경험한 감정이나 느낌에 대한 질문에서 어떤 측면의 경험을 얻느냐에 따라 다른 결과가 나온다는 충분한 증거가 있다. 전반적으로 잘 살고 있다고 생각할 때조차 가끔씩 불행하거나 걱정스럽거나 스트레스를 받을 수 있다. 만족스러운 삶을 살기 위해 반드시 거치는 경험 중에서 몇 가지는 당연히 슬픔과 고통, 스트레스를 수반한다. 신병 훈련소에 입소하거나, 경제학과 대학원에 진학하거나, 의사가 되기 위해 공부하거나, 부모님이 돌아가신 뒤 슬픔을 이겨내는 시간 등은 사는 동안 필수적으로 겪는 일이라고는 해도 유쾌하지 못한 경험이다. 데이트하러 나가는 젊은이들은 때로 끔찍한 일을 겪을 수도 있다. 그러나 그런 것은 감정 수업에 꼭 필요한 과정이기도 하다. 이런 감정적인 경험이나 사건들은 그 자체만으로 현재의 웰빙에 중요한 영향을 미친다. 하지만 어쨌든 행복이 슬픔보다 낫고, 언젠가 보답을 얻는다 하더라도 스트레스와 걱정, 분노는 사람들이 그러한 감정을 느끼는 순간 웰빙 지수를 낮춘다.

사람들에게 자신의 삶에 대한 평가를 요청할 수 있듯이 자신이 겪은 감성적인 경험에 대한 의견을 부탁할 수 있다. 갤럽은 국가별 행복 지수를 조사할 때 삶에 대한 평가와 더불어 설문 조사를 받기 전날 어떤 기분이 들었는지, 걱정이나 스트레스, 슬픔, 우울, 행복, 분노, 고통을 느끼지는 않았는지 물었다. 조사 결과 추가 질문에 대한 국가별 평균 응답이 국가별 삶에 대한 평가 지수와 상당히 다르게 나타났다.

전 세계인의 행복 지수에 관한 응답 결과가 〈도표 7〉에 나온다. 〈도표 7〉은 조사 전날 대체로 행복했다고 응답한 사람들의 비율을 해당 국가의 소득과 비교해서 보여준다. 〈도표 7〉은 삶에 대한 평가를 나타내는 기존의 도표와 상당히 다르다. 그중에서도 가장 두드러지게 나타나는 특징은 행복과 국민소득이 크게 관계없다는 사실이다. 실제로 부르키나파소와 부룬디, 마다가스카르, 토고 같은 몇몇 가난한 국가에서

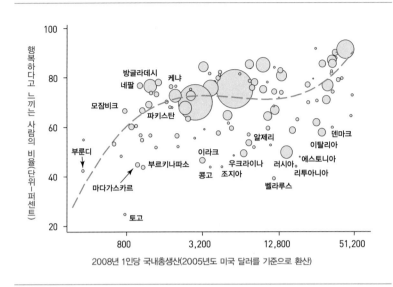

<도표 7> 전 세계 행복 지수

는 행복 지수가 대단히 낮게 나왔지만, 가장 가난한 국가들을 제외하면 부유 국가와 빈곤 국가 사이에서는 행복 지수의 차이에 대한 체계적인 유형이 거의 나타나지 않는다. 국민들이 지극히 잘 살고 있다고 생각하는 덴마크가 행복을 경험하기에 그다지 좋은 곳이 아니다. 이탈리아도 마찬가지다. 그에 반해 방글라데시와 케냐, 네팔, 파키스탄 국민의 정말 많은 수가 덴마크나 이탈리아 국민에 비해 훨씬 큰 행복을 누린다.

소득과 행복 경험 지수 사이의 제한적인 관계는 미국에서도 찾아볼 수 있다. 가난은 고통을 가져오지만 특정 지점(연간 소득 약 7만 달러)을 지나는 순간 (돈을 더 많이 번 사람들이 더 나은 삶을 산다고 대답했다 하더라도) 더 많은 돈은 행복을 증진하는 데 아무 역할도 하지 못한다.[23] 행복을 논할 때에는 돈이 어느 정도만 문제될 뿐이다. 행복을 경험하는 시간이 삶을 더 낫게 만드는 긍정적인 요소라는 이유만으로도 돈과 행복의 관계를 이해하는 것은 도움이 된다. 그러나 웰빙에 대한 전반적인 평가에서 행복은 충분한 기준이 되지 못한다. 전 세계 많은 지역에서 물질적으로 부족함에 시달리고 건강이 좋지 않은 상태에서도 어떻게든 행복을 찾는 사람들이 존재하기 때문이다. 웰빙에 대해 전반적으로 판단할 때에는 삶에 대한 평가가 훨씬 더 좋은 기준이 된다. 덴마크와 이탈리아가 좋은 사례다.

행복에 관한 도표에서는 행복을 시민의 책무 같은 것으로 보는 미국이 위에서 세 번째에 자리 잡고 있는 모습이 보인다. 위로는 아일랜드와 뉴질랜드가 있을 뿐이다. 러시아와 소비에트연방 공화국 출신 국가들은 전 세계에서 가장 불행한 나라에 속한다. 그러나 전 세계 대부분의 사람은 행복해한다. 전 세계 인구 중 4분의 3 가까이가 조사 전날 많은 시간 행복을 경험했다고 대답했다.

감정 경험에 대한 또 다른 척도는 또 한 번 다른 그림을 보여준다. 2008년 전 세계 인구의 19퍼센트가 설문 조사 전날 오랫동안 분노를 경험했다고 대답했고, 30퍼센트가 스트레스를, 30퍼센트가 걱정을, 23퍼센트가 고통을 겪었다고 말했다. 동일한 소득수준 내에서도 다양한 대답이 쏟아지기는 했으나 국가가 가난할수록 고통받는 사람이 많았다. 하지만 비록 걱정과 스트레스, 분노 지수가 나라별로 굉장히 상이하게 나타났다 해도 부정적인 감정에 대한 국가별 평균은 국민소득과 전혀 관계가 없었다. 예를 들어 필리핀 국민 4분의 3이 엄청난 스트레스를 받았다고 대답했으며 홍콩과 레바논, 시리아, 미국이 그 뒤를 이었다. 미국인은 44퍼센트가 조사 전날 오랫동안 스트레스를 받았다고 응답했다. 국민소득은 이러한 부정적인 감정을 덜어주는 데 별다른 역할을 못하는 것으로 보인다.

삶에 대한 평가 지수와 행복(혹은 다른 감정) 지수는 각국에 대해 서로 다른 그림을 그린다. 어느 쪽이 옳을까? 오로지 전반적인 웰빙의 단일 기준, 즉 행복에 관한 조사 보고서 대부분이 목표로 삼는 어떤 척도를 마련하려고 삶에 대한 평가나 행복 평가를 실시했다면 이 질문은 대단히 합리적이다. 그러나 웰빙에 대해 생각할 때에는 옳은 질문이 아니다. 행복하면 기분이 좋고, 걱정스럽거나 화가 나면 즐겁지 않고, 잘 살고 있다는 생각이 들면 만족스럽다. 하지만 이러한 감정들은 동일한 것이 아니며 모두 소득이나 육체적·정신적 건강같이 웰빙의 다른 측면에서 얻은 좋은 결과 혹은 나쁜 결과와 일치한다. 웰빙을 판단하는 시금석을 제공하는 마법 같은 질문은 존재하지 않는다. 사람들이 저마다 손목에 찬 시계처럼 순간순간 행복 지수를 기록하는 "쾌락 측정기hedonimeter"를 달고 다닌다 하더라도 쾌락 측정기가 표시한 수치가 이들이 잘 살고 있는지 가늠하는 데 도움이 되리라 생각할 근거는 없다. 인간의 웰빙은 흔히 관련은 되지만 똑같지는 않은 서로 다른 많은 측면으로 구성된다. 각국의 웰빙 지수를 측정하고자 한다면 우리는 그러한 다양성에 대해 정확히 인식하고 제대로 다뤄야 한다.

역사학자 키스 토머스Keith Thomas가 잉글랜드 국민이 개인적인 성취감을 얻는 방법이 어떻게 변화했는지, 그리고 18세기 무렵 부를 좇는 행위가 어떻게 행복으로 가는 합법적이고 도덕적인 경로로 인식되기 시작했는지에 대해 글을 썼다.[24] 애덤 스미스Adam Smith가 발표한《국부론

Wealth of Nations》은 부의 추구가 존중받아 마땅한 개인적 행위일 뿐만 아니라 사회 전반적으로 이익을 가져다준다는, 오랜 세월에 걸쳐 발달한 생각을 확고하게 다졌다. 스미스가 사용한 "보이지 않는 손"이라는 비유는 자본주의가 어떻게 작용하는지 이해하는 한 가지 방법이 됐다. 그러나 토머스가 주목했듯이 스미스는 부로 인해 얻는 개인의 이익에 대해 회의적인 입장을 보였다. 실제로 자신의 책《도덕 감정론The Theory of Moral Sentiments》에서 스미스는 부가 "비록 끊임없이 일하도록 사람들을 부추기는 유용한 자극제기는 하지만" 마치 신기루처럼 가짜 행복을 가져다줄 것이라는 의견을 제시했다. 또한 불평등의 범위에 대해 의문을 제기하면서 부자들이 "채워지지 않는 욕심과 허영심을 만족시키려고" 다른 사람을 고용해 "생필품"의 거의 동등한 분배를 야기한다고 주장했다. 또한 부자에 대해서 "엄청난 재산은 한여름의 소나기 정도나 막아줄 뿐 한겨울의 폭풍을 막아주진 못한다. 재산이 있어도 분노와 두려움, 슬픔, 질병, 위험, 죽음에 노출될 가능성은 예전과 다를 바 없으며 예전보다 높을 때도 있다."라고 썼다.[25]

스미스는 대분기가 막 시작되고 부유하든 가난하든 상관없이 전염병이 모든 사람을 위협하는 시대에 이 글을 썼다. 다음 장에서 살펴보겠지만 잉글랜드에서 귀족계급의 기대 수명은 서민 계층보다 높지 않았다. 방금 전에 확인했듯이 오늘날까지도 삶에 대한 만족도는 가난한 사람들이 훨씬 낮지만 살면서 느끼는 감정들은 부자나 가난한 사람이나 크게 다르지 않다. 부자라고 해도 분노와 두려움, 슬픔으로부터 보호받지 못하며 매일같이 행복과 즐거움을 경험하도록 요구되지도 않는다. 그러나 지난 250년 동안 세상이 바뀌었다. 애덤 스미스가 언급한 "생필품"조차 전 세계에서 동등하게 분배된다고 합리적으로 증명할 수 없는 상황이다. 애덤 스미스가 살던 시대에도 마찬가지였을 가능성이 크다. 오늘날 부는 질병과 죽음을 막을 강력한 보호 장치를 제공한다. 특히 지난 60년 동안 세계가 전반적으로 더 부유해지고 교육 수준이 갈수록 높아지면서 이러한 보호책이 더 많은 사람들 사이로 확산됐다.

제2차 세계대전 이후 거의 모든 지역에서 사람들이 돈을 더 많이 벌고 더 건강해졌다. 오늘날 영유아 사망률이 1950년에 비해 낮지 않은 나라는 전 세계에 단 한 나라도 없다.[26] 경제성장은 특히 중국과 인도에서 수백만 명이 지독한 가난으로부터 탈출하는 결과를 낳았다. 그러나 끔찍한 반전도 있었다. 중국의 대기근 사태와 에이즈의 대유행, 소비에트연방 공화국 출신 국가들의 수명 감소, 수많은 전쟁, 대학살, 세계 곳곳에서 벌어진 기근 현상은 우리에게 질병과 전쟁, 잘못된 정책이라는 저주가 역사 속에서만 등장하는 괴물이 아님을 일깨운다. 그렇지 않다는 말은 정말 성급한 결론일 것이다. 영화에서 보듯 대탈출은 영원히 지속되는 자유를 선사하지 않는다. 그저 우리 주변에서 어둠과 악, 무질서가 일시적으로 사라지게 만들 뿐이다.

PART 1

삶과 죽음

선사시대부터
1945년까지

오늘날 전 세계가 역사상 그 어느 때보다 건강한 곳으로 바뀌었다. 사람들은 더 오래 살고 더 키가 커졌으며 더 튼튼해졌다. 아이들이 아프거나 죽을 가능성도 줄어들었다. 건강이 좋아졌다는 사실 그 자체가 삶을 더 만족스럽게 만드는 동시에 사람들이 사는 동안 더 많이 일하고, 더 효율적으로 작업하며, 더 많은 돈을 벌고, 더 많이 배우고, 가족 및 친구들과 더 많은 시간을 더 즐겁게 보낼 수 있게 한다. 건강은 체온처럼 한 가지 척도로 측정되는 요소가 아니다. 시력은 엄청나게 좋지만 체력은 형편없거나, 장수를 누리지만 끊임없이 재발하는 심각한 우울증이나 편두통을 앓는 사람이 있을 수도 있다. 어떤 사람이 겪는 신체적인 한계가 얼마나 심각한지는 그 사람이 어떤 일을 하느냐 혹은 어떤 일을 하고 싶은지에 따라 다르다. 나는 던지기 실력이 형편없는 팔 때문에 고등학교 시절 가끔씩 곤란한 상황에 처했지만 교수가 된 뒤에는 아무 문제도 겪지 않았다. 건강에는 다양한 면이 있으며 알아보기 쉽게 숫자 하나로 표현하기는 어렵다. 그러나 건강의 한 측면은 측정하기 쉽고 다른 무엇보다 중요하다. 바로 '살았는가, 죽었는가' 라는 간단한 사실이다. 이 사실을 아는 것은 개인에게는 제한적으로 유용하다(어떤 사람은 분명 "음, 살아 있습니다"라는 단순한 진단보다는 더 많은 것을 의사에게 기대할 것이다). 그러나 남성과 여성, 흑인과 백인, 또는 어린이와 노인처럼 어떤 기준에 따라 특정 지역 주민을 전체나 일부로 묶어 생각할 때는 삶과 죽음에 대한 척도가 매우 유용하게 쓰인다.

삶과 죽음에 대한 익숙한 기준 중 하나가 '신생아가 얼마나 오래 살 것이라고 기대할 수 있는가' 다. 이를 가리켜 출생 시 기대 수명 또는 간단하게 줄여 기대 수명이라고 한다. 인생에 살 만한 가치가 있다면 더 많이 살수록 좋다. (반드시 그렇지는 않지만) 일반적으로 오래 사는 사람들이 살아 있는 동안 더 건강하기도 하다. 1장에서 우리는 각국의 기대 수명이 얼마나 다른지, 부유 국가의 기대 수명이 얼마나 더 긴지, 시간이 흐르는 동안 기대 수명이 어떻게 전반적으로 증가했는지 확인했다. 2장에서는 기대 수명을 측정하는 방법과 사용하는 이유,[1] 그리고 전 세계가 어떻게 현재 수준에 이르렀는지에 대해 더욱 자세히 살펴보고자 한다. 이 책은 건강의 역사에 관한 책이 아니며 기대 수명의 역사에 관한 책도 아니다. 그러나 과거를 조사하면 많은 사실을 배울 수 있다. 과거에 대해 이해하려 하지 않는다면 우리에게서 더 나은 미래를 탄생시킬 기회가 많이 사라질 것이다.

지금 우리가 어디에 있는지를 명확하게 하기 위해, 그리고 우리에게 필요한 몇 가지 생각을 소개하기 위해 나는 먼저 지난 100년간 미국의 사망률과 기대 수명의 변화를 살펴보려 한다. 이후 과거로 돌아가 아주 먼 옛날 인류가 처음 등장하던 순간부터 1945년까지 삶이 어떤 모습이었는지 빠른 속도로 훑어볼 것이다. 제2차 세계대전이 끝난 해는 기준점으로 삼기에 좋다. 1945년 이후로는 더 나은 자료가 훨씬 많으며 역사의 흐름이 바뀌기 때문이다.

미국에 대해 도표로 살펴본 삶과 죽음에 대한 기본적인 생각

미국인의 기대 수명은 1900년 47.3세에서 2006년 77.9세로 증가했다. 〈도표 1〉은 남성과 여성의 기대 수명을 구분해서 보여준다. 일반적으로 여성이 남성보다 오래 산다. 20세기를 지나는 동안에도 계속된 현상이다. 남성과 여성 모두 수명이 크게 증가했다. 남성은 28.8년이, 여성은 31.9년이 늘어났다. 20세기 전반의 증가율이 더 높기는 하지만 지금도 계속 늘어나는 추세다. 지난 25년 동안에는 남성의 수명이 5년당 1년씩 증가한 반면, 여성의 수명은 10년당 1년씩 증가했다. 이 책에 소개한 연구 사례 상당수와 마찬가지로 도표에서 가장 먼저 눈에 띄는 특징은 상황이 엄청나게 나아지고 있다는 사실이다. 100년이 조금 넘는 시간 동안 수명이 30년 증가했다는 것은 굉장한 성과를 이뤘다는 뜻이다. 실로 위대한 탈출이 아닐 수 없다. 일단 대단한 사실을 기록하고 나면 우리는 도표가 나타내는 두 번째 특징을 찾을 수 있다. 왜 남성과 여성이 기대 수명이라는 측면에서뿐만 아니라 기대 수명이

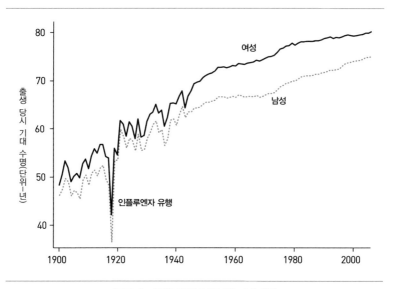

〈도표 1〉 미국인 남성과 여성의 기대 수명

증가하는 비율이라는 측면에서도 그토록 차이가 날까? 20세기 전반부와 제2차 세계대전 종전 이후가 어째서 그렇게 다른 양상을 보일까?

〈도표 1〉을 확인하자마자 첫눈에 제1차 세계대전 말미의 인플루엔자 유행 기간 동안 기대 수명이 뚝 떨어진 양상이 보인다. 1918년 기대 수명이 1917년보다 11.8년이나 낮아졌다가 1919년 들어 15.6년 늘어난 다음 인플루엔자 유행이 끝난 후부터 다시 증가하는 추세로 돌아섰다. 인플루엔자 유행 당시 전 세계적으로 5,000만 명 이상이 사망했으며 그중 50만 명 이상이 미국인이었다. 그러나 기대 수명을 정의하는 방법은 전염병이 신생아의 생존 가능성에 미치는 영향에 대해 과장하는 경향이 있다. 나중에서야 아는 일이지만 인플루엔자는 고작 1년 밖에 유행하지 않았으므로 1918년 출생한 아기가 무사히 돌을 넘겼다

면 인플루엔자 때문에 더는 위험에 처하지 않아도 됐을 것이다. 하지만 인구 통계학자들은 1918년 기대 수명을 계산할 때에는 인플루엔자가 계속될 것으로 가정하고, 1919년에 대해 계산할 때에는 그런 요소가 있었는지조차 잊어버린다. 생존 가능성을 가늠하기에는 이상한 방법으로 보일지 모르지만 사실 더 나은 방법을 알아내기도 어렵다.

오늘날 새로 태어나는 아이들이 얼마나 오래 살 것인지 계산할 때 미래에 어떤 사망 위험 요인이 발생할지 알아야 하는데, 그것은 우리가 잘 알지 못하는 무엇에 해당한다. 인구 통계학자들은 출생 당시 존재하는 사망 위험 요인에 관한 정보를 사용해 이 문제를 간접적으로 해결한다. 학자들은 연령별 사망 위험 요인이 현재 수준으로 지속된다는 가정 하에 신생아의 기대 수명을 계산한다. 1918년부터 1919년 사이 전 세계를 휩쓴 인플루엔자 대유행의 경우 1918년 모든 연령대의 사망 위험을 갑자기 크게 증가시켰다. 따라서 1918년 출생자의 기대 수명을 계산할 때에는 그해 출생자가 인플루엔자라는 연령별 사망 위험 요인과 해마다 맞닥뜨릴 것이라고 가정한다. 인플루엔자가 영원히, 최소한 1918년 출생자가 죽을 때까지 유행한다면 이는 합리적인 가정일 것이다. 그러나 인플루엔자가 고작 1~2년밖에 유행하지 않는다면 급격하게 떨어진 1918년 출생자의 기대 수명은 사망 위험이 아이의 수명에 미칠 영향을 실제보다 크게 계산한 결과가 된다. 이보다 나은 결과를 얻는 방법은 상황이 종료될 때까지 기다렸다가 산출하는 것이다. 같은 해 출생한 사람들이 모두 사망할 때까지 기다린다면(1세기 이상 기다려야 할 것이다) 확실한 통계치를 도출할 수 있다. 예측에 의존하는 방법도 있지만 예측 역시 그 자체로 어려운 작업이다. 예를 들어

1917년에는 어느 한 사람도 인플루엔자가 유행할 것이라고 예측하지 못했다.

모든 사람이 사망하기를 기다리거나 예측하지 않고 표준 기대 수명을 측정하는 방법을 "기간" 측정이라고 부른다. 어떤 기간 동안 존재한 사망 위험 요인이 끝까지 영향력을 발휘한다고 가정하고 계산하는 방식이다. 이 방법은 인플루엔자가 유행한 시대에 산 사람들뿐만 아니라 오늘날 태어난 아이들의 기대 수명을 생각할 때에도 문제가 될 수 있다. 먼저 〈도표 1〉을 살펴본 다음 미래에 대해 상상할 때 기대 수명이 계속해서 증가하고 사망률이 끊임없이 줄어들 것이라고 생각하지 않기란 어렵다. 미국에서 출생한 여자아이가 80세 이상 살 것이라고 예상하는 현재의 기대 수명이 지금 태어나는 아이들의 기대 수명이라고 말하기에는 지나치게 낮다고 할 수도 있다. 발전이 계속된다면 이들이 100살 넘게 살 수 있을 것이라고 예측하더라도 무리가 없을 것이다.

인플루엔자 대유행은 〈도표 1〉에 있는 기대 수명을 잇는 선이 왜 1950년 이후보다 1950년 이전에서 훨씬 더 많이 요동쳤는지를 말하는 여러 가지 요인 중 하나일 뿐이다. 인플루엔자 유행과 비교될 만큼 큰 재앙은 없었지만 기대 수명을 나타내는 도표에 (인플루엔자만큼은 아니더라도) 눈에 띌 정도로 큰 변화를 일으킨 전염병이 유행한 적은 많다. 현대인에게는 큰 문제가 되지 않는 여러 가지 전염병이 1900년 당시 미국인에게는 여전히 큰 위협거리였다. 당시 주요 사망 원인을 나열했을 때 1위는 인플루엔자, 2위는 결핵, 3위는 설사병 순이었다. 결핵은 1923년까지는 주요 사망 원인 3위 안에, 1953년까지는 10위 안에 머물렀다. 폐렴과 설사병, 홍역을 비롯한 여러 가지 전염병이 많은 어린

아이의 목숨을 빼앗았다. 20세기가 시작할 무렵 이런 전염병으로 인한 영유아 사망은 오늘날에 비해 상대적으로 중요하게 생각됐다. 지금은 사망자의 대부분을 노년층이 차지한다. 이들은 전염병이 아닌 암이나 심장병 같은 만성질환으로 세상을 뜬다. 우리는 1장에서 현대 빈곤 국가와 부유 국가를 비교했을 때에도 질병 구조가 이와 똑같이 변화하는 모습을 확인했다. 오랜 시간에 걸쳐 현대 부유 국가에서 일어난 변화였다.

영유아에서 노년층으로 "사망 연령이 증가"하는 동안 기대 수명을 나타내는 선에서 들쑥날쑥한 모습이 점점 사라지고 있다. 예전에 비해 전염병이 유행하는 빈도가 줄었고 전염병 자체가 과거만큼 크게 번지지도 않기 때문이다. 나이 든 사람을 살릴 때보다 아이의 생명을 살릴 때 기대 수명이 더 많은 영향을 받는다. 죽을 수도 있었던 신생아가 죽지 않으면 훨씬 오래 살 기회가 생긴다. 하지만 생명을 위협하는 위기 상황에서 70세 노인을 구했을 때에는 똑같은 일을 기대하기가 어렵다. 최근 기대 수명의 증가율이 둔화세를 보이는 이유 중 하나다. 오늘날 영유아 사망률은 굉장히 낮아서 사실상 성인층에서만 진전이 생길 수 있을 정도다. 성인층에서 발생한 사망률 감소가 기대 수명에 미치는 영향은 상대적으로 적다.

기대 수명이 노년층보다는 영유아 사망률에 더 민감하게 반응한다고 해서 어린아이의 목숨을 살리는 일이 성인의 목숨을 살리는 일보다 더 중요하다거나 더 가치 있다는 뜻은 아니다. 누구의 목숨을 살리느냐는 여러 가지 요인을 고려해야 하는 윤리적인 문제다. 한편으로 생각하면 어린아이의 목숨을 살리는 경우 한 생명이 살 수 있는 시간을 더 많이 얻지만, 다른 한편으로 생각하면 신생아가 죽는다고 해서 성인이 사망했을 때처럼 누군가가 같이 일하고, 같은 분야에 관심을 보이고, 같이 시간을 보내던 친구나 동료, 친척을 잃는 일이 발생하지는 않는다. 이런 관점에서 경제학자 빅터 푹스Victor Fuchs는 한 생명의 가치를 장례식에 참석하는 사람들의 수로 가늠할 수 있을 것이라고 말했다. 아주 나이 많은 노인은 물론 아주 어린 아이에 대한 비중을 낮추자는 생각을 깔끔하게 담아낸 약간의 농담 섞인 제안이다. 그러나 이런 문제는 기대 수명과 같은 건강의 특정한 척도를 기계적으로 선택하는 방법으로는 해결하지 못한다. 기대 수명은 유용한 척도며 대중의 건강을 생각할 때 중요하게 취급되는 많은 요인을 정확하게 포착한다. 하지만 기대 수명을 웰빙의 기준으로 선택하고 사회가 달성할 목표 중 하나로 삼는다면, 어린아이들의 사망률에 더 큰 비중을 두는 윤리적인 판단에 무게를 싣는 셈이다. 이런 판단은 깊이 생각하지 않은 채 단순하게 받아들여서는 안 되며 공개적으로 지지를 얻어야 한다.

웰빙이나 건강의 척도로 기대 수명을 선택하는 경우 때로는 완전히 잘못된 판단을 내리는 일이 벌어질 수 있다. 〈도표 1〉은 20세기 후반보다 전반에 기대 수명이 훨씬 더 많이 증가했음을 보여준다. 이것은 1900년 영유아 사망률이 높았기 때문이고 어린아이의 사망률을 낮춘 결과가 중장년층과 노년층의 사망률을 낮춘 결과보다 기대 수명에 훨씬 많은 영향을 미치기 때문이다. 중장년층 및 노년층의 사망률 감소는 20세기가 끝날 무렵 중요해진 사안이었다. 기대 수명을 대중의 건강을 가늠하는 기준으로, 심지어 사회의 전반적인 발전을 판단하는 좋은 척도로 생각한다면 미국이 1950년 이후보다 1950년 이전에 더 많은 발전을 이룩했다고 확신하기가 쉽다. 분명 그렇게 주장할 수도 있겠지만, 기대 수명에 초점을 맞추면 나이 든 사람들보다는 나이 어린 사람들의 사망률을 낮추는 데 우선순위를 두게 된다. 이는 그저 당연하게 받아들이는 대신 사회적인 논의가 필요한 윤리적인 선택이다. 영유아 사망률이 많은 영향을 미치는 빈곤 국가의 사망률 감소 현상과 대부분 노년층 사망률이 많은 영향을 미치는 부유 국가의 사망률 감소 현상을 비교할 때 똑같은 문제가 발생한다. 기대 수명을 사용하는 경우 빈곤 국가가 건강 및 복지 분야에서 부유 국가를 따라잡는 중이라고 말할 수 있다. 하지만 빈곤 국가가 부유 국가를 따라잡았다는 결론은 건강에 대한, 하다못해 사망률에 대한 전반적인 현실을 반영하지 못한 결과며 기대 수명이 건강 및 사회 발전을 나타내는 가장 좋은 지표라는 가정의 산물일 뿐이다. 나는 4장에서 이 문제에 대해 다시 다루려고 한다.

〈도표 1〉은 항상 여성이 더 오래 살기는 하지만 미국 남성과 여성 간 기대 수명이 과거보다는 현재에 더 많이 차이 남을 보여준다. 20세기가 시작할 때에는 2년 내지 3년이었던 수명 차이가 1970년대 후반에 이르는 동안 간헐적으로 늘어나다가 이후 다시 조금 줄어들면서 21세기 초반 약 5년이 됐다. 남성과 여성 간 사망률의 차이는 결코 완벽하게 이해할 수 있는 문제가 아니다. 전 세계적으로 여성은 사는 동안 남성에 비해 목숨을 빼앗길 정도로 위험한 일과 맞닥뜨리는 일이 적다. 남성은 심지어 태어나기 전부터 사망 위험이 높다. 예외는 산모 사망률이다. 남성이 면제받을 수 있는 위험이다. 20세기 미국에서 산모의 사망률이 감소한 일은 여성의 기대 수명이 남성보다 빠르게 상승한

원인 중 하나다.

이보다 훨씬 더 중요한 이유는 흡연 유형의 변화다. 흡연은 상대적으로 빠르게 발병하는 심장병과 노출에서 사망까지 30년 정도 걸리는 폐암을 통해 남성과 여성 모두를 죽음에 이르게 한다. 1950년대와 1960년대 남성의 기대 수명 증가율이 둔화세를 보인 이유는 대체로 흡연 인구 증가 현상이 남성 쪽에서 더 먼저 일어났기 때문이었다. 남성이 여성보다 훨씬 먼저 담배를 피우기 시작했다. 오랫동안 여성의 흡연은 사회적으로 인정받지 못했다. 여성의 건강에 매우 좋은 영향을 미친 불평등이었다! 하지만 또한 남성은 훨씬 빨리 담배를 끊었다. 도표 오른쪽 상단을 보면 남성의 기대 수명 증가율이 둔화한 지 20~30년 후에 똑같이 여성의 기대 수명 증가율이 둔화했음을 알 수 있다. 최근 몇 년 동안 미국 여성의 흡연 비율도 급격하게 감소했으며 오래전 남성에게서 일어났듯이 여성의 폐암 발생 비율이 감소세로 돌아서기 시작했다. 20세기 후반 전 세계 부유 국가에서 흡연은 사망률과 기대 수명을 결정하는 중요한 요인 중 하나로 작용했다.

남성과 여성 간 사망률의 불평등은 미국 내 여러 집단 사이에서 발생하는 여러 가지 불평등 중 하나일 뿐이다. 2006년 아프리카계 미국 남성의 출생 시 기대 수명은 미국 백인 남성보다 6년이나 적었다. 4.1년으로 차이가 더 적기는 하지만 여성 사이에서도 같은 양상이 나타났다. 남성과 여성 간 차이와 마찬가지로 인종 간 차이 역시 그 세월 동안 불변으로 남아 있지는 않았다. 질병 통제 및 예방 센터Centers for Disease Control and Prevention는 20세기가 시작할 무렵 백인과 비非백인이라고 불리던, 아프리카계 미국인보다 더 넓은 범주에 속하는 사람들 간 기대 수명의 차이가 15년이 넘었을 것이라고 추산한다.

20세기 상당 기간 동안 기대 수명의 불평등 현상이 백인과 흑인 간의 다른 여러 가지 조건, 예를 들어 소득과 부, 교육, 심지어 투표하거나 공직에 출마할 기회 등에도 영향을 미쳤다. 수많은 측면에서 끊임없이 드러나는 불평등에 관한 이런 일관된 유형은, 사망률이나 소득 같은 어느 한 가지 측면에서보다 종합적인 판단 기준인 웰빙에서 격차가 훨씬 더 극명하게 나타남을 의미한다. 미국 내 백인과 흑인 사이에서 발생하는 불평등에 대해 연구를 실시할 때에는 단순히 건강에만 혹은 부에만 집중해서는 안 되며 전체적인 관점에서 여러 요인을 동시에 살펴보아야 한다. 민족 및 인종 간 사망률의 불평등은 제대로 인식되지 않고 있다. 의료 서비스가 공평하게 제공되지 않는 현실은 분명 중요하게 다룰 문제다. 기대 수명과 영유아 사망률의 차이가 감소한 사건은 20세기를 지나는 동안 인종 간 차이를 전반적으로 감소시킨 원인 중 하나다. 그리고 한 가지 불평등이 줄어들면 다른 여러 불평등도 줄어드는 경향이 있다. 인종 간 차이를 단순하게 설명하지 못하는 이유 중 하나가 미국에 거주하는 중남미계 이주민(히스패닉)의 사망률 때문이다. 2006년 이들의 기대 수명은 비非히스패닉 백인의 기대 수명에 비해 2년 반 정도 더 길었다. 영유아 사망 부문에서 일어난 미국인의 대탈출은 남성과 여성 모두에게 영향을 미쳤고 모든 인종 및 민족 집단으로 이어졌다. 그러나 서로 다른 집단이 서로 다른 시점에 탈출을 시작하면서 서로 다른 비율로 빠져나가는 결과를 빚었다. 따라서 불평등의 유형도 시간에 따라 변화하는 모습을 보였다.

다른 국가들과 비교했을 때 의료 서비스에 거의 2배에 달하는 비용을 지출하지만 미국인이 가장 오래 사는 국민은 아니다. 1950년대까지 영국인과 미국인의 기대 수명은 거의 비슷했다. 이후 20년 동안 영국이 앞서 나갔으나 1980년대에 들면서 동등해졌다. 하지만 1990년대 후반에서 2000년대 초반을 지나는 동안 다시 차이가 벌어졌다. 1991년 반년도 안 되던 차이가 2006년이 되자 1년 반으로 벌어졌다. 미국과 스웨덴 간 차이는 훨씬 더 커서 스웨덴의 기대 수명이 미국보다 3년 이상 길다. 지난 몇 년 사이에 더 커졌다고 하지만 스웨덴의 우세는 기대 수명에 대한 기록이 존재하는 만큼이나 오래된 현상이다. 나는 4장에서 부유 국가 간 기대 수명의 차이에 대해 다시 조명하고 무엇 때문에 이런 현상이 발생했는지 설명하려 한다. 미국 내 여러 집단 사이에 일어난 일과 마찬가지로 서로 다른 국가가 서로 다른 시점에 탈출을 시작했다. 앞으로 확인하겠지만 부유 국가 간 차이는 부유 국가와 빈곤 국가의 차이에 비하면 그리 크지 않다.

기대 수명에 대해 더 깊이 이해하려면 우리는 연령별 사망률에 대해 더 자세히 살펴보아야 한다. 〈도표 2〉는 특정 시기 및 국가의 연령별 사망률이 어떻게 다른지 보여준다. 〈도표 2〉에서는 1751년 스웨덴(스웨덴은 다른 어떤 나라보다 훨씬 오래 전부터 자료를 수집했다)과 1933년 및 2000년 미국, 그리고 2000년 네덜란드 자료를 사용했다.[2] (2000년 스웨덴 자료를 토대로 그린 선은 영유아와 고령자 사망자 수가 약간 적다는 점을 제외하면 2000년 네덜란드와 거의 비슷하다.) 〈도표 2〉에 나오는 선들은 80세까지 각 연령별 사망률을 표시한다. 80세 이상인 사람은 도표의 신뢰도를 떨어뜨릴 만큼 수가 적다. 여기서 사망률이란 해당 연령에 속한 생존자 1,000명 당 사망자 수를 말한다. 예를 들어 가장 위쪽에 있는 선은

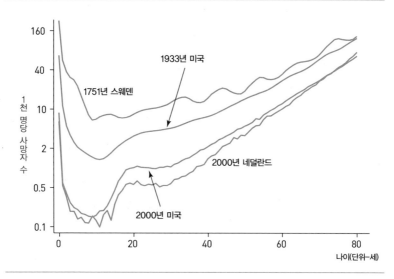

〈도표 2〉 연령별 사망률(일부 시기 및 국가)

1751년 스웨덴에서 신생아 1,000명 당 160명이 첫 해를 넘기지 못하고 사망한 반면 30세 성인 중에서는 31세가 될 때까지 살아남지 못한 사람이 1,000명 당 10명밖에 되지 않음을 보여준다. 로그 척도는 여기에서도 유용하게 쓰인다. 나는 세로축에 로그 척도를 적용했다. 따라서 0.5에서 2로 네 배로 움직인 두 번째 칸이 10에서 40으로 똑같이 네 배 증가한 네 번째 칸(그리고 마찬가지로 다섯 번째 칸)과 크기가 같다. 도표에서 사망률이 가장 낮은 연령은 현대의 10세 어린이다. 1751년 스웨덴 신생아의 사망률보다 1,000배 낮은 수치이자 1933년 미국 10세 어린이 사망률의 10분의 1에 불과한 수치다.

사망률을 나타내는 곡선이 나이키 로고를 연상시키는 독특한 모양을 보여준다. 낮은 연령대에서는 높은 수치를 기록했다가 이후 급격하게 떨어지면서 10대 초반 가장 낮은 수준에 도달한 다음 서서히 증가하는 모습이다. 사망 위험은 갓 태어났을 때와 고령일 때 가장 높다. 내가 방문한 한 산부인과 병원에서는 화장실에 눈에 확 띄는 포스터를 걸어놓고 "출생 직후 며칠이 가장 중요한critical 시기"기 때문에 보호자들이 철저히 손을 씻어야 한다고 강력하게 경고했다. 그 밑에는 "마지막 며칠만큼 치명적이지는critical 않다"라고 휘갈겨 쓴 낙서가 있었다. 의료계가 사용한 단어로 만든 농담일 뿐이지만 그 낙서는 인간이 출생 직후와 사망 직전에 가장 위험하다는 사실을 솜씨 좋게 강조한 셈이다.

아기와 노인 중 어느 쪽이 더 위험한지는 세월에 따라 바뀌었다. 현대로 접어들면서 사망률이 감소하기 훨씬 전인 1751년 스웨덴에서는 80세 노인보다 신생아가 더 위험했다. 첫해가 지나기 전 사망할 확률이 1퍼센트 이하인 지금은 80세 노인의 사망 위험률이 신생아보다 6배 더 높다. 18세기에는, 그리고 18세기 이전 수천 년 동안에는 많은 사람이 어린 시절 목숨을 잃었다. 1751년 스웨덴에서는 3명 중 1명만 5세 생일을 맞이하기 전에 세상을 떠났다. 오늘날 스웨덴 및 다른 부유 국가에서는 거의 모든 사람이 노인이 될 때까지 산다. 실제로 오늘날 스웨덴 영아 사망률은 1,000명 당 3명에 불과하다.

영유아와 노년층 사망률 간 균형이 변화한다는 말은, 어린아이들이 많이 죽는 국가에서는 해당 국가의 기대 수명대로 살 수 있다고 하는 햇수를 그대로 사는 사람들이 사실상 거의 없음을 의미한다. 우리는 흔히 평균을 일종의 "대푯값", 즉 자료의 경향을 가리키는 대표적인 수치로 생각하지만 수명에 대한 평균값의 특징 중 하나가 바로 현실을 제대로 보여주지 못한다는 점이다. 18세기 후반 스웨덴의 기대 수명은 30대 초중반이었다. 이 숫자를 바탕으로 누군가는, 노인이 될 때까지 사는 사람은 거의 없고 따라서 조부모의 얼굴을 본 아이도 거의 없다는 쉽지만 잘못된 결론을 내릴 수 있다. 하지만 이는 사실과 다르다. 정확하게 해석하자면, 만약 어떤 사람이 운이 좋아서 유년 시절을 무사히 통과했다면 노인이 될 때까지 살 수 있는 가능성을 충분히 얻었다는 뜻이다. 비록 오늘날만큼 충분하지는 않지만 손자·손녀를 보는 행운을 보장할 정도는 된다. 극단적인 사례는 신생아의 반이 출생 당시 사망하고 나머지 반이 50세에 사망하는 경우다. 이때는 출생 시 기대 수명이 25세지만 25세에 죽는 사람은 없다. 첫 생일을 맞이하는 사람들의 남은 기대 수명은 49년이다. 출생 당시 기대 수명보다 24년이나 길어진 셈이다! 이보다는 덜 극단적이지만 실제적인 사례를 19세기 중반 잉글랜드에서 찾아볼 수 있다. 당시 (때때로 "성인" 기대 수명이라고 부르기도 하는) 15세 청소년의 기대 수명은 출생 시 기대 수명보다 높았다. 이에 대해서는 나중에 다룰 것이다. 더 일반적으로 말하자면 나이키 로고와 비슷한 사망률 변화를 잊지 않음이, 부유 국가와 빈곤 국가의 차이뿐만 아니라 시간의 흐름에 따른 생존 가능성의 변화를 이해하는 열쇠다.

〈도표 2〉에서는 나이키 로고처럼 생긴 사망률 변화 곡선들이 시대 순으로 아래쪽에 배치되는 모습이 확인된다. 시간이 흐르는 동안 꾸준하게 발전했다는 뜻이다. 18세기 미국이나 네덜란드의 상황을 담은 자료는 없지만 1751년 스웨덴 곡선과 대충 비슷할 것이라고 추측할 수 있다. 1933년과 2000년에 태어난 사람들은 훨씬 덜 위험했다. 이전 시대와 비교했을 때 사망률이 굉장히 큰 폭으로 감소했으며 특히 영유아에게서 변화가 두드러지게 나타났다. 물론 노년층 역시 그러한 변화

에 일정한 기여를 했다. 노년층은 주로 1933년에서 2000년 사이에 선전했다. 2000년 미국과 네덜란드를 비교해보면 미국이 다른 부유 국가에 비해 나쁜 성적을 거두었음이 다시 한 번 드러난다. 2000년 미국의 연령별 사망률은 73세에 이르기까지 전 연령에서 네덜란드보다 높다. 미국과 네덜란드를 비교할 때 나타나는 양상이 미국과 다른 부유 국가를 비교할 때에도 똑같이 반복된다. 미국에서 장수하는 노인들이 사망할 확률은 이례적으로 낮다. 아마도 살날이 얼마 남지 않은 환자일지라도 생명을 구하기 위해 가능한 모든 수단을 동원하는 미국 의료 시스템의 적극적인 자세 때문일 것이다.

2000년 미국과 네덜란드를 나타낸 두 곡선이 20세 근방에서 일시적으로 급격하게 상승하는 모습을 보인다. 15세에서 34세 사이 청년층의 목숨을 빼앗는 주요 원인은 (에이즈가 유행하고 항레트로바이러스 치료제가 발명되기 전까지는 제외하고) 질병이 아니라 사고나 살인, 자살이다. 사망률을 나타내는 곡선은 지금 젊은이들이, 특히 젊은 남성들이 70년 전보다 위험하고 때로는 치명적인 행동들을 훨씬 더 많이 저지르고 있음을 공개적으로 말해주고 있다. 18세기 스웨덴에서는 젊은이들이 결코 무모한 행동을 하지 않았다.

도표를 그리는 데 사용한 수치들은 어디에서 왔을까? 우리는 어떻게 사망률을 알아낼까? 경제협력개발기구OECD, Organization for Economic Co-opera tion and Development 회원국인 부유 국가에서는 사람이 출생하거나 사망하면 즉시 해당 사실이 모두 정부 기관에 등록된다. 아기가 태어나면 출생 신고를 해야 하고 누군가 죽으면 의사나 병원에서 나이와 성별, 사망 원인 등 사망자의 신상 정보가 담긴 사망 확인서를 발급한다. 이를 가리켜 "인구 동태 등록 시스템vital registration system"이라고 한다. 여기서 동태란 사람이 태어나고 죽음을 일컫는다. 출생 및 사망 기록의 정확성을 보장하기 위해서는 인구 동태 등록 시스템이 완전해야 한다. 즉 사람이 태어나고 죽을 때마다 빠짐없이 등록되어야 한다는 뜻이다. 사망률을 파악하려면 연령별, 성별, 인종별 인구를 알아야 한다. 그래야 사망한 사람의 비율을 계산할 수 있기 때문이다. 이 작업에 필요한 수치들은 인구조사 결과에서 나온다. 거의 모든 국가에서 10년 정도에 한 번씩 인구조사를 실시한다(무슨 이유에서인지 거의 항상 끝자리가 0 또는 1로 끝나는 연도에 조사한다).

스웨덴은 인구 동태 등록 시스템을 완전하게 갖춘 최초의 국가 중 하나다. 우리가 스웨덴의 사망률에 대해 18세기라는 아주 오래된 시절의 자료를 얻을 수 있는 이유다. 런던은 17세기부터 "사망자 명부"를 작성하기 시작했다. 유럽에서는 이보다 훨씬 전부터 교인의 출생, 혼인, 사망 관련 내용을 기록한 교구 기록부가 등장했다. 매사추세츠 주에 정착한 청교도 주민들은 이 같은 기록을 작성하는 일이 교회가 아닌 정부 소관이라 생각했다. 그런 뜻에 따라 1639년 무렵 매사추세츠 주는 인구 동태 등록 시스템을 만들었다. 하지만 미국 내 모든 주가 등록 시스템을 완성한 시기는 1933년이었다. 인구 동태 등록 시스템은 그 자체로 정부의 역량을 보여주는 중요한 지표다. 출생과 사망에 대한 종합적인 자료가 없으면 국가가 국민에 대한 기본적인 사항에 대해 알 길이 거의 없다. 따라서 오늘날 우리가 당연히 국가 몫이라고 생각하는 많은 역할을 정부가 수행하기가 불가능해진다. 선견지명이 있던 18세기 스웨덴 사람들과 매사추세츠 주 청교도 주민들은 제대로 된 정부의 역할을 개척했다.

〈도표 1〉에 표시된 1933년 이전 미국의 기대 수명은 등록 시스템을 갖춘 주에서 나온 자료만 사용했다. 인구 동태 등록 시스템을 제대로 갖추지 못했거나 신뢰할 만한 인구조사 결과가 없는 국가에 대해(아마 오늘날에도 전 세계 많은 국가는 정부에서 등록 시스템을 운영하거나 인구조사를 실시할 역량을 제대로 갖추지 못한 상태일 것이다) 인구 통계학자들은 자료 공백을 근사치로 적당하게 채우는 요령을 개발했다. 아직도 많은 국가에서 흔히 발생하는 영유아 사망에 관한 조사는 출산 경험이 있는 여성들에 대한 설문 조사를 통해 얼마나 많은 아이를 낳았고 얼마나 많은 아이가 살아남았는지 묻는다. 미국 국제 개발처 The United States Agency for International Development 는 일련의 귀중한 설문 조사를 실시하도록 자금을 제공했다. 인구 통계 건강 조사 Demographic and Health Surveys 라고 부른 이 조사는 인구 동태 등록 시스템이 없거나 있더라도 실질적으로 제 기능을 하지 못하는 (부모가 아이가 출생했음을 신고하지 않거나 가족 중 누군가 죽더라도 알리지 않은 채 지역 풍습에 따라 매장하거나 화장하는 바람에 국가 데이터베이스에 어떤 정보도 등록되지 않는 등) 수많은 빈곤 국가에서 관련 정보를 수집했다.

성인의 사망률이 기록상 상당히 차이 나는 국가가 많다. 이런 국가에 대해서는 아무리 최상으로 추산하더라도 어림짐작한 수치보다 더 낫다고 말하기 어려우며 〈도표 2〉에 나오는 사망률 곡선을 완벽하게 그리기가 불가능하다. 기대 수명은 추측하기가 조금 더 쉽다. 영유아 사망률이 기대 수명에 대단히 큰 영향을 미치기 때문이다. 그러나 에이즈 대유행 같은 치명적인 전염병으로 인해 성인 사망률이 이례적으로 높거나 들쑥날쑥한 국가에서는 또한 기대 수명을 추산할 때 무척 조심스럽게 접근할 필요가 있다. 이런 모든 이유 때문에 부유 국가에서 나온 자료와 빈곤 국가에서 나온 자료를 분리해서 살펴보는 편이 유용하다. 3장과 4장에서는 이 방법을 사용할 것이다.

선사시대의 삶과 죽음

오늘날 나타나는 사망률의 유형은 어떻게 탄생했을까? 20세기 기대수명을 엄청나게 증가시킨 원인은 무엇일까? 과거에는 사람들이 어떻게 살았고 무엇이 더 나은 삶을 만들었을까? 영유아 사망이라는 검은 그림자로부터 아직 탈출하지 못한 전 세계 많은 사람들의 건강을 개선하는 과정에 과거는 과연 어떤 교훈을 줄 수 있을까?

아마도 인간이 존재한 시간의 95퍼센트에 해당하는 수십만 년이라는 세월 동안 사람들은 수렵 및 채집 생활을 했을 것이다. 오늘날 지구상에서 단 몇 부족만이 수렵·채집 생활을 하고 그나마도 거의 대부분은 사막이나 북극 주변 같은 인간 거주 지역의 가장 바깥쪽에 살고 있다. 그런 부족민들의 삶이 현대인의 건강과 어떤 식으로든 관계가 있다고 하면 이상하게 보일지도 모른다. 그러나 기나긴 세월 속에서 지금 우리의 모습을 만들어낸 존재는 바로 수렵·채집인이다. 인간은 서서히 진화하면서 수렵·채집인이 됐다. 인간의 몸과 마음은 수렵·채집인이 거둔 성공에 적응했다. 인간은 "고작" 수천 년 동안 농민이나 도시 거주민으로 살았을 뿐이다. 따라서 우리 신체가 어떤 조건 아래서 설계됐는지에 대해 파악한다면 현대인의 건강을 이해하는 데 도움이 될 것이다.

타임머신을 타고 과거로 돌아가 수십만 년 전 우리 조상이 어떻게 살다가 죽었는지 확인하기란 불가능하다. 그러나 남아 있는 유골에 대한 조사 등 고고학적 자료를 통해 많은 지식을 얻을 수 있다. 고생물학이라고 하는 이 학문은 조상들이 어떤 음식을 먹고, 어떤 병을 앓았으며, 어떤 이유로 죽음을 맞이했는지에 대해 놀라울 만큼 많은 정보를 제공한다. 또한 뼛조각 하나만 있어도 사망 연령을 추산할 수 있다. 이렇게 되면 기대 수명에 관한 중요한 정보를 얻을 수 있다. 인류학자들은 지난 200년 중 상당 기간 동안 실제 수렵·채집 생활을 하는 부족을 연구했다. 그러나 의학적인 증거를 포함해 가장 훌륭한 증거는 동시대에 존재하면서 현대사회와 접촉해 적절히 적응한 부족에게서 나왔다. 두 가지 증거를 합치면 유용한 자료를 굉장히 많이 확보할 수 있다.[3]

먼저 음식에서부터 시작하는 편이 좋다. 활동(혹은 운동) 측면도 마찬가지다. 수렵·채집인은 먹잇감을 쫓아 빠른 속도로 먼 거리를 이동했다. 아마도 하루에 16~24킬로미터쯤 걸었을 것이다. 이들은 주로 과일이나 채소를 먹었다. 동물에 비해 손에 넣기가 훨씬 쉬운 대표적인 음식이다. 야생식물은 농부의 손에서 자란 후손들과는 대조적으로 섬유질이 풍부했다. 따라서 수렵·채집인은 엄청나게 많은 섬유질을 섭취했다. 고기는 대단히 귀중하게 여긴 음식이었지만 구하기 어려운 경우가 많았다. 그러나 가장 운 좋은 부족 몇몇은 덩치가 큰 야생동물이 풍부한 시기에 혹은 지역에서 생활했다. 야생동물에게서 얻은 고기에는 오늘날 우리가 먹는 농장에서 사육한 고기보다 기름이 훨씬 적었다. 당시 사람들이 먹었던 채소나 고기의 종류는 오늘날의 많은 농경 공동체 사람들이 먹는 것보다 더 폭넓고 다양했다. 따라서 무기질이나 비타민 같은 미량 영양소가 결핍되는 일은 드물었고 미량 영양소 결핍으로 인해 생기는 빈혈 같은 질병도 거의 나타나지 않았다. 노동은 협력적인 활동이었기 때문에 가족과 친구가 모두 참여했다. 다른 사람이 식량을 얻는 데 성공했느냐에 따라 먹을 수 있는지 없는지가 결정됐다. 이 모두가 해마다 건강검진을 받을 때 의사가 내게 하는 말, 더 많이 운동하고, 동물성 지방은 더 적게 먹고, 더 많은 채소와 과일을 식단에 포함시켜 섬유질을 더 많이 섭취하고, 텔레비전이나 컴퓨터 모니터 앞에서 혼자 보내는 시간은 줄이고 친구들과 즐겁게 보내는 시간은 늘리라는 말과 똑같다.

현대적인 위생 문제에 대해서는 아무 지식도 없었지만 수렵·채집인들은 적어도 어느 정도까지는 자신의 건강을 지키는 데 도움이 될 만한 행동을 했다. 오늘날 가장 가난한 국가와 비교한다면 출산 횟수는 적었다. 여성은 평균적으로 네 번 정도 출산했으며 오랫동안 모유를 먹였기 때문에 아이들 간 터울이 길었다. 영아 살해 풍습이 출산 횟수를 줄이는 데 도움이 됐을 수도 있지만 수정 가능성을 낮추는 모유 수유 역시 보탬이 됐을 것이다. 아마 여성이 남성만큼 많이 활동했다는 사실도 마찬가지 역할을 했을 것이다. 인간의 배설물에 오염된 음식이나 물은 한 사람에게서 다른 사람으로 전염병을 효과적으로 옮기는 경로다. 점잖은 표현으로 분변-구강 감염fecal-oral transmission이라고 부르는 이 경로는 훗날 수백만 명의 목숨을 앗아갔다. 인구밀도가 낮은 곳에서는 분변-구강 감염이 발생할 위험도가 확실히 떨어진다. 수렵·채집 생활을 하던 많은 무리는 쓰레기가 쌓여 감당하기 어려운 위험으로 변할 만큼 오랫동안 한 장소에 머무르지 않았다. 그렇다고 해도 신생아 중 약 20퍼센트가 첫해를 넘기지 못하고 사망했다. 현대인의 기준으로 생각하면 대단히 높은 수치지만 20세기 및 21세기 빈곤 국가의 영유아 사망률은 말할 필요도 없고 지금은 부유하지만 과거에는 가난했던 국가의 18세기와 19세기 사망률과 그다지 큰 차이가 없다. 심지어 많은 경우 오히려 낮은 수치다.

수렵·채집인이 어떤 조직을 만들고 어떻게 살았는가는 정확히 이들이 사는 장소와 주변 환경에 따라 달라졌다. 그러나 우리는 한 무리가 30~50명 정도로 상당수가 혈족 관계였고 상대에 대해 속속들이 알 만큼 작은 규모였으리라고 쉽게 상상할 수 있다. 한 무리가 비슷한 다른 무리와 결합해 수백 명 정도 되는, 때로는 수천 명에 이르는 더 큰 집단을 형성했을 수도 있다. 무리 안에서는 모든 자원이 놀랄 만큼 똑같이 분배됐으며 다른 사람보다 더 많은 몫을 차지하거나 다른 사람에게 어떤 일을 하라고 지시하는 지도자나 왕, 우두머리, 사제 같은 존재는 없었다. 어떤 학자는 누구든 다른 사람 위에 군림하려고 하는 경우 비웃음을 샀으며 이런 행동이 계속되면 목숨을 잃었다고 설명한다.[4] 공평한 분배가 그토록 중요한 이유는 무리 대부분이 식량을 저장하지 않았으며 저장할 능력도 없었기 때문이었다. 즉 사냥꾼과 친구들이 긴 털로 뒤덮인 거대한 매머드나 몸무게가 1톤에 이르는 도마뱀, 혹은 200킬로그램가량 되는 날지 못하는 새를 잡는 데 성공했다면 더 먹지 못할 때까지 먹을 수는 있었지만, 매머드나 도마뱀, 새를 한 마리도 발견하지 못하는 시기를 대비할 수 있게 남은 음식을 보관하지는 못했다. 한 가지 좋은 해결책으로 사냥꾼이 매머드를 잡았을 때 무리 전체가 매머드 고기를 공평하게 나눠 먹은 다음, 다른 날 누군가 또 다른 거대한 동물을 죽였을 때 지난번에 매머드를 잡아온 사람들도 공평하게 고기를 얻어먹는 방법이 있다. 수십만 년 동안 공평하게 나누는 데 익숙한 개인이나 집단이 그렇지 못한 개인이나 집단보다 더 성공을 거두었기 때문에, 결과적으로 공평한 분배에 대한 믿음이 머릿속에 각인된 집단이 탄생하는 결과를 가져왔을 수 있다. 공평함이 훼손됐을 때 우리가 느끼는 분노는 물론 우리 머릿속에 깊숙이 자리 잡은 공평함에 대한 관심은, 선사시대 사냥꾼이 저장할 길이 없어 선택한 생존 방법에서 비롯했을 가능성이 상당히 높다. 심지어 적도 지역과 달리 제한적으로나마 음식을 저장할 수 있었던 북쪽 지역에서는 사회가 더 불공평한 경향이 있었음을 증명하는 자료가 존재한다.

수렵·채집 사회는 지배자 없이 유지되는 평등주의 사회였으나 그렇다고 해서 그 사회를 아담과 이브가 추방되기 전 살았던 에덴동산 같은 지상낙원으로 생각해서는 안 된다. 다른 무리와 맞닥뜨리는 경우 대부분 폭력 행위가 야기됐으며 가끔은 전쟁으로 확대되기도 했다. 많은 남성이 싸움 중에 목숨을 잃었다. 지도자가 없었기 때문에 효율적인 법체계나 질서가 존재하지 않았고 따라서 흔히 여성 때문에 남성끼리 대결을 벌이거나 의견이 일치하지 않아 다투는 등, 무리 내부에서 물리적인 충돌이 벌어졌을 때 말리거나 중재하는 사람이 없었다. 내부 충돌은 성인의 사망률을 높이는 또 다른 원인이었다. 수렵·채집인은 일부 전염병을 경험하지 않았으나 말라리아를 포함한 몇몇 전염병은 인간의 역사에 항상 등장했다. 무리가 작았기 때문에 천연두나 결핵, 홍역 같은 한번 걸렸다 회복하면 (제한적인 경우도 있지만) 면역성이 생기는 전염병이 계속 돌지는 못했다. 그러나 이들은 다양한 기생충은 물론 일반적으로 흙 속에 숨어 있거나 야생동물을 숙주로 삼는 동물 매개 전염병에 시달렸다. 수렵·채집인의 출생 시 기대 수명은 주변 환경에 따라 약 20~30년이었다. 현대인의 기준으로 보면 매우 짧았지만 그동안 서구 사회의 역사나 지금까지도 빈곤 국가로 남아 있는 많은 국가들의 얼마 전을 생각하면 그리 짧은 편도 아니었다.

구할 수 있는 음식은 시대마다, 그리고 장소마다 달랐다. 따라서 무리 간에는 불평등이 존재했을 것이며 시간이 흐르는 동안 어떤 무리가 얼마나 부유하게 오래 살았는지는 계속 바뀌었을 것이다. 풍요로운 시기, 특히 미 대륙 서부의 물소나 오스트레일리아의 날지 못하는 거대한 새처럼 손쉽게 사냥할 수 있는 덩치 큰 동물이 넘쳐나던 시절을 짐작할 수 있게 하는 증거가 인간의 골격을 통해 남아 있다. 먹을거리가 풍부한 지역과 시대에 산 수렵·채집 무리를 가리켜 인류학자 마셜 샬린스Marshall Sahlins는 '원시의 풍요로운 사회'라고 칭했다.[5] 거대한 야생동물에게서는 영양 균형이 잘 잡힌 고기를 많이 얻을 수 있었다. 야생동물 고기에 포함된 지방은, 인공 사료를 먹고 거의 움직이지 못하는 현대의 농장 사육 고기의 10퍼센트에 불과했다. 게다가 최소한의 활동만으로도 사냥할 수 있었다. 따라서 이런 무리에 속한 사람들은 물질적인 생활수준이 높았고 여가 활동도 많이 했다. 하지만 수많은 거대한 동물이 사냥으로 멸종됐을 때 에덴동산이 모습을 감추면서 사람들은 어쩔 수 없이 식물 및 씨앗과 설치류 같은 더 작고 더 잡기 어려운 동물을 먹는 생활로 접어들었다. 선사시대의 이러한 추락은 생활수준을 퇴보시켰다. 이 시대에 산 사람들은 어린 시절 먹을거리가 넉넉

하지 않았기 때문에, 운이 더 좋았던 조상보다 골격이 작았다.

영양 공급 상태와 여가 시간, 사망률의 관점에서 보는 수렵·채집인의 웰빙 역사는 이 책에서 다루는 전반적인 주제와 관련해서 중요한 역할을 한다. 인류의 웰빙이 시간이 흐르는 동안 꾸준히 발전했다거나 인간의 발전이 보편적인 현상이었다고 생각해서는 안 된다. 인간은 역사적으로 대부분 수렵·채집인의 모습으로 살았다. 그동안 먹을거리는 갈수록 구하기 어려워졌고 사람들은 더 오랜 시간 더 힘들게 일해야 했으며 삶의 질은 더 나빠졌을 뿐 좋아지지 않았다. 사람들이 먹이를 찾아 돌아다니는 대신 농사를 지으면서 상황은 더욱 나빠졌다. 지금 우리는(여기서 "우리"란 현재 세상에 태어난 특혜 받은 사람들을 지칭한다) 나아진 세상에 익숙하지만 이렇게 오랫동안 만족할 만한 삶을 누릴 수 있게 된 일은 최근에 받은 선물이며, 심지어 지금 태어난다고 해서 모두가 이 선물을 받는 것도 아니다. 인류학자 마크 네이든 코헨Mark Nathan Cohen은 내가 이 책을 쓰면서 주요 자료 출처로 삼은 책, 《건강 그리고 문명의 성장Health and the Rise of Civilization》에서 다음과 같은 결론을 내린다. "19세기와 20세기에 거둔 명백한 성공은 우리가 일반적으로 가정하는 것보다 더 짧은 기간의 일이며 더 취약한 성과인지도 모른다."[6]

우리는 또한 아득히 먼 과거를 통해 불평등이 모든 인간 사회에서 나타나는 특징이 아님을 배울 수 있다. 역사적으로 거의 모든 시간 동안, 최소한 함께 살면서 서로에 대해 잘 아는 무리 내에서는 불평등이 존재하지 않았다. 불평등은 문명이 준 "선물" 중 하나였다. 코헨의 말을 다시 인용하자면 "문명의 잠재력을 창출하는 과정 자체가 동시에 그 잠재력이 문명에 속한 사람 모두의 동등한 웰빙을 목표로 삼을 가능성이 없음을 보장한다."[7] 선사시대에 일어난 발전은 최근에 일어난 발전과 마찬가지로 거의 균등하게 분배되지 않았다. 농경 사회가 실로 더 나은 사회였다면, 더 나은 사회란 더 불평등한 사회다.

농경을 탄생시킨 신석기 혁명은 "고작" 대략 1만 년 전에 시작됐다. 그에 앞선 수렵·채집 시대에 비하면 당연히 매우 짧은 기간이다. 우리는 보통 "혁명"이라고 하면 긍정적인 방향으로 변화한 사건으로 생각한다. 산업혁명과 세균 이론 혁명은 대표적인 두 가지 사례다. 그러나 농경이 보다 높은 수준의 부와 건강으로 나아간 발전이었는지, 아니면 충적세(1만 년 전부터 현대까지 계속된 후빙하기 시대-옮긴이)가 시작돼 기온이 상승하고 인구는 늘어나는데 잡을 수 있는 동물의 수는 줄고 먹기 적당한 식물을 찾기가 어려워지면서 더는 지속하지 못하게 된 이전 시대 생활 방식을 포기한 어쩔 수 없는 선택이었는지는 명확하지 않다. 그 전의 "광범위한" 혁명(거대한 동물에서 작은 동물과 식물, 씨앗으로 먹을거리를 바꾼 혁명)과 마찬가지로 농경 사회로 전환한 사건은 어쩌면 수십 년 전 경제학자 에스더 보서럽Esther Boserup이 펼친 주장대로 갈수록 식량을 찾아 돌아다니기가 어려워지는 상황에 적응한 결과로 보는 게 더 정확할지도 모른다.[8] 농경은 어려운 상황에서 도출한 최선의 선택이었을 것이다. 점점 더 찾기 어려워지고 갈수록 작아지는 씨앗에 기대는 삶보다는 농사가 더 나았을 것이므로, 사람들은 먹을거리를 찾아 돌아다니기를 단념하고 농부로 살면서 거의 움직이지 않는 생활로 돌아섰다. 농경을 더 나은 웰빙으로 향하는 장기적인 흐름의 일부였던 것으로 생각해서는 안 된다는 얘기다. 일은 조금 하면서 신나게 놀고 철저하게 사냥을 즐긴 수렵·채집인들이 자신의 삶을 농사라는 힘들고 단조로운 행위나 《공산당 선언Communist Manifesto》에서 "바보 같은 짓"이라고 표현한 시골 생활과 자진해서 맞바꿨을 리가 만무하다. 역사학자 이언 모리스Ian Morris는 샬린스의 주장을 다음과 같이 요약했다. "노동과 불평등과 전쟁이 보상인 마당에 어째서 농경은 수렵·채집을 몰아냈는가?"[9]

농경이 자리를 잡으면서 식량 저장이 가능해지고 곡물 저장고와 다양한 가축이 나타났다. 농경은 재산의 소유를 가능하게 했고 그로 인해 더욱 효율적으로 행해졌다. 사제와 지배계급, 마을과 도시, 공동체 내 불평등의 발달도 마찬가지였다. 농경으로 생겨났고 농경에 효율성을 안겨주었다는 얘기다. 거주민 수가 늘어나고 가축을 키우면서 결핵이나 천연두, 홍역, 파상풍 같은 새로운 전염병이 생겼다. 아마도 신석기 혁명이 기대 수명을 늘리는 데 기여한 바는 거의 없을 것이다. 아이들이 새로운 질병은 물론 영양실조나 세균 감염으로 인해 엄청난 수로 끊임없이 죽어나갔다면 실제로는 기대 수명이 줄어들었을 수도 있다. 고정된 장소에 사는 대규모 공동체에서는 위생 시설을 갖추고 관리하기가 어려워지고 분변-구강 감염을 막기가 힘들어지기 때문이다. 또한 이동이 불가능한 농경 사회에서는 음식을 다양하게 섭취하지 못했으며 사람의 손에서 자란 곡물은 대개 야생에서 자라는 조상보다 영양소가 적기 마련이었다. 저장 음식이 부패하는 경우 또 다른 질병을 일으키는 원인이 될 수도 있다. 공동체끼리 생산물을 교환한다면 단조로운 먹을거리로 인해 발생하는 문제를 상쇄할 수 있었으나 그 과정에서 새로운 질병이 등장할 가능성도 존재했다. 이전에는 왕래가 없었던 사회에서 건너온 "새로운" 질병은 면역력이 전혀 없는 지역 주민 사이에 쉽게 전파돼 사람들을 엄청나게 죽일 수 있었으며 실제로 그런 일이

벌어졌다. 이때 공동체나 문명 전체가 완전히 무너지는 일까지 벌어지기도 했다.[10]

농경문화가 확실하게 자리 잡은 뒤 수천 년 동안 기대 수명이 꾸준하게 증가했음을 보여주는 자료는 어디에도 없다. 영유아의 사망률이 상승하는 동안 성인의 사망률은 어느 정도 감소했을 가능성이 있다. 사망률이 대단히 높은 어린 시절을 보내며 살아남은 사람들은 무척 튼튼했을 것이다. 농사를 지으며 한곳에 정착해 사는 동안 여성은 수렵·채집 생활을 하던 조상보다 더 많은 아이를 낳았다. 더 많은 아이를 잃기도 했지만 농업 사회로 전환한 덕분에 인구가 조금씩 증가했다. 혁신을 통해 생산성이 향상된 풍족한 시절에는 땅의 수용력이 늘어나면서 생긴 새로운 가능성이 1인당 소득이나 기대 수명을 꾸준하게 늘리기보다는 오히려 출산 횟수를 늘려 인구를 증가시키는 결과를 낳았다. 기근이나 전염병이 돌거나 혹은 먹여 살릴 수 있는 수보다 더 많은 사람이 산 힘겨운 시절에는 인구가 감소했다. 맬서스 이론이 말하는 이런 식의 균형이 수천 년 동안 이어졌다. 당연히 수렵·채집 시대가 끝나갈 무렵부터 발생한 개인의 웰빙 수준이 하락하는 현상은 중도에 몇 번 멈추기는 했으나 농사를 짓고 정착 생활을 한 뒤에도 오랫동안, 정확하게 말하면 250년 전까지 계속됐을 가능성이 있다.

우리는 소득과 수명의 증가라는 관점에서 발전을 생각하는 데 너무나 익숙하기 때문에 단순히 인구 증가로 인한 웰빙 증가 현상을 무시하는 실수를 저지르기가 쉽다. 지구상에 더 많은 사람들이 산다는 말이 단지 한 사람에게 돌아가는 몫이 줄어든다는 뜻이라면, 개인의 웰빙 가능성을 가장 높이기 위해서는 세상에 단 한 사람만 살아야 할 것이다. 좀처럼 우리가 좋다고 생각하기 어려운 세상이다. 철학자들은 이 문제를 놓고 오랫동안 논쟁을 벌였다. 그중 하나가 철학자이자 경제학자인 존 브룸John Broome이 주장한, 일단 사람들의 생활수준이 기본을 넘어 삶이 가치 있게 바뀌기 시작하면 그런 사람들이 더 많아질수록 세상이 더 나아진다는 의견이다.[11] 세상에 보다 전체적인 웰빙이 형성된다는 것이다. 만약 그렇다면, 그리고 (너무 막연한 조건임은 인정하지만) 거의 모든 사람에게 삶이 가치 있게 바뀌었다면, 농업이 발명됐을 때부터 18세기까지 이어진 기나긴 맬서스 시대는 생활수준과 사망률이 전혀 개선되지 않았음에도 발전의 시대로 보아야 한다.

계몽주의 시대의 삶과 죽음

지금까지 우리는 사망률에 관한 양질의 자료를 확보하기 시작한 시대까지 수천 년을 빠르게 훑어보았다. 영국의 역사 인구 통계학자 앤서니 리글리Anthony Wrigley와 동료들이 교구민의 출생과 결혼, 사망 사실을 기록한 교구 기록부를 토대로 영국의 기대 수명에 관한 역사를 재구성했다.[12] 교구 기록부는 인구 동태 등록 시스템만큼 신뢰성이 높지는 않다. 교구를 옮긴 사람들이 제대로 기록되지 않았거나 태어난 지 얼마 되지 않아 죽은 아이는 전혀 등재되지 않았으며 때로 부모가 일찍 죽은 아이의 이름을 다시 사용했다는 문제들이 존재한다. 게다가 그 연구는 단지 몇몇 교구만 표본으로 삼아 진행되었다. 하지만 영국의 교구 기록부는 약 1750년 이전에 대해 우리가 자료를 확보한 다른 어떤 나라보다 단연코 훌륭한 기록을 제공한다. 〈도표 3〉에 나오는 선은 16세기 중반부터 19세기 중반까지 잉글랜드에 거주한 일반 대중의 기대 수명 추정치를 보여준다. 천연두와 선페스트 그리고 (인플루엔자였을 수도 있고 더는 존재하지 않는 또 다른 바이러스성 질환일 수도 있는) "발한병" 같은 전염병의 유행으로 인해 연도별 변화가 대단히 심하다고는 해도 재구성해놓은 300년이라는 시간 동안 뚜렷한 트렌드가 보이지 않는다.

도표 내 점은 300년이라는 동일한 기간 동안 10년마다 한 번씩 영국 귀족층의 기대 수명이 어떻게 변화했는지를 보여준다. 역사 인구통계학자 T. H. 홀링스워스T. H. Hollingsworth가 1960년대에 영국 귀족계급이 출생 및 사망에 대해 꼼꼼하게 기록한 문서를 종합해서 만든 자료

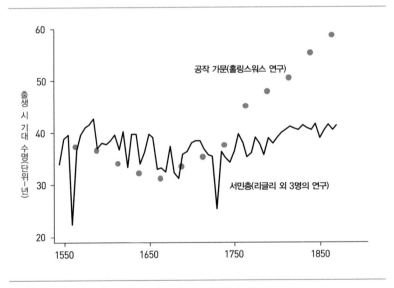

〈도표 3〉 잉글랜드 서민층과 공작 가문의 기대 수명

(출처: 버나드 해리스, 《일반인의 건강과 영양, 그리고 사망률의 감소: 매큐언 이론에 대한 재고Public health, nutrition, and the decline of mortality: The McKeown thesis revisited》 (2004년, 《Social History of Medicine》 17호 3권, 379~407쪽)

다.[13] 귀족계급과 서민계급에 대한 자료를 겹쳐 비교한다는 생각은 사회 역사학자 버나드 해리스Bernard Harris에게서 나왔다. 해리스는 이 놀랍도록 유익한 도표를 처음으로 작성한 인물이다.[14] 1550년부터 1750년 무렵까지 공작들과 그 가족들의 기대 수명은 일반 서민과 비슷하거나 어쩌면 조금 더 낮았다. 아마 이 말 자체가 놀라울 것이다. 사회적 지위가 높고 부유한 사람은 흔히 사회적 지위가 낮고 가난한 사람보다 더 건강하기 마련이다. 건강 "기울기"라고 부르는 이 현상을 뒷받침하는 증거는 고대 로마제국처럼 아주 오래된 과거에서도 발견된다. 따라서 도표가 말하는 첫 번째 가르침은 이 "기울기"가 보편적인 현상이 아니며 최소 2세기 동안 영국에서는 나타나지 않았다는 사실이다.

영국 귀족이 서민보다 먹을 게 더 많았음은 의심할 여지가 거의 없다. 16세기 햄프턴 코트 궁에 살았던 헨리 8세Henry VIII의 신하들은 하루에 4,500~5,000킬로칼로리를 섭취했으며 헨리 8세 자신은 나중에 너무 뚱뚱해져서 시종들이 도와주지 않으면 움직이지 못할 정도였다. 너무 많이 먹어서 살이 찐 사람은 헨리 8세만이 아니었다. 유럽 내 다른 궁에 살았던 어떤 사람들은 훨씬 더 많이 먹었다.[15] 그러나 음식을, 최소한 귀족이 먹는 종류의 음식을 더 많이 먹는다고 해서 페스트와 천연두를 유발하는 세균과 바이러스를 막거나 귀족 자녀의 목숨을 빼앗는 형편없는 위생 수준을 극복하지는 못했다. 즉 1550년부터 1750년까지 귀족계급과 서민의 기대 수명을 비교한 도표는 기대 수명을 낮춘 요인이 영양실조가 아니라 질병임을 암시한다. 물론 질병과 영양부족은 서로 협조하며 상황을 악화시킨다(병에 걸리면 음식을 소화시키기가 어렵다). 그러나 귀족들이 영양이 풍부한 음식을 꾸준히 먹은 덕분에 자신이나 자녀들이 당시 유행한 전염병에 걸리지 않았음을 보여주는 증거는 없다.

1750년이 지나면서 귀족계급의 기대 수명이 서민계급과 같은 수준에서 벗어나기 시작하다가 1850년에 이르면 격차가 거의 20년까지 벌어진다. 대략 1770년 이후부터는 일반 서민의 기대 수명에서도 약간 증가하는 모습이 나타난다. 이 도표만 살펴보면 이 움직임은 1550년 이후의 여타 오르내림과 비슷하게 보인다. 그러나 1850년 이후까지 계속 따라가면 중요한 변화가 있음을 깨달을 수 있다. 즉 전체적으로 기대 수명이 상당히 증가했으며 증가 추세가 오늘날까지 이어진다. 잉글랜드와 웨일스의 출생 시 기대 수명이 1850년에는 40세까지 상승했고 1900년에는 45세에 이르렀으며 1950년 무렵에는 70세 가까이 됐다. 귀족계급은 18세기 후반 발생한 건강 기울기에서 격차를 벌였을 뿐만 아니라 이후 이어진 기대 수명의 전반적 증가에서도 서민계급보다 한발 앞서서 출발했다.

우리는 격차가 벌어진 이유에 대해 정확히 알지 못한다. 그러나 여러 가지 타당한 추측이 존재한다. 18세기 후반은 바로 역사학자 로이 포터Roy Porter가 사람들이 (국왕파와 의회파의 대립을 포함해 사회가 혼란스럽지 않은 적이 거의 없었던 지난 세기처럼) 더는 "어떻게 하면 내가 살 수 있습니까?"라고 묻는 대신 "어떻게 하면 내가 행복할 수 있습니까?"라고 묻게 된 시대라고 요약한 영국 계몽주의 시대였다.[16] 사람들은 교회에 복종하며 덕을 실천하고 "자신의 지위에 맞는 사회적 의무를 다하는" 길을 쫓기보다는 개인적으로 성취감을 얻는 방법을 찾기 시작했다.[17] 행복은 논리적인 사고를 바탕으로 왕권과 교회에 대한 복종 같은 관습적인 행동 방식을 거부하고 물질적인 부와 건강을 포함해 개인의 삶을 개선하는 길을 찾는 과정에서 추구할 수 있었다. 임마누엘 칸트Immanuel Kant는 "알려고 하라! 용기를 내 너의 사고 능력을 사용하라"라는 모토를 통해 계몽주의를 정의했다. 계몽주의 시대를 지나는 동안 사람들은 그동안 사회에서 통용되던 생각에 과감히 도전하는 동시에 새로운 기술과 행동 방식을 더 많이 시험하고자 했다. 그렇게 자신의 사고 능력을 사용하기 시작한 곳 중 하나가 바로 의료 및 질병 퇴치 부문이었다. 사람들은 의약품을 개발해 질병과 맞서 싸우고 새로운 치료법을 시험했다. 세계화가 처음 시작되던 시기였던 만큼 해외의 혁신적인 방법들도 의료 분야에 많이 도입됐다. 새로운 의약품과 치료법은 대개 구하기 어려웠고 값이 비쌌기 때문에 초기에 이를 감당할 수 있는 사람들은 거의 없었다.

종두라고도 부르는 천연두 접종법은 가장 중요한 의학적 혁신 중 하나였다.[18] 천연두는 18세기 유럽에서 주요 사망 원인으로 꼽히는 질병이었다. 천연두가 소멸하지 않고 지속적으로 발생할 만큼 사람들이 많이 사는 도시에서는 거의 모두가 어린 시절 천연두에 걸렸다. 살아남은 사람들은 평생 천연두에 걸리지 않았다. 오랫동안 천연두가 도시와 시골을 덮치지 않은 경우도 많았지만, 그 경우 면역력이 있는 주민이 없기 때문에 천연두가 번지기 시작하면 아이든 어른이든 엄청난 수가 목숨을 잃었다. 1750년 스웨덴에서 전체 사망자의 15퍼센트가 천연두로 세상을 떠났다. 1740년 런던에서는 세례 받은 교인 1,000명당 140명이 천연두로 죽었으며 대부분은 어린아이였다.

종두법은 1799년 에드워드 제너Edward Jenner가 개발한 천연두 백신 접종법(우두 접종법)과 다르다. 천연두 백신 접종법은 곳곳으로 빠르게 번져나가 이후 사망률을 낮춘 주역이 되었다. 종두법은 사실 중국과 인도에서 천 년 넘게 시행되었으며 아프리카에서도 오랫동안 사용된 고대의 기법이었다. (인두법이라고도 하는) 이 원시적인 방법은 천연두를 앓고 있는 사람의 고름에서 추출한 면역 물질을 다른 사람의 팔에 상처를 내 주입하는 방식이었다. 아프리카와 아시아에서는 딱지를 말려 콧속으로 불어 넣는 방법을 사용하기도 했다. 그러면 피접종자는 가벼운 천연두 증상을 겪은 후 면역력을 갖게 되었다. 미국 국립 보건원National Institutes of Health이 운영하는 웹사이트 〈의학의 역사History of Medicine Division〉에서는 종두를 접종받은 사람의 사망률은 1~2퍼센트에 불과했지만 천연두에 그대로 노출된 사람들의 사망률은 30퍼센트에 이르렀다고 말한다.[19] 종두법은 늘 수많은 논란의 한가운데에 있었다. 종두를 접종받은 사람이 다른 사람에게 천연두를 옮길 가능성이 있었으며 심지어 천연두를 본격적으로 유행시킬 수도 있었다. 지금은 어느 누구도 종두법을 옹호하지 않는다.

영국에 종두법을 도입하는 데에는 귀족 여성인 메리 워틀리 몬터규Mary Wortley Montague의 역할이 컸다. 터키 대사의 부인으로 콘스탄티노폴리스(이스탄불)에서 종두법이 시행되는 광경을 목격한 몬터규는 영국에서 종두법을 실시하도록 상류층에 영향력을 행사했다. 1721년 몬터규의 노력에 감명을 받은 왕실 가족이 종두를 접종했다. 비록 연구실에서 기니피그에게 하듯 일부 중형 선고를 받은 죄수나 버려진 아이들에게 강제로 종두를 접종한 다음 악영향은 없는지 확인하는 실험을 실시하고 나서였지만 말이다. 이후 종두법은 귀족 사회에 널리 퍼졌다. 역사학자 피터 라젤Peter Razzell은 이때부터 75년 동안 종두가 어떻게 대단히 비싼 치료법으로 시작됐다가(격리된 채 몇 주를 보내는 한편 종두법 실시 의사에게 상당히 비싼 요금을 치러야 했다) 결국 대규모로 확산되면서 일반인에게도 접종이 실시됐는지에 대해 기록했다. 심지어 지방정부가 극빈자에게 접종을 실시하도록 돈을 대신 지불하기도 했다. 매장 비용보다 접종 비용이 더 싸기 때문이었다. 1800년 무렵 런던에서 세례 받은 사람 중 천연두로 사망한 사람의 수가 절반으로 떨어졌다.

종두법은 노예 무역선을 타고 중간 항로(대서양 횡단 항로)를 지나 미국으로 건너갔다. 1760년에는 보스턴 거주민 모두가 종두를 접종받았으며 조지 워싱턴George Washington은 독립 전쟁 당시 대륙군 병사에게 종두를 실시했다. 1600년대 후반과 종두법이 처음 도입된 1721년에는 천연두의 유행으로 보스턴 주민 10퍼센트 이상이 목숨을 잃었으나 1750년 이후에는 천연두로 사망한 사람들이 상대적으로 적었다.

의학 역사학자 실러 라이언 조너선Sheila Ryan Johansson은 18세기 후반 또 다른 건강 및 의학 분야의 혁신들이 등장했다고 설명한다.[20] 말라리아 치료제로 사용하기 위해 기나나무 껍질(키니네의 원료)을 페루에서 영국으로 처음 수입했다. "신성한 나무"라고 불린 유창목을 카리브 해 지역에서 가져와 매독을 치료하는 데 사용했으며(아마 수은보다 더 효과적이었으며 분명 더 비쌌을 것이다) 피가 섞인 대변을 본다고 해서 "적리"라고도 부르는 이질의 치료제로 브라질에서 토근을 들여왔다. 부유층에서는 처음으로 전문교육을 받은 (남성) 산파를 데려다 썼다. 프랑스에서 전파된 혁신이었다. 18세기 후반은 독한 증류주인 진 반대 캠페인 같은 공중 보건 캠페인이 처음으로 벌어지고 최초의 진료실이 등장했으며 도시 정비가 시작된 시기기도 했다. 내가 자란 도시인 스코틀랜드 에든버러에서는 1765년 신시가지 건설이 개시됐다. 구시가지는 파괴되지 않았지만 구시가지 중심이자 살기 어려울 만큼 지저분했던 노스로크 주민들은 다른 지역으로 대거 빠져나갔다. 북쪽에 새롭고 널찍하면서 살기 좋은 도시가 건설됐다. 1771년 구시가지에서 태어난 월터 스코트 경의 11명이나 되는 형제자매 중 여섯이 젖먹이 시절에 세상을 떠났으며 스코트 경 자신도 어렸을 때 소아마비에 걸렸다. 그렇다고 스코트 가의 형편이 어려웠다고 말하기는 어렵다. 스코트 경의 어머니는 의대 교수의 딸이었고 아버지는 변호사였다.

근대사회에서 일어난 혁신이 사망률 감소에 얼마나 영향을 미쳤는지 수량화할 방법은 없다. 게다가 가장 큰 효과를 발휘했을 가능성이 높은 조치 중 하나인 종두법조차 논란거리로 남아 있다. 하지만 더 나은 과학적 지식의 산물이자 시행착오에 대해 열린 마음으로 대하는 자세에서 탄생한 이 모든 혁신이 17세기가 끝날 무렵 귀족 사회 및 왕실의 건강을 개선하는 데 큰 역할을 했음을 보여주는 타당한 사례가 존재한다. 처음에는 값이 비싸고 가치를 아는 사람이 많지 않았기 때문에 부유하고 정보가 많은 사람들 사이에서만 혁신이 도입되면서 건강 분야에서 새로운 불평등이 탄생했다. 그러나 이 같은 불평등은 얼마 후, 즉 지식이 더욱 널리 퍼지고, 치료비와 약값이 더욱 싸지고, 과거의 혁신이 1799년 이후 실시된 천연두 백신 접종이나 도시환경을 개선한 위생 정비 사업처럼 모든 사람에게 혜택이 돌아갈 수 있는 새로운 혁신을 이끌어내면서 사회가 전반적으로 발전할 것임을 암시하기도 했다. 우리는 19세기 후반 확산된 세균과 질병의 관계를 규명한 이론과 1960년대 이후 발표된 담배가 건강에 미치는 영향에 대한 연구 결과 등, 건강 불평등을 야기하는 동시에 앞으로 혜택이 널리 퍼질 것임을 알리는 새로운 지식에 관한 또 다른 사례를 만날 예정이다.

1800년부터 1945년까지: 영양, 성장, 위생

18세기에는 기대 수명의 증가가 조용히, 불평등하게 번져나갔다면 19세기에서 20세기로 넘어가는 동안에는 기대 수명이 전반적으로 엄청나게 증가했음을 모르는 사람은 없을 것이다. 〈도표 4〉는 잉글랜드와 웨일스, 이탈리아, 포르투갈의 기대 수명이 서서히 증가하는 모습을 보여준다. 영국의 상황을 나타낸 선이 가장 먼저 등장하고 그 뒤를 이어 1875년 무렵이 되면 이탈리아 선이 보인다. 포르투갈 선은 1940년에 이르러서야 모습을 드러낸다. 스칸디나비아 국가들과 프랑스, 벨기에, 네덜란드에 대해서도 예전 자료가 있지만 도표에 그리는 경우 잉글랜드와 구분하기 쉽지 않았을 것이다. 앞으로 보겠지만 사망률을 감소시키기 위해 투쟁한 국가들에게서 가장 오래되고 가장 좋은 자료를 수집할 수 있음은 결코 우연이 아니다.

여기서 나는 잉글랜드 사례에 초점을 맞출 것이다. 하지만 도표는 혁신이, 우리가 앞으로 몇 번이고 다시 만날 어떤 존재가 확산되는 모습도 강조한다. 1850년 이후 잉글랜드가 걸어간 길을 뒤늦게 발걸음을 떼기 시작한 다른 국가들이 (여기에서는 이탈리아와 포르투갈이) 뒤따랐다. 처음에는 엄청나게 벌어졌던 기대 수명의 차이가(1875년 당시 잉글랜

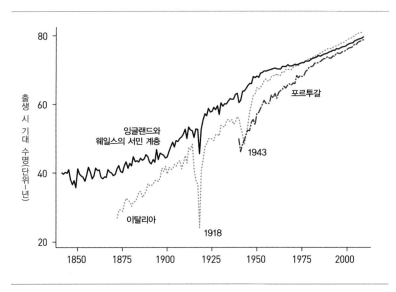

〈도표 4〉 1850년 이후 잉글랜드와 웨일스, 이탈리아, 포르투갈의 기대 수명

드와 이탈리아의 기대 수명은 10년 정도 차이 났으며 1940년 포르투갈과 잉글랜드의 차이도 이와 거의 같았다) 갈수록 줄어들다가 20세기가 끝날 무렵 기대 수명 측면에서 이탈리아가 사실상 잉글랜드를 앞지르고 포르투갈도 거의 따라잡는 모습이 보인다. 18세기가 끝나갈 때 잉글랜드의 귀족과 서민 사이에서도 같은 상황이 전개됐다. 잉글랜드에서, 그리고 얼마 지나지 않아 유럽의 북부와 북서부, 미국, 캐나다에서 전개된 일은 이들과 나머지 지역은 물론 남부 및 동부 유럽 국가 사이를 벌려 놓았다. 시간이 흐르는 동안 발전이 확산돼 더욱 대중화하면서 결과적으로 전 세계에서 격차가 줄어들었으나, 모든 지역에서 균일하게 줄어들었거나 완전히 사라지지는 않았다. 더 나은 세상은 차별화된 세상을 만들었고 탈출은 불평등을 낳았다.

그렇다면 잉글랜드에서는 무슨 일이 벌어졌을까? 한 세기 반이 흐르는 동안 40세에서 80세로 기대 수명을 2배로 만든 요인은 무엇인가? 수천 년이라는 오랜 세월 동안 기대 수명이 거의 변하지 않았거나 심지어 감소하기까지 했다는 사실을 생각할 때, 기대 수명의 급증은 인간의 역사상 가장 극적이면서 빠르고 우호적인 변화임에 틀림없다. 거의 모든 신생아가 살아남아 어른으로 자랄 뿐만 아니라 젊은이가 자신의 재능과 열정을 펼칠 더 많은 시간을 얻었다. 웰빙의 가능성과 잠재성에 일어난 막대한 증진이 아닐 수 없었다. 그러나 아마 놀랍겠지만 이 거대한 혜택이 여전히 제대로 인식되지 않고 있다. 20세기 말까지 이에 대해 연구한 사람도 거의 없었다.

출발점으로 삼기에 좋은 주제는 출생 시 기대 수명이 아니라 때때로 성인 기대 수명이라고 부르는 15세 청소년의 기대 수명이다. 15세 청소년이 앞으로 얼마나 더 살 수 있을지를 햇수로 환산해 나타낸 숫자로 출생 시 기대 수명과 같은 방법으로 계산되나, 0에서부터 시작하지 않고 15에서부터 시작한다. 〈도표 5〉는 〈도표 4〉에서 그린 출생 시 기대 수명과 함께 15세 청소년의 기대 수명을 보여준다(하지만 군인을 포함해 전 국민을 대상으로 환산했기 때문에 제1차 세계대전이 진행되던 1918년 사망률이 급격하게 떨어진다). 1850년에는 15세 청소년이 45년을 더 살 수 있었던데 비해 한 세기 뒤인 1950년에는 57년을 더 살 수 있었다.

〈도표 5〉에서 가장 눈에 띄는 부분은 대략 1900년까지 영국에서 성인 기대 수명이 사실상 출생 시 기대 수명보다 높았다는 점이다. 이미 15년을 살았음에도 15세 청소년은 자신이 태어났을 때보다 더 긴 미래를 기대할 수 있었다. 영유아 시절이 대단히 위험했기 때문에 일단

유년기를 무사히 보내고 나면 기대 수명이 갑자기 증가했다. 20세기가 끝날 무렵이 되자 적어도 부유 국가에서는 영유아 시절 사망할 확률이 굉장히 낮아지면서 성인 기대 수명과 출생 시 기대 수명 간 격차가 점점 벌어졌다. 지금은 차이가 거의 15년에 이른다. 15세 생일을 맞이하기 전에 죽는 사람이 없었을 때 나오는 수치다. 자료를 확보한 다른 국가에서도 비슷한 양상이 나타난다. 그러나 출생 시 기대 수명이 성인 기대 수명을 추월한 시기는 국가마다 다르다. 스칸디나비아 국가에서는 이보다 10년 먼저 진행된 반면 벨기에와 프랑스, 이탈리아에서는 10년에서 20년이 늦었다.

1850년부터 1950년 사이 기대 수명을 증가시킨 요인이 무엇이든 어린아이가 사망할 위험을 낮추는 데 가장 큰 힘을 발휘했다. 성인의

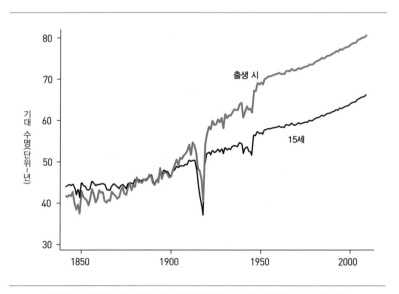

〈도표 5〉 잉글랜드 및 웨일스 전 주민의 출생 시 기대 수명과 15세 기대 수명

사망률을 감소시킨 요인과 영유아 및 성인 사망률에 같이 작용한 요인 역시 중요한 역할을 했지만 그것만큼 극적인 효과를 내지는 못했다.

영유아 사망률 감소가 새로운 치료제인 항생제나 설파제 혹은 결핵을 치료하는 스트렙토마이신 등 새로운 의약품과는 크게 관련이 있다고 말하기 어렵다. 일부는 영유아 사망률이 감소한 현상 대부분이 새로운 치료제나 치료법이 사용할 수 있게 되기 오래 전부터 일어났기 때문이고, 일부는 그러한 약물의 도입이 관련 질병에 걸려 사망하는 사람의 수를 급격하게 줄이는 결과를 낳지 못했기 때문이다. 사회의학을 창시한 영국의 의학 역사학자 토머스 매큐언Thomas McKeown은 효과적인 치료법이 등장하기 전에도 사망률이 떨어지는 중이었고, 치료법이 등장한 이후에도 계속해서 똑같은 비율로 사망률이 감소한 일련의 모든 질병을 보여주는 유명한 도표를 연속해서 작성했다.[21] 그 자신이 의사였음에도 매큐언은 의약품이 그다지 크게 효과를 발휘하지 못했다(심지어 의사의 사회적 지위가 높아질수록 의사가 쓸모없어질 가능성이 더 높았다)고 주장했다.[22] 사람들이 건강해진 이유는 경제와 사회가 발전했기 때문이라고, 특히 영양 상태가 좋아지고 생활수준이 개선됐기 때문이라고 결론을 내렸다. 매큐언은 자신이 지닌 전문적인 지식이 공중 보건을 개선하는 데 거의 이바지하지 못한다고 여기고, 빈곤과 기회 박탈 등 사람들의 건강을 악화시키는 근본적인 요인이라 할 수 있는 더욱 보편적인 사회악으로 관심을 돌린 많은 의사의 선구자 같은 인물이었다. 매큐언은 더 좋은 먹을거리와 더 나은 주거 환경 같은 삶의 물질적인 수준을 점진적으로 개선하는 것이 의료 서비스나 심지어 공중 보건 정책보다 훨씬 더 중요하다고 생각했다. 오늘날 매큐언의 관점은 현재 상황에 맞게 변형돼, 의학적 발견과 치료법이 건강에 가장 큰 영향을 미친다고 생각하는 무리와 사람들이 어떤 사회 환경 속에서 살아가는지를 생각하는 무리 간 벌어지는 논쟁에서 여전히 중요한 주제로 등장한다.

영양은 분명 초기 사망률 감소에 관한 이야기의 한 축을 담당한다. 18세기에서 19세기 초반까지 영국에 살았던 사람들은 어렸을 때에는 자랄 수 있을 만큼 다 자라는 데, 자란 뒤에는 신체 기능을 정상적으로 발휘하고 생산적이며 보수가 많은 육체노동을 하는 데 필요한 양보다 적은 칼로리를 섭취했다. 사람들은 깡마르고 키가 아주 작았다. 아마 과거 어느 시대보다 (혹은 이후 어느 시대보다) 더 작았을 것이다. 역사적으로 사람들은 너무 크게 자라거나 몸집을 너무 키우지 않는 방법으로 칼로리 섭취가 부족한 상황에 적응했다. 특히 어린 시절 충분히 먹지 못한 결과가 발육 부진이라는 나쁜 상황으로만 이어지지는 않았다. 몸집이 작을수록 활동하는 데 필요한 기본적인 칼로리가 더 적었기 때문에 덩치가 작은 사람은 큰 사람보다 훨씬 적은 음식을 먹고도 일할 수 있었다. 18세기에는 키가 180센티미터에 몸무게가 90킬로그램가량 나가는 노동자가 우주복을 입지 않고 달에 가는 사람만큼이나 살아남기 어려웠을 것이다. 간단히 말해 평균적으로 그 당시에는 현대인처럼 덩치가 큰 사람들을 먹일 정도로 식량이 충분하지 않았다. 18세기 살았던 덩치 작은 노동자는 사실상 영양학적인 덫에 갇힌 상태였다. 신체적으로 허약했기 때문에 돈을 많이 벌지 못했고 일을 하지 않으면 먹을거리를 살 돈이 없기 때문에 제대로 먹지를 못했다.

농업혁명이 시작되면서 그 덫은 분해되기 시작했다. 1인당 소득이 증가하기 시작하자 아마도 역사상 처음으로 영양 상태가 꾸준히 호전

될 가능성이 생겼다. 영양 상태가 좋아지면서 사람들은 몸집이 더 커지고 힘이 더 세졌다. 이는 생산성 향상으로 이어졌고 소득 증가와 건강 개선 사이에 긍정적인 시너지 효과를 유발했다. 두 요인이 서로를 발판으로 삼아 성장했기 때문이다. 어린아이가 자라는 데 필요한 영양을 제대로 섭취하지 못하면 두뇌가 충분히 발달하지 못할 가능성이 있다. 따라서 형편이 나아지고 몸집이 커진 사람들은 지적 능력도 좋아지면서 경제가 성장하는 데 더 많은 힘을 보탰으며 그러한 선순환 속도를 더욱 높였을 것이다. 몸집과 키가 커진 사람들은 더 오래 살았고, 영양 상태가 좋아진 아이들은 죽을 가능성이 줄어들고 병에 맞서 싸울 힘이 커졌다. 이것이 노벨 경제학상 수상자인 로버트 포겔과 공동 연구자들이 오랫동안 발전시킨 이야기였다.[23]

영양 상태가 개선됐으며 사람들이 몸집이 커지고 힘이 세지고 건강해졌다는 데에는 의심할 여지가 없다. 그러나 전적으로 먹을거리에 집중하는 경우 영유아 사망률이 감소한 원인을 완벽하게 설명하지 못한다. 이런 접근법은 질병을 직접적으로 통제하는 행위의 중요성을 과소평가한다. 그리고 도움을 받지 않는 시장경제의 역할에는 너무 많이, 질병을 통제하기 위한 공동체와 정부의 숨은 노력에는 너무 적게 초점을 맞춘다. 경제학자이자 역사학자인 리처드 이스털린은 경제가 성장하기 시작한 시점과 건강이 개선되기 시작한 시점을 일치시키려고 하는 건 잘못된 시도라는 설득력 있는 주장을 펼쳤다.[24] 북유럽과 서유럽 지역의 영유아 사망률 감소는 경제성장으로 설명하기에는 너무도 균일한 현상이었다. 나라마다 다른 시점에 시작된 경제성장으로는 설명할 수 없다는 의미다. 나중에 20세기 들어 전 세계적으로 거의 동시에 심장병 발생률이 낮아졌을 때 이와 유사한 상황이 전개되었음을 확인할 수 있을 것이다. 먹을거리 자체가 그토록 중요했다면 어째서 음식을 충분히 먹은 영국 귀족들이 1750년 이전 수세기 동안 일반 서민보다 기대 수명이 더 길지 않았을까? 인구 통계학자 마시모 리비 바치Massimo Livi-Bacci는 수도사들이 부족함 없이 먹고 산 수도원을 비롯해 몇몇 유럽 국가에서 나타난 비슷한 사례를 기록했다. 수도사들은 다양한 먹을거리를 풍족하게 먹었으나 다른 사람들과 똑같은 비율로 사망했다.[25] 음식이 일부 질병에 걸리지 않게 막아줄 수는 있지만 결코 모든 질병을 예방하지는 못한다. 아마 바이러스성 질병보다 세균성 질병을 막는 데 효과가 있겠지만 그 생각조차 맞는지 확실하지 않다.

영유아 사망률을 감소시키고 그로써 기대 수명을 증가시킨 데 대한 영예는 공중 보건 정책을 통해 질병을 통제한 일에 돌아가야 마땅하다. 이는 처음에는 위생 및 상수도 시설을 개선하는 형태를 띠었다. 마침내 과학이 관행을 따라잡았고 질병 발생과 세균의 역할에 관한 이론은 널리 확산되며 서서히 과학적인 기반과 뚜렷한 목표가 있는 실행으로 바뀌었다. 여기에는 다양한 질병을 막기 위한 일상적인 예방접종과 개인 혹은 사회가 세균 이론을 기반으로 실천하는 바람직한 생활 습관 등이 포함되었다. 공중 보건을 개선하려면 공공 기관이 행동에 나서야 했다. 이는 정치적 토론과 합의가 필요한 행위였으며, 분명 (실질소득이 상승하는 경우 대개 위생 시설 개선 사업에 필요한 자금을 확보하기가 더 쉽기는 했지만) 시장경제만 발달해서는 해결되지 않는 문제였다. 개인적인 측면에서 보면 질병의 감소, 특히 아이들의 설사병이나 호흡기 질환, 혹은 여타 전염병의 감소가 영양 상태를 개선해 키가 커지고 체력이 좋아지고 생산성이 향상되는 데 보탬이 됐다. 음식물 섭취는 중요하다. 그러나 순純영양, 다시 말해 열병이나 감염증과 싸울 때 손실되는 영양은 물론 설사병의 경우 직접적으로 빠져 나가는 영양까지 모두 감안한 다음 실질적으로 사람들이 사용할 수 있는 영양의 총량이 더 중요하다. 세균과 질병의 관계를 규명한 이론을 바탕으로 수립된 정책에 따라 위생 시설을 개선한 일은 1850년 이후 한 세기 동안 북유럽과 서유럽 국가 및 영국과 영국의 영향을 받은 국가들의 기대 수명을 증가시키는 데 중요한 역할을 했다. 20세기 초반 남부와 동부 유럽 국가가 이들을 본받아 위생 시설을 개선했고 결국 제2차 세계대전 이후 나머지 지역도 같은 길을 걸었다. 이것이 다음 장에서 다룰 발전 과정이다.[26]

영국에서 일어난 산업혁명으로 수백만 명이 농촌 지역을 떠나 맨체스터 같은 새로 조성된 도시로 이주했다. 제조업으로 새로운 생계 수단을 확보할 수 있기는 하지만 너무 많은 사람이 비좁은 장소에서 사는 바람에 건강이 나빠지는 문제를 해결할 방법이 거의 혹은 전혀 제공되지 않는 곳이었다. 시골에서는 사람들이 버리는 쓰레기를 처리하는 제도적인 장치가 없더라도 상당히 안전하게 살 수 있었으나 도시에서는 그렇지 않았다. 새로 생긴 도시에 사는 사람들은 대개 각종 가축들, 예를 들어 짐을 실어 나르는 말과 우유를 짜기 위한 소, 음식 찌꺼기를 처리하고 고기를 얻는 데 필요한 돼지를 집 근처에서 길렀다. 도시에는 또한 가죽 가공이나 도축 같은 '불쾌한' 일을 하는 작업장과 온갖 공장에서 쏟아져 나오는 위험한 쓰레기들이 존재했다. 식수는 생활 쓰레기나 다른 쓰레기들로 오염되기 일쑤였다. 산업혁명 기간 동안 맨체스터에 설치된 공중화장실은 그 수가 고대 로마보다도 더 적었다.[27] 상수원이 배설물을 처리하는 곳으로도 이용되면서 신석기 혁명 이후 꾸준히 문제를 일으켰던 분변-구강 감염의 위험이 엄청나게 증가했다. (지금도 몇몇 빈곤 국가에서 계속되는 현상과 마찬가지로) 도시 지역의 기대 수명이 농촌 지역보다 훨씬 낮아졌다. 분명 생활 조건이 열악한 도시로 인구가 유입된 현상은 19세기가 시작할 당시 전체 인구가 그토록 느리게 증가한 이유와 1850년 이후까지 일반인의 기대 수명이 증가하지 않고 멈췄던 이유를 설명하는 데 도움이 된다. 결국 도시가 악취를 풍기는 어둡고 위험하고 타락한 공장 지대로 전락하자 도덕적으로 통탄할 지경에 이른 도시 거주민의 상태는 대중의 우려와 공분을 불러일으켰고, 그에 따라 지방정부와 공중 보건 담당 관리들이 위생 시설을 설치하고 관리하기 시작했다.

이때 전개된 위생 개선 운동에는 결실을 맺기 위해 필요한 새로운 과학적 근거가 없었다. 당시 지배적이었던 질병 이론, 즉 쓰레기 등이 부패하는 동안 발생하는 독성 공기(장기)가 몸에 들어와 병을 일으킨다는 "장기설miasma theory"은 14세기 흑사병과 싸울 때 이탈리아 공중 보건 담당 관리들이 믿었던(하지만 대부분 성공적이지 못했던) 이론과 별 차이가 없는 잘못된 생각이었다. 하지만 엄격히 준수하는 경우 충분한 실제적 효과를 발휘할 수도 있는 이론이었다. 사람들이 버리는 쓰레기가 안전하게 처리돼 도시민의 식수에서 악취가 나지 않는다면 당연히 사람들이 병에 걸릴 가능성은 줄어든다. 그러나 장기설 때문에 사람들이 위생 시설에 지나치게 관심을 기울이고 상수도에는 충분히 주의를 기울이지 않게 됐다. 그 결과 런던 보건 당국이 지하에 설치된 분뇨통 속 냄새 나는 오물을 제대로 처리하지 않은 채 템스 강에 방류하면서 콜레라균이 상수원으로 흘러들어가는 사태가 발생했다. 몇 년 후인 1854년 런던에 콜레라가 유행했을 당시 런던 시내에 물을 공급하는 회사 두 곳 중 한 곳이 취수구를 하수 방류관보다 아래쪽에 설치했던 탓에 희생자 몸에서 나온 콜레라균이 다른 사람에게 들어가는 악순환이 벌어졌다. 콜레라가 유행하기 얼마 전 또 다른 수도 공급 회사가 더 깨끗한 물을 찾아 취수관을 상류로 옮긴 덕분에 당시 런던에서 의사로 활동하던 존 스노John Snow가 콜레라 사망자의 거주 지역을 지도에 표시하면서 이들이 문제가 되는 수도 공급 회사의 물을 마시고 있었음을 발견했고, 콜레라가 오염된 식수를 통해 전파됨을 입증할 수 있었다.[28] 존 스노의 연구는 공중 보건 분야에서 최초로 실시된 "자연 실험"이었다. 나는 이것이 역대 가장 중요한 발견 중 하나라고 생각한다. 하지만 스노는 자신의 조사가 결정적인 증거를 제시했다고 말하기 어려움을 인정하고(예를 들어 문제를 일으키지 않은 상수도 회사가 또 다른 이유로 질병에 걸리지 않은 부유한 사람들에게만 물을 공급했을 수도 있었다), 결과에 대해 다르게 해석할 수 있는 가능성을 없애려고 노력했다.[29]

스노의 조사는 비록 고집스럽게 장기설을 믿는 사람들의 엄청난 저항에 부딪히기는 했으나 훗날 발표된 독일 의학자 로베르트 코흐Robert Koch와 프랑스 미생물학자 루이 파스퇴르Louis Pasteur의 연구 결과와 더불어 세균 이론을 확립하는 데 보탬이 됐다. 가장 쟁점이 되는 사안은 '왜 어떤 사람은 질병에 노출됐는데도 병에 걸리지 않는가' 라는, 인과 관계를 설명하고 사람들을 이해시키는 과정에서 심각한 논쟁을 일으키는 질문이었다.[30] 1883년 콜레라균을 분리하는 데 성공한 코흐가 네 가지 "가설"을 제시했다. 모두가 미생물이 질병을 일으키는 원인으로 명확하게 확인되는 경우 사실임이 증명되는 가설이었다. 그중 하나가 건강한 사람에게 환자에게서 검출된 균을 주입했을 때 환자와 똑같은 병에 걸린다는 가설이다. 1892년 세균 이론을 의심하고 장기설을 신봉하기로 유명한 막스 폰 페텐코퍼Max von Pettenkofer가 코흐의 가설이 틀렸음을 입증하기 위해 나섰다. 당시 74세였던 페텐코퍼는 이집트에 파견된 코흐가 특별히 보낸 콜레라균이 든 플라스크 속 용액을 사람들 앞에서 들이마셨다. 하지만 그는 가벼운 후유증만 겪고 넘어갔다. 정확히 어떤 이유로 페텐코퍼가 콜레라에 걸리지 않았는지는 확실하지 않다. 페텐코프가 무사했던 이유는 독성을 중화시키는 강한 산성을 띤 위액 때문이 아니라 많은 병원균이 적절한 조건 속에서만 활동하기 때문일 것이다. 페텐코퍼는 미생물이 먼저 토양 속에서 부패해 독기로 바뀌는 과정을 거쳐야 한다는 이론을 주장했다. 이 이론은 비극적인 사건을 통해 잘못됐음이 증명됐다. 1892년 함부르크에 콜레라가 유행했다. 옆 도시인 알토나는 함부르크와 똑같이 엘베 강을 상수원으로 사용했으나 함부르크와 달리 물을 정수해서 사용했고, 그 덕분에 콜레라가 유행하는 사태를 피했다. 페텐코퍼가 콜레라균을 들이킨 사건은 함부르크에 콜레라가 유행한 뒤에 일어난 일로 장기설 신봉자들의 마지막 저항 행위인 셈이었다. 페텐코퍼는 1901년 총기로 자살했다.[31]

세균 이론을 발견하고, 확산시키고, 채택한 과정은 영국과 전 세계에서 영유아 사망률을 개선한 열쇠였다. 세균 이론에 관한 이야기는 우리가 앞으로 다시 만날 몇 가지 주제를 구체적으로 설명하는 사례기도 하다. 세균 이론은 인간의 웰빙을 개선할 수 있는 엄청난 가능성을 지닌 새로운 무엇이었다. 도표는 세균 이론이 등장하지 않았더라면 사망했을 어린아이들이 살아남았음을 보여준다. 세균이 질병을 일으키며, 콜레라의 경우 콜레라균이 오염된 물을 통해 전파된다는 사실은 전 세계 모든 사람이 돈 낼 필요 없이 자유롭게 사용할 수 있는 지식이었다. 하지만 그렇다고 해서 세균 이론이 등장한 뒤 관련 정책이 즉시 혹은 상당히 빠르게 시행됐다는 뜻은 아니다. 우리가 보았듯이 우선 모든 사람이 세균 이론을 확신하지는 않았다. 심지어 모두가 확신했을 때조차 온갖 종류의 장애물이 존재했다. 지식은 무료였겠지만 지식을 실생활에 적용하는 과정은 유료였다. 안전한 상수도 시설을 건설하는 비용은 하수처리 시설을 건설하는 비용보다 쌌지만 그래도 여전히 비쌌다. 게다가 물이 확실하게 오염되지 않았는지 검사하기 위한 지식은 물론 공학적 지식도 필요했다. 하수는 상수원을 오염시키지 않는 방법으로 처리돼야 했다. 개인과 기업을 감시하는 일은 대개 어렵고 저항에 부딪히기 마련이다. 정부가 역량을 갖춰야 하고 능력 있는 관료가 필요하다. 영국과 미국에서조차 20세기 중후반에 이를 때까지 분변으로 인한 상수원 오염은 골치 아픈 문제였다. 세균 이론을 바탕으로 안전하게 물을 공급하고 위생 시설을 관리하도록 환경을 바꾸는 데에는 시간이 걸리며 정부가 역량을 쌓아야 하고 자금이 필요하다. 한 세기 전에는 이런 일이 항상 가능하지는 않았다. 그리고 지금도 전 세계 많은 지역이 충분한 능력을 갖추지 못한 상태다.

늘 그렇듯이 정치라는 중요한 문제가 등장한다. 역사학자 사이먼 스레터Simon Szreter는 산업혁명 당시 도시 곳곳에서 깨끗한 물을 구할 수 있었지만 무슨 이유로 거주민들이 마실 물로는 사용하지 않고 공장을 가동하는 데에만 사용하게 됐는지를 설명한다.[32] 이런 사례에서 흔히

볼 수 있듯이 새로운 행동 방식에서 나오는 이익은 결코 누구에게나 동등하게 분배되지 않는다. 세금을 내는 사람이기도 한 공장주들은 사재를 털어 노동자에게 깨끗한 물을 공급하는 일에는 관심이 없었다. 스레터는 노동자와 추방된 땅주인이 어떻게 새로운 정치 연대를 형성해 깨끗한 물을 공급하는 상수도 시설을 설치하도록 여론을 선동하는 데 성공했는지 기록한다. 이 선동은 개정된 선거법을 통해 노동자들이 선거권을 얻은 다음에야 효력을 발휘할 수 있었다. 정치적 지형이 바뀌자 공장주들은 시류에 편승했고 도시는 저마다 자기네 도시가 다른 도시보다 건강에 좋다고 광고하며 경쟁하기 시작했다(내가 학생들을 가르치는 프린스턴 대학교도 당시 비슷한 일을 했다. 해발 43미터의 고도 덕분에 말라리아모기가 서식하는 근처 늪지대보다 젊은이의 건강에 환경적으로 더 좋다고 주장한 것이다). 공공사업을 통해서든 의료 혹은 교육 서비스를 제공하는 방식으로든 집단행동이 건강 문제를 좌우할 때마다 정치가 모종의 역할을 수행한다. 이 경우 노동자들에게는 투표권이 없다는 불평등이 (부분적으로) 제거되면서 노동자들이 깨끗한 식수를 구하지 못한다는 또 다른 불평등이 사라졌다.

　새로운 생각이 확산되고 실생활에 적용되기까지는 시간이 필요하다. 종종 사람들이 사는 방식을 바꿔야 하기 때문이다. 오늘날 부유한 지역에 사는 사람들은 대부분 학교에서 세균의 중요성과 함께 손을 깨끗이 씻고, 소독하고, 음식물과 쓰레기를 적절하게 처리하는 등 세균이 옮기는 질병에 걸리지 않는 방법에 대해 배운다. 그러나 우리가 당연하게 알고 있는 사실을 19세기 말에 살던 사람들은 알지 못했다. 그리고 개인과 사회가 행동 방식을 바꾸고 그 새로운 지식을 완전히 활용하기까지 오랜 시간이 걸렸다.[33] 인구 통계학자 새뮤얼 프레스턴과 마이클 헤인즈Michael Haines는 어떻게 세기가 바뀔 무렵 뉴욕 시에서 민족별로 영유아 사망률이 급격하게 차이 나게 됐는지에 대해 설명했다. 예를 들어 건강을 증진시키는 종교의식이 있는 유대인은 그런 보호 장치가 없는 프랑스계 캐나다인보다 영유아 사망률이 훨씬 낮았다.[34] 하지만 세균과 질병의 관계를 규명한 이론이 받아들여지기 전까지는 의사를 부모로 둔 아이와 일반 가정에서 태어난 아이의 사망률이 같았다가 이후에는 의사 자녀가 목숨을 잃을 가능성이 훨씬 낮아졌다. 미국에서는 투숙객이 바뀌어도 호텔에서 침대 시트를 갈지 않았다. 이민자입국 사무소가 설치된 엘리스 아일랜드Ellis Island에서는 의사들이 단추고리처럼 생긴 도구를 사용해 이민자에게 전염성 눈병의 하나인 트라코마가 발생할 위험이 있는지 검사했다. 하지만 다음 사람을 검사할 때 기구를 소독하지 않았던 탓에 이민국이 트라코마를 막기는커녕 더욱 확산시키는 역할을 했다.[35] 인도에서는 최근까지도 비슷한 사례를 찾아볼 수 있다. 인도인들은 산모가 복잡한 출산 과정을 문제없이 해결할 수 있게 전통적으로 다이dai라고 부르는 일종의 산파를 데려온다. 다이가 능숙한 솜씨로 배 속에 있는 아기의 머리 방향을 바꾸는 모습을 보고 감탄한 한 미국인 산부인과 의사는 다이에게 기술을 배워 돌아온 후 부자가 됐다. 그러나 이 고도로 숙련된 전문가는 한 아이를 받은 뒤 다음 아이를 받을 때 결코 손을 씻지 않았다.[36]

세균 이론 같은 과학의 발달은 한 가지 발견이 아닌 관련된 여러 가지 발견이 모여 만든 결과며 대개 앞선 시대의 진보를 기반으로 한다. 현미경이 없었다면 세균을 관찰하지 못했을 것이다. 그리고 17세기

안톤 판 레이우엔훅Anthony van Leeuwenhoek이 현미경을 제작하고 이를 사용해 미생물을 관찰했다고 하나, 이 현미경으로는 대단히 왜곡된 상만을 볼 수 있었다. 1820년대 조지프 잭슨 리스터Joseph Jackson Lister가 색지움 렌즈를 사용한 현미경을 개발했다. 왜곡이나 "색 수차"를 없애기 위해 렌즈를 조합해 사용한 이 현미경이 등장한 뒤 이전에 사용되던 현미경이 거의 무용지물이 됐다. 세균 이론 자체는 질병을 일으키는 다양한 세균을 확인하는 결과를 낳았다. 여기에는 독일에 있는 코흐의 실험실에서 발견된, 탄저병이나 결핵, 콜레라를 일으키는 균이 포함됐다. 코흐는 미생물학이라는 새로운 학문 분야를 탄생시킨 인물이었다. 코흐의 제자들은 장티푸스와 디프테리아, 파상풍, 선페스트를 비롯해 수많은 질병을 발생시키는 원인균을 규명했다. 이후 이어진 발견의 물결 속에서 파리에서 활동하던 루이 파스퇴르가 미생물이 우유를 상하게 만드는 원인 물질임을 입증하고 상하지 않게 우유를 "저온 살균"하는 방법을 보여주었다. 파스퇴르는 다양한 백신을 개발하는 데 사용할 수 있도록 전염병을 일으키는 미생물을 희석시키는 방법을 제시하기도 했다. (파스퇴르는 효모로 만든 잼 마마이트marmite를 개발하기도 했다. 오늘날 영국인들은 마마이트 없는 삶을 상상하지 못한다. 6장에서 마마이트에 관한 이야기가 다시 한 번 등장할 것이다.) 또한 조지프 잭슨 리스터의 아들이자 외과의사인 조지프 리스터Joseph Lister는 세균 이론 덕분에 수술실에서 방부제를 사용하는 방법을 개발할 수 있었다. 마취법이 개발되는 동시에 방부제가 사용되면서 현대적인 외과 수술이 가능해졌다. 스노와 코흐, 파스퇴르의 연구는 세균 이론을 확립했을 뿐만 아니라 많은 사람에게 도움이 되도록 실생활에 적용하는 방법까지 보여주었다.

과학의 발전은(세균 이론은 발전을 보여주는 한 가지 사례다) 인간의 웰빙 수준을 개선하는 데 견인차 역할을 하는 중요한 힘이다. 그러나 채택되는 데 오랜 시간이 걸린 세균 이론의 사례에서 알 수 있듯이, 사회가 변화하고 수용하지 않는다면 새로운 발견과 새로운 기술만으로는 충분한 힘을 발휘하지 못한다. 과학의 발전을 하늘에서 떨어진 만나manna처럼 어디선가 갑자기 나타난 존재로 여겨서도 안 된다. 산업혁명과 그 과정에서 전개된 도시화 현상은 잉글랜드 농촌 지역에서는 문제가 되지 않던 질병으로 사람들이 죽어나가는 등 과학이 발전해야 하는 이유를 만들었지만, 과학 발전을 이끈 연구를 실시할 수 있는 환경을 조성하기도 했다. 콜레라 희생자에게서 나온 오수를 다른 사람들의 입과 장으로 전달하는 환경 속에서 전개된 엄청난 분변-구강 감염 현상은 누군가에게 지금 무슨 일이 벌어지고 있는지 파악하는 기회를 제공했다. 물론 과학이 발전하는 과정에서 필연적인 것은 아무것도 없다(치료제나 치료법에 대한 요구가 항상 이를 만들어내는 결과로 이어지지는 않는다). 그러나 필요와 공포, 그리고 몇몇 환경에서는 탐욕이 발견과 발명을 이끌어내는 엄청난 추진제 역할을 한다. 과학은 자신이 처한 사회적·경제적 환경에 맞춰 발전한다. 이와 마찬가지로 환경도 과학과 지식에 좌우된다. 세균 이론에서 핵심적인 역할을 하는 미생물조차 아주 깨끗한 상태에서는 존재를 드러내지 않는다. 세균은 인간에게 감염된 뒤에야 증식하고, 진화하고, 질병을 일으키는 과정을 시작한다. 산업혁명이 만들어낸 환경은 수백만 명이 살아가는 환경을 바꿨지만, 세균 이론이 발전할 수 있었던 환경을 탄생시켰을 뿐만 아니라 인간에게 감염돼 질병을 일으키는 미생물과 미생물이 인간에게 감염되는 경로도 바꿨다.

CHAPTER 3

죽음의 손길에서
벗어난 열대 지역

부유 국가에서 태어나지 못할 만큼 운이 좋지 않은 전 세계 대다수 사람들에게 1945년까지는 질병을 막기 위한 각종 수단이 서로 힘을 합치는 일이 거의 일어나지 않았다. 그러나 역사는 끔찍한 과거로 되돌아갈 필요가 없었으며 적어도 조금씩은 앞으로 나가야 했다. 1850년에는 아직 세균 이론이 확립되지 않았지만 1950년 무렵에는 누구나 세균 이론에 대해 잘 알았다. 따라서 선진국에서 완성되는 데 한 세기가 걸린 발전 중에서 적어도 몇 가지는 이들을 뒤따라가는 국가에서 더 빨리 진행될 수 있었다. (1인당 소득은 영국이 훨씬 전인 1860년에 달성한 수준에 불과하지만) 오늘날 인도의 기대 수명이 1945년 당시 스코틀랜드보다 높다는 사실은 지식의 힘이 역사가 전개되는 시간을 얼마나 줄일 수 있는지 보여주는 증거다. 빈곤 국가에서 영아 사망률이 고르지는 않지만 빠르게 감소하면서 발전이 없었더라면 목숨을 잃었을 아이들 수백만 명이 생명을 얻을 수 있었다. 그 결과 1950년 25억 명이던 전 세계 인구가 2011년 70억 명으로 증가하는 "인구 폭발"이 일어났다(지금은 서서히 폭발이 멈추고 있다). 제2차 세계대전이 끝난 뒤 적어도 1990년 대까지는 빈곤 국가의 기대 수명이 부유 국가를 많이 추격했다. 하지만 아프리카에 에이즈가 유행한 뒤 가장 심각한 타격을 받은 국가의 경우 종전 이후 진행된 발전이 모두 원점으로 돌아가는 일이 발생했다. 기대 수명의 불평등은 부유 국가가 다른 지역과 분리된 1850년부터 늘어났다가 1950년 이후 빈곤 국가들이 따라잡으면서 점차 줄어들더니 새로운 전염병이 등장한 뒤 다시 커졌다.

아직도 어린아이의 상당수가 목숨을 잃는 나라들이 많다. 만 5세가 되기 전에 사망하는 비율이 10퍼센트를 넘는 국가가 36개국이나 된다. 아이들의 사망 원인은 에이즈 같은 "새로운" 질병이나 치료 방법이 아직 없는 특이한 열대성 질환이 아니다. 아이들은 소화기 감염 질환이나 호흡기 감염 질환, 말라리아 같은 17세기와 18세기 유럽 어린이의 목숨을 빼앗은 질병으로 죽어가고 있다. 대부분 우리가 오래전부터 어떻게 치료해야 하는지 아는 병이다. 이 아이들은 그런 지역에 태어났다는 우연으로 목숨을 잃는다. 아마 영국이나 캐나다, 프랑스, 일본에서 태어났다면 죽지 않았을 것이다.

무엇이 이런 불평등을 지속적으로 존재하게 만드는가? 어째서 에티오피아와 말리, 네팔에서 태어나는 아이들은 그토록 위험하고 아이슬란드나 일본, 싱가포르에서 태어나는 아이들은 그토록 안전한가? 사망률이 빠르게 감소한 인도 같은 나라에서조차 여전히 많은 아이들이 영양실조에 시달린다. 이들은 깡말랐으며 자신의 나이에 맞는 기준키

보다 작다. 이들의 부모는 전 세계에서 가장 키가 작은 축에 속한다. 어쩌면 18세기 잉글랜드에서 살던 먹지 못해 자라지 못한 사람들보다 훨씬 작을지도 모른다. 오늘날 인도가 전 세계에서 가장 빠르게 성장하는 국가 중 하나임에도 불구하고 그토록 많은 인도인이 궁극적으로 신석기 혁명이 낳은 결과라고 할 수 있는 극심한 빈곤의 늪에서 빠져나오지 못하는 이유는 무엇인가?

제2차 세계대전이 끝난 뒤에도 국제연합UN이 저개발지역이라고 부른 국가에서는 수많은 어린아이가 끊임없이 사망했다. 1950년대 초반까지 첫해를 넘기지 못하고 사망하는 아이들의 비율이 5분의 1 이상인 국가가 100개국이 넘었다. 사하라사막 이남에 있는 모든 아프리카 국가와 남아시아, 그리고 동남아시아 국가가 여기에 속했다. 1960년 세계은행은 만 5세 이전에 사망하는 비율인 영유아 사망률이 5분의 1을 넘는 국가가 51개국이며 일부 국가의 비율은 5분의 2 가까이 된다고 추산했다. 1950년대와 1960년대 전 세계 국가 대부분의 사망률이 100~200년 전 영국의 사망률과 크게 다르지 않았다. 그러나 변화가 진행되는 중이었다.

기대 수명이 가장 빠르게 증가한 순간은 전쟁 직후 찾아왔다. 인구통계학자 데이비슨 괏킨Davidson Gwatkin은 1950년 무렵부터 자메이카와 말레이시아, 모리셔스, 스리랑카 같은 국가들의 기대 수명이 10년 넘게 해마다 1년 이상씩 증가했다고 발표했다.[1] 모리셔스에서는 1942~1946년에 33.0세이던 기대 수명이 1951~1953년이 되자 51.1세로 상승했다. 스리랑카에서는 1946년 이후 7년 동안 기대 수명이 14년 늘어났다. 물론 수명이 이렇게 급격하게 상승하는 현상은 지속되지 못하며 영유아 사망률이 한 번 크게 감소했을 때에만 가능하다. 이 국가에서 영유아 사망률이 큰 폭으로 감소한 이유는 부분적으로 페니실린이 도입됐기 때문이었다. 페니실린은 전쟁을 치르는 동안 처음으로 상용화됐다. 또 다른 이유로 조금 더 먼저 발견된 설파제 사용을 들 수 있다. 하지만 가장 큰 이유는 "매개체 관리vector control"라고 부르는 해충 관리 방법을 도입했기 때문일 것이다. 매개체 관리란 특히 모기, 그중에서도 말라리아를 옮기는 학질모기처럼 질병의 매개체 역할을 하는 곤충에 대해 화학 공격을 가하는 방법이다. 말라리아 예방 분야에서 이룩한 발전은 훗날 모기에게 저항력이 생기게 되고, 엄청난 효과를 발휘하던 살충제 DDT가 환경에 미치는 영향으로 인해(주로 부유 국가 농업 분야에서 과다하게 사용했기 때문이었다) 전 세계적으로 사용이 중단되면서 대부분 퇴보했다. 비록 말라리아에 미친 효과가 일시적이었다고는 하나 그 시간 동안만큼은 대단히 컸으며 추후 예방접종 캠페인 같은 또 다른 방법을 통해 후퇴한 수준 이상으로 예방 분야가 발전했다.

국제연합 산하 기구로 어린이의 건강과 복지를 담당하는 유니세프 UNICEF가 그동안 전 세계 어린이를 위해 노력했다는 이유로 1965년 노벨 평화상을 수상했다. 제2차 세계대전 직후 유니세프는 결핵을 예방하기 위해 유럽 어린이들에게 예방접종을 실시했으며 1950년대에는 결핵과 매종, 나병, 말라리아, 트라코마 예방 운동을 전 세계로 확대했다. 또한 깨끗한 물을 공급하고 위생 시설을 개선하는 사업을 벌였다. 1974년 세계보건기구가 예방접종 확대 사업Expanded Programme on Immunization, EPI을 시작했다. 이 사업은 홍역과 소아마비, 결핵은 물론 DPT 백신으로 한꺼번에 예방할 수 있는 디프테리아와 백일해, 파상풍과 맞서 싸우는 활동이었다. 가장 최근인 2000년에는 세계 백신 면역 연합Global Alliance for Vaccines and Immunisation, GAVI Alliance이 설립됐다. EPI 사업에 새로운 활력을 불어넣기 위해서였다. 최근 들어 면역력 강화 사업의 성과가 다소 주춤하는 추세다. 아마 가장 접근하기 쉽고 가장 적극적인 사람들에게는 이미 예방접종을 실시했기 때문일 것이다. 사망률을 지속적으로 낮추는 데 중요한 역할을 한 또 다른 혁신으로 1973년 방글라데시와 인도에 설치된 난민 수용소에 콜레라가 발생했을 때 효과가 입증된 경구 수분 보충 요법ORT이 있다. 염분과 포도당을 녹인 용액을 마시게 하는 이 치료법은 설사병을 앓는 수많은 아이들이 탈수증으로 사망하지 않도록 막았다. 한번 ORT를 실시하는 데 드는 비용은 몇 십 원에 불과했다. 영국 의학 저널 〈랜셋The Lancet〉은 ORT를 가리켜 "어쩌면 금세기 가장 중요한 의학적 발전"이라고 말했다.[2] ORT는 절실한 필요가 어떻게 과학적 지식을 바탕으로 하는 시행착오와 힘을 합쳐 생명을 살리는 기적 같은 혁신을 낳을 수 있는가를 보여주는 또 다른 좋은 사례다.

정부의 역량이 한정된 국가에서조차 이런 의학과 기술의 발전이 현실화됐다. 외국에서 온 전문가 혹은 외국 전문가의 지시를 받은 하청업체가 모기에게 살충제를 뿌릴 수 있었다. 단기간 동안 제네바에 있는 세계보건기구의 지시에 따라 예방접종 캠페인을 벌일 수도 있었다. 대부분은 해당 지역에서 활동하는 구급 대원을 동원해 사람들에게 주사를 놓는 군대식 운영 방식이었다. 백신은 값이 쌌으며(지금도 싸다) 대개 유니세프나 세계보건기구가 유리한 가격에 중점적으로 구입했다. "수직적 보건 사업vertical health programs"이라고 부르는, 특정 영역에 별도로 체계를 구축해 문제를 해결하는 건강 개선 캠페인은 수백만 명의 목숨을 구하는 데 큰 효과를 발휘했다. 또 다른 수직적 보건 사업으로 전 세계에서 천연두를 퇴치하는 데 성공한 캠페인과 세계은행, 카터 센터 Carter Center, 세계보건기구, 독일 제약 회사 머크Merck가 연대해 시작한 사상충증 예방 캠페인, 그리고 현재 실시 중이며 아직 끝나지 않은 소아마비 퇴치 캠페인을 꼽을 수 있다.

수많은 사람을 살린 결과를 이끌어낸 원동력은 의학 및 공중 보건 분야에서 일어난 발전만이 아니었다. 더 나은 교육과 더 높은 소득도 힘을 보탰다. 제2차 세계대전 이후 경제성장률이 역사적인 수준으로 치솟았으며 모든 지역에서는 아니지만 많은 국가에서 교육 분야가 개선됐다. 여성들이 과거에 비해 교육받을 기회가 많아졌다. 인도 북서부에 있는 주 라자스탄에서는 나를 비롯해 자료 수집 활동에 참가한 연구원과 인터뷰한 여성이 거의 모두 글을 읽지도, 쓰지도 못했다. 그러나 우리는 교복을 입은 여자아이들이 줄지어 등교하는 모습을 자주 목격했다(라자스탄 지역에서는 이런 여자아이들을 가리켜 "crocodiles(아이들 행렬을 뜻하는 영국식 표현-옮긴이)"이라고 불렀다). 1986년에서 1996년 사이 인도 농촌 지역에 사는 여자아이가 학교에 가는 비율이 43퍼센트에서 62퍼센트로 상승했다. 학교 시설이나 교육 수준이 열악한 경우가 있었지만 아무리 형편없는 교육을 받은 여성이라도 전혀 교육을 받지 못한 여성보다는 아이들에게 더 안전하고 더 좋은 엄마가 될 가능성이 높았다. 인도와 다른 나라에서 실시된 수많은 조사 결과가 교육 수준이 더 높은 엄마에게서 태어난 아이들이 더 많이 살아남고 나중에 더 좋은 결과를 얻음을 보여준다. 그 외에도 교육받은 여성은 아이를 더 적게 낳고 아이를 기르는 데 더 많은 시간과 자원을 투자한다. 출산 횟수가 줄어들면 엄마에게도 좋다. 임신과 출산에 따르는 건강상 위험이 줄어들면서 엄마에게 자신만을 위해 살 기회가 더 많이 생기기 때문이다.

교육 분야의 개선은 오늘날 저소득 국가에서 사람들이 더 건강한 삶을 누리게 하는 단 한 가지 가장 중요한 원인일지도 모른다.

경제성장은 지방정부와 중앙정부는 물론 각 가정에 더 많은 돈을 안긴다. 살림이 넉넉해지면 부모는 아이들에게 양질의 음식을 더 많이 먹일 수 있고 정부는 상수도 공급과 위생 시설 관리, 해충 퇴치 같은 여러 가지 개선 사업을 더 많이 실시할 수 있다. 2001년 인도에서 상수도를 설치한 지역이 늘어나면서 인도 가정 60퍼센트 이상이 수도관으로 공급되는 물을 사용할 수 있게 됐다. 그 20년 전만 해도 상수도 시설을 갖춘 지역은 거의 없었다. 수도관으로 공급되는 물이 항상 안전하지는 않지만 전통적인 방법으로 구하는 물보다는 훨씬 더 안전하다.

인구 통계학자이자 세계 최고 수준의 사망률 전문가인 새뮤얼 프레스턴은 1975년 발표한 논문에서 1930년대에서 1960년대 사이 기대 수명이 증가한 것에 생활수준의 향상이 미친 영향은 4분의 1이 채 안 되며 새로운 행동 방식과 매개체 관리, 새로운 의약품 개발, 예방접종 실시 등이 훨씬 더 많은 효과를 발휘했다고 평가했다.[3] 이런 계산이 나온 이유는 프레스턴이 한정된 국가에 대해서만 자료를 수집했기 때문이었다. 그중 몇몇 국가는 1945년 당시 가난하지 않았다. 프레스턴은 1장에 나온 〈도표 3〉과 비슷한 도표를 여러 개 살펴본 뒤 위와 같은 결론을 내렸다. 프레스턴은 기대 수명과 소득 간 관계를 나타내는 곡선이 고정된 상태에서 국가가 경제성장에 맞춰 움직였을 때 기대 수명이 얼마나 증가했는지(건강을 개선하는 데 소득이 공헌하는 정도), 그리고 곡선 그 자체가 얼마나 더 많이 위로 움직였는지(생활수준이 전혀 향상되지 않은 상태에서 건강을 개선하는 데 새로운 행동 방식이 공헌한 정도)를 계산했다.

훗날 다른 학자들은 혁신과 소득 사이의 공헌도를 다르게 나누었다. 프레스턴 자신도 강조했듯이 그 균형이 항상 똑같을 것으로 가정할 이유가 전혀 없다. 항생제와 매개체 관리, 예방접종 등 생명을 구하는 데 중대한 역할을 하는 새로운 방식은 모든 사람에게 골고루 혜택이 돌아가지 않거나 예측이 불가능하다. 한 가지가 효력이 떨어졌을 때 다른 한 가지가 기다리고 있다가 때맞춰 등장할 것이라고 확신할 수도 없다. 그러나 중요한 문제는 항상 한쪽에는 소득을 놓고 다른 한쪽에는 치료법과 혁신을 묶어놓았을 때, 혹은 양측의 효과를 모두 높이는 교육과 함께 공중 보건을 시장경제와 대립시켰을 때 발생한다. 빈곤 국가에서 발생하는 질병이 정말 가난한 사람들이 줄어들면 사라진다는 뜻의 "가난병"이라면 건강 문제에 직접적으로 개입하는 행위가 경제성장에 비해 덜 중요할 수도 있다. 이 경우 경제성장은 "두 배의 축복"이 된다. 직접적으로 물질적인 생활수준을 높이는 동시에 덤으로 사람들을 더 건강하게 만들 것이기 때문이다. 이에 반해 지금도 프레스턴의 연구 결과가 맞다면 (이 장 후반부에서 이 문제에 대해 다룰 것이다) 소득이라는 마법만으로는 충분하지 않으며 누군가가 직접적으로 개입해 건강 문제를 다뤄야 한다. 프레스턴의 연구 결과와 1850년부터 1950년까지 유럽 및 북아메리카 지역에서 발생한 사망률 감소 현상이 대부분 건강 문제에 대처하는 새로운 방식을 사용해 질병과 맞서 싸운 데에서 나왔으며, 경제성장이 중요하기는 하나 부수적인 역할을 담당했다는 2장의 결론이 유사하다는 점을 주목하자.

어느 쪽의 공헌도가 더 높든 사망률 감소 현상이 확대됐음에는 의심할 여지가 없다. 국제연합은 1950~1955년에서 1965~1970년까지 15년 동안 전 세계 "저개발지역"에서 기대 수명이 10년 이상 증가해 42세에서 53세로 뛰었다고 발표했다. 2005~2010년이 되자 13년이 더 늘어나 66세에 이르렀다. "선진국"에서도 기대 수명이 계속 증가했지만 속도가 훨씬 느렸다. 〈도표 1〉이 몇몇 조사 대상 지역의 발전 상황을 보여준다. 가장 위에 있는 선이 영국 해협의 채널제도와 덴마크, 에스토니아, 핀란드, 아이슬란드, 아일랜드, 라트비아, 리투아니아, 노르웨이, 스웨덴, 영국이 속한 북유럽 지역을 나타낸 선이다. 이 국가들은 시작 시점 당시 평균 69세던 기대 수명이 21세기 초까지 10년 증가해 79세가 됐다. 이 과정에 대해서는 다음 장을 통해 살펴볼 예정이다. 또 다

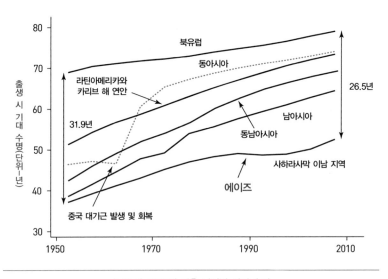

〈도표 1〉 1950년 이후 지역별 기대 수명

른 지역인 (일본을 포함한) 동아시아, 라틴아메리카와 카리브 해 연안, 동남아시아, 남아시아, 사하라사막 이남 지역에서는 모두 기대 수명이 10년 이상 증가하면서 북유럽 국가와 격차를 좁혔다. 증가폭이 가장 적은 사하라사막 이남 지역 국가들조차 북유럽 국가를 따라잡으면서 1950년대 초반 31.9년까지 나던 차이를 2005~2010년 26.5세로 줄였다.

아프리카와 아프리카보다 정도는 덜하지만 (북쪽 경계선이 아프가니스탄에 이르는) 남아시아는 아직도 해결해야 할 일이 가장 많은 지역이다. 에이즈가 유행하기 전에조차 사하라사막 이남 국가들의 기대 수명은 다른 어떤 지역보다 느리게 증가했다. 에이즈는 도표에서도 한눈에 알아볼 수 있을 만큼 뚜렷한 정체기를 만들었다. 최근 들어 항레트로바이러스 치료제가 개발되고 사람들의 행동이 달라지면서 국제연합은 아프리카인들의 기대 수명이 다시 증가하기 시작했다고 평가했다. 그러나 타격을 가장 많이 받은 국가에서는 제2차 세계대전 이후 얻은 발전의 효과가 거의 혹은 전부 사라졌다. 아프리카에서 정치적으로 가장 안정됐고 경제적으로 성공한 국가 중 하나인 보츠와나의 기대 수명은 48세에서 64세로 증가했다가 2000~2005년에 다시 49세로 떨어졌다. 아프리카에서 가장 최악의 정부가 들어서 있고 경제적으로 낙후된 국가 중 하나인 짐바브웨는 2005~2010년의 기대 수명이 1950~1955년보다 낮다. 1918~1919년 전 세계를 휩쓴 인플루엔자 대유행 이후에도 거대한 전염병이 발생해 수백만 명의 목숨을 앗아가는 사건은 보란 듯이 되풀이됐다(세계보건기구는 에이즈가 2011년 말까지 3,500만 명을 희생시켰다고 발표했다). 또한 앞으로 새로운 전염병이 일어나지 않을 것이라고 자신하지 못한다.

에이즈가 어떻게 유행하기 시작했는지 정확하게 아는 사람은 아무도 없지만 1958~1961년에 일어난 중국 대기근 사건에 대해서는 확실하게 말할 수 있다. 1장에서는 누가 대기근 사태를 일으켰는지 이야기했고 〈도표 1〉에서는 대기근이 어떤 결과를 만들었는지 확실하게 보여준다. 조금 뒤에 살펴보겠지만 1당 독재 체제인 중국에게는, 민주주의 국가라면 때때로 결정적인 반대에 부딪힐 수 있는 조치를 도입해 공중 보건 수준을 개선할 힘이 있다. 그러나 정책이 파국으로 이어질 만큼 잘못됐을 때에는 결과가 대재앙으로 끝난다고 할지라도 정부의 행동을 막을 방법 역시 존재하지 않는다. 민주적인 절차나 제도는 없지만 정책을 효율적으로 시행할 수 있는 중국과 언론의 자유와 함께 민주주의를 도입했지만 대개 비효율적인 정책을 펼치는 인도는 종종 극명하게 대비된다. 그럼에도 영국의 지배 하에서는 여러 차례 그런 일을 겪기도 했지만 독립 이후 인도에서는 기근 사태가 일어난 적이 한 번도 없다.

〈도표 1〉은 에이즈 유행과 중국 대기근 사태로 엄청나게 후퇴하는 일이 벌어지기는 했으나 전 세계 거의 모든 지역에서 생존 가능성이 50년 전에 비해 높아졌음을 보여준다. 하지만 오늘날 상황이 얼마나 나아졌으며 (혹은 얼마나 나빠졌으며) 앞으로 해야 할 일은 무엇일까? 오늘날의 사망률을 이해하는 유용한 방법은 전 세계 사망자 현황을 살펴보는 것이다. 경제 발달 수준별로 국가를 나눈 뒤 사람들이 어떤 원인으로 사망하는지 확인하고 현재 우리가 아는 지식을 동원했을 때 막을 수 있는 죽음은 무엇인지 파악하는 방법이다. 사람들이 치료 방법이 없는 희귀한 병, 흔히 언론이 무시무시한 존재로 표현하는 "열대병"으

	전 세계	저소득 국가	고소득 국가
사망자 비율(연령별 전체 인구 대비 비율)			
0~4세	14.6(9)	35.0(15)	0.9(6)
60세 이상	55.5(11)	27.0(6)	83.8(21)
암	13.3	5.1	26.5
심혈관계 질환	30.5	15.8	36.5
사망자 수(단위-백만 명)			
호흡기 감염 질환	3.53	1.07	0.35
주산기 사망	1.78	0.73	0.02
설사병	2.60	0.80	0.04
에이즈	2.46	0.76	0.02
결핵	1.34	0.40	0.01
말라리아	0.82	0.48	0.00
영유아기 질병	0.45	0.12	0.00
영양실조	0.42	0.17	0.02
산모 사망	0.36	0.16	0.00
사망자 총합	56.89	9.07	9.29
총 인구	6,737	826	1,077

출처: 세계보건기구 보건 통계 수집국 데이터베이스(2013년 2월 3일 다운로드)
참고: 심혈관계 질환은 뇌졸중을 포함한다. 호흡기 감염 질환은 대개 하기도 감염이다(하기도 감염이란 폐렴과 기관지염, 인플루엔자를 비롯해 성대 아래쪽이 감염되는 질환을 말하며 상기도에도 영향을 미칠 수 있다). 주산기 사망은 출생 시 또는 출생 직후 아기가 사망하는 현상을 의미하며 조산이나 저체중으로 인한 사망, 출생 도중 사망, 출생 직후 세균 감염에 따른 사망 등을 모두 포함한다. 영유아기 질병은 백일해와 디프테리아, 소아마비, 홍역, 파상풍을 말한다. 영양실조로 사망하는 사람의 3분의 2는 단백질 또는 에너지원 부족으로, 3분의 1은 빈혈로 죽는다.

로 사망하고 있다면 새로운 치료법과 치료제가 필요하다. 이와 반대로 사람들이 부유 국가에서는 오래전에 사라진 과거의 질병으로 목숨을 잃고 있다면 왜 사람들이 아직까지 예방 및 치료법을 아는 병으로 사망하는지 그 이유를 캐야 한다. 앞으로 알게 되겠지만 새롭고 더 나은 치료법에 대한 요구는 분명히 존재한다. 하지만 가장 큰 문제는 손쉽게 예방할 수 있는 질병으로 지금도 계속해서 전 세계 어린이들이 너무 많이 목숨을 잃는다는 사실이다.

〈표 1〉은 세계보건기구가 발표한 2008년 전 세계 사망자 현황을 보여준다. 항목별 숫자는 수많은 추정치를 포함하기 때문에 정확한 결과로 생각해서는 안 되지만 전체적인 관점에서 보았을 때 숫자가 그리는 그림은 충분히 믿을 만하다. 두 번째 칸에는 전 세계에서 나온 수치를 기록했으며 세 번째 칸에는 저소득 국가에서, 네 번째 칸에는 고소득 국가에서 나온 수치를 적었다. 전 세계를 소득별로 나누는 기준은 세계은행이 만들었다. 세계은행은 평균 소득을 기준으로 저소득 국가와 중하소득 국가, 중상소득 국가, 고소득 국가 등 4가지로 분류한다. 이 책에서는 가장 부유한 국가와 가장 가난한 국가 사이에 나타난 사망 불평등에 초점을 맞추기 위해 저소득 국가와 고소득 국가만을 보여주었다. 표를 작성하는 데 포함된 국가에 대해 약간 설명하자면 저소득 국가군에는 모두 35개국이 있으며 그 가운데 27개국이 아프리카 국가고 나머지 8개국이 아프가니스탄과 방글라데시, 캄보디아, 아이티, 미얀마(버마), 네팔, 북한, 타지키스탄이다. 인도는 더는 저소득 국가로 분류되지 않는다. 고소득 국가군에는 70개국이 있다. 유럽에 있는 거의 모든 국가와 북아메리카 국가, 오스트레일리아, 일본, 그리고 다수의 작은 석유 생산 국가와 몇몇 섬 국가가 고소득 국가에 포함된다.

표 위쪽 부분은 주요 사망 원인으로 꼽히는 두 가지 비감염성 질환인 암과 심혈관계 질환이 차지하는 비율은 물론 사망자가 영유아와 노년층 사이에 어떻게 나뉘는지를 보여준다. 심혈관계 질환으로 인한 사망에는 심장병 및 혈관 질환이 원인이 되는 사망 사례를 모두 포함하기 때문에 심장마비는 물론 뇌졸중도 해당한다. 두 번째 칸은 전 세계 비율을 말하고 세 번째 칸은 저소득 국가의, 네 번째 칸은 고소득 국가의 비율을 뜻한다. 표 아래쪽은 사망자 수를 비율로 환산하는 대신 실제 숫자를 백만 명 단위로 보여 주면서 저소득 국가의 주요 사망 원인에 초점을 맞춘다.

표 위쪽에서는 괄호 속에 각 연령별 전체 인구를 기준으로 계산한 사망자 비율을 나타냈다. 표 가장 아래쪽에는 각 지역별 인구 총합을 기록했다. 전 세계 사람들의 대다수가 〈표 1〉에서는 나타나지 않는 중간 소득 국가에 산다는 점을 명심하자. 표 위쪽에서 찾아볼 수 있는 또다른 중요한 특징으로 저소득 국가가 고소득 국가에 비해 훨씬 젊다는 사실이 있다. 빈곤 국가에 더 많은 아이들이 산다. 인구가 늘어나는 중이라면 각 세대에 속한 사람의 수가 이전 세대에 비해 많으며 사람들이 전반적으로 젊다. 일부 부유 국가에서는 제2차 세계대전 이후 태어난 베이비부머 세대가 이제 나이를 먹으면서 60세 이상 노인의 수를 늘리는 중이다. 저소득 국가에서는 0~4세에 속한 어린이 수가 60세 이상보다 2배 이상 되지만 고소득 국가에서는 노인의 수가 아이들의 3배에 이른다. 부유 국가와 빈곤 국가에 위험이 똑같이 존재한다고 하더라도 빈곤 국가에서는 영유아 사망이, 부유 국가에서는 노년층 사망이 더 많이 발생할 것이다.

전 세계 모든 사망자 중에서 영유아가 차지하는 비율은 15퍼센트인 반면 60세 이상 노인이 차지하는 비율은 절반 이상이다. 하지만 이것은 빈곤 국가의 실태도, 부유 국가의 실태도 아니다. 빈곤 국가에서는 전체 사망자의 3분의 1 이상이 만 5세 이하 어린이인 반면 노년층 사망 비율은 3분의 1에 못 미친다. 이에 반해 부유 국가에서는 어린아이가 사망하는 일은 흔치 않으며 전체 사망자의 80퍼센트 이상이 60세 이상 노인이다. 부유 국가에서 태어난 아이들은 거의 모두가 노인이 될 때까지 산다. 이토록 차이 나는 이유를 부분적으로는 부유 국가의 노년층 비율이 훨씬 더 높기 때문이라고 설명할 수 있다. 그러나 노년층 비율이 모든 원인은 아니다. 그러기에는 영유아 전체 인구에 대비한 영유아 사망률이 저소득 국가에서 지나치게 높게 나타난다. 부유 국가와 빈곤 국가의 차이는 질병 구조의 변화에서 비롯한다. 국가가 발전하는 동안 죽음 자체가 "나이를 먹는다"는 뜻이다. 어린아이들의 죽음이 노인들의 죽음으로 바뀌는 순간 사망 원인이 전염병에서 만성질환으로 바뀌는 일이 함께 찾아온다. 저소득 국가에서 고소득 국가로 이동하면 암과 뇌졸중, 심장병으로 사망하는 사람들의 비율이 3배 증가한다. 일반적으로 나이 든 사람은 만성질환으로 사망하고 어린아이는 전염병으로 사망한다.

　빈곤 국가의 주요 사망 원인은 하기도 감염과 설사병, 결핵, 그리고 세계보건기구에서 "영유아기 질병"이라고 부르는 백일해, 디프테리아, 소아마비, 홍역, 파상풍 등 현재의 부유 국가에서 한때 아이들의 목숨을 빼앗았던 질병과 대체로 같다. 네 가지 군으로 분류되는 이 질병들로 인해 아직도 한 해 800만 명 가까이 되는 사람들이 사망한다. 또 다른 주요 사망 원인으로 말라리아와 (아직 치료 방법이 완벽하게 개발되지 않은) 에이즈, 출생 직전 혹은 출생 당시 사망(주산기 사망), 출산에 따른 산모 사망, 영양실조로 인한 사망이 있다. 영양실조로 인한 사망 중 가장 중요하게 다뤄야 할 문제는 충분히 먹지 못해 생기는 단백질 혹은 에너지원 공급 부족으로 인한 사망과 철분을 충분히 섭취하지 못하는 식단 때문에 발생하며, 대개 채식이 주로 문제를 일으키는 빈혈로 인한 사망이다. 한 해 부유 국가에 사는 노인 35만 명의 목숨을 빼앗는 폐렴을 제외하면 부유 국가에서는 기본적으로 앞에서 말한 질병으로 죽는 사람이 없다. 부유 국가의 더 나은 공중 보건 정책 덕분에 아이들이 설사병과 폐렴, 결핵으로 사망할 위험이 크게 줄어들었다. 제2차 세계대전 직후까지도 몇몇 나라에서는 위험한 존재였다고 하나 현재 부유 국가에서는 말라리아가 위험한 병이 아니다. 이에 반해 빈곤 국가에서는 말라리아가 영유아 사망의 주요 원인이다. 항레트로바이러스 치료제 개발과 성행위 유형의 변화가 에이즈로 사망하는 사람들의 수를 엄청나게 줄였다. 거의 전 세계에서 전개된 아동 예방접종 운동은 "영유아기 질병"으로 분류되는 질병을 대부분 사라지게 했으며 출산 전후 관리는 주산기 사망과 산모 사망 비율을 엄청나게 낮췄다. 부유 국가에서는 식량이 부족해서 사망하는 사람들이 거의 없다. 빈혈에 대해 잘 알려지면서 부유 국가에서 철분 같은 생명 유지에 꼭 필요한 미량 영양소 부족에 시달리는 사람은 그리 많지 않다.

그렇다면 의문이 생긴다. 어째서 부유 국가에서 태어났더라면 죽지 않았을 아이들이 빈곤 국가에서 태어났다고 죽는 것일까? 부유 국가에서는 자유롭게 사용할 수 있고 효과를 발휘하는 지식을 빈곤 국가에서 사망하는 수백만 명의 목숨을 구하는 데 사용하지 못하게 만드는 존재는 무엇인가? 가장 확실한 용의자는 빈곤이다. 물론 저소득 국가와 고소득 국가로 나누는 내가 사용한 분류 방법 자체가 소득이 문제임을 암시한다. 역사를 살펴볼 때와 마찬가지로 우리는 설사병과 호흡기 질환, 결핵, 영양부족을 "가난병"으로, 암과 심장병, 뇌졸중을 "부자병"으로 생각한다. 18세기 및 19세기 사례에서 보았듯이 소득은 분명 중요한 역할을 담당한다. 전통적으로 돈이 있는 사람들은 필요한 만큼 음식을 먹었다. 경제성장은 매개체 관리를 실시하고 위생 시설을 정비하고, 상수도를 공급하고, 병원 및 진료소를 건설하는 데 필요한 자금을 제공했다. 그래도 빈곤과 소득에 관한 이야기만으로는 충분하지 않다. 소득에 지나치게 많이 초점을 맞추는 경우 해야 할 일과 그 일을 해야 하는 주체에 대해 잘못 이해할 수도 있다.

여느 때와 같이 중국과 인도에서 일어난 일을 살펴보면 많은 것을 배울 수 있다. 세계은행은 더는 두 국가를 저소득 국가로 분류하지 않고 인도는 중하 소득 국가에, 중국은 중상 소득 국가에 포함시킨다. 두 국가 모두 최근 들어 빠르게 성장했으나 1950년대에는 세계에서 가장 가난한 국가에 속했다. 전 세계 인구 3분의 1이상이 인도나 중국에 산다. 따라서 두 국가에서 어떤 일이 벌어졌는지 파악하는 과정은 아무리 생각해도 중요하다. 〈도표 2〉는 지난 55년 동안 두 국가에서 일어난 경제성장과 영아 사망률 변화를 보여준다. 오른쪽 세로축은 국민소득, 더 정확하게 말하면 1인당 국내총생산GDP을 나타낸다. 나는 여기서 다시 한 번 로그 척도를 사용했다. 직선을 따라 금액이 똑같은 비율로 증가한다. 실제로 두 국가는 갈수록 성장 속도를 더욱 높였다. 특히 중국의 성장은 눈부시다. 인도도 마찬가지다. 40년 동안 더디게 성장하던 인도가 1990년 이후, 특히 최근 몇 년 들어 성장에 가속도를 붙였다. 두 국가 모두 성장률을 높이는 데 밑거름이 된 경제개혁 조치를 단행했다. 중국은 1970년 이후 농산물 가격을 올려 농민이 농작물을

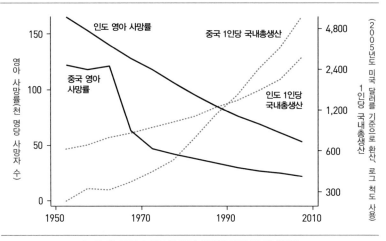

〈도표 2〉 중국과 인도의 영아 사망률 변화 및 경제성장

더 많이 키우고 더 많이 팔도록 장려했다. 인도는 1990년 이후 "규제 왕국license Raj"이라고 불릴 만큼 수없이 많았던 낡은 규칙과 규제를 폐지했다.

중국과 인도가 점점 부유해지는 동안 두 국가의 영아 사망률은 떨어졌다. 유아(0~4세 어린이) 사망률도 대단히 비슷한 유형을 보이기 때문에 이 도표에서는 표시하지 않았다. 중국의 사망률 감소 현상은 대기근 사태가 발생했을 당시 잠시 멈췄다. 이 기간 동안 신생아 3분의 1 정도가 사망했다(이 도표는 5년간 평균을 보여 주기 때문에 대기근이 미친 영향이 훨씬 적게 나타난다). 그러나 대기근 시기를 지나면 1970년까지는 대체로 급격하게 떨어지는 모습이 나타난다. 그러다가 1970년이 지나면서 감소 속도가 훨씬 줄어든다. 이 같은 유형은 경제성장이 영아 사망률 감소를 이끌어내는 원동력이라고 가정했을 때, 즉 아기들의 죽음이 빈곤의 직접적인 산물이라고 가정했을 때 우리가 예상하는 모습과 정확하게 반대된다. 중국에서 어떤 일이 일어났는지는 수수께끼가 아니다. 성장에 집중하기로 결정한 순간 중국 정부는 공중 보건과 의료 서비스를 포함해 다른 모든 분야에 투입되는 자원을 돈 버는 일에 쏟아부었다. 모기를 관리할 책임이 있는 사람들조차 성장하기 위한 질주에 동참하도록 농부로 변신시켰다. 공화국 설립 초기 중국 공산당은 공중 보건에 엄청난 관심을 기울였다. 1950년대와 1960년대 중국에서 활동한 한 영국인 의사는 《모든 해충을 퇴치하라Away with All Pests》라는 기억에 남을 만한 제목으로 책을 발표했다.[4] 하지만 개혁 조치 이후 그에 대한 정부의 관심이 사라졌다. 그렇다고 해서 개혁이 잘못됐다는 뜻은 전혀 아니다. 개혁 이후 경제가 성장하면서 수백만 명이 빈곤에서 탈출해 더 나은 삶을 누렸다. 중국에서 벌어진 일은 성장한다고 해서 웰빙의 한 요소인 건강이 자동적으로 개선되지는 않음을 보여준다. 중국에서 중요한 역할을 한 주체는 정부 정책이었다. 사실상 중국 정부는 웰빙의 한 측면을 위해 다른 측면을 희생시키기로 결정했다.

언제나 그렇듯이 인도에서는 여러 가지 일이 훨씬 느리고 볼품없이 전개됐다. 성장 속도는 중국에 비해 느렸고 개혁 이후 진행된 경제성장은 사람들의 입에 덜 오르내렸다. 과거에는 인도의 1인당 소득이 중국보다 높았으나 2000년대 초반 무렵에는 중국의 절반 수준에도 못 미쳤다. (2부에서 살펴보겠지만 이런 비교는 수많은 불확실성의 영향을 받는다.) 그럼에도 인도에서는 영아 사망률 감소 현상이 놀랄 만큼 꾸준히 진행됐다. 결코 경제성장률이 변화하는 데에서 나온 결과가 아니었다. 1950년대 초반 신생아 1,000명당 165명에 이르던 사망자 수는 2005~2010년 53명으로 줄어들었다. 같은 기간 중국의 영아 사망자 수가 122명에서 22명으로 줄어든 데 비하면 절대적인 사망자 수가 더 많이 감소한 셈이다. 여전히 중국보다는 인도에서 태어나는 게 더 위험하고 경제성 장에서도 크게 차이가 나지만 인도가 보건 분야에서 올린 성과는 분명 중국보다 떨어지지 않는다. 인도는 어떠한 강압 없이 성공을 거두었으 며 중국의 '한 자녀 정책'처럼 자유를 속박하는 일도 없었다. 당연한 결과로 경제학자 진 드레즈와 아마르티아 센이 주목했듯이 인도 남부 지역은 현재 중국보다 훨씬 좋은 성과를 거두는 중이다.[5]

중국과 인도는 2개국에 "불과"하다. 따라서 두 국가에서 일어난 일 이 다른 국가에서도 일어날 것이라고 생각할 이유는 없다. 아프리카나 오늘날 중국과 인도보다 훨씬 가난한 나라에서는 그래도 경제성장이 건강을 개선하는 데 중요한 역할을 할 수도 있다. 하지만 더 빠르게 성

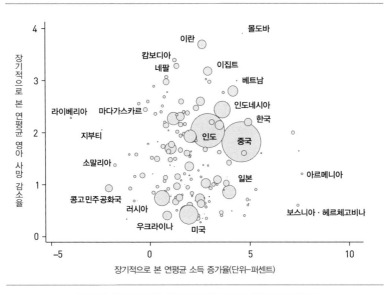

〈도표 3〉 1950년 이후 전 세계 영아 사망률 변화와 경제성장

장한 국가에서 영유아 사망률이 더 빠르게 감소함을 뒷받침하는 증거는 거의 없다. 〈도표 3〉은 영아 사망률 감소 속도와 경제성장 속도가 얼마나 관계없는지를 보여준다. 경제성장이 영아 사망률을 낮췄다는 주장을 공정하게 평가하기 위해 나는 도표에서 장기적인 변화만 살펴보았다. 한두 해에 걸쳐 진행되는 급속한 성장은 영유아 사망률을 낮추는 발전을 이룩하는 데 크게 기여하지 않을 것이다. 예를 들어 원자재 수출 가격이 급등하면 몇몇 사람이나 정부가 돈을 많이 벌 수는 있지만 경제를 전반적으로 성장시키는 데에는 거의 도움이 되지 않을 것이다. 그러나 이삼 십 년 동안 경제성장이 지속되면, 그리고 경제성장의 효과가 실제로 있다면 그 효과가 확실히 나타나야 한다. 이용 가능한 자료가 있는지 여부에 따라 제한을 받은 탓에 도표는 나라마다 각기 다른 기간 동안의 평균 경제성장률과 사망률 감소치를 보여준다. 그 기간은 모두 적어도 15년 이상이고 평균적으로는 42년이며 일부 국가에 대해서는 1950년부터 2005년까지다. 세로축은 한 해 평균 영아 사망률이 얼마나 감소했는지를 의미하므로 숫자가 클수록 좋다. 영아 사망률은 1,000명당 사망자 수로 계산된다. 예를 들어 인도의 영아 사망률 감소 정도를 나타내는 숫자 2는 내가 자료를 확보한 55년이라는 기간 동안 인도의 영아 사망률이 2의 55배, 즉 1,000명당 110명 줄었다는 의미다. 도표에 부유 국가를 포함시키기는 했으나 이들은 이미 영아 사망률이 낮았기 때문에 해당 기간 동안 감소한 정도가 적어 모두 중앙 근처의 아래쪽에 있다. 그러므로 부유 국가를 제외하더라도 도표에 나타난 유형이 크게 바뀌지 않을 것이다.

도표는 비례관계가 성립한다는 인상을 주지만 이는 내가 평소 하는 대로 인구 비율에 따라 원 크기를 달리 그렸기 때문이다. 이렇게 하는 경우 도표에 중국과 인도, 인도네시아를 나타내는 커다란 원 세 개가 등장한다. 세 국가는 상대적으로 빠르게 성장했으며 평균에 비해 더 빨리 사망률을 감소시켰다. 하지만 사망률을 감소시킨 주체가 성장이라는 생각이 맞는지 확인하기 위해서라면 인구 규모를 고려해서는 안 된다. 우리는 지금 "더 빠르게 성장한 국가가 영아 사망률을 더 빨리 감소시켰는가?"를 묻고 있다. 이 같은 관점에서 보면 나라마다 독자적으로 실험을 진행한 셈이며 각각의 실험을 다르게 취급할 이유는 없다. 이런 생각을 바탕으로 도표를 살펴보면서 모든 나라에 똑같은 비중을 둔다면 더는 비례관계가 보이지 않는다. 적어도 역사적인 기록상으로는 더 빨리 성장한 국가가 더 빨리 영아 사망률을 개선하지 않았다. 이 도표에는 많은 사례가 존재한다. 아이티는 실질적으로 1960년부터 2009년까지 경제가 위축됐음에도 영아 사망률 감소 면에서 상당히 좋은 성과를 냈다. 인도나 중국보다 더 빠른 속도다. 경제 규모가 축소된 16개 국가의 연평균 사망률 감소치는 한 해당 1.5다. 도표에 등장하는 177개국의 평균보다 약간 더 나은 수치다. 경제가 더는 성장하지 않더라도 영아 사망률을 떨어뜨리는 일이 분명 가능하다.

경제성장이 생명을 구하는 일과 아예 관계없을 것이라는 말은 놀랍다. 우리는 질병 관리 같은 다른 요소가 그만큼 혹은 그보다 더 중요함을 역사적인 증거를 통해 알지만 그래도 돈이 전혀 도움이 안 된다고 믿기는 어렵다. 당연히 〈도표 3〉이 호도하고 있는 건지도 모른다고 생각할 만한 이유가 있다. 경제성장률에 대비한 사망률 감소에서 나온 피드백을 무시하고 있기 때문이다. 예전 같으면 죽었을 아이가 살아남아 인구가 증가하는 경우 1인당 소득이 감소하거나 적어도 생명을 구하는 혁신이 일어나지 않았을 때 달성할 수 있는 수준보다 덜 성장하는 결과로 이어질 가능성이 있다. 궁극적으로 새 생명을 얻은 아이는 생산 활동에 참여하는 성인으로 성장할 것이다. 인구 규모가 더 큰 나라가 반드시 더 가난한 나라라고 생각할 이유도, 그 생각을 입증하는 증거도 전혀 없다. 그래도 영유아 사망률이 감소한 처음 몇 해 동안은 새 생명을 얻은 대상이 아이들이고 이들이 경제발전에 이바지하기까지는 대개 몇 년을 기다려야 하기 때문에 당분간은 낮은 영유아 사망률로 인해 1인당 소득이 감소할 것이다. 이 결과는 더 높은 1인당 소득이 영유아 사망에 미치는 효과와 정반대 방향으로 작용할 것이며 심지어 그 효과를 상쇄하기까지 할 수도 있으므로 〈도표 3〉에서처럼 어떤 상관관계도 보이지 않게 된다.

　그러나 증거 자료는 이 같은 주장을 뒷받침하지 않는다. 영아 사망률이 가장 빠르게 감소한 국가가 또한 인구 규모가 가장 빠르게 성장한 국가임은 사실이다. 영아 사망률이 이미 낮은 부유 국가에서는 영아 사망률이 거의 감소하지 않으며 인구도 크게 증가하지 않는다. 빈곤 국가에서는 영아 사망률이 훨씬 더 빠르게 감소하고 인구도 더 빠르게 늘어난다. 그러나 빈곤 국가만 살펴보면, 혹은 아프리카, 아시아, 라틴아메리카 지역만 살펴보면 영아 사망률 감소와 인구 증가율 사이에 아무 관계가 없다. 다른 요인이 중요한 작용을 했거나 지난 40년 동안 출산율을 조절할 시간이 있었기 때문이다. 〈도표 3〉에서 볼 수 있듯이 빈곤 국가에서조차 경제성장과 사망률 감소에는 아무 관계가 없다. 사망률 감소가 인구 증가에 미치는 밖으로 드러나지 않는 다른 어떤 영향을 동원해도 둘 사이에 관계가 없는 이유를 설명하지 못한다.

가난이 빈곤 국가에서 그토록 많은 아이들의 목숨을 빼앗는 원인이 아니라면, 그리고 경제가 성장한다고 해서 자동적으로 아이들이 사망하는 광경이 사라지지 않는다면, 현대 의학 기술이나 과학적 지식으로 아이들의 죽음 대부분을 막을 수 있는 시대에조차 아이들이 계속해서 목숨을 잃는 이유는 무엇일까?

〈표 1〉에 나열된 사망 원인을 다시 한 번 살펴보고 각 원인을 어떻게 해결할 수 있는지 생각한다면 도움이 될 것이다. 사망 원인마다 해결 방법이 서로 다르기 때문이다. 결핵과 말라리아, 설사병, 하기도 감염이 발생하지 못하게 하려면 환경을 지금과 다르게 만들어야 한다. 매개체 관리를 더 잘하거나 더 깨끗하고 안전한 물을 공급하거나 위생 설비를 더 갖춰야 할 것이다. 모두 중앙정부 혹은 지방정부가 체계적으로 계획을 수립하고 사회 전체가 행동에 나서야 풀 수 있는 문제다. 의사와 환자를 중심으로 하는 의료 시스템은 환경 개선 문제를 해결하는 데 크게 기여하지 못한다. 때로는 의료 시스템이 문제의 심각성을 줄일 수 있다고 하나 전염병으로 인한 사망을 해결하는 일은 민간 의료 서비스가 아닌 공중 보건에 관한 문제다. 생활수준 개선도 분명 도움이 되지만 자료에서 볼 수 있듯이 생활수준 개선만으로는 충분해 보이지 않는다.

영유아기 질병으로 인한 사망과 주산기 사망, 산모의 건강 상태에 따른 사망, 그리고 굶주림으로 인한 사망은 모두 출산 전후 아이를 더욱 철저히 관리함으로써 예방할 수 있다. 예를 들어 아이를 낳기 전과 후 엄마에게 아기를 어떻게 보살펴야 하는지 알려주고, 위급한 상황이나 합병증에 대비할 수 있게 의료 설비를 갖추고, 병원이나 보건소에서 시기에 맞춰 아기에게 예방접종을 제대로 실시하는지, 아기가 월령 혹은 연령 기준에 맞춰 정상적으로 성장하는지 감시하고 확인하는 한편 부모에게 도움이 될 만한 정확한 정보를 제공하는 방법이 있다. 빈곤 국가에서 자라는 아이들은 특히 젖을 뗀 이후가 위험하다. 이유기가 되면 아기들은 상대적으로 영양이 풍부하고 완벽하며 안전한 음식인 모유 대신 영양이 충분하지 않고 단조로우면서 안전하지 않은 음식을 섭취한다. 교육을 받은 엄마들은 혼자서도 잘 할 수 있지만 의사와 간호사, 보건소가 아이와 엄마가 이 위험한 시기를 잘 통과하도록 도와줄 수 있다. 따라서 이러한 사망 원인에 대해서는 의사와 환자가 중심이 되는 의료 시스템이 중요한 역할을 한다. 그러나 의료 시스템에 비용을 거의 지출하지 않는 국가가 많다. 1인당 100달러의 비용으로 의료 시스템이 사람들에게 큰 도움을 주기란 불가능에 가깝다. 하지만 사하라사막 이남에서는 흔히 벌어지는 일이다. 게다가 그 1인당 100달러는 공공 부문과 민간 부문의 지출을 합친 금액이다. 예를 들어 2010년 세계은행이 2005년도 미국 달러로 환산해 발표한 의료비 내역을 보면 잠비아는 1인당 90달러를 지출했으며 세네갈은 108달러를, 나이지리아는 124달러를, 모잠비크는 고작 49달러를 썼다. 이에 반해 영국은 3,470달러를, 미국은 8,362달러를 지출했다.

어째서 빈곤 국가 정부는 자국 국민의 건강이 그토록 좋지 않은데도 거의 돈을 지출하지 않을까? 어째서 빈곤 국가 국민들은 정부가 아무 행동에 나서지 않는데도 민간 의료 시스템에 의지하지 않을까? 어떤 측면에서 보면 전 세계인의 건강을 개선하는 데 중요한 역할을 했던 해외 원조를 이용한다면 어떨까?

불행하게도 정부가 늘 국민의 건강 상태나 웰빙 수준을 개선하는 행동에 나서지는 않는다. 민주주의 국가에서조차 정치인과 정부에게 자신만의 목표를 추구할 자유가 많이 있으며, 국민의 건강을 개선해야 한다고 합의가 된 순간까지도 '개선하기 위해 어떤 일을 해야 하는가' 라는 문제를 놓고 정치적으로 날카롭게 대립하는 경우가 흔하다. 그러나 전 세계의 많은 수가 민주주의 국가가 아니다. 더 노골적으로 말하자면 많은 정부가 국민에게 이익이 되는 행동을 해야 할 의무를 느끼지 않는다. 상황 때문에든(예를 들어 세입을 늘리기 위해 국민을 설득할 필요가 있을 때처럼) 실질적인 헌법에 근거한 법규나 제약 때문에든 정부는 국민의 이익을 위해 움직여야 마땅한데, 그런 것에 얽매이지 않는 정부가 많다는 뜻이다. 독재 정부나 군사정권이 장악한 국가, 혹은 무장 세력이나 비밀경찰을 동원해 국민을 통제하고 탄압하는 정부가 있는 국가에서는 확실히 국민을 생각하지 않는다. 또 다른 경우로 천연자원을 수출해 엄청난 부를 쌓아(석유와 광물은 이와 관련하여 악명이 높다) 정부가 국민에게서 세금을 거둘 필요가 없는 나라가 있다. 대개 비용을 부담하는 사람에게 결정권이 있기 마련이므로 그런 정부는 사람들의 건강이나 웰빙에 거의 관심이 없는 정부 비호 세력을 위한 제도를 유지하는 데 자원을 수출해 번 돈을 쓸 가능성이 있다. 극단적인 경우, 특히 아프리카에서는 해외 원조가 이런 역할을 하기도 했다. 정부에 각종 물자를 제공하면서 물자를 올바르게 사용해야 할 그들의 동기를 약화시키기도 했다는 얘기다. 아무리 뜻이 좋다하더라도 기부자들이 이런 일이 일어나지 못하게 막기는 어렵다. 이 문제에 대해서는 마지막 장에서 더 다룰 예정이다.

정부가 모든 비난의 대상은 아니다. 어떤 지역에서는 사람들이 자신의 건강이 좋아질 수 있다거나(교육이 도움이 될 수 있는 또 하나의 부분이다) 혹은 정부에 상황을 개선할 수 있는 도구가 있을지도 모른다는 것을 이해하지 못하는 듯 보인다. 갤럽은 아프리카 지역에서 정기적으로 국가별 행복 지수를 조사하면서 사람들에게 정부가 어떤 문제에 초점을 맞춰야 하는지에 대해 묻는다. 건강 관련 문제는 목록 위쪽에 오르지 않는다. 빈곤 해소 및 일자리 제공과 관련된 사항들이 나열된 다음 한참 뒤에서야 등장한다. 지나치게 비대한 공무원 조직에 쓸모없는 일자리를 보태는 일이라도 일자리 창출을 강조하는 정부는 사실상 유권자들이 바라는 일을 하는 셈일지도 모른다. 인도 서부 라자스탄 주 도시인 우다푸르에서 조사 작업을 하는 동안 우리는, 사람들이 자신이 매우 가난함을 알고 있지만 예방 가능한 다양한 질병에 시달리고 있음에도(경제학자이자 사회운동가인 장 드레즈는 이 상황을 가리켜 "질병의 바다"라고 표현했다) 자신의 건강이 괜찮다고 생각한다는 사실을 발견했다. 나보다 잘사는 사람이 많다고 말하기는 쉽지만 잘사는 사람이 훨씬 더 건강하다거나 잘사는 사람의 아이가 죽을 가능성이 낮음을 깨닫기는 쉽지 않다. 건강이나 사망률은 재산이나 주거 환경, 소비재처럼 형태가 있어서 확실하게 밖으로 드러나는 존재가 아니기 때문이다.

사람과 미생물이 같이 진화한 아프리카에서 두 존재가 아직도 서로의 곁을 맴돌고 있다는 사실은 아프리카 역사가 흐르는 동안 질병이 항상 사람과 동행했다는 것을 의미한다. 더욱 노골적으로 말하자면 2장에서 이미 확인했듯이 인류가 질병과 영유아 사망에서 탈출한 사건은 전 세계 어디에서든 최근에만 일어났으며, 아직도 많은 사람이 이런 탈출이 가능하다거나 적절한 공중 보건 정책이 자유로 가는 길을 열 수 있음을 이해하지 못하는 것으로 보인다. 갤럽이 주기적으로 실시하는 국가별 행복 지수를 보면 객관적인 건강 상태가 엄청나게 차이 나는데도 자신의 건강에 대해 만족하는 사람의 비율은 빈곤 국가나 부유 국가나 같음을 알 수 있다. 또한 의료 관련 지출 비용이 적고 결과가 형편없는데도 국민들이 자국의 공중 보건 상태나 의료 시스템에 대해 엄청나게 자부심을 느끼는 국가가 많다. 이와 반대로 미국인들은 자신들이 지출하는 그 모든 비용에도 불구하고 자국 의료 시스템에 대해 매우 자신 없게 생각한다. (자국의 의료 시스템에 대한 신뢰도에 관한) 한 연구 결과는 미국이 120개 조사 대상 국가 중 88위를 기록했다고 발표했다. 쿠바와 인도, 베트남보다 낮고 시에라리온보다 겨우 3단계 위에 있는 위치다.[6]

많은 국가에서 정부 의료 정책이 안고 있는 가장 충격적인 문제는 의료 노동자, 즉 의사와 간호사가 현장에 존재하지 않는 경우가 많다는 사실이다. 우리가 무작위로 확인했을 때 라자스탄 주에서 어쨌든 문을 열었다고 말할 수 있는 소규모 보건소는 절반 정도밖에 되지 않았다. 큰 병원이 문을 열기는 했으나 의사와 간호사 상당수가 병원에 없었다. 세계은행이 무단결근에 대해 조사를 실시했을 때 (분명 모든 국가는 아니었지만) 많은 국가에서 무단결근이 의료계와 교육계 모두가 겪는 심각한 문제임이 드러났다.[7] 어떤 경우에는 의료계와 교육계 노동자가 급료를 제대로 받지 못했다. 마치 노동자와 고용주 사이에 암묵적으로 계약이 이루어진 것 같다. 정부는 이들에게 급료를 지불하는 척하고 이들은 직장에 나타나는 척한다는 뜻이다. 하지만 낮은 급료가 모든 이유가 되지는 않는다. 사람들이 의료 서비스에 대해 거의 기대하지 않는다면 무단결근이 잦아지기가 쉽다. 라자스탄 주에서는 관계자들이 어떤 특정한 간호사가 몇 주 동안 병원에 출근하지 않았다는 사실을 인정조차 하지 않으려 했다. 많은 주에서 이런 수준의 서비스가 일반인들이 공공 체계에 대해 기대하는 수준이었다. 그러나 모든 주가 그렇지는 않았다. 인도 남서부에 있는 주 케랄라는 풀뿌리 정치활동과 함께 병원이 문을 열지 않으면 사람들이 거세게 항의하는 일로 유명하다. 케랄라에서는 무단결근이 거의 없으며 사람들은 병원이 정상적으로 운영될 것이라고 기대한다. 라자스탄 사람들의 사고방식을 케랄라 사람들과 비슷하게 만들 방법을 알 수 있다면 이 문제를 상당 부분 해결할 수 있을 것이다.

빈곤 국가에서 개인 병원은 보통 번창하는 사업이며 민간 의료 서비스는 흔히 국가가 제공하는 (혹은 제공하지 않는) 공공 의료 서비스에서 부족한 부분을 채우는 데 도움을 준다. 그러나 민간 부문만 있어서는 충분하지 않다. 특히 훈련된 의사가 아니라면 누구든 몸이 아플 때 어떤 일을 해야 하는지 잘 알지 못하기 때문에 문제가 생긴다. 돈을 내고 의료 서비스를 받는 행위는 배고플 때 음식을 사 먹는 행동과는 다르며 오히려 차가 고장 났을 때 자동차 정비소에 가는 행동과 비슷하다. 해당 분야에 대해 더 많이 알고 있는 사람들이 바로 서비스를 제공하는 사람들이다. 이들에게는 자신만의 동기와 이해관계가 있다. 민간 부문에서 일하는 사람들은 더 많은, 혹은 더 수익성이 있는 서비스를 제공하는 경우 돈을 더 많이 번다. 또한 이들에게는 실제로 필요하든 필요하지 않든 사람들에게 그들이 원한다고 생각하는 서비스를 제공할 이유가 있다. 인도에서 개인 병원 의사는 주기적으로 사람들이 요구하는 항생제를 대개 주사를 놓는 방식으로 제공함으로써 사람들을 만족시키고 (일시적으로) 더 좋은 기분을 느끼게 한다. 정맥주사는 사람들에게 인기 있는 또 다른 치료법이다. 미국에서 전립선암을 진단하기 위해 전신 검사나 PSA 검사를 받으라는 광고가 끊질기게 흘러나오듯이 인도에서는 의료 서비스 제공자들이 정맥주사에 대해 과도하게 홍보한다. 인도에서 보건소나 공립 병원에 근무하는 공립 의사는 일반적으로 환자가 요구한다고 해서 항생제 주사나 정맥주사를 투여하지 않지만(좋은 일이다) 환자에게 실제로 필요한 치료가 무엇인지 알기 위해 검사를 실시할 시간 또한 없다(좋지 않은 일이다). 따라서 공립 병원 의사와 민간 병원 의사 중 하나를 선택하는 것은 기회의 문제다. 하지만 적어도 단기적으로는 민간 병원 의사를 찾아갔을 때 더 나은 대우를 받는다고 생각하기가 쉽다.

공공 부문이 제공하는 의료 서비스가 믿을 만한 경우, 혹은 민간 부문이 제공하는 의료 서비스에 대해 적절한 규제책이 있는 경우 이 모든 상황이 거의 문제되지 않는다. 많은 국가가 둘 중 어느 하나도 제대로 시행하지 못한다는 문제를 안고 있다. 물론 세계에서 가장 부유한 국가에서조차 의료 서비스를 제공하고 규제함은, 정부 기능 중에서 가장 어려운 동시에 사람들 사이에 큰 논란을 불러일으키고 정치적인 공격 대상이 되는 일이다. 라자스탄에서 우리와 대화한 사람들이 찾는 민간 병원 "의사" 중 대부분이 정식으로 교육받은 의사가 아닌 모종의 돌팔이 의사였다. 라자스탄에서는 이들을 가리켜 경멸하듯 "벵골인

의사"라고 불렀다. 심지어 몇몇 "의사"는 고등학교도 졸업하지 못했다. 공공 의료와 민간 의료가 모두 실패한 이유는 정부의 역량이 부족했기 때문이다. 라자스탄 정부는 의료 서비스 자체를 제공하지도 못했고 효과적이고 안전한 민간 의료 서비스를 탄생시키기에 필요한 규제나 면허 제도, 정책을 제시하지도 못했다.

돈 역시 문제다. 아마도 인도가 (그리고 아프리카에 있는 많은 국가가) 현재보다 훨씬 더 많이 비용을 지출하지 않는다면 더 나은 의료 시스템을 운영하지 못할 것이다. 그러나 더 낫지 않으면서 비용은 훨씬 더 많이 드는 시스템을 상상하기도 쉽다. 이런 시스템 속에서는 무단결근하는 의사가 병원에 나오지 않고도 급료를 더 많이 받을 것이다. 사람들이 교육받지 못하고 정부가 역량을 갖추지 못하면, 즉 효율적인 행정 구조와 제대로 훈련된 관료, 정확한 통계 시스템, 명확하면서 강제력을 발휘할 수 있는 법률과 제도를 갖추지 못하면 국가가 적절한 의료 서비스를 제공하기가 매우 어렵거나 불가능하다.

현대사회와 건강

제2차 세계대전 이후 빈곤 국가에 사는 사람들은 부유 국가 국민이 오랫동안 건강 분야에서 어떤 혜택을 누렸는지 깨닫기 시작했다. 세균과 질병의 관계를 규명한 이론 덕분에 많은 사람들이 전염병이라는 무거운 짐을 벗어던질 수 있었지만, 과학과 그것을 기반으로 하는 정책이 태어난 곳을 떠나 지구의 나머지 지역으로 퍼져나가기까지는 한 세기이상이 걸렸다. 이 이야기가 전부라면 이론을 도입한 시기가 늦었더라도 결국 다른 국가들이 선구자 역할을 한 국가를 따라잡았을 것이고, 전 세계 건강 역사는 18세기 처음 출현했던 국가 간 건강 불평등이 점점 사라지는 과정에 대한 기록이 됐을 것이다. 하지만 선구자 역할을 한 국가에서조차 더 많은 탈출이 일어나고 다른 국가를 이끌던 국가에서까지 영유아 사망이 거의 발생하지 않은 후에도 수명이 계속 늘어나는 중이다. 이제 중장년층과 노년층의 차례가 왔다.

이 장은 더 많은 탈출이 어떻게 발생했는지, 미래가 부유 국가 국민의 장수 문제에 대해 어떤 열쇠를 쥐고 있는지 이야기한다. 또한 부유 국가와 빈곤 국가로 나눠서 논하는 것이 갈수록 의미가 없어지는 고도로 연결된 세상 속에서 무엇이 건강에 영향을 미치는지에 대해 말한다. 오늘날 이동하고 의사소통하는 데 드는 비용과 시간이 점점 줄어들고 짧아지는 가운데 한 나라에서 일어난 건강 관련 혁신이 거의 즉시 다른 지역의 건강 문제에 영향을 미치는 세상이다. 세균 이론이 전파되는 데에는 한 세기가 걸렸지만 최근 발견된 지식은 훨씬 더 빠르게 이동한다. 새로운 치료법과 마찬가지로 새로운 질병도 전 세계로 통하는 '고속도로'를 타고 이리저리 옮겨 다닌다. 세계화 시대를 맞이해 국가 간 평균수명의 격차는 줄어들고 있다. 그러나 장수는 건강에서 중요한 단 한 가지 측면이 아니며 국가 간 건강 불평등이 줄어들고 있는지는 훨씬 덜 명확하다. 건강 불평등을 역사 속으로 조용히 사라질 준비를 마친 유물 정도로 간주해서는 안 된다. 건강은 삶과 죽음이라는 문제와 관련될 뿐만 아니라 살아 있는 동안 사람들이 얼마나 건강하게 사느냐 하는 문제와도 관련된다. 기대 수명에 대한 해결책과 보완책을 함께 제시하는 동시에 "살아 있는" 사람들의 건강을 가늠하는 한 가지 척도가 바로 인간의 키다. 키는 특히 어린이들에게 영양 결핍과 질병이라는 짐이 얼마나 크게 작용했는지를 보여주는 민감한 지표다. 앞으로 우리는 전부는 아니지만 전 세계 거의 모든 사람들이 점점 더 크게 자라는 모습을 볼 것이다. 하지만 발전 속도는 더디다. 현재 속도대로라면 인도 남성의 키가 현재 영국 남성만큼 커지려면 200년이 걸릴 것이다. 이보다 더 나쁜 소식이 있다. 인도 여성이 영국 여성의 키를 따라잡으려면 500년 가까이 걸릴 것이다.

노년층도 탈출할 수 있다: 부유 국가 국민의 삶과 죽음

부유 국가에서조차 세균 이론으로 촉발된 건강의 향상은 1945년까지 전혀 완성되지 않았다. 그해 스코틀랜드의 영아 사망률은 오늘날 인도 만큼이나 높았다. 하지만 제2차 세계대전이 끝난 뒤부터 선구자 역할을 한 나라들의 평균수명이 늘어났고, 거기에 중장년층 및 노년층의 사망률 감소는 갈수록 더 많이, 영유아 사망률 감소는 갈수록 더 적게 영향을 미치게 됐다. 오늘날 주요 사망 원인은 결핵과 설사병, 호흡기 감염이 아니라 심장질환과 뇌졸중, 암이다. 그러나 비록 1950년 이전에 비해 속도가 훨씬 느려지기는 했지만 기대 수명은 여전히 증가세에 있다. 이제 기대 수명을 증가시키는 원동력은 깨끗한 물과 보다 완전한 백신 접종이 아니라 의료 기술 개선과 행동 방식의 변화다.

1950년까지 전 세계 부유 국가들이 영유아기 전염병으로부터 탈출하는 작업을 거의 끝냈다. 그리고 2000년 무렵에는 그 탈출 작업이 본질적으로 마무리됐다. 내가 이 책을 쓰는 2013년 현재 부유 국가에서 태어난 모든 신생아 중 약 95퍼센트가 50세 생일을 맞이하리라 기대할 수 있다. 그 결과 오늘날 평균수명의 증가는 중장년층과 노년층에 무슨 일이 일어나느냐에 의존하게 됐다. 지난 50년 동안 이 분야에서도 역시 많은 발전이 있었다.

〈도표 1〉은 전 세계 14개 부유 국가의 50세 기대 수명에 어떤 변화

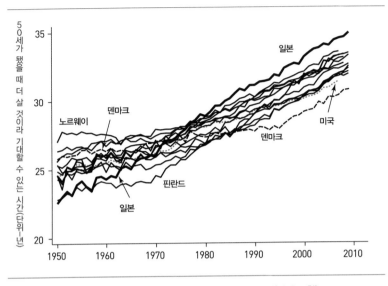

〈도표 1〉 부유 국가에 사는 50세 국민의 기대 수명(남녀 포함)

가 있었는지를 보여준다. 50세 기대 수명은 어떤 사람이 50세 생일을 맞이했을 때 앞으로 얼마나 더 산다고 기대할 수 있는지를 햇수로 환산한 숫자다. 즉 50세 기대 수명이 25년이면 50세를 맞이한 사람이 75세까지 살 것으로 기대할 수 있다는 뜻이다. 출생 시 기대 수명과 마찬가지로 50세 기대 수명을 계산할 때에도 연령별 사망 위험 요인이 똑같이 남아 있다고 가정한다. 〈도표 1〉은 남성과 여성의 평균치를 보여준다. 항상 여성이 더 오래 살지만 여기서 내가 보여주려 한 부분은 성별 간 차이가 아니라 단순히 모든 사람의 기대 수명 증가 비율과 속도이다. 심지어 1950년에도 14개 조사 대상 국가 모두에서 50세 국민이 적어도 70세를 넘어 2, 3년은 더 살 것이라고 기대할 수 있었다. 당시 조사 대상 국가에서 가장 낮은 수치를 기록했던 일본에서조차 같은 상황이 벌어졌다. 1950년 당시에는 노르웨이의 50세 기대 수명이 27.0년인 반면 핀란드는 22.8년이고 일본은 22.6년으로 국가 간 상당히 큰 불평등이 존재했다. 1950년대와 1960년대를 지나는 동안 조사 대상 국가가 서로 다른 모습으로 발전했다. 그러나 1970년 이후 모든 국가가 거의 한 몸처럼 평균수명을 점점 빠르게 증가시키는 모습을 보였다. 사람들이 더 오래 살 수 있게 만든 원인이 무엇이든 모든 지역에서 대체로 똑같이 작용하는 것 같았다. 1970년에서 1990년 사이 조사 대상 국가의 50세 기대 수명이 3년 가까이 늘어났다. 1990년 이후에도 기대 수명이 계속해서 상승하는 양상이기는 했으나 국가 간에 차이가 더 많이 벌어졌다. 일본을 비롯한 몇몇 국가는 이례적으로 좋은 성과를 거둔 반면 미국이나 덴마크를 비롯한 다른 국가는 뒤처졌다.

〈도표 1〉이 던지는 가장 중요한 메시지는 1950년 이후 모든 조사 대상 지역에서 중장년층과 노년층의 사망률이 크게 감소했다는 사실이다. 2장에서 이미 살펴봤듯이 1950년 이전에는 이 같은 일이 전혀 벌어지지 않았다. 당시에는 주로 영유아 부문만 개선됐기 때문에 더 높은 연령층에서는 기대 수명이 덜 늘어났다. 두 번째 메시지는 다른 나라에 비해 더 좋은 성과를 낸 국가가 있다는 점이다. 1950년에는 꼴찌였던 일본이 지금은 1위에 올라섰다. 초기에는 선두권에 속했던 덴마크가 현재는 가장 마지막에 있다. 중간쯤에서 시작한 미국은 오늘날 뒤에서 두 번째에 자리 잡았다.

왜 이런 결과가 나왔을까? 그동안 정복한 질병과 개발된 치료법 목록을 능가하는 단 한 가지 이유가 있다. 사람들은 죽기를 바라지 않는다. 따라서 죽음에서 탈출하기 위해 자신은 물론 정부가 투입할 수 있는 모든 자원을 아끼지 않는다. 수많은 아이들이 성인이 되기 전에 세상을 뜰 때에는 영유아 사망률을 낮추기 위한 노력이 부모와 사회 전체가 가장 우선시해야 할 일이 된다. 그러나 수명이 더 길어지면 "다음" 질병이 가장 중요한 존재가 된다. 여기서 "다음" 질병이란 일반적으로 "지난번" 질병보다 나이 든 사람을 괴롭히는 다음번 주요 사망 원인을 의미한다. 미궁에서 첫 번째 괴물을 처치하고 나면 그 뒤에 다음 괴물이 숨어 있기 마련이다. 일단 첫 번째 괴물을 처치할 방법을 찾아내고 나면 다음 괴물의 존재가 훨씬 더 중요해진다.

1960년대와 1970년대 영유아 사망률과 전염병에 관한 문제가 대체로 해결된 뒤 우리 앞으로 다가온 다음 괴물은 심장병과 뇌졸중, 암 같은 중장년층의 목숨을 앗아가는 만성질환이었다. 여기에서 말하는 만성질환이란 한동안 계속되는, 관례적으로 3개월 이상 지속되는 질병을 가리키는 말이며 많은 전염병의 특징처럼 걸리자마자 목숨을 빼앗길 위험이 있는 급성 질환과 반대되는 질병을 의미한다(어쩌면 다른 사람에게 전염되지 않는다는 뜻의 비전염성 질환이라는 표현이 더 정확할지도 모른다).

앞으로 살펴보겠지만 그동안 세 가지 주요 만성질환의 치료에, 특히 심혈관계 질환으로 분류되는 두 가지 질병인 심장병과 뇌졸중을 다스리는 방법에 많은 진전이 있었다. 이 중 적어도 몇 가지 발전은 많은 돈을 투자할 준비가 된 사람들 덕분에 탄생했다. 부분적으로는 치료에 많은 돈을 쓸 사람들, 하지만 보다 중요하게는 질병이 발생하는 기본 원리를 규명하고 그 결과 더 나은 치료법을 설계하는 연구 개발에 기꺼이 돈을 투자한 사람들 덕분이라는 얘기다. 암과 심혈관계 질환의 중요도가 낮아지면(그렇게 되리라 희망할 수 있는 합리적인 이유가 있다) 알츠하

이머병 같은 새로운 위험으로 떠오르는 질병에 관심이 집중될 것이다. 알츠하이머병은 1850년에는 고사하고 1950년에도 우선순위가 매우 낮았다. 알츠하이머병에 걸릴 만큼 오래 사는 사람들이 극소수에 불과했기 때문이었다. 19세기와 마찬가지로 새로운 질병은 새로운 치료법을 요구하고 그것을 발견할 새로운 기회를 제공한다. 오늘날 죽음 자체가 나이를 먹으면서 질병에 대한 도전은 점점 더 나이 든 사람들을 괴롭히는 질병에 초점이 맞춰지고 있다.

흡연은 최근 고소득 국가의 사망률 추이를 이해하는 한 가지 열쇠다.[1] 모든 지역에서 똑같은 양상이 나타나지는 않는다. 그러나 20세기 전반에는 모든 국가에서 담배를 피우는 사람이 점점 늘어나더니 이후 모든 국가에서는 아니지만 많은 국가에서 흡연율이 감소세로 돌아섰다. 처음에는 남성이 담배 피우는 비율이 여성보다 훨씬 높았다. 그러다가 시간이 흐르면서 여성들이 담배를 피우기 시작했다. 현재 흡연 인구가 감소하는 국가에서는 여성이 남성보다 담배 끊는 속도가 더디다. 담배는 사람들에게 별 다른 노력 없이 즐거움을 누릴 수 있게 한다. 담배는 부자에게든 가난한 사람에게든 똑같이 저렴한 비용의 사교적인 즐거움을 선사한다. 많은 사람에게 흡연은 정신없이 바쁘고 대개는 고된 일상에서 일시적으로나마 빠져나올 수 있는 손쉬운 방법이자 금전적으로 무리가 없는 행위다. 그러나 흡연으로 인해 병에 걸릴 수도, 사망할 수도 있다. 담배를 피운다고 해서 전부 폐암에 걸리지는 않지만 폐암 사망자 가운데 극소수만이 비흡연자라는 점에서 흡연은 폐암을 일으키는 가장 강력한 원인이라고 할 수 있다. 폐암으로 인한 사망은 일반적으로 흡연이 유행한 지 30년이 지난 시점에 나타난다. 따라서 사람들의 행동 방식이 변한 뒤에도 흡연으로 인한 사망은 오랫동안 계속된다. 하지만 담배는 폐암보다는 심혈관계 질환을 통해 더 많은 사람을 죽음으로 이끌 가능성이 높다. 그리고 호흡기 질환 같은 또 다른 불편한 결과를 낳기도 한다. 이 중에서 가장 문제가 되는 질병은 기관지염과 폐기종을 포함하는 만성 폐쇄성 폐질환이다. 만성 폐쇄성 폐질환은 주요 사망 원인 중 하나로, 환자가 호흡하기 곤란하게 만든다.

1964년 미국 공중 보건국장이 발표한 《(남성의!) 흡연과 건강에 관한 보고서Report on the Health Consequences of Smoking》는 흔히 사람들의 행동 방식을 바꿔놓은 중요한 계기로 간주된다. 많은 미국 노인들이 보고서가 발표되기 전까지는 담배를 피우다가 발표된 직후 끊었거나 최소한 끊겠노라 결심했다고 말한다. 당시 공중 보건 국장이던 루터 테리 박사Luther Terry 자신보다 더 좋은 사례를 찾기는 어렵다. 대중의 관심을 최소화하기 위해 보고서를 발표하는 기자회견을 워싱턴 D. C.에서 토요일 아침에 열기로 결정했다. 리무진을 타고 회견장에 오는 동안 테리 국장은 담배를 피우고 있었다. "남들이 참견할 문제가 아니다"라며 짜증내는 테리 국장에게 한 보좌관이 기자들이 가장 먼저 국장에게 흡연자인지 아닌지 물을 것이라고 주의를 줬다. 당연히 기자들이 그 질문을 첫 번째로 던졌다. 국장은 망설임 없이 "담배를 피우지 않습니다"라고 대답했다. 뒤이어 "끊은 지 얼마나 오래됐습니까"라는 질문이 나왔다. 국장의 대답은 "20분 됐습니다"였다. 미국인 수백만 명이 이후 오랫동안 테리 국장의 사례를 따라 했다. 담배 판매량은 1960년대 초반 절정에 달했다. 모든 성인이 하루 평균 11개비 가량을 피우는 셈이었다. 당시 전체 인구의 40퍼센트가 흡연자였으며 이들은 하루 한 갑 이상 담배를 피웠다.

공중 보건 국장이 발표한 보고서만으로 모든 상황이 바뀌었는지에 대해 몇 가지 타당한 이유를 바탕으로 의심해볼 수 있다. 1964년 이전에도 흡연이 건강에 미치는 영향에 관한 보고서가 많이 나왔다. 실제로 1945년 에든버러에 살던 당시 임신 중이던 내 어머니도 의사에게서 담배를 끊으라는 지시를 받았다(어쩌면 이 사건이 내가 이 책을 쓰고 있는 이유일지도 모른다). 심지어 미국에서조차 1964년 흡연자 수가 최고치에 도달한 현상은 우연의 일치에 가깝다. 1964년 이전부터 남성 흡연자 수는 상당히 줄어드는 중이었던 반면 여성 흡연자 수는 일정 기간 늘어나고 있었다. 즉 어쩌다 보니 남성 흡연자와 여성 흡연자의 합이 1964년 가장 많아졌을 뿐이었다.

오늘날 흡연이 해로운 영향을 미친다는 지식은 적어도 부유 국가 내에서는 널리 퍼진 상태다. 따라서 그런 나라에 사는 사람들 대부분이 모든 지역에서 흡연자 수가 줄어들었을 것이라고 생각할 것이다. 그러나 지금도 국가 간에, 그리고 남성과 여성 간에 상당한 차이가 존재한다. 나라마다 소득과 담뱃값이 다르고 담배가 건강에 미치는 해로운 영향에 대한 경고와 공공장소에서 흡연을 제한하는 문제에 대처하는 태도도 다르다. 이 중 어떤 요인도 남성과 여성 간 차이에 대해 정확히 설명하지 못한다. 일부 국가에서는 담배 피우는 여성에게 사회가 곱지 않은 시선을 보냈다. 1950년대 스코틀랜드 사람들은 (적어도 내 어머니는) 거리에서 담배를 피우는 여성을 창녀나 다름없이 취급했다. 담배를 피울 권리는 여성 평등 운동과 손을 잡게 됐다. 오늘날 남성과 여성 모두 흡연율이 떨어지기는 했지만 영국과 아일랜드, 오스트레일리아에서와 마찬가지로 미국에서도 여성 흡연자 수가 남성을 따라잡거나 심지어 추월하기까지 했다. 일본에서는 남성 흡연율이 이례적으로 높았지만 (1950년대에는 80퍼센트에 달했다) 지금은 떨어지는 추세다. 일본 여성 중에서 담배를 피운 적이 있는 사람은 극히 드물다. 유럽 대륙에서도 흡연 인구가 전반적으로 감소하고 있다. 그러나 많은 예외 사례가 존재하며 특히 여성의 경우가 그렇다. 한때 사람들이 했던 농담처럼 공중 보건 국장의 보고서는 "외국어"로 번역되지 않았다.[2]

흡연이 확산되는 과정과 (약 한 세기 전의) 세균 이론이 확산되는 과정 사이에는 비슷한 부분이 있다. 담배는 한때 삶의 일부였고 지금도 일부다. 그리고 즐거움을 주는 주요 원천이었고 지금도 원천이다. 담배가 미치는 해로운 영향에 관한 지식은 사람들이 담배 피울 가능성을 낮추지만, 흡연이 끊기 어려운 습관임은 말할 것도 없고 몇 가지 상쇄적인 고려 사항들도 존재한다. 세균 이론에 관한 지식은 일상적인 가정생활과 위생 문제에 깊숙이 파고들 필요가 있었다. 그리고 그 역시 바꾸기 어렵고 심지어 바꾸려면 비용이 많이 드는 생활 방식 및 습관과 관련된 문제였다. 두 가지 모두 남녀의 역할이 중요했다. 세균 확산을 막는 조치를 시행할 때 문제가 되는 가사 노동과 자녀 양육 부분의 기본 책임자는 여성이었다. 따라서 많은 가정에서 여성이 집안 내 "세균 경찰관"이 됐다.[3] 담배의 경우 흡연이 처음에는 차별과 관계를 맺더니 나중에는 여성해방과 손을 잡았다. 또한 지금은 비록 담배가 악마처럼 묘사되고 흡연에 대해 설명할 때 종종 페스트라든가 전염병 같은 용어를 사용한다고는 하나 담배가 콜레라균이나 천연두 바이러스와 같지는 않다는 사실을 명심해야 한다. 분명 흡연은 건강에 해롭다.

그러나 담배가 가져다주는 혜택도 있다. 어느 누구도 선 페스트가 사람들에게 혜택을 가져다주었다고 말하지 못한다. 유방암의 경우도 마찬가지다. 어떤 사람이 흡연이 주는 즐거움이 건강에 미치는 해로운 영향보다 더 크다고 말한다고 해서 그 사람의 정신이 이상하다고 할 수도 없다. 현재 미국 내 많은 지방에서 흡연을 선택하는 비교적 가난한 다수의 사람들로부터 상당한 돈을 거둬들이고 있다. 이 돈은 대개 형편이 나은 사람들이 내는 재산세의 부족분을 충당하는 데 사용된다. 공중 보건에 대한 관심을 우선시하는 태도가 부유한 사람에게 혜택을 주기 위해 가난한 사람에게서 세금(담뱃세)을 거둬들이는 행위를 정당화하는지는 결코 확실하지 않다.

〈도표 2〉에서 흡연 인구의 증가 및 감소가 폐암으로 인한 사망자 수의 증가 및 감소로 이어지는 모습이 보인다.[4] 도표는 1950년대 이후 오스트레일리아와 캐나다, 뉴질랜드, 미국, 그리고 북유럽과 서유럽 국가에서 50~69세에 속한 사람들이 폐암으로 사망하는 비율을 그렸다. 두 도표에서 미국은 굵은 선으로 표시된다. 남성을 보여주는 도표에서는 폐암 사망률이 폭발적으로 증가하면서 흡연율이 가장 높았던 시기로부터 약 20~30년 뒤인 1990년 무렵 절정에 이르렀다가 다시 떨어지는 형태가 나타난다. 오른쪽 도표에서는 여성이 남성보다 훨씬 늦게 담배를 피우기 시작했기 때문에 현재 사망자 수 감소가 몇몇 나라에서만 일어나는 모습이 확인된다. 오른쪽 도표는 마치 악어가 턱을 벌린 것 같다.

미국을 비롯해 일부 국가에서 폐암 사망률이 떨어지기 시작했다고는 하나 여성의 흡연율이 폭발적으로 증가하는 현상은 지금도 진행 중

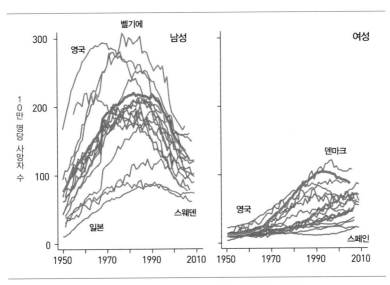

〈도표 2〉 폐암으로 인한 사망자 수(두꺼운 선이 미국임)

이다. 여성이 남성만큼 담배를 피운 적은 한 번도 없었다. 따라서 과거 여성 흡연율이 낮았던 만큼 전체적으로 여성의 폐암 사망률이 낮다. 여성들이 보다 일찍 담배를 피웠던 국가에서는 사망률이 상대적으로 높게 나온다. 마지막으로 폐암이 중요한 사망 원인이기는 하나 상습적으로 담배를 피운 40퍼센트에 속한 사람 중에서 일부만이 실제로 폐암으로 죽었거나 죽을 것이라는 사실을 기억하자. 최악의 수치를 기록한 해 미국에서 폐암으로 사망한 사람은 고작 10만 명 중 200명을 조금 넘었을 뿐이었다. 그러니까 0.2퍼센트밖에 안 된다.

흡연자가 비흡연자에 비해 폐암으로 사망할 확률이 10~20배 높다고 하지만 흡연자의 대다수는 폐암으로 죽지 않는다. 미국의 메모리얼 슬론 케터링 암 센터Memorial Sloan-Kettering Cancer Center가 운영하는 홈페이지에는 폐암 위험을 추산하는 계산기가 있다.[5] 예를 들어 하루에 한 갑씩 30년 동안 담배를 피운 50세 남성이 폐암에 걸릴 확률은 지금 당장 담배를 끊었을 때에는 1퍼센트고 끊지 않았을 때에는 2퍼센트다. 이 정보를 보고 지나치게 안심하기 전에 폐암이 흡연으로 인한 단 한 가지 위험이 아니며 가장 일반적인 위험도 아니라는 사실을 기억해야 한다.

흡연은 최근 들어 미국에서뿐만 아니라 영국과 덴마크, 네덜란드를 비롯해 여성이 일찍부터 담배를 피우기 시작한 몇몇 다른 국가에서도 여성의 기대 수명이 남성만큼 빠르게 증가하지 못하게 만든 주요 원인이다. 미국 여성은 1960년대와 1970년대 여성의 자유와 흡연을 연결하는 데 성공한 담배 회사의 노력에 상당히 많은 돈을 지불하고 있다. 미국에서 흡연이 유행하는 현상은 왜 프랑스와 일본 같은 몇몇 다른 부유 국가에 비해 미국인의 50세 기대 수명이 더디게 증가하는지를 설명하는 가장 큰 이유다. 최근에 계산했을 때 사람들이 담배를 피우지 않는다면 미국의 50세 기대 수명이 현재보다 2.5년 늘어날 것이라는 결과가 나왔다.[6]

심혈관계 질환으로 인한 사망률 감소가 폐암으로 인한 사망률 감소보다 훨씬 더 중요하다. 심혈관계 질환이란 뇌졸중과 동맥경화증(혈관 벽 내부에 콜레스테롤 등이 쌓여 혈관이 좁아지는 현상), 관상동맥 질환, 심장마비, 울혈성 심부전, 협심증을 포함해 심장 및 혈관과 관련해 생기는 질병을 통틀어 일컫는 용어다. 남성 흡연자 수가 감소한 현상이 심혈관계 질환이라는 무거운 짐을 더는 데에 보탬이 됐지만, 그동안 효과적인 치료법 개발 부분에서도 중요한 진전이 있었다. 폐암 부문에서는 아직 이루지 못한 성과다.

〈도표 3〉은 1950년 이후 55세부터 65세 사이 중장년층에서 노년층으로 넘어가는 시기에 있는 남성이 심혈관계 질환으로 사망하는 비율을 보여준다. 왼쪽 도표에서는 미국과 영국만을 표시했고 오른쪽 도표에서는 미국과 〈도표 2〉를 작성할 때 포함된 다른 나머지 부유 국가를 표시했다. 〈도표 3〉에서 사용한 수치는 폐암으로 인한 사망률을 표시할 때 사용한 값의 약 5배에 이를 정도로 대단히 크다. 1950년대에는 중장년층 및 노년층 남성의 1~1.5퍼센트가 언제든 사망할 가능성이 있었다. 심혈관계 질환은 당시는 물론 지금도 여전히 고소득 국가에서 주요 사망 원인으로 자리 잡고 있다. 1950년대와 1960년대 심혈관계 질환으로 인한 사망자 수는 영국보다 미국이 많았다. 이후 영국은 조금씩 증가했고 미국은 조금씩 감소했다. 다른 부유 국가와 비교하더라도 미국인이 심혈관계 질환으로 사망할 위험은 가장 높은 편에 속했

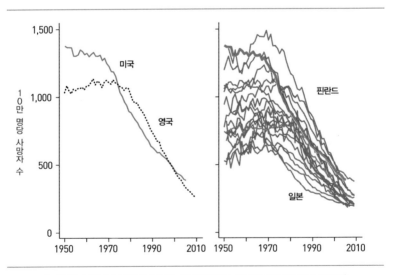

〈도표 3〉 심혈관계 질환으로 인한 사망(오른쪽 도표에서 두꺼운 선이 미국임)

다. 또한 국가마다 상당한 편차가 존재해서 아이슬란드와 네덜란드는 도표에서 아래쪽을 차지했다. 1970년 무렵까지 모든 국가가 각자의 길을 걸었으며 국가 간에 어떤 비슷한 움직임도 포착되지 않았다. 심혈관계 질환을 일으키는 원인이 무엇이었든(물론 흡연도 심혈관계 질환의 원인 중 하나지만), 국가마다 달랐다.

1970년 이후 모든 상황이 바뀌었다. 미국이 앞장서 나가면서 심혈관계 질환으로 인한 사망자 수가 줄어들기 시작했다. 예를 들어 영국 같은 나라는 다른 나라에 비해 7~8년 정도 늦었으나 심혈관계 질환으로 인한 사망자 수가 나라를 불문하고 동시다발적으로 감소했다. 1970년 연간 심혈관계 질환 사망자가 전체 인구 중 1.5퍼센트를 차지해 심혈관계 질환 사망자들의 나라라고 불리던 핀란드조차 급격한 감소세를 보였다. 21세기 초반 몇 년 동안 각국의 심혈관계 질환으로 인한 사망률이 절반에서 3분의 2까지 떨어졌을 뿐만 아니라 모든 국가의 사망률이 한 점으로 모여들었다. 1950년대 국가별 사망률이 거의 제각각으로 나타나던 모습이 사라졌다.

무슨 일이 벌어진 것일까? 금연으로는 다 설명하지 못한다. 우리가 이미 확인했듯이 지금까지도 국가마다 다른 행동 방식을 취하고 있으며, 모든 국가에 걸쳐 행동 방식 변화가 그토록 빠르게 그리고 그토록 조직적으로 나타났을 가능성은 낮다. 건강 문제를 담당하는 어떤 국제적인 단체가 존재해서 모든 회원 국가에 동시에 변화에 나서라고 지시한 것 같지도 않다(세계보건기구가 그 후보에 속할 가능성은 희박하다). 훨씬 더 가능성이 있는 후보자는 의학적인 발전, 특히 값이 싸면서도 효과적이어서 한 나라에서 다른 나라로 빠르게 확산될 수 있는 어떤 예방법이나 치료법이다.

심혈관계 질환을 다스린 중요한 혁신 중 하나는 이뇨제(소변의 양을 증가시켜 소변을 자주 보게 하는 값싼 알약)가 효과적으로 혈압을 떨어뜨린다는 발견이다. 이뇨제를 복용하면 심장병을 일으키는 주요 위험 요인 중 하나인 고혈압 증상이 어느 정도 사라진다는 뜻이다. 미국의 비영리 의료 기관인 메이요 클리닉Mayo Clinic은 "이뇨제가… 몸속에 있는 염분(나트륨)과 물을 배출하는 데 도움을 준다. 이뇨제는 신장이 소변 속 염분 농도를 높이도록 작용한다. 이렇게 되면 염분과 함께 혈액 속에 있던 수분이 같이 빠져나간다. 그 결과 혈관 속을 흐르던 체액이 상당량 사라지면서 혈관 벽을 짓누르던 압력이 줄어든다"라고 말한다.[7] 1970년 미국 제대 군인 관리국Veterans Administration에서 무작위로 사람을 선발해 실시한 중대한 실험 결과가 발표됐다.[8] 이후 미국에서 사람들의 행동이 빠르게 바뀌었다.

미국 공중 보건 관리 시스템의 특징 중 하나가 혁신적인 발견이 매우 빠르게 도입된다는 점이다. 이 중에는 혈압 강하제 같은 좋은 사례도 있지만 확실하지 않은 결과를 보이는 사례도 많이 있다. 이에 반해 영국은 중앙정부가 직접 국가 의료 서비스National Health Service를 운영하는 관계로 자금 사용에 제약을 받기 때문에 새로운 의학적 혁신을 도입하는 데 더욱 조심스러운 태도를 보이고 속도도 훨씬 느린 경향이 있다(최근 영국은 새로운 의약품과 새로운 치료법을 시험하고 권고안을 만들기 위해 NICE라는 멋진 약어로 불리는 국립 보건 임상 연구소National Institute of Clinical Excellence를 설치했다). 그래서 값싸고 효과적인 이뇨제조차 도입하는 데 시간이 걸렸다. 〈도표 3〉에 있는 오른쪽 도표는 모든 국가에서 똑같은 변화가 일어나고 있음을 보여준다. 미국이 앞서나가고 다른 나라들이 그 뒤를 따랐다. 각자 정부 정책과 의료 시스템이 다르기 때문에 뒤따르기까지 걸리는 시간은 나라별로 다양했다.

이뇨제는 최초로 발견된 혈압 강하제였다. 그 뒤를 이어 ACE(앤지오텐신전환효소) 억제제, 칼슘 길항제(칼슘 통로 차단제), 베타 차단제, 앤지오텐신 II 길항제 같은 이름을 단 다른 약물들이 잇달아 등장했다. 특징이 서로 다른 약이 다양하게 개발되면서 의사들은 이제 환자 상태에 가장 알맞은 약을 처방할 수 있게 됐다. 콜레스테롤을 저하시키는 약물 스타틴도 사망률을 낮추는 데 공헌했다. 어떤 사람들은 스타틴이 혈압을 떨어뜨리는 약물만큼 많은 기여를 했다고 말한다.[9] 사람들이 심혈관계 질환에 걸릴 확률을 낮추기 위해 처음에는 갖가지 예방 조치들이 등장했지만 이내 치료법에서도 혁신이 일어났다. 한 가지 중요하면서 매우 값싼 치료법이 심장마비로 병원에 후송된 사람들에게 즉시 아스피린을 투여하는 방법이다. 관상동맥 우회 수술 등과 같은 심장병을 치료하는 또 다른 첨단 기술 혁신도 존재한다. 고도의 기술을 요하는 이 방법들은 분명 저렴하지 않지만 사망률을 감소하는 데 많은 도움이 될 것이다. 한 의학 실험이 "저용량(어린이용)" 아스피린을 하루에 한 알씩 복용하는 중장년층이 심장병으로 사망할 확률은 평균적으로 낮다고 발표했다. 그러나 나중에 아스피린을 복용하는 방법으로 인해 몇몇 사람들은 목숨을 구하지만 (더 적은 수라고는 해도) 다른 사람들은 목숨을 잃는다는 사실이 드러났다. 흔히 평균이 모든 개인을 대변하지 못함을 보여주는 좋은 사례다. 그렇다고는 해도 치료 및 예방 분야에서 등장한 혁신적인 방법 덕분에 전체적으로 수백만 명에 이르는 사람들이 살 기회를 얻었으며 주요 사망 원인으로 인한 사망률이 크게 감소했다. 치료법이 발견되지 않았다면 세상을 떠났을 중장년층 수백만 명이 계속해서 직장을 다니며 돈을 벌고 사랑하며 살 수 있게 되면서 이들이 손자·손녀의 탄생을 지켜보고 함께할 가능성이 더욱 높아졌다.

그렇다면 여성에게는 어떤 일이 벌어졌을까? 폐암 사례와 마찬가지로 여성이 심혈관계 질환으로 사망할 확률은 매우 낮다. 일반적으로 남성의 절반에 해당하는 수치다. 그러나 여성의 사망률도 감소하는 중이다. 국가별로 다르지만 대략 절반 정도 감소했으며, 전 세계적으로 비슷한 추세를 보이고 있다. 따라서 심혈관계 질환으로 인한 여성 사망률에서 나타나는 국가 간 편차 역시 오늘날 1950년대에 비해 훨씬 좁아졌다. 애초에 사망 위험이 낮기는 했지만 여성도 남성과 함께 심장병으로 인한 사망률 감소라는 혜택을 누리고 있다는 얘기다. 남성과 마찬가지로 여성에게도 심혈관계 질환은 주요 사망 원인으로 작용한다. 유방암은 당연히 여성이기 때문에 겪는 독특하면서 중요한 암이지만 유방암으로 사망하는 여성보다 심혈관계 질환으로 사망하는 여성이 더 많다.

심혈관계 질환을 예방하고 치료하는 데 도움이 된 혁신은 특이한 경우에 해당한다. 상대적으로 부유한 국가들 사이에서 국가 간 불평등을 야기하지 않았기 때문이다. 오히려 그 반대라고 할 수 있다. 반세기 전에 비하면 오늘날 심장병으로 인한 사망률은 모든 국가에서 훨씬 더 비슷한 수치를 기록한다. 즉 심혈관계 질환으로 인한 사망률을 감소시킨 중요한 혁신은 한 세기 전 세균 이론이 초래한 국가 간 건강 불평등이라는 결과를 가져오지 않았다. 아마도 그 중요한 혁신이 저렴하고 손쉽게 모방할 수 있어서 나라들이 저마다 자국 의료 서비스에 빠르게 도입할 수 있었기 때문일 것이다. 하지만 비용이 저렴하다고 해서 혁신이 모든 국가들 내부에서까지 완벽하게 확산되지는 않은 것 같다. 심혈관계 질환 예방 및 치료의 발전이 소득 및 교육 수준으로 나뉜 계층 간에 건강 불평등을 어느 정도 확대했을 가능성도 있다. 정기적으로 의사를 찾아가 혈압을 재고 콜레스테롤 수치를 측정하는 경우처럼 치료 과정에서 개인에게 좌우되는 부분은 더 많이 교육 받고 형편이 더 나으며 이미 더 건강한 사람들이 더 빨리 받아들였다.[10]

암은 심장병의 뒤를 잇는 둘째로 중요한 사망 원인이다. 폐암 다음으로 암에서 가장 중요한 위치를 차지하는 종류는 (거의 전적으로 여성에게 발생하는) 유방암과 (전적으로 남성에게 발생하는) 전립선암, 그리고 (여성과 남성 모두에게 영향을 미치는) 직장암이다. 적어도 1990년대까지는 이러한 암을 치료하는 기술이 거의 발전하지 못했기 때문에 사망률이 감소하지 않았다. 미국에서 수십 억 달러를 쏟아부으며 암과 전쟁을 벌였음에도 사람들은 계속해서 거의 같은 비율로 사망했고 가장 권위 있는 보고서들도 암과 벌인 전쟁에서 졌다고, 혹은 최소한 이기지 못했다고 결론지었다.[11] 이 책을 쓰는 동안 내내 나는 생명을 구하는 새로운 지식의 발견과 새로운 방법의 발명이 필요에 부응해서 등장했다고 강조했다. 그러나 수요가 항상 공급을 창출하지는 않으며 수십 억 달러를 투입하고 어떤 질병과 맞서 싸우겠다고 선언하더라도 반드시 그 질병을 치료하게 되는 것은 아니다. 암 치료 방법을 발견하는 데 실패한 사실이 이를 입증하는 좋은 예다.

그러나 다시 한 번, 마침내 발전이 이뤄지고 있었음을, 그리하여 세 가지 모든 암으로 인한 사망률이 떨어지기 시작했음을 보여주는 증거도 존재한다.[12] 이 감소 현상은 아마도 얼마 전부터 계속됐을 것이다. 그러나 어쩌면 역설적이게도 심혈관계 질환으로 인한 사망률이 감소하는 형태로 잘못 나타났을 수도 있다. 미궁 속에서 처음으로 만난 괴물을 처치하는 데 성공하는 경우 그 뒤에 숨어 있던 다른 괴물은 더 많은 희생자를 요구한다. 첫 번째만큼 치명적이지는 않더라도 두 번째 괴물로 인해 더 많은 사람들이 희생될 것이다. 심장병으로부터 목숨을 건진 사람들에게 암으로 고통받을 가능성이 생겼다. 그리고 위험 요인 중 일부가 중복된다면(아마도 비만이 여기에 속할 것이다) 심혈관계 질환을 예방하는 데에서 거둔 성공이 암으로 인한 사망률을 높이는 결과로 이어질 것이다. 이런 일이 벌어지지 않았을 당시에는 그것이 암과 맞서 싸우는 과정에 발전이 있음을 뒷받침하는 증거로 생각될 수도 있었다. 그러나 최근 진행되는 암 사망률 감소는 성공을 알리는 더욱 직접적인 증거를 제시한다. 유방 조영술 검사와 PSA(전립선 특이항원) 검사, 대장 내시경 등 세 가지 암을 진단할 수 있는 방법이 사망률 감소라는 성공을 거두는 데 어느 정도 기여한 것으로 평가된다. 하지만 세 방법 중 특히 유방 조영술 검사와 PSA 검사는 그리 큰 역할을 하지 못한다. 예를 들어 유방 조영술 검사가 많이 실시되면서 유방암을 조기 진단하는 사례가 크게 증가했으나 조기 진단이 늘어난 만큼 말기 암 발견은 줄어들었음을 보여주는 신호가 없다. 유방 조영술 검사가 효과가 있다면 말기 암 발견율이 감소해야 한다. 지난 30년 동안 유방암 검사가 어떤 증상도 경험한 적이 없는 여성 백만 명 이상에게서 암을 발견했다.[13]

유방암 치료제로 사용하는 타목시펜 같은 발전된 치료법이 더 중요한 역할을 했을 가능성이 높다. 미국 종양학자이자 역사학자인 싯다르타 무케르지Siddhartha Mukherjee는 자신이 쓴 암 역사서《암: 만병의 황제의 역사The Emperor of All Maladies》에서, 기본적으로 외과 수술이나 화학 치료를 동원해 몇 세대에 걸쳐 시행착오를 반복한 뒤에야 암의 발병 원인을 개별적으로 분류하고 과학적으로 더 깊이 이해하는 길이 서서히 열리며 새롭고 더 효과적인 치료법을 발견하는 결과가 나타나기 시작한다고 주장했다.[14]

심혈관계 질환을 치료하는 새롭고 가장 효과적인 많은 방법과는 달리 암에 대한 새로운 화학 치료법이나 외과 수술법은 대개 매우 값이 비싸다. 고가의 비용은 새로운 치료법이 다른 나라로 전파되는 속도를 제한하기 마련이다. 암 검진 자체는 그다지 비싸지 않지만 진단으로 인해 정신적으로든 물질적으로든 대가를 치르는 엄청난 결과가 초래될 수 있다. 기본적인 예로 검사 결과에서 암이 발견되지는 않았지만 혈압이나 혈중 콜레스테롤 수치가 높다거나 심지어 유전적으로 암에 대한 소인이 있다는 등 암을 일으킬 위험 요인이 검출되는 경우가 있다. 위험 요인이 확인된 사람에 대해 혈압 강하제나 스타틴으로 치료하는 방법을 사용하거나, 극단적인 예로 유전적으로 유방암에 걸릴 확률이 높은 여성에게 예방 차원에서 유방 절제술을 실시하는 경우 치료받은 사람 중 몇몇의 목숨은 구하는 일이겠지만 암이 결코 발병하지 않을 훨씬 많은 건강한 사람들까지 치료를 받는 상황이 벌어진다.[15] 또한 검진이 효과를 발휘할 때 교육 수준이 더 높거나 더 많이 알고 있는 사람들이 먼저 검진을 받는 경우 불평등이 야기될 수 있다. 그렇다고 해도 갈수록 검진이 더욱 큰 효과를 내게 되고, 과잉 진단 행위가 더 많이 통제되고, 치료제나 치료법이 더욱 많이 처방됨에 따라 치료 과정이 보다 저렴해질 것이라는 희망이 있다. 그렇게 된다면 과학과 의학이 성공을 거둔 사건으로 남은 심혈관계 질환의 뒤를 암이 이을 것이다. 그리고 인간을 질병과 고통이라는 덫에 가두는 또 한 가지 장애물이 제거되면서 사람들이 더 오랫동안 더 만족할 만한 삶을 살 수 있는 기회가 더 많이 생길 것이다.

다른 많은 요인들도 사망률에 영향을 미친다. 그러나 이들은 대개 명확하게 규명되지 않거나 앞에서 거론했던 요인들에 비해 더 논란을 일으키는 요소다. 그중 하나가 우리의 오랜 친구인 질 좋고 양 많은 음식이다. 오늘날에 비해 굶주리는 사람들이 더 흔했던 19세기에는 더 나은 영양 공급이 사망률을 낮추는 데 원동력이 되는 요인이었다고 보는 편이 타당하다. 사실 지금은 사람들이 너무 적게 먹어서가 아니라 너무 많이 먹어서 문제인 경우가 많다. 그렇지만 오늘날 노년층의 사망률이 감소하는 이유 중 하나가 70년 전, 즉 이들이 엄마 배 속에서 자라다가 태어나서 부모의 보살핌을 받았을 때 영양학적으로 더 나은 상태에 있었기 때문이라고 할 수도 있다. 1970년대 심혈관계 질환으로 인한 사망률이 가장 높았던 핀란드는 제1차 세계대전 당시 세계에서 가장 가난한 국가 중 하나였다. 제1차 세계대전이라면 1970년대 55세쯤에 이른 사람들이 태어났을 무렵이다.

영양 공급이 미치는 영향에 관한 주장을 뒷받침하는 또 다른 증거로 인류학자 가브리엘레 도블하머Gabriele Doblhammer와 제임스 보펠James Vaupel이 발표한 놀라운 연구 결과가 있다.[16] 두 사람은 북반구 지역의

50세 기대 수명을 계산했을 때 10월에 태어난 사람들이 4월에 태어난 사람들보다 반년 정도 더 산다고 밝혔다. 남반구에서는 양상이 반대로 나타난다. 북반구에서 출생했으나 이후 남반구로 이주한 사람들은 예외였다. 이들은 북반구 유형을 따랐다. 두 사람의 연구 결과를 뒷받침하는 그럴듯한 설명으로 현재 부를 누리는 나라에서조차 과거에는 푸른 잎채소와 닭고기, 달걀을 값싸고 손쉽게 구하기가 가능했던 시기가 봄뿐이었다는 사실을 들 수 있다. 이 말은 가을에 출산 예정인 아기가 자궁 속에서 더 좋은 영양을 공급 받았다는 의미다. 예상할 수 있겠지만 계절에 따라 구할 수 있는 먹을거리의 차이가 사라지면서 임신 기간 중 영양 상태가 태아에 미치는 효과는 갈수록 줄어들었다.

사망률 감소는 크나큰 선물이다. 사람이라면 누구나 오래 살기를 바란다. 그러나 사망률 감소는 건강이 개선됐음을 나타내는 유일한 속성이 아니다. 사람들은 더 만족스러운 삶과 더 건강한 삶을 바라기도 한다. 따라서 우리는 사망률에만 집중하고 질병 발생률을 무시해서는 안 된다. 육체적으로든 정신적으로든 장애가 있거나 만성 통증 혹은 우울증을 앓는 사람에게서는 삶을 가치 있게 만드는 행위를 할 기회가 줄어든다. 이 부분에서도 중요한 발전이 일어났다. 그중 하나가 기본적으로 수많은 시행착오를 거쳐 개발된 인공관절 치환술, 특히 엉덩이 관절 치환술이다. 인공관절 치환술은 현재 치료법이 발견되지 않았더라면 평생 동안 꼼짝하지 못하고 괴로워했을 사람들에게서 고통을 덜어준 (이제는 통상적인) 수술이다.[17] 엉덩이 관절 치환술은 힘들고 아프면서 행동하는 데 제약받는 삶을, 원래의 신체 기능을 거의 완전하게 발휘하는 삶으로 바꾸는 "마법 같은" 외과 수술이다. 이와 비슷한 예로 시력을 회복시키거나 심지어 더 좋아지게 하는 현대적인 백내장 수술이 있다. 신체 기능을 회복시키는 수술은 수술을 받지 않았다면 놓쳤을 다양한 가능성을 전부 되돌려준다. 진통제는 과거에 비해 훨씬 좋아졌다. 1984년부터 사용하기 시작한 이부프로펜은 아스피린이 해결하지 못하는 상황에서 진통 효과를 발휘한다. 의료 전문가들은 이제 더 심각한 상황에 처했을 때 환자들이 진통제를 조절해서 사용하도록 허용하는 방법에 대해 훨씬 더 많이 알고 있다. 새로운 우울증 치료제는 많은 사람의 삶을 개선했다. 의료 전문가가 아무 일도 하지 못할 때조차 전문가를 찾아갈 수 있느냐 여부는 중요하다. 전문가들은 최소한 자신이나 자신이 사랑하는 사람의 건강 문제로 걱정하는 사람들을 안심시킬 수 있다. 안심시키지 못하는 경우라도 전문가들은 불확실성을 해소하도록 도울 수 있다. 불확실성 역시 그 자체로 괴로움의 원인이 아니던가.

개인이 지불하든, 아니면 보험회사나 국가가 지불하든 의학적으로 처치를 받으려면 돈이 있어야 한다. 미국은 의료 분야에 이례적으로 많은 돈을 투입하는 국가다. 현재 미국인의 의료비는 국민소득의 18퍼센트 가량을 차지한다. 그럼에도 훨씬 더 비싸고 대개는 효과가 좋은 새로운 기술의 혜택을 받기 위해 더 많은 돈을 내야 하는 어려운 상황에 처하는 일이 드물지 않다. 경우에 따라 비용을 절약하기 위해 정부가 치료나 처치에 제약을 가하기도 한다. 유명한 사례로 1970년대 영국 국가 의료 서비스NHS가 신장 투석 기회를 엄격하게 제한한 사건이 있다. NHS는 도움이 될 만큼 젊다고 판단되는 사람에게만 신장 투석 기회를 제공했다. 50대는 "예비 노인"이라고 부르며 이들에게 비용을 지출할 가치가 없다고 생각해 대상에서 제외했다.[18] 얼마 후 영국에서는 또 엉덩이 관절이나 무릎관절 치환술을 받으려는 사람들이 오랫동안 기다려야 하는 상황이 벌어졌다. 이런 경우 의료 서비스의 부족한 공급이 사망률과 질병 발생률을 높이는 결과로 이어진다. 현재 영국은 신장 투석 및 인공관절 치환술을 받을 수 있는 기회를 훨씬 더 많이 확대했다. 그러나 영국은 새로운 치료제와 치료법의 도입을 통제하려는 시도는 멈추지 않았다. 앞에서 나는 국립 보건 임상 연구소NICE에 대해 언급한 적이 있다. NICE는 새로운 의학적 혁신을 시험하고 이들이 얼마나 좋은 효과를 발휘하는지, 이들에게 돈을 지불할 가치가 있는지에 대해 자세한 보고서를 작성해 발표한다. 이런 역할을 하는 기관은 제약 회사 및 의료 장비 제조 회사와 힘겨운 싸움을 벌이기 마련이다. 적어도 한 제약 회사가 초기에 불리한 결정이 내려지자 영국에서 철수하겠다고 위협한 적이 있었다. 그러나 당시 영국 총리 토니 블레어Tony Blair는 자신의 입장을 바꾸지 않았다.[19]

의료비로 지출하는 비용이 지나치게 많다고 판단되는 수준이 얼마인지, 어떤 형태로든 제한할 필요가 있는지에 대해 많은 경제학자와 의사 사이에 의견 대립이 존재한다. 어떤 사람들은 의학이 거둔 엄청난 성공을 지적한다. 이들은 우리가 사망률과 질병 발생률에 합당한 가치를 부여한다면(의사들은 이렇게 하기를 싫어한다. 기껏해야 애매모호하고 논란의 여지가 많은 술책이다) 미국에서조차 의료 서비스를 축소하는 대신 더 확대해야 한다고 주장한다. 그리고 돈을 2배로 투입해 사망률과 질병 발생률을 절반으로 낮출 수 있다면 그게 바람직한 것이라고 말한다. 이렇게 계산하는 과정에서 일부는 예를 들어 흡연율 감소가 낳은 엄청난 효과를 무시한 채 사망률을 감소시킨 공을 모두 의료 서비스로 돌리는 실수를 저지른다. 하지만 감소 요인에 대해 더 적절하게 기여도를 분배하더라도 비용을 줄이지 말고 더 투입해야 한다는 주장은 얼마든지 펼칠 수 있다. 이들은 이렇게 주장한다. 우리가 더 부유해졌을 때 더 만족스럽고 더 긴 삶을 살기 위한 투자보다 더 가치 있는 투자가 무엇인가? 미국이 유럽보다 의료비로 지출하는 비용이 더 많다면 일부는 미국에서 더 호화로운 의료 서비스가 제공되기 때문이다. 1인실이나 2인실 같은 특실이 미국 병원에 더 많고 각종 검진을 받기 위한 대기 시간이 미국이 더 짧다. 미국인이 유럽인에 비해 전체적으로 더 부유해서 비싼 비용을 감당할 수 있다는 점을 고려하면 이해가 되는 부분이다.

반대 측 주장은 의료 서비스가 사람들에게 엄청난 혜택을 가져다주었음은 인정하지만 의료 시스템에서 낭비되는 부분과 NICE 같은 승인 절차가 없다는 사실에 초점을 맞춘다. 의료 시스템의 낭비는 의료비가 과다하게 지출되는 결과를 초래하고 승인 절차의 부재는 사람들에게 도움이 되는지 확인하지 않은 채 새로운 치료법을 도입할 수 있게 해 의료비 증가에 가속도를 붙인다. 의료비 지출 내역 중 상당 부분이 불필요하다고 주장한 유명한 연구가 바로 다트머스 대학교의 아틀라스Atlas 프로젝트다. 아틀라스 프로젝트는 미국 메디케어Medicare(65세 이상 노인을 대상으로 하는 의료보험 제도)가 지출하는 비용을 추적 조사해 보고서를 작성했다. 보고서는 미국 지도를 그리고 의료비 지출이 지역별로 놀랄 만큼 차이 나고 있음을 보여준다. 지역별 편차는 의료 서비스에 대한 요구는 물론 더 나은 성과와도 아무 관련이 없었다. 실제로 의료비를 얼마나 많이 지출했는가와 얼마나 좋은 성과를 올렸는가 사이에 반비례 관계가 성립했다.[20] 가장 그럴듯한 해석이 일부 병원 및 의사들이 검사와 치료에 대해 훨씬 더 적극적인 자세를 보였으며 이로 인해 추가 비용이 발생했지만 검사나 치료가 거의 혹은 전혀 효과를 발휘하지 못했거나 일부의 경우에는 사실상 환자에게 악영향을 미쳤을 것이라는 주장이다. 이 주장이 사실이라면 의료 서비스에 피해를 입히지 않고도 의료비를 크게 줄일 수 있다.

의료 시스템이 질 높은 서비스를 제공하면서 건강을 개선하고 유지하는 데 도움이 된다는 점을 고려하면 그것은 웰빙의 중요한 매개체라 할 수 있다. 그러나 의료비는 매우 비싸다. 따라서 의료비를 더 많이 지출하는 문제와 웰빙을 구성하는 다른 측면들 간에 잠재적으로 트레이드오프trade-off(어느 것을 얻는 과정에 반드시 다른 것이 희생되는 방식) 관계가 형성된다. 의료 서비스에 지출하는 돈을 배로 늘리면 미국인은 다른 모든 비용을 25퍼센트 줄여야 할 것이다. 만약 미국인이 비싸지만 효율이 떨어지는 치료를 줄이고 의료비를 절반으로 낮추는 등 다트머스 연구의 권고안을 따른다면 다른 모든 부문에 지출하는 비용을 10퍼센트 가까이 늘릴 수 있다. 하나를 얻으려면 다른 하나를 희생시켜야 하는 이런 관계는 일상생활에서 늘 찾아볼 수 있다. 우리는 가령 사람들이 책이나 전자기기를 사는 데 돈을 너무 많이 써서 휴가비가 너무 적게 남는 상황이 벌어졌다고 해도 대개 크게 걱정하지 않는다. 그렇다면 의료 서비스는 왜 다른 것일까?

문제는 사람들이 책을 사거나 휴가를 떠나는 데 얼마나 쓸지 결정하는 방식과 의료비를 얼마나 지출할지 결정하는 방식이 사실상 다르다는 점이다. 사실 사람들은 의료 서비스를 받기 위해 어떤 대가를 치르는지, 심지어 무엇을 포기하고 있는지조차 모르는 경우가 많다. 미국에서는 정부가 메디케어를 통해 노인층이 받는 거의 모든 의료 서비스에 대한 비용을 지불한다. 노년층이 아닌 사람들의 상당수(59퍼센트)는 고용주를 통해 의료보험 혜택을 받는다. 직장 의료보험 대상자 중 대다수가 자신은 돈을 전혀 내지 않고 고용주가 의료비를 지불한다고 생각한다. 그러나 많은 연구 결과가 궁극적으로 의료비를 부담하는 주체는 고용주가 아니라 피고용인임을 보여주었다. 예컨대 고용주가 수익을 줄이는 대신 직원의 급료를 줄여서 그 비용을 댄다는 얘기다.[21] 그 결과 가정 내 경제 주체가 벌어들이는 수입 및 그 수입에 의존하는 가족 소득이 의료비가 그토록 빠르게 늘어나지 않았을 경우보다 훨씬 느린 속도로 증가했다. 하지만 사람들은 의료비 지출 문제를 그런 관점에서 보지 않으며 소득 증가 속도가 느려졌다는 이유로 증가한 의료비를 비난해야 한다고 생각하지도 않는다. 결과적으로 사람들은 의료비가 진짜 문제임을 자각하지 못한다.

정부가 유럽에서처럼 혹은 미국 노년층의 의료비를 지불하는 메디케어처럼 의료 서비스를 제공하는 경우 비슷한 문제가 발생한다. 사람들은 의료 서비스 혜택을 추가하라고, 예를 들어 의료보험 혜택을 적용받을 수 있게 처방전이 필요한 약의 범위를 늘리라고 정부에 압력을 가할 때 그 대가로 무엇을 포기해야 하는지에 대해 생각하지 않는 경향이 있다. 미국 보건 경제학계의 원로인 빅터 푹스가 한 나이 든 여성을 예로 들었다. 이 여성은 (메디케어를 통해) 비용을 한 푼도 들이지 않고 값비싼 외과 수술을 받을 예정이다. 심지어 이 수술은 당장 받아야 하거나 반드시 효과가 있는 치료가 아닐 수도 있다. 한편 이 여성이 받는 연금으로는 손녀딸 결혼식에 참석하거나 새로 태어난 손자의 얼굴을 보러 가기 위해 필요한 비행기표를 사지 못한다.[22] 이런 모순적인 상황을 해결하려면 일종의 민주적인 토론을 통해 정치적인 절차를 거쳐야 한다. 하지만 정치적 절차란 대개 어렵고 치열한 논쟁이 벌어지며 사람들이 잘 알지 못하는 과정이다. 또한 적어도 몇몇 국가에서는 과잉 제공에 이익 관계가 걸린 의료 서비스 제공 주체가 깊숙한 곳까지 영향을 미치는 과정이기도 하다. 의료비 지출이 많아질수록 이들 기관은 더욱 재원이 몰린다.

소득과 건강은 웰빙을 구성하는 가장 중요한 두 가지 요소이자 이 책에서 주로 다루는 문제다. 우리는 이 두 가지를 따로 떼어서 생각할 수 없다. 의사와 환자가 건강 문제 개선을 위해, 경제인들이 경제성장을 위해 로비 활동을 벌이도록 한쪽은 무시하고 허용할 수는 없다. 지금처럼 의료 서비스가 비싸면서 효과적인 경우 둘 사이에서 트레이드 오프(상충관계)를 통한 절충점을 찾을 필요가 있다. 푹스의 말대로 우리는 총체적인 관점에서 웰빙을 바라보아야 한다. 우리에게 종합적인 시각이 생기려면 몇 가지 과정이 반드시 필요하다. 의료비를 한없이 증가하면 발생하는, 웰빙의 다른 측면을 위협하는 존재에 대해 사람들이 더 많이 그리고 더 깊이 이해하는 과정, 영국의 NICE 같은 조직을 거의 필연적으로 떠올리는 과정이 필요한 것이다.

앞으로 어떤 미래가 펼쳐질까? 고소득 국가에서 기대 수명이 계속해서 상승하리라고 기대할 수 있을까? 대체로 인구 통계학자이자 사회학자인 제이 올샌스키Jay Olshansky의 영향을 받은 부정적인 시각은 기대 수명을 증가시키기가 갈수록 어려워진다는 관찰 결과에서 시작한다. 우리가 이미 아는 현상이다. 어린아이들의 목숨을 살리는 작업은 기대 수명을 극적으로 증가시키는 결과를 낳았다. 아이들에게 살 수 있는 많은 시간이 생겼기 때문이다. 그러나 일단 거의 모든 아이들이 새 생명을 얻은 뒤, 적어도 기대 수명에 관한 한 노년층의 목숨을 구하는 일이 미친 영향은 적다. 2장에 나오는 〈도표 1〉은 1950년 이후 미국인의 기대 수명 증가 속도가 눈에 띄게 감소했음을 보여준다. 비관주의자들은 혁신이 계속되더라도 앞으로는 증가 속도가 비슷하게 줄어들 것이라고 주장한다. 새 생명을 얻는 사람들은 이미 나이를 먹은 사람들일 것이기 때문이다. 미국에서 암이 사라진다고 해도 기대 수명은 고작 4~5년밖에 증가하지 않을 것이다. 비관주의자들은 대다수 부유 국가에서 비만율이 상승하면서 앞으로 사망률이 증가할지도 모른다는 의견에도 주목한다. 어쩌면 그럴지도 모르지만 지금까지는 비만과 사망의 상관관계를 입증하는 자료가 거의 없었다. 이는 콜레스테롤과 혈압 수치를 낮추는 약물을 비롯해 심혈관계 질환을 다스리는 더 좋은 치료법이 등장하면서 처음 연구를 실시했을 때보다 현재 비만에 대한 위험이 낮아졌기 때문일 수도 있다.[23]

반대편에서는 2002년 인구 통계학자 짐 외펜Jim Oeppen과 제임스 보펠이 1840년부터 해마다 여성을 기준으로 전 세계에서 가장 긴 기대 수명을 계산해 만든 놀라운 도표를 발표했다. 이 도표는 매해 인간에게 허용된 기대 수명의 최댓값으로 생각할 수 있는 수치가 160년 동안 꾸준히 증가했음을 보여주었다.[24] 세계에서 가장 긴 기대 수명은 4년마다 1년씩 늘어났다. 외펜과 포펠은 오래전부터 계속된 증가세가 앞으로는 계속되지 않을 것이라고 생각할 이유는 없다고 봤다. 두 사람은 과거에 산출된 기대 수명의 최댓값에 대한 수많은 추정치도 도표에 함께 표시했다. 추정치는 모두 실제 수명에 미치지 못했다. 과거 많은 학자가 수명 증가 속도가 느려지거나 멈출 것이라고 예측했는데, 그들이 모두 틀린 것으로 드러난 것이다. 사람들은 언제든 자신이 죽어야 하는 순간보다 먼저 죽기를 바라지 않는다는 사실이 기대 수명이 계속 증가할 것이라는 쪽에 선 낙관론자들의 주장에 더 많은 힘을 싣는다. 물질적으로 더 부유해지면서 더 일찍 세상을 떠나는 결과를 피하기 위해 사람들이 더 많은 비용을 지불하기 시작했고 앞으로도 살아남기 위해 소득에서 점점 더 많은 부분을 쏟아부을 준비가 돼 있을 가능성이 높다. 과거에도 그러했듯이 미래에도 성공을 거두지 못할 것이라고 가정할 이유는 전혀 없다.

나는 낙관론자들의 주장이 더 설득력 있다고 생각한다. 계몽주의 시대 권위에 맞서 반기를 들고 이성이라는 힘을 사용해 자신의 삶을 개선시키기 시작한 이후, 사람들은 계속해서 더 나은 삶을 만드는 방법을 발견했다. 앞으로도 죽음이 지닌 힘에 맞서 끊임없이 승리를 거둘 것이라는 데에는 의심할 여지가 거의 없다. 그렇기는 하지만 과거와 똑같은 속도로 미래에도 기대 수명이 계속 늘어날 것이라는 생각은 지나치게 낙관주의적인 관점이다. 영유아 사망률이 감소하면서 기대 수명이 빠르게 증가했지만 이제 적어도 부유 국가에서는 기대 수명을 늘릴 수 있는 요인이 대부분 사라진 상태다. 기대 수명의 최댓값이 4년마다 1년씩 증가한 160년 동안에는 아이들이 새 생명을 얻은 결과가 큰 역할을 했다. 그러나 이 현상은 지속되지 않을 것이다. 이 부분에서 다시 한 번 성공을 측정하는 기준으로 기대 수명에 초점을 맞추지 말아야 할 또 다른 타당한 이유가 생긴다. 나이 든 사람에게 발생하는 암과 다른 질병을 제거하면 고통받는 사람들이 크게 줄고 수백만 명의 삶이 개선될 것이다. 이 일이 기대 수명에 온당한 영향을 미칠 것이라고 보는 것은 요점에서 크게 벗어난 관점이다.

세계화 시대와 건강

나는 지금까지 마치 두 세계가 떨어져 있는 것처럼 부유 국가와 빈곤 국가를 각각 (4장과 3장에서) 따로 살펴보았다. 이제 두 지역을 같이 바라보면서 어떻게 두 지역이 서로에게 영향을 미치는지 생각할 시간이다. 지난 반세기 동안 전 세계가 유례없이 하나 되는 모습을 보였다. 사람들이 흔히 세계화라고 부르는 과정이다. 역사상 세계화가 진행된 적은 이번이 처음은 아니지만 세계화의 손길이 미치는 지역은 지금이 가장 넓다. 사람들은 그 어느 때보다 빠르고 값싸게 이동할 수 있다. 정보는 계속해서 더 빠르게 움직인다. 세계화는 직접적으로는 질병과 정보, 치료법을 확산시킴으로써, 간접적으로는 경제력을 키움으로써, 특히 무역량을 늘려 경제를 더 크게 성장시킴으로서 여러 가지 측면에서 건강에 영향을 미치고 있다. 역사서를 들춰보면 세계화가 전개된 시기가 여러 차례 등장한다. 때로는 전쟁을 일으키거나 타국을 정복하거나 제국을 확장시키는 과정에서, 때로는 새로운 무역로를 개척하거나 새로운 물건과 재물을 실어 나르는 과정에서 세계화가 발생했다. 대개 질병이 세계화를 따라다녔고 그 결과 각 지역의 판세가 재편됐다. 역사학자 이언 모리스는 서기 2세기 무렵 교역이 증가하는 동안 독립적으로 존재하던 질병 풀이 어떻게 통합됐는지 설명했다. 질병 풀은 농업이 시작된 이후 "마치 다른 행성에 있는 것처럼" 서양 세계와 남아시아, 동아시아 지역에서 각자 진화했다. 그런 가운데 중국과 로마제국의 동쪽 전초 기지 역할을 하는 지역에 역병이 번지면서 엄청난 재앙을 초래하기도 했다.[25] 콜럼버스 교환이라고 부르는 1492년 이후 진행된 대륙 간 질병 교환 역사는 사람들에게 더욱 많이 알려진 사례다.[26] 기원전 430년 아테네에서 페스트가 발생한 이유는 무역 산업 때문이었고, 1347년 유럽에 선페스트가 번진 이유는 무역선을 타고 국경을 넘나들던 쥐 때문이었다. 19세기 유행한 콜레라는 인도에서 활동하던 영국인을 통해 아시아로부터 넘어왔을 것이라고 추측된다. 이후 콜레라는 새로 부설된 철도를 통해 유럽과 북아메리카 전역에 빠른 속도로 번져 나갔다. 자신이 감염됐음을 알기 전에 콜레라 감염자가 다른 도시를 방문했을 것이다. 콜레라는 철도가 설치된 지역을 따라 빠르게 번졌다. 과거에 사람들이 도시 사이를 이동할 때 들인 시간이면 지금은 대륙을 넘나들 수 있다.

그러나 세계화는 질병의 적들이 다닐 길을 닦기도 했다. 우리는 이미 북반구에서 발견돼 실생활에 적용된 세균 이론이 1945년 이후 어떻게 전 세계 다른 지역으로 빠르게 전파됐는지 살펴보았다. 혈압을 낮추는 약물에 관한 지식이 1970년 이후 전 세계에 급속도로 번져나가면서 모든 국가에서 일제히 사망률이 감소하는 현상이 발생했다. 이 모습은 〈도표 3〉에서 확인할 수 있다. 흡연이 암을 유발한다는 사실은 나라마다 다시 확인할 필요가 없었다. 에이즈의 기원에 대해서는 치열하게 논쟁을 벌이는 중이지만 에이즈가 이 대륙에서 저 대륙으로 빠르게 전파됐다는 데에는 아무도 이의를 제기하지 않는다. 치료법을 기다리다가 죽은 수백만 명의 목숨을 구할 만큼 빨랐다고 말하기는 어렵지만, 역사적인 기준으로 볼 때 과학계가 이례적으로 빠른 대응에 나서서 원인 바이러스를 규명하고, 감염경로를 추정하고, 치사율이 높은 병에서 만성질환으로 질병의 위험도를 낮추는 화학적 요법을 개발했다. 아직 완벽하게 밝히지는 못했지만 오늘날 에이즈에 대해 쌓은 지식 덕분에 그 질병에 맞서 싸울 기반이 마련됐다. 부유 국가에서는 물론 가장 큰 타격을 받은 아프리카 지역 국가에서도 지난 몇 년 동안 신규 감염자 수가 감소했으며 기대 수명이 다시 증가하기 시작했다.

심혈관계 질환 및 암에 대해 거둔 성공은 부유 국가 사이에서 뿐만 아니라 전 세계 모든 지역으로 전파됐다. 전염병으로 인한 사망률이 감소하면서 비전염성 질환이 더욱 중요한 존재로 떠올랐다. 죽지 않고 살아남은 아이들이 어른으로 자라 비전염성 질환에 걸릴 만큼 오래 살게 됐기 때문이다. 아프리카를 제외하면 이제 비전염성 질환이 전 세계 모든 지역에서 주요 사망 원인으로 꼽힌다. 혈압 강하제 같은 값싸고 효과적인 예방약이 과거 예방주사가 그러했듯 전 세계로 퍼져나가야 한다. 여기서 다시 한 번 의사 중심의 의료 서비스 시스템을 조직하고 규제해야 할 몇몇 정부의 역량이 관건이 될 가능성이 높다. 일부 암 치료법이나 인공관절 치환술 같은 더 값비싼 의학적 발전도 다른 지역으로 번져나가는 중이지만 몇몇 빈곤 국가에서는 일반적으로 돈이 많거나 연줄이 많은 한정된 소수 사람들만 새로운 치료법에 접근할 수 있다.

부유 국가가 빈곤 국가 국민의 건강 개선에 기여하는 과정에서 항상 좋은 일만 벌어지지는 않는다. 경제학자들과 달리 보건 분야 전문가들은 보통 세계화를 부정적인 힘으로 생각한다. 사람들은 흡연 및 담배 회사의 행태에 대해 깊은 우려를 표한다. 자사 제품이 거의 모든 부유 국가에서 더는 환영 받지 못하자 담배 회사들은 다시 한 번 말하지만 정부가 규제할 만한 역량을 갖추지 못했거나 규제하는 데 관심이 없을 가능성이 있는 가난한 국가에서 안전하게 영업할 수 있는 자리를 마련하는 중이다. 일시적으로 약값을 고가로 책정할 수 있게 하는 특허 제도에 대해 사람들이 소리 높여 항의해왔다. 하지만 특허가 진짜 문제인지는 확실하지 않다. 여기서 또 다시 각 국가의 의료 서비스 제공 역량이 문제가 된다. 어쨌든 WHO가 "필수 의약품essential medicines"이라고 정해 발표하는 목록 속 약품은 거의 모두 특허 기간이 만료됐다. 그렇지만 더 저렴한 약이 더 많았다면 목록은 더 길어졌을 것이다. 작고 가난한 나라들은 대개 크고 부유한 나라와 상호 무역 협정을 체결하기 위해 협상하는 동안 불리한 입장에 처한다. 크고 부유한 나라는 변호사와 로비스트를 훨씬 더 많이 동원할 수 있다. 로비스트 중에는 빈곤 국가 국민들의 건강을 개선하는 데에는 관심이 없는 제약 회사 로비스트가 있다. 제1세계, 즉 부유한 선진국에서 생산된 의약품은 분명 빈곤 국가에서 발생하는 건강 불평등을 더욱 심화했다. 델리와 요하네스버그, 멕시코시티, 상파울루 같은 주요 도시에서는 제1세계 수준의 최첨단 의료 장비를 갖춘 병원이 부유한 사람들과 권력자들을 치료한다. 가끔씩 17세기 유럽만큼이나 열악한 환경에서 살아가는 사람들이 눈으로 볼 수 있는 장소에 최신식 병원이 자리 잡은 경우도 있다.

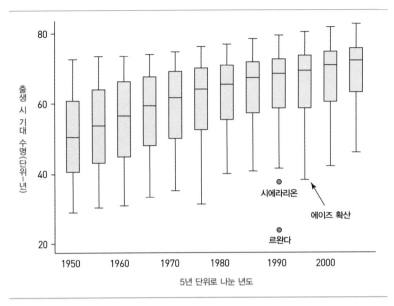

〈도표 4〉 전 세계 기대 수명 분포

1950년 이후 전 세계인의 건강 상태와 전 세계적인 건강 불평등 현상에 어떤 변화가 있었을까? 3장에 등장하는 〈도표 1〉에서 우리는 각 지역별 기대 수명의 격차가 줄어들고 가장 낮은 기대 수명을 기록한 지역이 가장 높은 기대 수명을 기록한 지역에 다가가는 모습을 확인했다. 이제 나는 지역별이 아니라 국가별로 기대 수명을 살펴보려 한다. 〈도표 4〉는 조사 대상 국가의 기대 수명이 일반적으로 어떻게 변화했는지, 최상위 국가와 최하위 국가가 거둔 성과가 얼마나 좋고 나쁜지, 기대 수명의 불평등이 줄어들었는지 늘어났는지를 보여준다. 도표는 마치 파이프오르간의 관처럼 보이지만 도표의 실제 이름은 "상자 수염 도표box-and-whisker plot"다. 세로축은 기대 수명을 나타낸다. 관(혹은 상자) 은 조사 대상 국가의 기대 수명이 어디에서부터 어디까지 분포하는지 나타낸다. 도표가 전하는 첫 번째 메시지는 전 세계적으로 수명이 증가하면서 관이 왼쪽 아래(1950~1954년 당시)에서 오른쪽 위(2005~2009년 당시)로 상승하는 중이라는 점이다. 어둡게 칠한 상자가 차지하는 영역에 모든 조사 대상 국가의 절반이 포함된다. 상자를 가로지르는 선은 기대 수명을 기준으로 삼았을 때 중간에 해당하는 국가의 위치를 표시한다. 시간이 흐르는 동안 가로선이 점점 올라가는 모습을 보인다. 중간 국가의 기대 수명이 증가한다는 뜻이다. 그러나 증가 폭은 50년 전에 비해 다소 감소했다. 다시 한 번 말하지만 과거처럼 아이들을 살릴 때에는 기대 수명을 크게 늘릴 수 있으나 지금처럼 나이 든 사람들의 목숨을 구할 때에는 늘어나는 기대 수명이 많지 않은 데다 늘리기도 쉽지 않기 때문이다. 관에서 "수염"처럼 나온 선의 위쪽과 아래쪽 끝 가로대는 정말 극단적인 사례를 제외한 모든 국가를 가두는 역할을 한다. 이렇게 했을 때 여기에 포함되지 않는 국가는 도표 상에서 단 두 국가뿐이다. 두 국가는 1990년부터 1995년까지 치열한 내전을 겪은 르완다와 시에라리온이다. 각 기간별로 총 192개에 달하는 국가를 표시했다. 그러나 일부 국가에 대해서는, 특히 초기에는 추정치를 근거로 했다.

도표에서는 시간이 흐를수록 관의 길이가 줄어드는 모습이 확인된다. 모든 국가가 가운데를 향해 모여든다는 의미다. 국가 간 기대 수명의 격차가 줄어들고 있다. 전 세계인이 얼마나 고르게 건강의 혜택을 받는지를 나타내는 이 척도는 점점 평등해짐을 보여준다. 250년 전 시작돼 폭발적으로 증가하던 국가 간 건강 불평등이 감소하기 시작했다. 격차가 전체적으로 고르게 줄어들지는 않았다. 도표를 보면 1995년부터 2000년 사이 아프리카에서 에이즈로 인해 대규모 사망자가 발생하면서 격차가 더욱 커졌다가 다시 작아지는 모습을 확인할 수 있다. 상자를 가로지르는 중간선은 계속해서 관 위쪽을 향해, 그리고 위쪽 수염 끝을 향해 다가간다. 이 현상은 중간 국가와 일본 같은 최상위 국가의 기대 수명 차이가 시간이 흐를수록 줄어듦을 뜻한다. 중간 국가, 더 정확하게 말하면 중앙값에 해당하는 국가(72.2년)와 최상위 국가(일본, 82.7년)의 차이는 이제 10.5년밖에 나지 않는다. 하지만 두 국가의 격차가 줄어들면서 뒤쪽으로 긴 꼬리가 생겼다. 1990년대 초반 르완다와 시에라리온에서 벌어진 끔찍한 일들을 고려하지 않는다고 해도 중간 국가와 최하위 국가의 차이는 22년에서 26년으로 증가했다.

여기서 우리는 다시 한 번 기대 수명이 국가 간 건강 불평등을 생각할 때 타당한 기준인지를 물어야 한다. 4장은 기대 수명이 증가한 이유가 빈곤 국가에서 어린아이들이 새 생명을 얻고 부유 국가에서 중장년층 및 노년층의 수명이 늘어났기 때문임을 보여주었다. 기대 수명의 증가분을 사용해 빈곤 국가와 부유 국가를 비교하는 경우 우리는 빈곤 국가의 사례에 더 많은 비중을 두게 된다. 60세 노인의 생명을 구할 때보다 어린아이의 목숨을 구할 때가 기대 수명에 훨씬 더 많은 영향을 미치기 때문이다. 물론 이는 기대 수명에서 나타난 불평등이 감소한 주요 원인이다. 하지만 어린아이를 구하는 일이 나이 든 성인을 구하는 일보다 실로 더 나은지는 명확하지 않다. 기대 수명으로 불평등을 측정할 때 필연적으로 따라붙는 판단이다. 이 문제는 어느 쪽으로든 나름의 타당성을 주장할 수 있다. 어떤 사람들은 어린아이들의 생명을 구해야 한다고 주장한다. 아이들은 아직 세상과 아무 관계도 없지만 앞으로 많은 날을 살면서 많은 관계를 쌓을 것이기 때문이다. 다른 사람들은 나이 든 사람들을 살려야 한다고 주장한다. 비록 살날이 얼마 남지 않았다고 해도 세상과 많은 관계를 맺고 있기 때문이다. 그러나 어느 쪽도 불평등에 대해 살펴보기 위해 기대 수명을 사용하는 방법이 이 어려운 문제를 올바르게 해결하는지, 생명에 대해 서로 다른 비중을 두는 방법이 불평등을 더 많이 감소시킬지 혹은 더 적게 감소시킬지 아니면 아예 불평등을 더 키울지 등에 대해서는 말하지 않는다.

전 세계적으로 기대 수명의 불평등이 감소하는 현상이 자동적으로 세상이 더 좋아졌음을 의미하지는 않는다. 기대 수명은 우리가 관심을 갖는 건강에 대한, 하다못해 사망률에 대한 모든 측면을 정확하게 포착하지 못하기 때문이다. 우리는 분명 빈곤 국가에서는 영유아 사망률이 감소하고 부유 국가에서는 중장년층 및 노년층의 사망률이 떨어지는 세상에서 산다. 이 같은 추세가 세상을 더 평등한 곳으로 만드는지 아닌지는 우리가 각각의 사망률 감소 현상에 대해 얼마나 많은 비중을 두고 생각하는지에 따라 달라지는, 논란의 여지가 많은 주제다.

철학적인 논쟁은 여기서 끝나지 않는다. 영유아 사망률이 감소한 뒤 사람들이 낳고자 하는 자녀의 숫자가 감소하는 현상이 뒤를 이었다. 1950년에는 아프리카 여성들이 평균적으로 자녀 6.6명을 출산했으나 2000년이 되자 평균 자녀수가 5.1명으로 떨어졌다. UN은 지금은 4.4명으로 줄어들었을 것이라고 추산한다. 라틴아메리카와 카리브해 지역은 물론 아시아의 감소폭은 이보다 훨씬 더 커서 6명이었던 자녀수가 현재 2명을 간신히 웃돈다. 영유아 사망률 감소가 곧바로 출산 횟수 감소로 이어지지는 않았다. 전 세계 인구가 폭발적으로 늘어났던 이유다. 하지만 시간이 흘러 부모가 아이들이 그렇게 많이 죽지 않음을 믿게 되면서 더는 예전처럼 아이들을 많이 낳지 않았다. 그래도 살아남아 어른이 된 아이들의 수만큼 혹은 그보다 더 많은 아이를 낳았을 것이다. 이 변화에 대해 예전에는 태어난 뒤 얼마 되지 않아 죽었을 아이가 이제는 더는 태어나지 않는다고 생각할 수 있다. 이 변화로 혜택을 받는 사람은 누구일까? 반복되는 말이지만 이 문제는 우리가 어느 쪽 생명에 더 비중을 두느냐에 좌우된다. 철학자들이 오랫동안 고민했던 질문이다. 하지만 여성들이 엄청난 혜택을 받았음은 확실하다. 여성들은 예전만큼 임신을 많이 하지 않아도 된다. 대개 낳은 아이들이 모두 살아남아 어른이 되기 때문이다. 엄마는, 그리고 아빠는 아이들이 죽는 모습을 보는 고통에서도 크게 해방되었다. 아이를 잃는다는 부담이 줄어들면서 부모에게 고통을 주는 근원이 사라졌을 뿐만 아니라 여성들이 다른 측면에서 더욱 충만한 삶을 살 수 있는 자유를 누리게 됐다. 여성들은 더 많은 교육을 받았고 가정을 벗어나 직장 생활을 했으며 사회에서 자신의 역할을 더욱 충실히 수행하게 되었다.

신체에 찾아온 변화

1950년 이후 전 세계인의 건강에 대해 축하해야 할 일이 한두 가지가 아니다. 그러나 나는 (거의 모든 지역에서 전개된 인상적이면서 어쩌면 평등하기까지 한) 죽음에서 벗어난 대탈출이 아니라 덜 인상적이면서 덜 평등한 발전인 영양실조에서 벗어난 대탈출에 초점을 맞춘 다소 유쾌하지 못한 관찰 결과로 4장을 마무리 지으려 한다. 영양실조를 살펴보는 한 가지 좋은 방법이 사람들의 키에 어떤 변화가 찾아왔는지 확인하는 일이다.

신장 그 자체로는 웰빙의 척도가 되지 못한다. 다른 조건이 똑같다면 신장이 180센티미터가 넘는 사람이 신장이 180센티미터 이하인 사람보다 조금이라도 더 행복하다거나, 더 부유하다거나, 더 건강하다고 생각할 이유는 없다. 신장은 소득과 건강처럼 웰빙의 일부가 될 수 없다. 하지만 특정 지역에 사는 사람들이 전체적으로 키가 작다면 구성원들이 충분히 먹지 못했기 때문에 혹은 생명을 앗아가지는 않았더라도, 질병이 지속적으로 위협하면서 성장 발달을 방해하는 건강에 좋지 못한 환경에서 살았기 때문에 영양이 결핍된 상태로 유년 시절이나 사춘기 시절을 보냈음을 가리킨다. 신장은 개인이 타고난 유전자와 관련된 요소기 때문에 키가 큰 부모 밑에서 키가 큰 아이가 태어나긴 하지만, 지금은 (충분히 많은) 인구를 대상으로 하는 경우 이 말이 해당되지 않는다고, 그리고 구성원 간 평균 신장의 차이가 영양부족 정도의 차이를 나타내는 좋은 지표라는 믿음이 더욱 보편적이다. 과거에는 유전적인 차이가 사람들의 키가 저마다 달라지는 주요 원인이라고 생각했다. 그러나 건강 상태가 개선되고 "키가 작은" 나라들이 잇달아, 때로는 상당히 빠른 속도로 키가 자라면서 유전자에 초점을 맞춘 관점은 폐기됐다.[27]

지금 우리는 유년 시절 영양부족에 시달리는 경우 오랫동안 몸에 영향을 미치는 심각한 결과가 유발될 수 있음을 알기 시작하는 중이다. 힘과 체력이 노동시장에서 유리하게 작용하는 농경 사회에서뿐만 아니라 영국이나 미국 같은 전문적인 기술이 필요한 부유 국가에서도 키 작은 사람들은 키 큰 사람에 비해 돈을 적게 번다. 한 가지 이유로 인지 기능은 신체 다른 기능과 함께 발달하기 때문에 평균적으로 키가 더 작은 사람들은 키가 더 큰 사람들만큼 머리가 좋지 못하다는 점을 들 수 있다. 여기저기서 분노의 함성이 터져 나오게 할 만한 말이다. 이 의문점에 대해 조사하던[28] 내 프린스턴 대학교 동료 두 명에게 맹렬한 비난이 쏟아졌다. 두 사람은 증오로 가득 찬 이메일을 수도 없이 많이 받았으며 대학이 두 사람을 해고해야 한다는 동창회 측의 요구에 시달렸다. 따라서 나는 이 문제에 대해 대단히 신중하게 접근하려 한다.

모든 사람이 필요한 영양소를 충분히 섭취하고 어느 누구도 병을 앓는 일이 없는 이상적인 환경에서는 자신이 타고난 유전자에 맞춰 어떤 사람은 키가 작고 어떤 사람은 키가 크겠지만, 키에 따라 인지 기능이 체계적으로 달라지지는 않을 것이다. 하지만 실제로 이 세상에는 어린 시절 영양부족에 시달린 사람들이 있을 것이고 키 작은 사람 중에서 그런 사람들이 차지하는 비율이 지나칠 정도로 많을 것이다. 평균적으로 키 작은 사람들이 인지 기능이 떨어진다고 말하는 이유다. 영양부족은 단순히 충분하게 칼로리를 섭취하지 않았다거나 칼로리를 빨아들이는 영유아기 질병에 너무 많이 시달렸다는 문제에 그칠지도 모른다. 하지만 영양부족이 더 특별한 결과를 가져올 수도 있다. 예를 들어 아이의 뇌가 적절하게 발달하기 위해서는 지방이 필요하다. 그런데 세상에는 지방이 너무 적게 함유된 식사를 하는 사람 수백만 명이 있는 반면 지방이 너무 많이 함유된 식사를 하는 더 평범한 사람 수백만 명이 있다.

사람들이 점점 더 부유해지고 음식을 충분히 섭취하는 동안, 그리고 위생 시설이 개선되고 매개체 관리가 실시되고 예방접종이 시행되면서 영유아기 질병이 모습을 감추는 동안 영양부족은 모습을 감춘다. 그래도 단지 몸집이 작은 엄마에게서 덩치 큰 아이가 태어나지 못하기 때문이라면 영양부족이 신장에 미친 영향이 완전히 사라지기까지는 많은 시간이 걸릴 것이다. 구성원의 신장 증가율은 생물학적인 제약에 좌우된다. 따라서 영양 상태와 질병 때문에 제한받는 상황이 사라진 뒤에조차 구성원이 자랄 수 있는 만큼 완전히 자라기까지는 많은 세대를 거쳐야 할지도 모른다. 생명 활동은 빠르게 따라잡는 과정에서 초래되는 문제를 피하기 위해 성장을 제한한다.[29] 그러나 시간이 흐르는 동안 사람들의 키가 더 커지는 모습을 보게 될 것이다. 일부는 이미 키가 자랐고 일부는 아직 자라지 못했다.

유럽인들은 키가 훨씬 커졌다. 경제학자 티모시 해튼Timothy Hatton과 버니스 브레이Bernice Bray가 1850년대 후반 혹은 1860년대 초반부터 지금까지 11개 유럽 국가에서 살았던 남성의 키에 대한 자료를 수집했다.[30] 불행하게도 역사적으로 여성의 키를 기록한 자료는 거의 없다. 남성의 키를 측정한 기록은 대개 징병제를 실시하는 과정에서 나왔기 때문이다. 19세기 중반에 출생한 유럽 성인 남성의 평균 신장은 166.7센티미터였다. 이후 100년이 조금 더 지난 1976년에서 1980년까지 5년 사이에 태어난 유럽 성인 남성의 평균 신장은 178.6센티미터였다. 차이가 가장 적게 나는 국가(프랑스)의 성장률은 10년당 0.8센티미터였고 차이가 가장 많이 나는 국가(네덜란드)의 성장률은 10년당 1.35센티미터였다. 다른 국가 대부분에서는 남성이 10년당 1센티미터 안팎으로 자랐다. 근본 원인을 찾기 위해 이렇게 평균 신장이 증가한 과정을 거슬러 올라간 해튼은 3장에 나오는 주장과 비슷하게 질병과 맞서 싸울 수 있을 만큼 환경이 개선됐음을 알리는 지표인 영유아 사망률의 감소가 가장 중요한 요인이며 소득 증가는 두 번째라고 생각한다.[31] 유럽 사회가 식량이 지나치게 부족한 상황에서 빠져나오고 산업혁명이 "하수도관의 대화재"[32]를 일으키는 동안 늘 가능하기는 했으나 과거에는 결코 도달하지 못했던 수준으로 사람들의 키가 자라기 시작했다.

오늘날 대다수 국가에서 역사적인 자료는 단편적으로밖에 찾아보기 어렵다. 그러나 우리는 2장에서 사용한 수많은 인구 통계 건강 조사 결과를 통해 여성의 키에 대한 충분한 정보를 확보했다(최근에 실시된 이런 조사는 대부분 남성에 대한 자료도 포함한다). 모든 조사 결과가 우리에게는 역사적인 자료다. 15세부터 49세 사이에 있는 사람들에 대해 조사했기 때문이다. 일단 성인 신장에 도달하면 사람의 키가 바뀌지 않으므로 (혹은 최소한 50세는 지나야 키가 줄어들기 시작하므로) 조사 결과를 통해 20년 동안 또는 그보다 더 오랜 기간 동안 태어난 사람들의 성인 평균 신장을 알아낼 수 있다. 따라서 이 결과는 조사 기간 중 해당 국가에 사는 성인 여성의 평균 신장을 알 수 있도록 할 뿐만 아니라 나이 든 여성과 젊은 여성의 신장을 비교함으로써 평균 신장이 얼마나 빠르게 증가했는지를 볼 수 있게 한다. 좋은 성과를 거두고 있는 국가에서는 나이 든 여성들이 젊은 여성에 비해 1~2센티미터 정도 작을 것이다.

〈도표 5〉는 전 세계 여성의 신장을 보여준다. 도표에 표시된 각 원은 동일한 국가에서 동일한 연도에 출생한 여성 집단을 의미한다. 특정 연도, 가령 1960년에 태어난 모든 여성의 평균 신장을 센티미터 단위로 환산한 뒤 여성이 태어난 해 출생 국가의 1인당 국민소득과 평균

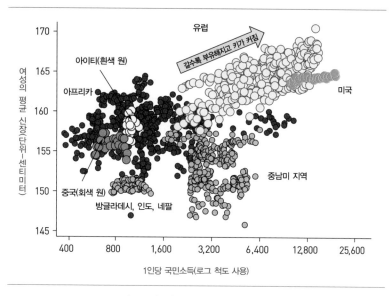

<도표 5> 전 세계 여성의 평균 신장

신장이 만나는 지점에 원을 그렸다. 이 도표에서 나는 또다시 소득을 나타내는 축에 로그 척도를 사용했다. 예를 들어 도표 오른쪽 상단을 보면 유럽 국가의 소득이 증가하는 동안 유럽 여성의 키가 커지는 모습을 확인할 수 있다. 먼저 태어난 여성을 나타내는 원은 유럽 국가가 몰려 있는 구역에서 왼쪽 아랫부분에 자리하고 나중에 태어난 여성을 나타내는 원은 오른쪽 윗부분을 차지한다. 미국은 오른쪽 윗부분에 튀어나와 있다. 미국 여성의 평균 신장도 증가하기는 했으나 유럽 여성만큼은 아니었다. 도표 중간과 왼쪽 부분에서는 각각 중간 소득 국가와 빈곤 국가의 모습이 보인다. 아프리카 국가를 나타내는 어두운 색 원은 대부분 왼쪽에 자리 잡고 있다. 조사 대상 여성들이 태어났을 당시 지금만큼이나 아프리카 국가들이 가난했기 때문이다(도표 오른쪽에 자

리 잡은 가장 부유한 아프리카 국가는 가봉이다. 석유 수출로 가봉의 1인당 국민소득은 높지만 가봉 국민들은 대부분 여전히 가난하다). 아프리카 국가들 한가운데에 흰색 원으로 표시된 국가가 아이티다. 대부분이 아프리카인의 후손인 아이티 여성의 평균 신장과 소득은 아프리카 사람들과 거의 다를 바가 없다. 회색으로 표시된 중국 역시 도표 왼쪽에 자리 잡고 있다. 방글라데시와 인도, 네팔은 도표 왼쪽 아래에서 확인된다. 현재 성인인 여성이 출생한 연도를 기준으로 소득을 살펴본다는 사실을 기억하자. 일반적으로 1980년 혹은 그 이전에 출생한 여성을 대상으로 했기 때문에 중국과 인도의 소득이 지금보다 훨씬 낮다. 중간 소득 국가에 사는 라틴아메리카와 카리브 해 지역 여성들은 도표 아래쪽 가운뎃부분에서 찾아볼 수 있다.

도표에서 확인되는 가장 놀라운 특징은 아마도 지역별로 여성의 평균 신장이 차이가 심하다는 사실일 것이다. 1980년에 태어난 덴마크 성인 여성의 평균 신장은 171센티미터고 과테말라 여성의 평균 신장은 148센티미터다. 페루나 네팔 여성의 평균 신장은 150센티미터고 인도와 방글라데시, 볼리비아 여성의 평균 신장은 151센티미터다. 전 세계에서 가장 작은 국가의 여성 평균 신장이 유럽과 똑같이 10년당 1센티미터 비율로 증가한다면 과테말라 여성이 오늘날 덴마크 여성만큼 크기 위해서는 230년이 걸릴 것이다. 지금 덴마크 여성이 과테말라에 있는 한 가정에 초대를 받는다면 초대된 여성의 머리가 안주인의 머리보다 23센티미터 위에 솟아 있게 된다. 소인국에 간 현대판 걸리버인 셈이다.

도표를 왼쪽 아래에서 오른쪽 위로 따라가다 보면 더 부유한 국가에 사는 여성이 더 가난한 국가에 사는 여성보다 키가 큼을 알 수 있다. 소득이 더 높은 경우 위생 상태가 좋아지고, 영유아 사망률이 낮아지고, 먹을거리가 더 많아진다고 가정했을 때 우리가 예상할 수 있는 결과다. 그러나 상황은 그렇게 간단하지 않다. 유럽 국가와 미국 여성에 관한 자료를 제외하고 도표를 다시 그린다고 생각해보자. 나머지 국가에 대해 신장과 소득의 관계를 비교하면 반대의 결과가 나온다. 즉 키가 더 큰 여성이 더 가난한 국가에 산다. 이런 결과가 나온 이유는 대부분 아프리카 여성 때문이다. 아프리카 국가마다 심한 차이를 보이기는 하지만(키가 크기로 유명한 남부 수단의 딩카족 출신 농구 선수와 칼라하리 사막에 사는 평균 신장이 약 150센티미터인 부시면족 사람들을 생각해보라) 평균적으로 아프리카 여성들은 유럽 여성에 비해서는 상대적으로 작으나 남아시아와 여러 라틴아메리카 국가 여성보다는 상대적으로 크다. 소득과 신장 사이의 반비례 관계는 언제가 됐든 가까운 시일 안에는 사라지지 않을 것이다. 최근 몇 십 년 동안 인도 경제가 급속도로 성장하고 있다고 하나 현재 태어난 인도 어린이들은 여전히 작기 때문이다.

아프리카 사람들이 그토록 키가 큰 이유는 완벽히 파악되지 않았다. 한 가지 이유로 아프리카 대륙 내 많은 지역에서 식량을 구하기가 그리 어렵지 않으며 남아시아, 특히 인도만큼 채식주의자가 많지도 않다는 사실을 들 수 있다. 분명 칼라하리사막 같은 몇몇 지역에 사는 사람들에게는 해당되지 않는 말이다. 그러나 대다수 아프리카 국가에 사는 사람들은 고기와 동물성 지방을 포함해 다양한 음식을 먹는다. 해당 지역에서 구할 수 있는 음식의 종류가 얼마나 많은가와 환경이 질병에 얼마나 노출됐는가에 따라 아프리카 내에서도 갖가지 변화가 존재한다. 이와 동시에 영유아 사망률이 대단히 높다. 키가 더 작은 아이들이 더 약하고 더 죽기 쉽다면 살아남은 아이들은 상대적으로 키가 클 것이다. 이것이 아프리카 사람들의 키를 키운 원인이라면 키 작은 어린이들이 상당수 사라질 만큼, 그리고 질병이 제대로 자라지 못하게 방해하는 위험한 환경 속에서 어린 시절을 보내며 어려움을 헤쳐 나가야 할 만큼 사망률이 대단히 높아야 한다. 위생이 또 다른 요인일 수도 있다. 인구밀도가 높은데다가 사람들이 아무 데서나 볼일을 보는 지역에 사는 경우 아이들이 대장균에 지속적으로 노출돼 성장하기가 어려워진다. 인구밀도가 훨씬 낮은 아프리카는 인도보다 상황이 낫다.[33]

많은 아프리카 국가의 국민이 인도 혹은 몇몇 라틴아메리카 국가의 국민보다 키가 크다는 사실은 우리가 국민 평균 신장이 웰빙 혹은 생활수준에 대한 어느 정도 종합적인 척도로 사용할 수 있다는, 겉으로는 그럴듯하게 보이는 생각에 현혹되지 않게 도와줄 것이다. 사망률과 소득은 성인의 평균 신장에 가장 큰 영향을 미치는 두 가지 요소며 웰빙을 말할 때에도 중요한 역할을 한다. 그러나 질병과 가난이 키에 영향을 미치는 방법과 웰빙에 영향을 미치는 방법이 똑같다고 확신할 수 있는 근거는 어디에도 없다. 아프리카를 나타낸 도표가 입증하듯이 다양한 식생활 같은 수많은 지역적 요소가 신장에 영향을 미친다. 그러나 지역적 요소는 웰빙에는 영향을 미칠 수도 미치지 않을 수도 있다. 평균 신장이 커지려면 몇 세대를 거쳐야 할지도 모른다는 점을 기억하자. 아이가 자라기 전에 엄마가 자라야 하고 엄마가 자라기 전에 할머니가 자라야 하기 때문이다. 현재의 키를 결정하는 요인은 현재의 영양 상태와 현재의 질병만이 아니다. 그 동안 어떤 역사를 거쳤는지도 똑같이 중요하다. 이 모든 사실이 평균 신장이 웰빙을 측정하는 합리적인 척도가 아님을 의미한다.

남아시아 사람들이 그토록 작다는 사실은 아마도 도표 전체에서 가장 유용한 정보를 전하는 특징일 것이다. 유럽 여성에 대해 역사적으로 기록된 자료가 없기 때문에 우리는 현대 인도 여성의 신장 문제에 접근하기 위해 시간을 얼마나 거슬러 올라가야 하는지 알지 못한다. 그러나 가장 최근에 작성된 자료에서 인도 남성에 대한 기록을 찾을 수 있다. 자료를 보면 1960년에 태어난 인도 남성의 평균 신장은 164센티미터. 1860년 유럽 남성의 평균 신장보다 2~3센티미터 작고 18세기 유럽 남성과 비슷한 수준이며 기록에서 찾을 수 있는 가장 작은 평균 신장, 즉 현대 부시먼족 남성과 1761년 노르웨이 남성의 평균 신장인 159센티미터보다 고작 5센티미터 더 크다.[34] 1960년에 출생한 인도 북동부 시킴 주 및 메갈라야 주 남성의 평균 신장은 실제로 159센티미터에 못 미친다.

20세기 중반 무렵 태어난 인도인들이 어린 시절 역사적으로, 즉 신석기 혁명과 그보다 먼저 시작된 수렵 · 채집 시절부터 지금까지 많은 사람들이 겪었던 것 중 가장 심각한 수준의 가난을 경험했을 가능성이 있다. 1931년 인도의 기대 수명은 27년이었다. 이 수치 또한 심각하게 가난했던 당시 상황을 반영한다. 20세기까지도 인도인들은 맬서스주의자들이 꾼 악몽 속에서 살았다. 맬서스의 주장대로 죽음과 빈곤으로 인해 인구가 더 늘어나지 못했지만 살아남은 사람들조차 대단히 열악한 환경에서 살았다. 건강을 유지하기에는 식량이 턱없이 부족했을 뿐만 아니라 식단에서 중요한 영양소가 결핍된 상태기도 했다. 대다수가

한 가지 곡물에 몇 가지 채소를 곁들이는 단조로운 식사를 반복했기 때문에 철분과 지방을 적절하게 섭취하지 못했다. 어쨌든 살아남으려고 연명만 하다 보니 기대 수명은 30년이 안 됐고 사람들의 키가 전체적으로 작을 수밖에 없었다. 17세기와 18세기 잉글랜드 국민의 삶과 똑같았다. 맬서스의 인구론은 인구가 증가하면 당연히 사람들의 키가 작아진다고 주장한다.

오늘날 인도는 이 악몽에서 탈출했지만 인도가 가야 할 길은 아직도 멀다. 인도 아이들은 여전히 전 세계에서 몸집과 키가 가장 작다. 하지만 부모나 조부모보다 키가 크고 더 통통하다. 영양 상태 관련 조사에서 단백질과 열량 결핍으로 발생하는 마라스무스marasmus(소모증) 같은, 아이들이 기아에 시달리고 있음을 보여주는 신호는 이제 거의 찾아보기 어렵다. 과거 유럽에서나 현재 중국에서만큼 빠른 속도는 아니더라도(중국인의 평균 신장은 10년마다 약 1센티미터씩 증가한다. 이제는 많은 나라에서 찾아볼 수 있는 수준이다) 인도인의 키 역시 10년 단위로 점차 더 성장하고 있다. 그러나 인도의 탈출 속도는 절반밖에 안 되는 10년당 0.5센티미터다. 게다가 이 속도는 남성에게만 해당한다. 여성의 평균 신장도 늘어나고 있으나 속도가 훨씬 느리다. 1센티미터가 늘어나려면 60년이 걸린다.[35]

우리는 왜 인도 여성이 남성에 비해 신장 증가율에서 그토록 낮은 성과를 거두는지 모른다. 그 이유가 인도 북부에 널리 퍼진 남아 선호 사상과 관련이 있음은 확실하지만 남아 선호 사상이 어떻게 작용하는지는 정확히 알지 못한다. 여성을 차별하는 전통이 없는 인도 남부 케랄라 주와 타밀나두 주에서는 남성과 여성의 키가 표준처럼 생각되는

10년당 1센티미터 비율로 똑같이 증가한다. 그러나 북부에서는 여성의 신장 증가율이 남성에 비해 훨씬 낮다. 인도 북부 남성의 신장 증가 속도 자체가 비교 대상인 남부 남성보다 느리다. 여성에 대한 차별이 역설적으로 남성의 키에 악영향을 미친다. 여성과 마찬가지로, 지나치게 체구가 작고 영양부족에 시달리는 어머니를 둔 남성들은 육체적으로든 정신적으로든 발달할 가능성이 줄어들기 때문이다.

평균적으로 사람들의 키가 크다고는 하나 아프리카 일부 지역에 사는 여성들은 실제로 키가 작아지고 있다.[36] 앞에서 살펴봤듯이 더 부유한 사람이 항상 키가 더 크지는 않지만 전 세계적으로 더 부유해지는 현상과 키가 더 커지는 현상 사이에는 강력한 상관관계가 존재한다. 유럽에서 가장 명백하게 확인되는 사실이다. 평균 신장 증가는 〈도표 5〉에서 뚜렷하게 드러날 만큼 충분히 오랫동안 지속됐다. 또한 현대 중국과 인도, 다른 모든 지역들도 상관관계를 입증한다. 따라서 아프리카 여성들이 자신의 어머니보다 키가 작아진 가장 그럴듯한 이유는 1980년대 및 1990년대 초반 아프리카 국가의 실질소득이 감소했다는 것이다.

전 세계 사람들이 더 오래 살게 됐을 뿐만 아니라 더 부유해졌다. 사람들의 키가 더 커지고 힘이 더 세졌으며 그로 인해 아마도 인지능력이 향상되는 등 수많은 좋은 결과가 이어졌다. 하지만 사망률 및 부와 마찬가지로 혜택은 모든 사람에게 골고루 돌아가지 않았다. 현재 속도대로라면 볼리비아나 과테말라, 페루, 혹은 남아시아 사람들이 오늘날 유럽인만큼 키가 자라려면 몇 백 년이 걸릴 것이다. 즉 많은 사람들이 탈출에 성공했지만 수백만 명이 아직도 뒤에 남아 있다. 그 결과 사람들의 신체에까지 불평등이 나타나는 차별화된 세상이 탄생했다.

THE GREAT ESCAPE

PART 2

돈

THE GREAT ESCAPE

|

CHAPTER 5

미국의
물질적 웰빙

18세기 중반 영국을 필두로 세계 여러 나라에서 사람들의 수명이 서서히 길어지기 시작했다. 질병과 때 이른 죽음에서 탈출하면서 생활수준도 개선되기 시작했고, 건강과 생활수준이 함께 많이 발전하는 면모를 보였다. 과학혁명과 계몽사상은 수명에 변혁을 일으켰듯 마침내 물질적 웰빙에도 변혁을 안겨주었다. 동일한 근본 원인의 자극을 받아 병행된 이 같은 변혁 덕분에 수많은 사람의 삶이 개선되고 수명이 길어졌지만 세상이 불평등해지기도 했다. 경제학자 랜트 프리쳇Lant Pritchett은 이러한 불평등한 세상의 창출 과정을 가리켜 '대규모 분기Divergence, big time'[1]라는 인상적인 말을 남겼다. 경제성장은 빈곤의 감소뿐 아니라 생활수준의 향상도 가져왔다. 그 어느 것도 정확히 측정하기는 어렵지만(이 상황에 대해서는 더 자세히 얘기하겠다) 세계 모든 인구의 평균 소득이 1820년부터 1992년까지 7배에서 8배 정도 증가했다는 주의 깊은 연구 결과가 있다.[2] 이와 동시에 세계 인구의 극빈층 비중은 84퍼센트에서 24퍼센트로 감소했다. 역사적으로 전례가 없는 이런 생활수준 향상에는 나라 간, 개인 간 소득 불평등의 커다란 증가가 따랐다. 불평등의 본질도 바뀌었다. 18세기에는 대부분의 불평등이 나라 안에서 부유한 지주인 귀족과 서민 사이에 존재했다. 그에 반해서 2000년 무렵에는 '대규모' 분기의 결과로 국가 간에 가장 큰 격차가 존재했다. 이미 살펴본 것처럼 수명의 격차는 줄어들고 있는 것과 달리 오늘날 국가 간 소득 차이는 감소할 기미가 없다.

지난 수백 년에 초점을 맞춰 미국의 물질적 웰빙부터 이야기를 시작하겠다. 미국을 선택한 이유는 이야기가 극적이기도 하고 이 책의 중심 주제를 잘 보여주기도 하기 때문이다. 웰빙 수준이 향상될 때 모든 사람이 동등하게 혜택을 받는 것은 아니므로 (늘 그렇지는 않지만) 자주 개인 간 격차가 벌어진다. 변화는 긍정적이든 부정적이든 종종 불공평하다. 불평등이 어떻게 변하는가 하는 문제는 우리가 진보를 평가하는 방식(누가 혜택을 누리며 누가 소외되는지)과도 상관이 있고 불평등 자체가 미치는 영향도 있기 때문에 중요하다. 때로는 불평등으로 인해 성장이 확산될 수도 있다. 불평등이 다른 사람들에게 새로운 기회를 통해 혜택을 누릴 수 있는 길을 보여주는 경우에 그렇다. 그러나 불평등은 물질적 향상을 저해할 수도 있고 심지어는 전부 사라지게 할 수도 있다. 불평등은 뒤처져 있는 사람들이 자신과 다른 사람을 위해 발전을 따라잡고 개선을 이끌어내도록 영감을 주거나 동기를 부여할 수도 있다. 아니면 불평등이 극심해지고 소수의 손에 이익이 집중되어 경제성장이 중단되고 경제의 운용이 위태로워질 수도 있다.

미국 이야기부터 시작하기로 한 다른 이유는 자료가 훌륭하고 이해하기 쉽기 때문이다. 누구나 달러가 무엇인지 알고 있어 통화를 환산하지 않아도 되고 일급 통계 시스템에서 나온 것들이라 자료를 신뢰할 수 있다. 세계를 전체적으로 살펴볼 때는 이런 사치를 누릴 수 없다. 마찬가지로 시간상 오래전 일을 조사하는 경우에는 자료가 불충분하고 비교할 근거가 약하다. 21세기와 19세기를 비교하는 일은 여러 가지 면에서 두 개의 나라를 비교하는 일만큼 어렵다. 사람이 다르고 사람들이 돈을 소비하던 대상도 다르며 가치의 기준도 다르다. 즉 '과거는 다른 나라'이다. 미국의 자료를 사용하여 연구하면 나 또한 익숙한 환경에서 몇 가지 개념을 발전시킬 수 있으며 경제학자와 통계학자들이 소득, 빈곤, 불평등에 대해 이야기하고 이를 측정하려고 할 때 그 의미가 무엇인지 명확히 설명할 수 있다.

미국의 경제성장

익숙한 개념인 국내총생산GDP은 이야기의 좋은 출발점이다(이야기를 마무리하기 좋은 주제는 아니겠지만). 〈도표 1〉의 맨 위 선은 현대 통계학이 시작된 1929년 이후의 미국 내 1인당 GDP를 보여준다. GDP는 국내에서 생산한 가치의 총합으로 국민소득의 기준이다. 1929년에는 GDP가 (물가 변동을 반영한 2005년 미국 달러 기준으로) 1인당 8,000달러 이상이었고 1933년 대공황의 수렁에 빠져 있을 때는 5,695달러로 떨어졌다가 그 후 한두 번 일시적 하락이 있었지만 2012년의 43,238달러까지 증가했다. 1929년 이후 5배가 넘게 늘어난 것이다. 이 숫자는 시간 경과에 따른 물가 상승을 고려하여 수정한 것이므로 2005년의 물가에 따라 달러로 측정된 1인당 실질소득을 나타낸다. 1929년의 수치를 보면 그 해의 평균 국민소득이 물가가 훨씬 낮았던 그 당시의 화폐가치로 805달러였지만, 2009년의 가치로 환산하면 8,000달러에 상당한다는 의미다.[3]

GDP가 일시적으로 하락한 때는 발전이 멈췄거나 역전되었을 때이다. 이러한 일시적 하락은 시간이 지날수록 빈도가 줄고 심각성도 낮아졌는데, 그 자체가 발전의 척도가 된다. 2008년 금융 위기 이후의 대침체Great Recession(2000년대 후반에 시작된 미국의 경기 침체-옮긴이)는 그로 인한 고통에도 불구하고, 특히 수백만의 사람들이 일자리를 잃고 이 글

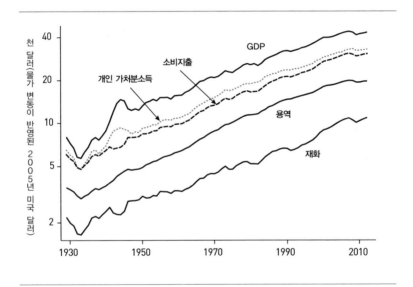

〈도표 1〉 GDP와 GDP의 구성 요소, 1929-2012

을 쓰는 지금까지 실직 상태인데도, 도표에서는 약간의 흔적만 드러낼 뿐이다. 1950년 이후 그래프는 직선에 가까우며 이는 1년에 1.9퍼센트의 지속적인 성장률을 보이고 있다. 2008년에서 멈춘다면 1년에 2퍼센트가 약간 넘는 성장률이다. 과거에는 근래보다 더 불안정한 양상을 보이기는 했지만 1인당 국민소득 성장률은 지난 한 세기 반 동안 그리 많이 변하지 않았다. 연간 2퍼센트씩 성장하면 35년마다 소득이 두 배가 되므로 모든 부부가 35세에 두 명의 자녀를 두면 각 세대의 생활수준은 부모 세대의 두 배가 된다. 오늘을 살아가는 우리에게는 이런 현상이 자연스러운 일로 여겨지지만 수천 년 동안 진보라고는 전혀 보지 못한, 또는 뒤따른 정체 속에 진보가 사라지는 것을 목격한 우리 조상들에게는 깜짝 놀랄 만한 일일 것이다. 어쩌면 우리 후손들도 놀랄지 모른다.

이제 살펴보겠지만 GDP는 그다지 적합한 웰빙 지표도 아니고 소득의 척도로 삼는 데에도 한계가 있다. GDP에는 미국 내에서 발생한 외국인 귀속 소득이 포함되며, 연방 정부와 주 정부, 지방정부의 잉여금 외에도 미배당 기업 이익(결국에는 주주들에게 속하는) 형태의 소득도 포함된다. 국민소득 중 세금과 모든 세외 부담금을 빼고 (사회보장금이나 연금과 같은) 이전 소득을 받은 후 개인이 사용할 수 있는 부분이 개인 가처분소득personal disposable income이다(위에서 두 번째 선). 개인 가처분소득은 GDP보다 훨씬 규모가 작지만 성장과 변동 그래프 모양은 매우 비슷하다. 사람들이 얼마나 버는가가 아니라 얼마나 소비하는가를 보아도 거의 마찬가지이며, 그러한 소비지출을 나타낸 것이 세 번째 선이다. 개인 가처분소득과 소비지출의 차이는 저축액으로, 도표를 보면 미국인들의 소득 중 이 부분의 비율이 특히 지난 30년 간 감소해왔음을 알 수 있다. 저축이 줄어든 정확한 이유는 모르지만 몇 가지로 가능한 설명은 할 수 있다. 전보다 대출이 쉬워졌으며 전처럼 집이나 자동차, 식기세척기를 사기 위해 저축을 할 필요가 없어졌다. 사회보장제도 덕에 은퇴 후를 위해 저축할 필요성도 줄어들었을 것이다. 게다가 보통 미국인은 적어도 대침체 전까지는 주식시장의 성장과 부동산 가격의 상승으로 이득을 보았다.

자본이득은 현금으로 바꾸어 소비하거나 저축을 하지 않을 때에도 부를 쌓는 데 사용할 수 있다. 경제학자들은 저축이라는 용어를 수입과 지출 간 "차이"로 정의한다. 수입과 지출 모두 시간 단위당 돈의 유량flow이다. 부는 유량이 아니라 저량stock으로 회계장부에서 일정 시점에 측정되는 총계이다. 부는 자본이득에 따라 증가하고 자본손실에 따라 감소한다. 많은 미국인이 2008년 금융 위기 이후 부의 절반가량을 잃었다. 또한 부는 사람들이 저축을 하면 증가하고 은퇴했을 때나 잠시 실직했을 때와 같이 벌이보다 지출이 많아 저축을 못 하는 경우 감소한다.

도표는 재화(2012년 총계의 3분의 1을 초과)와 용역이라는 두 개의 큰 범주로 나누어 사람들이 어디에 돈을 쓰는지도 보여준다. 용역 부문에서 가장 큰 항목 두 개는 현재 1년에 약 2조 달러 또는 총 소비지출의 18퍼센트를 차지하는 주거비와 공익 시설 이용료(전기세, 수도세, 전화료 등), 그리고 약 1조 8000달러 또는 총액의 16퍼센트로 운영되는 의료보험이다. 재화에 대한 지출 중 3분의 1가량은 내구재(자동차, 가구, 전자 제품 등)에 대한 지출이고 3분의 2는 비내구재(식료품과 의복 등)에 대한 지출이다.

요즘 미국인이 식료품에 사용하는 예산의 비율은 7.5퍼센트밖에 되지 않으며 가정 밖에서 소비하는 식료품에 대한 지출까지 포함하면 13퍼센트이다. 이러한 지출은 물질적 웰빙과 관련된 것으로 〈도표 1〉과 이전 세기 동안 이루어진 성장을 보면 수명과 더불어 물질적 풍요가 증가했음을 알 수 있다. 인생은 길어지기만 한 것이 아니라 더 좋아졌다.

최근 언론에서는 물질적 웰빙과 그 척도인 GDP, 개인소득과 소비에 대해 안 좋은 보도가 나오고 있다. 소비가 늘어나도 우리가 자주 듣는 말처럼 생활이 나아지지는 않고 종교계에서는 정기적으로 물질주의에 대해 경고를 한다. 경제성장을 지지하는 사람들 중에서도 현재의 GDP에 대한 정의와 측정 방법에 대해 비판적인 사람이 많다. GDP에는 전업 주부가 제공하는 용역 같은 중요한 활동이 빠져 있다. 여가도 고려되지 않으며 포함된 항목조차 제대로 측정하지 못하는 경우가 종종 있다. 또한 GDP에는 오염물질 정화 비용 또는 교도소 건축 비용, 통근 비용처럼 제외되어야 할 것 같지만 포함되어 있는 항목도 있다. 이러한 '방어적defensive' 지출은 원래 그 자체는 바람직하지 않지만 유감스럽게도 바람직한 일을 가능하게 하려면 필요하다.[4] 범죄가 증가하여 교도소에 더 많은 지출을 하는 경우 GDP가 높아진다. 기후변화를 무시하다가 태풍을 겪은 후 정리와 복구에 지출을 더 많이 해도 GDP가 낮아지는 것이 아니라 높아진다. 파괴는 무시하고 복구만 계산에 넣기 때문이다.

GDP는 누가 무엇을 얻는지는 전혀 알려주지 않는다. 〈도표 1〉을 보면 가질 수 있는 것이 넘쳐나게 됨을 알 수 있지만 누가 갖게 되는지는 알 수 없다. 이 같은 측정과 정의에 관한 문제는 심각한 것으로 나중에 이 문제를 다시 다룰 것이다. 누가 무엇을 얻는가 하는 문제가 가장 중요하므로 이 장의 많은 부분을 이 문제에 할애할 것이다. 하지만 물질적 생활수준과 경제성장이 웰빙에 전혀 또는 거의 아무런 기여를 하지 않는다는 주장을 반박하기 위해 이들의 중요성을 옹호하는 이야기로 시작하겠다.

경제성장에는 더 많은 기계, 고속도로나 광대역 통신망 같은 더 많은 기반 시설 등의 물적 자원과 양적으로나 질적으로 더 나은 교육이 필요한 인적 자원에 대한 투자가 필요하다. 지식은 습득되고 확장되어야 한다. 이러한 확장의 일부는 새로운 기초과학의 산물이고 또 일부는 과학을 재화와 용역으로 탈바꿈시키는 기술의 결과이다. 시간이 지나면서 끝없는 수정과 개선을 통해 모델-T 포드자동차는 도요타 캠리로 변신했고, 1983년의 투박했던 내 컴퓨터는 현재 이 책을 쓰고 있는 매끈하고 무게가 거의 나가지 않으면서 엄청나게 강력한 노트북으로 바뀌었다. 연구 개발에 대한 투자는 혁신의 흐름을 증진시키지만 새로운 아이디어는 어디서든 나올 수 있다. 축적된 지식은 한 국가의 것이 아니라 전 세계의 것이며 새로운 아이디어는 처음 생겨난 곳에서 재빨리 퍼져나간다. 혁신을 이루려면 또한 위험을 감수할 줄 아는 사업가와 경영자가 과학과 공학 기술을 새로운 제품과 용역으로 전환하는 수익성 있는 방법을 찾아야 한다. 적절한 제도가 없다면 어려운 일이다. 혁신가는 수용expropriation의 위험으로부터 자유로워야 하고 제 기능을 하는 법원이 분쟁을 해결하고 특허를 보호해야 하며 세율이 너무 높지 않아야 한다. 한 세기 반 동안 미국에서 그랬듯이 이러한 조건이 모두 충족되면 지속적인 경제성장과 더 높은 생활수준을 누릴 수 있다.

과연 이러한 것들이 가질 만한 가치가 있는 것일까? 빈곤과 결핍에서 탈출한 이후에도 새로운 재화와 용역은 이전에는 불가능했던 일들을 가능하게 하고 이와 같은 새 가능성은 삶을 보다 낫게 만든다. 한두 가지 예를 들어 새 재화와 용역이 존재하기 전의 생활에 대해 생각해 보자. 많은 가전제품 덕에 사람들, 특히 여성들이 단조로운 노역에서 해방되었다. 전에는 세탁을 하려면 석탄 보일러로 물을 데우고 옷을 비벼 빨아 널어서 말린 후 다림질하는 데 매주 한나절씩 걸렸다. 1950년대 스코틀랜드의 어느 광고에서는 개선된 새 세제를 사용하면 '월요일마다 석탄이 절약된다'고 선전했다. 수도와 깨끗한 위생 시설은 로마 시대부터 생겨난 것들이지만 우리 모두가 이용하기까지에는 소득이 높아지는 과정이 필요했다. 양과 질 모두 발전한 교통수단 덕에 거주지 선택의 폭이 넓어지고 새로운 레저 활동을 즐길 수 있게 되었을 뿐 아니라 종종 물질주의에 반대하는 사람들이 강조하는 활동인 친구, 가족과 함께 시간을 보내는 일이 더 쉬워졌다. 항공 여행 덕분에 수많은 인구가 국내와 해외를 다닐 수 있게 되었다. 오늘날 우리는 모두 날마다 자녀들, 친구와 연락할 수 있고 수천 킬로미터 떨어진 곳에 사는 사람들과 친구가 되어 우정을 유지할 수 있으며 현대 및 고전문학, 음악, 영화를 언제 어디서나 즐길 수 있다. 인터넷은 정보와 엔터테인먼트의 보고이고 이들 정보와 오락거리는 대부분 무료이다. 4장에서 얘기한 혈압 강하제 같은 새로운 치료법은 이 같은 가능성을 즐길 수 있는 햇수를 늘려주고 인공 고관절 치환술, 백내장 수술 같은 치료법은 이 같은 가능성을 온전히 즐길 수 없게 만드는 질병 발생률을 줄여주었다. 건강관리에 지나치게 많은 돈을 쓴다는 사실도 그 성과를 부정하지는 못한다. 경제성장에 부정적인 부작용이 따른다는 사실을 부인하는 사람은 아무도 없지만 모든 것을 감안해보면 경제성장은 대단히 유익하다.

관점에 따라 위에서 줄줄이 열거한 물질적 혁신의 혜택이 진부하고 상투적인 말로 들릴 수도 있고 그렇지 않을 수도 있다. 하지만 어느 쪽이든 이 목록은 그 같은 진보가 인류의 웰빙에 아무런 기여도 하지 않았다는 주장이나, 단지 다른 사람이 이런 혜택을 누리기 때문에 나도 누리고 싶어 하는 것뿐이라는 주장이 얼마나 받아들이기 어려운 이야기인지 밝혀준다.

그렇다면 〈도표 1〉에 나타난 그 모든 성장에도 불구하고 미국인이 50년 전보다 더 행복해지지 않았다는 증거는 어찌할 것인가? 이러한 결과는 경제성장이 좋은 일이란 생각과 어긋나지 않는가? 꼭 그런 것만은 아니다. 1장에서 살펴보았듯 사람들에게 행복한지 여부를 질문하면 자신의 삶에 만족하는지 여부를 물었을 때와 상당히 다른 결과를 얻게 된다. 1장의 〈도표 7〉에서 덴마크인과 이탈리아인은 방글라데시인이나 또는 네팔인보다 자신의 삶이 훨씬 낫다고 생각하면서도 행복감은 덜 느끼는 것으로 나타났다. 미국인들에게 지난 100년 간 자신들의 삶에 점수를 매기라고 했으면 어떻게 답했을까? 자료가 없기 때문에 알 수 없는 일이다. 더 중요하게는 소득의 분배에 대해 생각해야 한다. 앞으로 살펴보겠지만 〈도표 1〉의 경제성장 그래프에는 특히 1970년대 중반 이후 보통의 미국 가정에 일어난 일이 상당히 과장되어 있다. 문제는 이들이 많은 경제성장을 목격하고 거기에 만족하지 못한 게 아니라 성장을 거의 목격하지 못했다는 사실이다. 그런 미국인이 자신의 삶에 더 행복을 느끼지 못하는 것은 놀라운 일도 아니다.

소득의 증가는 사람들이 양질의 삶을 살 수 있는 기회를 확대하므로 좋은 일이다. 그렇지만 〈도표 1〉의 수치에 포함된 것과 그렇지 않은 것을 인지하는 것도 중요하다. 여기서 여가 시간은 전혀 고려되지 않는다. 사람들이 일을 덜 하고 일보다 더 가치 있게 여기는 무엇에 많은 시간을 들이기로 하면 국민소득과 소비지출은 하락할 것이다. 프랑스의 1인당 GDP가 미국의 1인당 GDP보다 낮은 이유 중 하나는 프랑스인들의 휴가가 더 길기 때문이지만 그 때문에 프랑스인들의 형편이 더 나빠졌다고 이야기할 수는 없다. 시장에서 판매되지 않는 용역도 고려되지 않기 때문에 여성이 가정에서 자신의 가족을 돌보는 일은 계산에 포함되지 않지만 다른 사람의 집에서 그들의 가족을 돌보는 경우는 포함되므로 국민소득이 올라간다. 예를 들어 인터넷에서 저렴한 가격으로 양질의 엔터테인먼트를 제공하기 때문에 여가가 개선된 경우 그러한 혜택을 계산에 넣을 방법이 없다. 이런 방식으로 측정을 하는 데는 타당한 이유가 있지만(다소 기술적일지 몰라도) 위의 예들은 웰빙의 지표로 GDP를 사용하는 데 정말 문제가 있음을 보여준다.

여가를 제외하는 것이 염려가 되는 이유 중 하나는 지난 50년간 미국인들이 시간을 분배하는 방식이 크게 변했기 때문이다. 무엇보다 가장 큰 변화는 직장에 다니는 여성이 늘어났고 특히 고등교육을 받은 남성과 결혼한 여성의 경우가 그렇다. 여가를 좋은 것으로 보고 일을 나쁜 것으로 생각하면 직장에 다니는 여성은 여가 시간을 잃었으므로 상황이 나빠진 것이다. 생계를 유지하기 위해 어쩔 수 없이 저임금의 부업을 두세 개씩 해야 하는 일부 여성의 경우 이런 결론이 실로 타당하다. 하지만 그렇게 해서 발생하는 추가 소득만 고려하고 여가 시간의 손실을 무시하면 사람들이 얼마나 잘사는지에 대해 과장하는 자료가 나오게 된다. 그러나 많은 여성에게 가정 밖에서 일을 할 수 있다는 사실은 50여 년 전에는 누릴 수 없었던 즐거움이다. 우리는 또한 실직으로 인한 '여가'를 이득으로 계산하지 않도록 주의해야 한다. 일자리를 잃은 사람은 집에서 더 많은 시간을 보내기로 선택한 것이 아니며, 여러 연구 결과에서 실직한 사람들은 자신의 삶에 가장 만족하지 않는 사람에 속한다고 설명한다. 그러므로 〈도표 1〉의 자료는 레저의 가치를 기계적으로 조정해서는 개선되지 않을 것이다.

미국인의 3분의 2가량은 자신의 집을 소유하고 집세를 내지 않는다. 그래도 이들은 집세 없이 자신의 집에 산다는 가치 있는 서비스를 제공받고 있는 것이므로 국선 회계사들은 이 가치를 소비지출과 개인 가처분소득, GDP에 포함한다. 사실상 회계사들은 본인 소유의 집에 사는 사람들은 자신에게 집세를 지불하는 것으로 정한 것이고, 그래서 이 엄청나게 큰 금액(2011년 당시 1조 2000달러)을 소득과 지출 항목 둘 다에 넣는다. 영국 정부는 소득세 시스템의 일환으로 이 '가상' 소득에 대해 '실제' 세금을 징수했었다. 나는 법을 준수하고 보통은 온화한 아버지가 이 세금 고지서만 받으면 평소와 다르게 분노하며 정부를 성토하던 모습을 기억한다. 회계사들이 이 금액을 포함하는 것은 맞는 일이지만(그래도 현대 정부는 이 항목에 과세하지 않는 편이 현명할 것이다) 이 항목과 소득에 대한 다른 많은 '귀속' 항목은 일반인이 생각하는 소득과 국선 회계사가 생각하는 소득 사이에 틈을 벌려놓는다. 개인소득과 지출에는 정부가 소비자 대신 지불하는 의료보험 비용도 포함되지만 이해하기 어려운 기술적 이유로 정부가 소비자 대신 교육에 지불하는 금액은 포함되지 않는다.

정치인이 '지금처럼 좋았던 적이 없지요'라고 말할 때 당신이 '여기서는 안 그래요. 뭐가 좋은지 모르겠는걸요'라고 답한다면 당신은 자신에게 지불하고 있는 집세가 올랐거나 정부가 노년층을 위한 의료보험에 더 많은 지출을 하고 있으므로 잘살고 있는 것이라는 설명에 현혹되지 않을 것이다!

의료보험 지출은 주거에 대한 지출만큼 규모가 크며 의료보험의 가치를 측정하기는 더 어렵다. 우리는 의료보험 비용을 알지만 의료보험에서 제공하는 혜택은 불확실하고 가치를 매기기도 어렵다. 의료보험을 참치 캔이나 아이패드처럼 시장에서 판다면 소비자가 지불하는 금액으로 그 가치를 판단할 수 있다. 하지만 대부분 보험회사나 정부에서 의료보험 비용을 지불하므로 서비스를 받는 사람에게 얼마만 한 가치가 있는지 전혀 알 수 없다. 국선 회계사들은 더 나은 선택 사항이 없기 때문에 의료보험을 그 비용으로 측정한다. 의료보험이 그 비용 이상의 가치가 있다고 주장하는 사람들은 이런 측정 방법이 의료보험의 기여도를 축소해서 보여준다고 주장하고, 시스템의 낭비를 강조하는 사람들은 그 반대로 주장한다. 의료보험의 가치가 잘못 측정되고 있다는 사실에만 의견이 일치하고 있다.

나는 감사히 여기는 경제성장의 혜택 중에서도 재화를 중요하게 생각한다. 하지만 많은 경제학자가 새 재화의 가치, 특히 매우 혁신적인 새로운 재화의 가치가 국민 계정에 완전히 반영되지 못한다고 믿는다. 기존 재화의 품질이 개선된 경우(다림질할 필요가 없는 셔츠, 음성인식 전화기,

보다 안전한 자동차 또는 더 빠른 컴퓨터)도 마찬가지다. 국선 회계사들은 이를 모두 감안하지만 그들이 올바른 방법을 정확히 알고 있다고 생각하는 사람은 아무도 없다. 몇몇 경제학자는 과거의 경제성장은 더 많은 주택, 더 많은 치마와 셔츠, 더 많은 테이블과 의자 등 양적으로 많이 생산하는 것을 의미했지만 지금은 질적으로 더 나은 물건을 생산하는 일을 뜻한다고 주장한다. 하지만 '질적 향상'을 측정하기는 '양적 증가'를 측정하기보다 훨씬 어려워서 적어도 통계학자들이 시간이 지날수록 점점 더 놓치는 부분이 많아질 수 있다. 아마도 경제학자 대부분은 〈도표 1〉의 바탕이 되는 수치가 미국인들이 얼마나 잘사는지 축소해서 보여주는 경향이 있다고 생각할 것이다. 그렇지만 문제를 수정할 설득력 있는 방법을 생각해낸 사람이 아무도 없다. 그리고 모든 재화와 용역이 예전보다 나아진 것은 아니다. ATM 덕에 은행 지점으로 은행원을 방문해야 할 필요가 없어져서 은행 업무는 개선되었지만 최근의 금융 위기에 이르게 한 약탈적이고 사기성이 농후한 대출이 은행 고객들에게 유익했다고는 믿기 어렵다.

물질적 진보라는 황금 사과에는 벌레가 있는데 〈도표 1〉에 거의 분명히 나타나 있다. 도표를 보면 평균 발전 속도가 느려지고 있어 부모 세대와 자녀 세대 간 격차가 전만큼 크지 않다. GDP 수치를 자세히 보고 1970년 이전과 이후의 기울기를 비교해 보면 최근 몇 년 간의 대침체를 무시해도 기울기가 낮아진 것을 볼 수 있다. 하락은 수치에서 더 명확히 드러난다. 1950년부터 1959년까지 1인당 GDP는 매년 2.3퍼센트 증가했는데 1960년대에는 3.0퍼센트, 1970년대에는 2.1퍼센트씩 증가하다가 1980년대에는 2.0퍼센트, 1990년대에 이르러서는

1.9퍼센트가 되었다. 그리고 21세기 들어 처음 10년 동안은 1년에 0.7 퍼센트씩만 증가했다. 마지막 수치에서는 2008년과 2009년을 제외해도 증가율이 1.6퍼센트밖에 되지 않는다. 3.0퍼센트와 1.6퍼센트의 차이는 그다지 인상적이지 않을 수도 있지만 복합 성장compound growth의 힘은 그것이 한 세대인 25년이 지나면 생활수준이 두 배 이상으로 성장하거나 50퍼센트 미만 성장하는 정도의 차이가 된다는 것을 뜻한다. 성장하는 경제는 모두가 더 많이 가질 수 있다(적어도 잠재적으로는)는 것을 의미하며 성장이 빠를수록 누가 무엇을 얻는가에 대한 갈등이 덜어려워진다. 남이 덜 갖게 하는 일 없이 누구나 더 많이 가질 수 있기 때문이다.

성장 둔화는 충분히 현실적으로 보이지만 정말로 우리가 질적으로 나은 재화와 용역에서 발생하는 개선 사항 일부를 빠뜨리고 있다면 성장 둔화의 정도가 과장되어 있는 것일 수도 있고 그런 일이 전혀 없는데 둔화되는 것으로 보일 수도 있다. 총 GDP에서 용역이 차지하는 부분이 커지고 있고 용역이란 측정하기가 가장 어려운 대상이기 때문에, 국선 회계사들이 시간이 흐를수록 빠뜨리는 부분이 늘어날 수도 있다. 최근에 들어서야 이용할 수 있게 되었고 그 혜택을 통계에 온전히 반영할 수 없는 것이 거의 확실한 새로운 인터넷 기반 제품과 전자제품도 모두 마찬가지다. 의료보험은 확실히 더 효율적이 되어가고 있지만이로 인해 연장된 수명은 계정 어디에서도 평가되지 않는다. 하지만어설프게 수정을 해도 문제가 발생할 수 있다. 4장에서 보았듯이 수명연장의 원인 중 일부는 의료보험으로 인한 것이지만 금연처럼 생활 습관 변화가 원인인 경우가 더 많다. 그러므로 추가적인 수명의 햇수에 가치를 부여하고(어렵고 논란의 여지가 있는 계산이지만) 늘어난 햇수가 모두 의료보험 지출 덕분이라고 보면 쉽게, 하지만 부정확하게 GDP 성장률을 늘릴 수 있다. 다시 말하지만 통계학적 치료가 통계학적 질병보다 더 나쁠 가능성이 많은 것이다. 그렇더라도 과소평가 문제는 사라지지 않는다. 이 장에서 몇 가지 요점을 짚어나가는 가운데 이 문제가 다시 거론될 것이다.

미국의 빈곤

가난한 사람들의 수가 어떻게 변했는지 살펴보면 GDP의 성장 저하가 이들에게 어떤 영향을 미쳤는지 알 수 있다. 〈도표 2〉는 미국 통계국 Bureau of Census에서 해마다 공개하는 공식적인 빈곤율을 보여준다. 맨 아래의 굵은 선은 빈곤층에 속한 모든 미국인의 백분율을 나타내며 자료의 시작점인 1959년에 22퍼센트에서 시작하여 1973년에 11퍼센트로 떨어졌다가 조금씩 오르내리며 완만하게 증가하는 추세이다. 2010년에는 인구의 15퍼센트가 빈곤층에 속했고 이는 금융 위기 전보다 2.5퍼센트 높아진 수치이다. 이 같은 숫자가 구성된 방식에 대해서는 비판할 것이 많지만 표면적으로는 〈도표 1〉의 발전이라는 긍정적 그림과 〈도표 2〉의 빈곤이라는 부정적 그림 사이에 놀라운 모순이 있으며, 특히 1970년에 시작된 경제성장의 저하 이후가 그렇다. 1973년 이후로 경제성장은 멈추지 않았고 1인당 소득은 1973년부터 2010년 사이에 60퍼센트 넘게 늘어났다. 하지만 이 같은 성장의 어떤 것도 빈곤율

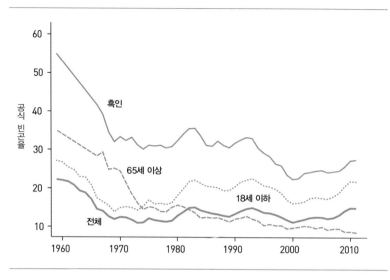

〈도표 2〉 빈곤율, 1959-2011

에 영향을 미치지 못했다. 높아진 소득이 어디로 가고 있었든, 공식적으로 가난하다고 분류된 사람들에게 돌아가지는 않았다. 늘 그렇듯 측정에 어려움이 있지만(빈곤율 통계에 적용되는 소득은 GDP에 적용되는 소득과 똑같이 정의되지 않는다) 그래도 경제성장이 빈곤을 줄이지 못한 이유가 설명되지는 않는다.

빈곤율은 그룹에 따라 다르며 특히 1970년대 중반 이전에 그랬다. 오늘날에는 아프리카계 미국인과 히스패닉(그래프에 표시되지 않음)의 빈곤율이 가장 높고 노인층의 빈곤율은 가장 낮지만, 이 세 그룹 전체의 빈곤율은 특히 초기에 급격히 감소했다. 사람들은 종종 노인층의 빈곤율 감소가 65세 이상의 노인들에게 물가 변동률을 적용해서 연금을 지급하는 성숙한 사회보장 프로그램의 커다란 승리 중 하나라고 이야기한다. 아동은 성인보다 빈곤을 겪을 가능성이 높지만 다른 그룹이나 전체 인구와 마찬가지로 지난 30년 동안 아동 빈곤율은 거의 감소하지 않았다. 도표에는 가난한 사람들의 비율이 표시되어 있으므로 인구가 증가함에 따라 가난한 사람의 수가 빈곤율보다 빠르게 증가한다는 사실에 유의해야 한다. 실제로 2011년에 빈곤층에 속한 미국인의 수는 1959년보다 670만 명 증가한 4,620만 명이었다.

경제성장 속에서 빈곤이 증가하거나 기껏해야 정체되어 있음을 보여주는 이 같은 숫자가 과연 믿을 수 있는 것인지 아니면 계산에 잘못된 점이 있는지 의문을 가져보는 것이 좋다. 사실 사람들을 가난하다고 식별하는 방법에 대해 고민해야 하는 이유가 있다. 기본 아이디어는 아주 단순하지만 그 아이디어를 실현하는 일은 그렇지 않다. 가장 어려운 문제 중 하나는 빈곤선poverty line을 선택하는 방법과 시간 경과에 따라 이를 업데이트하는 방법이다.

미국의 빈곤선은 1963~64년에 사회보장청Social Security Administration의 경제학자 몰리 오샨스키Mollie Orshansky가 설정했다. 그녀는 일반적인 가정에서 소득의 3분의 1을 식료품에 소비한다는 사실을 기반으로 4인 가구(성인 두 명과 자녀 두 명)가 생계를 유지하는 데 필요한 식료품비를 계산한 후 그 금액에 3을 곱했다. 그렇게 해서 그녀가 내놓은 숫자는 1963년 화폐가치로 3,165달러였다. 1969년 8월에 이 수치가 미국의 빈곤선으로 공식 채택되었고 그 후 물가 변동을 반영한 조정 외에는 변경되지 않았다. 2012년에는 그 값이 23,283달러였다. 빈곤선을 이런 식으로 고정해두는 것은 정말 이상하다. 원래의 절차를 보존해서 해마다 오샨스키의 계산을 다시 하지 않는 이유가 무엇일까? 지금은 계산을 다시 하는 대신 1963년의 빈곤선을 유지하고 인플레이션만 반영해 조정하고 있다.

표면상으로는 합리적이고 수사학적으로 말하면 흥미로운 아이디어인 영양의 필요성을 기반으로 하는 오샨스키의 '과학적인' 빈곤선 도출은 사실 연막에 불과했다. 빈곤과의 전쟁을 준비하고 있던 존슨 정부의 경제학자들은 빈곤선이 필요했고 그래서 3,000달러를 그 기준으로 사용하고 있었는데 이 정도가 합리적인 숫자로 여겨졌기 때문이었다. 오샨스키의 임무는 동료들과 한담을 나누다 문득 떠오른 수치가 아니라 보다 쉽게 주장을 뒷받침할 수 있는 숫자를 제공하는 것이었다. 그녀가 선호했던 첫 번째 계산은 미국 농림부의 '저비용 식사 계획low-cost food plan'을 기반으로 했고 4,000달러를 약간 넘는 결과가 나왔다. 더 엄격한 '절약형 식사 계획economy food plan'을 기반으로 했을 때는 3,165달러라는 결과가 나왔고 바로 이 결과가 채택된 것이다. 근거가 더 타당하거나 과학적이어서가 아니라 본래의 3,000달러라는 값에 가까운 값이었기 때문이다![5]

이 이야기는 존슨 정부에서 일한 경제학자들이 불성실했다고 설명하려는 것도 아니고 우수한 공무원의 과학적 진실성에 의문을 제기하려는 것은 더더욱 아니다. 요점은 관료들이 옳았다는 것이다. 빈곤선은 합리적이어야 하고 대중과 정책 입안자들이 받아들일 수 있어야 했다. 실제로 당시 갤럽 여론조사에서 사람들에게 빈곤선이 얼마가 되어야 한다고 생각하는지 물었을 때 대개의 응답이 약 3,000달러였다.[6] 사람들은 빈곤과 굶주림을 동일시하는 경향이 있기 때문에 음식을 언급한 수사법은 편리했으며(지금도 그렇다), 사람들이 먹을 것이 충분하지 않은 사람들에게 이전transfer한다고 생각하면 가난한 사람들에게 이전하는 것을 보다 기꺼이 받아들일 터였다. 식료품비에 근거한 계산은 빈곤선을 '전문적인' 선처럼 보이게 하지만 사실 빈곤 가정 당사자를 제외하면 빈곤 가정의 '결핍'에 대한 전문가는 없다.

수사법과 현실에서 똑같은 답이 나왔다는 사실은 빈곤선을 도출한 1963년에는 편리했지만, 그 후로 선을 업데이트하기 위해 다른 접근 방식을 적용하자 다른 답이 나오기 시작하면서 전만큼 편리하지 않게 되었다. 오샨스키의 방법이 옳은 방법이었다면 해마다 새로운 절약형 식사 계획과 새 승수를 사용하여 빈곤선을 다시 계산해야 했다. 갤럽의 방법이 좋다면 사람들이 생각하는 빈곤선을 반영해서 업데이트해야 한다. (개인적으로는 후자의 방법이 좋다. 누군가에게 가난하다는 이유로 꼬리표를 달아서 식료품 보조금을 지급하는 등 다르게 대우하려면 이러한 목적에 사용되는 세금을 내는 일반 대중의 의견이 빈곤선 설정에 반영되어야 한다.) 하지만 실제로는 이 두 방법 모두 사용되지 않았다. 소소한 기술적 수정과 물가 인상에 따른 조정 외에 현대의 빈곤선은 오샨스키(또는 적어도 존슨 정부의 경제학자들)가 1963년에 선택한 선과 똑같다. 오샨스키 본인도 수년간 권고한 것처럼 오샨스키의 방법을 업데이트했다면 빈곤선이 높아졌을 것이고 오늘날에는 지금의 선보다 훨씬 높았을 것이다. 갤럽 여론조사에서도 사람들이 실질임금의 상승에 따라 빈곤선도 높아져야 한다고 생각하는 것으로 나타났다. 어느 쪽이든 빈곤선은 시간 경과에 따라 높아져야 했고, 그랬다면 빈곤율은 실제로 발생한 것보다 더 급격히 상승했을 것이다. 미국 경제가 빈곤을 신속히 줄이는 데 실패한 것이 빈곤선을 부적절하게 업데이트한 결과라고 이야기하기는 어렵다. 오히려 그 반대이다.

미국의 빈곤선은 절대적 빈곤선이 되었다. 절대적 빈곤선은 빈곤에서 탈출하는 데 필요한 고정 금액을 명시하는 선으로 물가 변동만 적용하여 업데이트된다. 이 선은 다른 사람이 얼마나 얻는가에 따라 달라지지 않으며 경제의 일반적인 기준에 따라 달라지지도 않는다. 절대적 빈곤선은 사람들이 생존하는 데 필요한 물량이 제대로 정의되어 있는 경우 가장 합리적이다. 이럴 때 빈곤선은 바로 이 물량의 비용이 되고 이 빈곤선은 시간이 지나도 물가 변동분 외에는 업데이트할 필요가 없다(항상 그 물량을 감당할 수 있도록 물가 변동은 반드시 반영해야 한다). 이러한 접근법은 아프리카나 남부 아시아의 가난한 나라에서는 타당할지 모르겠지만 가난한 미국 가정은 이제 이런 생계 유형과는 거리가 멀고 1963년에도 생존하기 위해 3,165달러를 요구하지도 않았다. 미국에서 빈곤이란 사회에 완전히 참여할 만큼 충분히 갖지 못하는 문제이고 가족과 그 자녀들이 이웃, 친구들처럼 번듯하게 살 수 없다는 것을 뜻한다. 이러한 사회적 품위 기준을 충족시킬 수 없는 것은 절대적 결핍이다. 그리고 이 절대적 결핍을 피하려면 해당 지역 기준에 따라 조정되어야 한다는 면에서 상대적인 금액의 돈이 필요하다.[7] 미국처럼 부유한 나라에서는 상대적 빈곤선 외에는 그 어떤 것도 정당화하기가 매우 어렵다. 그리고 상대적 빈곤선은 1963년과 비교할 때 빈곤의 수준과 성장률 모두가 과소평가되고 있음을 의미한다.

일반적인 생활수준이 높아지고 있는 세상에서 절대적 빈곤선은 가난한 사람들이 주류 사회의 밑바닥으로 점점 더 내려가고 있음을 의미한다. 다른 곳과 마찬가지로 미국에서도 빈곤선은 다양한 수당과 보조금의 수급 자격을 판단하는 기준으로 사용된다. 따라서 전반적인 발전

정도를 반영해 업데이트하지 않으면 시간이 지남에 따라 점점 더 엄격히 제한하는 형태가 될 수밖에 없다.

빈곤선 업데이트의 실패는 미국 빈곤 측정의 여러 결함 중 하나이다. 다른 결함은 공식 통계에서 세전 소득과 보조금을 사용하여 사람들이 가난한지 여부를 판단한다는 사실이다. 이는 심각한 결함이다. 세금 제도를 통해 지급되는 푸드 스탬프food stamp(미국의 대표적인 저소득층 식비 지원 제도. 공식적으로는 보조 영양 지원 프로그램Supplemental Nutrition Action Program, SNAP)이나 현금 지원제도cash grants를 비롯해서 빈곤을 경감시키려는 수많은 정부 프로그램을 무시하고 있기 때문이다. 이로 인해 해당 정책이 실제 빈곤을 얼마나 효과적으로 경감시키는지 여부에 상관없이 측정된 빈곤을 경감시킬 수 없는 이상한 결과가 발생했다. 창의적이고 효율적인 행정부가 이런 제도를 통해 어렵사리 빈곤을 퇴치한다 해도 공식적인 수치에는 나타나지 않는다는 얘기다. 이 같은 실패는 이론적으로 가능하기만 한 것이 아니다. 좀 더 나은 계산에서는 일체의 경비가 포함된 소득 기준을 사용했더라면 2006년 이후의 전반적인 빈곤율 상승(이전의 상승은 고려하지 않음)이 훨씬 낮아졌을 것이라는 결과를 보여준다. 다시 말하지만 이 같은 실패는 통계국의 통계학자들 탓이 아니다. 이들은 오랫동안 문제점을 잘 알고 있었고 통계국에서는 더 나은 측정법 개발에 앞장서왔다.[8] 문제는 1963년 원래의 계산 절차에서는 보조금이나 세액공제를 고려하지 않았다는 사실이다. 당시에는 보조금과 세액공제가 없었고 가난한 사람 중에는 세금을 내는 사람이 거의 없었기 때문에 처음에는 오류가 그리 크지 않았다. 그러다 나중에는 정치가 중요해졌다. 가난한 사람의 수를 계산하는 방법을 변경하는 것은(모두가 결함이라고 인정하는 결함을 고칠 때조차도) 어려움, 논란, 깊은 당파 문제로 가득 찬 판도라의 상자를 열지 않고는 행하기 어렵고 이 임무에 구미가 당겨하는 행정부는 거의 없었다.

1950년대 후반 이후 미국의 빈곤율에 대해서는 어떤 이야기를 할 수 있을까? 우리는 분포의 하위에 있는 소득에 대해 많이 알고 있으므로 공식적인 빈곤선 자체에 결함이 있어도 어떤 일이 일어났는지 알 수 있다. 1959년부터 1970년대 중반까지의 전반적인 빈곤 감소는 분명히 실제적이었고 특히 노년층과 아프리카계 미국인의 생활수준이 급격히 향상되었다. 1970년대 중반 이후에 이 같은 발전이 느려지거나 멈추었다는 사실에도 의심의 여지가 없다. 고정된 빈곤선을 사용하는 것이 옳다고 생각하는 사람들이 볼 때는 공식적인 수치에서 보여주듯 해당 기간 동안 상당한 경제성장이 있었음에도 불구하고 빈곤율이 정체되어 있었다.

이러한 부정적인 결론에서 벗어나는 탈출로 중 하나는 다시 말하지만 질적 향상과 새 재화가 통계에 적절히 반영되지 않아서 진보가 과소평가되고 있다고 주장하는 것이다. 이는 물가 상승의 일부는 무언가가 더 소중해졌기 때문만이 아니라, 더 좋아졌기 때문에 발생한 것이므로 인플레이션이 과대평가되고 있음을 의미한다. 그렇다면 빈곤선은 너무 빠르게 높아지고 있고 그 비율이 계속 증가하고 있는 가난한 사람은 실제로는 전혀 가난하지 않다는 얘기다. 이 주장을 믿는다면, 게다가 얼마나 많은 빈곤층이 측정되지 않는 질적 향상의 혜택을 누리고 있는지 알 수 있는 방법은 없으므로 결국 우리가 빈곤과의 전쟁에서 이기고 있는 것일지도 모른다.[9] 공식 수치에 가난한 사람들에게 혜택을 주기 위해 설계한 세금과 이전소득을 포함하는 데 실패한 것도 같은 방향으로 작용하고 있다. 해당 세금과 이전소득을 포함하면 최근의 침체기에서 보았듯이 침체기 동안 미약한 상승세를 누그러뜨릴 뿐 아니라 보다 장기적으로는 빈곤율이 크게 감소한 것으로 나왔을 것이다.[10]

그러나 나처럼 일반적인 가정의 생활수준에 맞춰 빈곤선이 높아져야 한다고 믿는 경우, 빈곤율은 평균적인 경제성장과 극히 대조적으로 지난 40년 동안 증가해온 셈이다. 보다 넓게 보면 미국의 전후 경제성장은 1970년대까지는 그 혜택이 폭넓게 공유되었다. 그 이후 경제성장이 둔화되었고 분배의 밑바닥에 있는 사람들은 더 이상 경제성장의 혜택을 공유하지 못하게 되었다. 전후 역사는 상대적으로 급격하고 폭넓게 공유된 성장이 이루어진 한 기간과 성장이 둔화되고 가난한 사람과 보통 사람 간 격차가 커진 한 기간, 이렇게 두 개의 기간으로 나뉜다.

미국의 빈곤 척도는 세계 빈곤의 기준을 비롯한 다른 모든 나라의 빈곤 기준과 공통점이 많다. 빈곤선의 선택은 거의 언제나 논란거리가 되며 종종 소득을 정의하고 측정하는 방법에 대한 기술적인(공공연하게 드러나는 일은 드문) 의문점이 따른다. 빈곤선을 어떻게 업데이트할 것인가 하는 질문은 부분적으로는 철학적·정치적 견해차 때문에, 또한 누가 가난한지 판단하는 기준을 바꾸면 이로 인해 혜택을 얻거나 잃는 사람이 생기기 때문에 어려운 문제이다. 푸드 스탬프를 계산하지 않는 것처럼 명백하고 널리 인식되고 있는 결함을 수정하기 위한 변경이라고 해도 빈곤 계산 방법을 바꾸면 변화에 대한 정치적인 반대를 불러

일으킬 것이다. 빈곤 통계는 소득을 재분배하며 사람들이 불운과 맞닥뜨려 빈곤층으로 떨어지는 것을 막기 위한 정부의 통치 수단 중 하나이다. 즉 정의를 실현하는 기구이다. 빈곤 통계의 존재는 국가가 빈곤을 해결하고 그 최악의 결과를 상쇄할 책임을 받아들임을 나타낸다. 빈곤 통계는 국가가 빈곤을 '볼' 수 있게 하고 정치학자 제임스 스콧James Scott의 인상적인 말처럼 '국가처럼 보기seeing like a state'[11]를 가능하게 하는 수단의 일부이다. 늘 그렇지만 측정 없이 통치하기 어려운 것처럼 정치가 없으면 측정도 없다. 통계에 'stat'이라는 글자가 들어가는 것은 우연이 아니다.

미국의 소득분배

소득의 진화는 성장과 빈곤, 불평등이라는 세 가지 관점에서 살펴볼 수 있다. 성장은 평균과 그것의 변화에 대한 것이고 빈곤은 하위층에 대한 것이며 불평등은 소득이 가정과 사람들 사이에 얼마나 넓게 확산되는가를 다루는 것이다. 확산은 종종 20세기 전반부에 활동한 이탈리아 경제학자 코라도 지니Corrado Gini의 이름을 딴 지니계수를 사용하여 측정된다. 지니계수는 0(완전 평등–모든 사람이 똑같은 소득을 가짐)과 1(완전 불평등–한 사람이 모든 소득을 가짐) 사이의 숫자이다. 이 계수는 사람들이 평균에서 얼마나 떨어져 있는지를 측정한다. (자세히 알고 싶다면, 지니계수는 평균 소득의 두 배로 나눈, 모든 쌍의 소득 평균 차이다. 두 사람이 있을 때 한 명이 소득 전부를 갖고 있는 경우 둘 사이의 차는 평균의 두 배이고 지니계수는 1이다. 두 사람 모두 동일한 소득을 갖고 있는 경우에는 둘 사이의 차가 0이고 지니계수도 0이다.)

　미국의 지니계수는 2차 대전 끝 무렵부터 1970년대 중반까지 거의
변함이 없었고 그 이후에는 증가했다. 상위 10퍼센트의 소득 몫에 대
해서도 마찬가지였으며 세전이나 세후 소득을 보아도 그렇다. 최하층
소득은 정체된 반면 평균 소득은 증가했는데 이 같은 현상은 가난하지
않은 사람의 소득을 가난한 사람들의 소득에서 가져온 경우에만 발생
할 수 있다. 이런 설명은 정확하긴 하지만, 어떤 일이 벌어졌으며 그
이유는 무엇인지 알아내는 데는 별 도움이 되지 않는다. 대신 모든 소
득을 살펴보고 소득의 출처와 소득을 형성하는 힘을 알아야 한다. 두
세 가지 통계자료로는 요약할 수 없는 훨씬 많은 일이 진행되었기 때
문이다. 미국인의 소득을 넓은 강으로 생각했을 때 그 평균 유량으로
이쪽이나 저쪽, 혹은 소용돌이 속이나 고여 있는 웅덩이에서 무슨 일
이 벌어지고 있는지 거의 알 수 없다는 것과 같은 이치다.

　〈도표 3〉은 소득분포의 다양한 위치에서 평균 소득이 어떻게 변했는
지 보여주는 것으로 시작한다. 통계국은 각 가정에 전년도 소득을 묻는
연간 설문 조사를 통해 해당 숫자를 계산한다. 표시된 최근 숫자는
2011년 3월에 87,000개 이상의 가구에 2010년도 소득에 대해 질문한
결과이다. 도표는 20퍼센트씩 다섯 단계로 나눈 소득분포에 따라 가계
의 평균 소득(2010년도 물가를 반영하여 조정했으며 로그 척도로 나타냈음)이 연도
별로 표시되어 있다. 맨 위의 선은 상위 5퍼센트 가구의 평균 소득을
나타낸다. 1966년에는 상위 5퍼센트에 드는 가구의 평균 소득이 하위
20퍼센트에 드는 가구의 평균 소득보다 11배 많았고 2010년에는 이
비율이 21배로 높아졌다. 모든 숫자는 세금과 보조금을 적용하기 전의

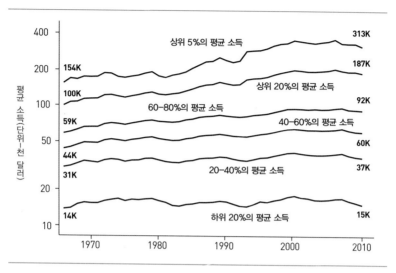

〈도표 3〉 미국의 가계소득분배

수치이며 정부가 가정에 제공하는 상당한 금액의 의료보험 같은 항목도 감안하지 않았다. 앞으로 살펴보겠지만 이 같은 누락은 중요한 사항이다. 〈도표 1〉이 〈도표 3〉보다 장밋빛 전망을 보여주는 이유 중 하나는 〈도표 1〉의 소득 수치에는 그런 항목이 포함되어 있기 때문이다.

〈도표 3〉은 1960년대 후반 이후 가계소득의 분포에 대한 주요 사실 중 하나를 보여준다. 모든 가정은 1970년대 중후반까지 증가하는 풍요를 공유했다. 그 이후에는 소득이 갈라졌다. 빈곤율 도표에서 이미 확인했듯이 최하위층(하위 20퍼센트) 가구는 나아진 게 거의 없다. 이들의 평균 소득 증가율은 지난 44년간 1년에 0.2퍼센트 미만이었고 침체기 전에도 실질소득이 1970년대 후반의 소득과 매한가지로 낮았다. 이와 반대로 상위 20퍼센트의 평균 소득은 1년에 1.6퍼센트씩 빠르게 증가했지만 평균 소득이 1년에 2.1퍼센트씩 증가한 최상위 5퍼센트의 증가

속도에는 미치지 못했다. 다시 말하지만 측정되지 않는 질적 변화에 대한 주장을 편다면 하위 20퍼센트의 발전이 더 크겠지만 최하위층과 최상위층의 발전 차등률differential rate은 영향을 받지 않을 것이다.

나중에 보겠지만 이 도표는 두 가지 면에서 결점이 있다. 조사 대상으로 삼은 기간이 충분히 길지 않다는 점과 조사 샘플이 너무 작아서 아주 부유한 사람들의 소득은 포착하지 못했다는 점이 그것이다. 빌 게이츠나 워런 버핏이 이런 설문 조사에 포함될 가능성은 거의 없다. 이 두 가지 결점은 나중에 다시 다루기로 하고 지금은 지난 40년과 1년에 수백만 달러를 벌지 못하는 폭넓은 가구들에 집중하기로 하자.

일과 불평등

노동시장은 소득에 대해 생각하기에 좋은 출발점이다. 대부분의 가정에서는 사람들이 일을 해서 버는 돈이 소득이므로 일과 임금이 가계소득에 지대한 영향을 미친다. 하지만 노동시장은 가계소득을 형성하는 힘 중 하나일 뿐이다. 전업 주부, 은퇴자, 아동, 실직자 또는 장애인 등 많은 사람은 소득이 없으며 다른 가족 구성원이나 연금 혹은 정부에 생계를 의지하고 있다. 사업으로 소득을 얻는 사람도 있지만 이런 소득은 부분적으로는 노동으로 버는 소득이고 부분적으로는 사업에 투자한 자본에서 나오는 투자 수익이다. 어떤 사람들은 자신이나 부모 또는 조부모가 과거에 축적한 부에 대한 이자나 배당금, 자본 등에서 소득을 얻는다.

소득이 있는 구성원이 한 명 이상인 가정이 많으므로 사람들이 함께 살아가는 방식에 따라 개인소득이 가계소득으로 전환되는 방식이 달라진다. 이것이 소득분포에 미치는 인구학적 특성이다. 남성은 일을 하고 여성은 하지 않는 세상은 '파워 커플'이 각자 최고 연봉을 버는 세상과 다르며 인구학적 변화는 커져가는 불평등이라는 이야기의 한 부분을 담당한다. 정부 정책 또한 중요하다. 중앙 및 지방정부는 얼마만큼의 소득에 과세할지 결정하고 사회보장제(국가 연금)와 상당한 의료보험 관련 규칙을 정하며 회사와 노동시장의 운영에 영향을 미치는 여러 규칙과 규제를 시행한다. 정치는 누가 무엇을 얻는가 하는 문제와 관련된 갈등을 해결하고, 정부는 유권자뿐 아니라 자신의 고객 몫을 늘리기 위해 힘쓰는 로비스트와 이익집단이 힘을 겨루는 전장이다. 노동조합, 노인층, 이민자, 심지어는 재소자에 이르기까지, 각 집단의 규모와 힘의 변화가 미국 소득의 발전 방식을 결정했다. 이 모든 것은 기술의 변화, 국제무역과 이주의 변화, 사회규범의 변화를 배경으로 발생한다.

소득의 분포는 노동시장의 수요와 공급 같은 하나의 메커니즘으로 압축할 수 없고 지니계수 같은 불평등 척도 하나만 사용해서 측정할 수도 없다. 소득의 분포는 여러 다양한 과정이 함께 작용한 결과이다. 시장과 정치, 인구학만큼 역사도 중요하다.

노벨 경제학상을 최초로 수상한 경제학자 두 명 중 한 사람인 얀 틴베르헌Jan Tinbergen은 소득분포의 진화를 과거 일각에서 유행했던 것처럼 노동자와 자본가 사이의 갈등으로 보지 않고 기술 발전과 교육 확대 사이의 경주(경쟁)로 보았다.[12] 하버드 경제학자 로렌스 카츠Lawrence Katz와 클라우디아 골딘Claudia Goldin은 이 유추를 미국 노동시장의 최근 발전을 설명하는 데 사용했다.[13] 직장에서 사용되는 기술은 숙련도와 훈련, 혹은 양질의 일반 교육이 배양하는 적응력을 필요로 한다. 근로자의 교육 수준이 시장에서 기대하는 수준에 뒤떨어지는 경우 교육비가 올라가고 교육 수준이 높은 근로자의 소득이 앞서게 되어 불평등이 증가한다. 반대로 교육이 앞서나가면, 예컨대 베트남전 당시 전쟁이 없었으면 대학에 가지 않았을 젊은이들이 (징집을 피하기 위해) 대학에 간 경우처럼, 숙련 노동자의 공급이 많아져 가격, 즉 대학 교육에 붙는 프리미엄이 떨어지므로 임금격차는 줄어든다.

20세기 초반에는 교육에 따른 주된 차이가 고등학교를 졸업한 사람과 그렇지 않은 사람 사이에 있었지만 지금은 평균 교육 수준이 훨씬 높아져 대학 교육을 받은 사람과 그렇지 않은 사람 사이에 격차가 있다. 생산기술의 변화는 지속적으로 숙련도가 높은 사람에게 유리하게 작용했고 이런 경향을 숙련 편향적 기술 진보skill-biased technical progress라고 한다. 옛날에는 농장 일에서 조립 라인으로 옮겨가는 것이 업그레이드였지만 오늘날에는 컴퓨터의 코드를 작성해서 새로운 작업을 수행하는 능력이 업그레이드다. 더 좋은 교육을 받은 근로자가 새 기술이 등장했을 때 이를 더 잘 사용할 수 있고 새로운 방식에 적응하고 이를 개선하거나 수정하는 데 더 뛰어나다.

지난 세기 대부분에 걸쳐 미국인들은 보다 많은 교육을 받았고 따라서 노동시장에 숙련 노동자의 공급이 증가했다. 다른 아무 일도 일어나지 않았다면 이 같은 일련의 사건으로 교육의 가치가 떨어지고 대학 학위를 가진 사람과 못 가진 사람 사이의 임금격차가 줄었을 것이다. 하지만 임금격차는 줄어들지 않고 오히려 증가했으며 1970년대 후반 이후 특히 빠르게 벌어졌다. 공급이 증가했는데도 가격이 상승했다면 수요가 더 빨리 늘어난 것이 분명하다. 경제학자들은 이 같은 증가가 새로운 정보 기반 기술을 사용하여 일하는 데 필요한 기술이 끊임없이 늘어났기 때문이라고 여긴다. 경제학자들은 지난 30년 동안의 숙련 편향적 기술 진보의 촉진이 소득 불평등 증가의 주된 동력이라고 믿는다. 대학 교육을 받는 데 붙는 프리미엄의 증가는 시장이 젊은이들에게 기술 변화로 인해 대학에 진학하는 것이 점점 더 가치 있는 일이라고 알리는 방식이며, 평균 교육 수준의 향상은 사람들이 이 같은 사실에 주의를 기울이고 있음을 말해준다.

인터넷과 손쉬운 정보 접근성으로 인해 컴퓨터 사용 방식이 급격히 변하여 의사 결정과 비즈니스에 해당 정보를 사용할 수 있는 사람에 대한 수요가 빠르게 증가했지만 최소한 1970년대 말부터 교육이 수요를 따라가지 못하고 있다. 물론 이 같은 추세가 무한정 지속되지는 않을 것이다. 교육체계가 새로운 숙련 노동자의 필요성이 늘어나는 만큼 빠르게 숙련 노동자를 배출할 수 있을 정도로 유연해지면 불평등의 증가도 결국 멈출 것이다.[14]

늘 그렇지만 어떤 일을 하는 방식의 변화를, 어쩌다 하늘에서 뚝 떨어졌거나 고독한 천재의 머리에 번뜩하고 떠오른 과학적 약진으로 생각해서는 안 된다. 그런 변화는 대개 경제적, 사회적 환경의 필요성에 따라 이루어진 것이다. 때로는 기초과학이 준비되어 있고 청사진이 이미 마련되어 있기도 하지만 이것이 실제로 적용되려면 기업가와 공학 기술자들이 수익성이 있는 기회를 포착하여 시장에 내놓을 수 있게 다

듣어야 한다. 경제학자 대런 애스모글루Daron Acemoglu는 이 같은 '유도된' 기술 변화의 중요성을 논하면서 새로운 방식은 대부분 이를 구현하고 발전시킬 숙련된 노동자가 충분히 공급될 때만 성공할 수 있다고 강조한다.[15] 그가 언급했듯이 베트남전쟁을 계기로 숙련 팽창이 일어나 컴퓨터가 발명되었다는 사실에는 논쟁의 여지가 없지만 애스모글루는 이전의 기술 변화에서 비롯된 숙련 프리미엄이 더 많은 사람들에게 대학에 가도록 동기를 제공하고 다시 대학 교육을 받은 노동자 공급이 많아지면서 기술 진보 속도가 빨라져 숙련 프리미엄이 높아지는 반복 과정을 예상한다. 이 과정은 새로운 정보 기술로 할 수 있는 모든 일을 한 다음에야 멈출 것이고 창의적인 관심은 철도에서 자동차로, 자동차에서 전자공학으로 옮겨간 것처럼 경제의 다른 부분으로 이동할 것이다. 임금 불평등의 증가는 이 메커니즘의 부산물이며 숙련 노동자 공급의 증가에서 중요한 역할을 한다. 따라서 불평등 그 자체는 특별히 반길 만한 일이 아니지만 모든 사람의 생활수준을 높이는 시스템의 일부라 할 수 있다.

비유를 들어보자. 부모가 늘 어질러져 있는 방에 넌더리가 나서 자녀의 용돈을 침실 상태와 결부시켜 정돈 상태에 따라 보상을 한다고 하자. 이런 계획은 대체로 집이 좀 더 살 만해지고 부모는 화를 덜 내게 되며 아이들은 정돈된 방에서 오는 만족감을 깨닫게 되는 등 원하는 결과를 어느 정도 얻을 수 있다. 하지만 위험성도 따른다. 한 아이가 형제자매보다 보상에 더 민감하게 반응하거나 보상에 관계없이 천성이 더 깔끔한 경우 처음에는 같았던 용돈이 계속 달라질 것이다. 이상적인 가정에서는 모든 자녀가 자신의 방을 완벽하게 정돈하고 최대한의 용돈을 받을 것이다. 하지만 실제 가정에서는 실제 경제처럼 인센티브가 뚜렷할수록 불평등이 커진다. 어떤 부모는 여기에 문제가 있다고 생각하지 않을 것이다. 어쨌든 모든 자녀는 완전히 동등한 기회를 갖고 있으며 자신의 행동에 따른 결과를 받아들이는 법을 배워야 하니까 말이다. 다른 부모는 더 배려심이 있어 각 아이가 타고난 깔끔한 성격이 서로 다르며 모든 사람이 때때로 실수를 한다고 생각할 수 있다. 그래서 아이들과 마찬가지로 새로운 불평등이 불공평하다고 받아들일 수 있다. 동등한 기회가 투명하게 공정한 결과를 보장하지는 않으니까 말이다.

가족의 포상 계획이 충분히 오래 실행되는 경우 아이들이 용돈의 일부를 저축하면 불평등이 더 커진다. 모든 자녀가 용돈에서 똑같은 비율을 저축해도 한 명이 정기적으로 다른 사람보다 많이 재산을 늘리면 꾸준히 다른 형제자매보다 더 부자가 된다. 저축은 용돈의 불평등을 확대하고 부의 불평등은 실제 경제에서 소득의 불평등을 작아 보이게 만드는 것과 마찬가지로 곧 용돈의 불평등을 작아 보이게 만든다. 이 같은 불평등의 확대는 천성이 깔끔한 아이가 장래에 대비해 저축하는 성향을 가진 경우 더 빨라진다. 일반 사회에서는 보다 미래 지향적이고 자제력이 강한 사람이 교육의 혜택을 받을 수 있고 교육이 뒷받침된 소득에서 부를 축적할 가능성이 많은 경우 똑같은 힘이 작용한다. 가정에서든 국가에서든 인센티브와 불평등은 이렇게 깊이 대립한다.

새 기술의 폭발적인 확대가 정말 모든 사람을 잘 살게 만드는 것일까? 그런 가능성을 제공하는 것은 틀림없다. 더 나은 방법으로 무언가 할 수 있다는 사실은 잠재적으로 더 많은 총소득을 분배할 수 있다는 사실을 의미한다. 하지만 이 경우 숙련에 대한 프리미엄이 늘어나도 그 과정 자체가 미숙련 노동자의 임금을 낮추지 않아야 한다. 〈도표 3〉에서 하위 20퍼센트의 가계소득 감소가 나타나지는 않지만 실질적인 면에서 감소해온 최저임금의 경우에는 그림이 다르게 나타난다. 가계소득이 계속 유지된 이유는 더 많은 여성이 경제활동에 참여해서 소득자가 둘 이상인 가계가 많아졌기 때문일 뿐이다. 그러면 임금을 계속 억제하는 요인은 무엇일까?

세계화가 그 요인 중 하나이다. 미국에서 미숙련 노동자들이 만들던 많은 상품의 생산이 가난한 나라로 옮겨갔고 많은 회사가 '백 오피스back-office' 업무(클레임 처리 등)와 고객 콜 센터를 비롯해서 미국 내에서 이루어지던 업무를 역외로 내보냈다. 합법 및 불법 이민도 미숙련 노동자 임금의 하락을 부추긴다는 비난을 받는다. 이런 주장은 여전히 논란의 여지가 있다. 믿을 수 있는 몇몇 연구에 따르면 이민에 의한 영향은 작다. 의료 혜택의 비용 증가도 중요하다. 피고용인 대부분은 전체 보수의 일부로 의료보험료를 받는데 많은 연구 결과를 보면 보험료 인상분은 결국 임금으로 충당된다.[16] 실제로 의료보험 비용이 가장 급격히 증가할 때 평균임금 수준은 좋지 않고 의료보험 비용의 증가가 둔화되면 평균임금 수준이 좋아지는 경향이 있다.[17] GDP에서 의료보험이 차지하는 비율은 1960년에 5퍼센트에 불과했지만 1970년대 중반에는 8퍼센트였고 2009년에는 거의 18퍼센트까지 높아졌다.

미숙련 직업에서도 사람들이 얼마나 잘 사는지는 그들이 가진 능력의 유형에 따라 달라진다. 최악의 상황은 컴퓨터가 수행할 수 있는, 그리고 수행해온 기계적인 사무직 직원으로 일했거나 세상에서 가장 가난하지는 않지만 더 가난한 나라의 저임금 노동자에게 업무가 아웃소싱된 경우이다. 그렇다 해도 평균임금이 가장 낮은 직업을 포함한 일부 직종에서는 임금과 고용이 둘 다 상승했다. 해당 직종은 대인 접촉이 필요하지만 대학에서 배우는 종류의 높은 수준의 지적 능력은 필요 없고 컴퓨터가 수행할 수 없는 소매업, 외식업 또는 의료 분야의 서비스직이다. 이런 일은 전통적으로 여성이 많이 수행했으며 일자리를 잃은 남성들에게 이 사실이 더 압박을 주었다. 정말 성공한 훨씬 부유한 사람들(그 아래 많은 사람들이 있는)도 외식업 종사자, 어린이 보육교사, 보모, 임산부 도우미, 애견 산책 도우미, 청소부, (개인을 위한) 쇼핑 상담자, 개인 요리사, 운전사, 조종사 등의 용역을 원한다. 이런 면에서 우리는 마치 햄프턴스Hamptons 또는 팜비치Palm Beach 속의 다운튼 애비Downton Abbey(20세기 초를 배경으로 영국의 한 귀족 가문에 대한 이야기를 다룬 영국 드라마. 다운튼 애비는 주인공 귀족 가문이 사는 저택 이름—옮긴이)처럼 대지주가 수많은 하인을 고용했던 옛날 유럽 귀족 계층 같은 것을 다시 만들었다.[18] 이런 용역 집단이 분배의 맨 아래에 남아 있을 정도로 소득과 일자리가 양극화되어 최상위와 최하위가 확대되고 가운데 층은 전혀 확대되지 않았다.[19]

정치와 불평등

정치는 저임금 노동자들의 임금에 영향을 미쳤다. 미국 의회에서 최저임금(2013년에는 시간당 7.25달러 또는 1년 2,000시간에 14,500달러)을 정하고 몇몇 주에서는 자체 최저임금을 정하는데, 그중 18개 주의 최저임금이 연방 정부가 정한 임금보다 높다. 요점은 연방 정부의 최저임금이 인플레이션 또는 시장 임금의 성장을 반영해 자동으로 조정되지 않는다는 사실이다. 따라서 최저임금의 실제 값은 항상 하락하는 경향을 보이며 이따금 의회에서 조치를 취할 때마다 상향 조정되어 이런 경향이 중단된다. 실질임금이 늘어나면 평균임금에 대한 최저임금의 비율은 더 빨리 감소한다.

최저임금 변경은 거의 언제나 논쟁을 불러일으킨다. 노동자와 고용주가 대립하게 하며 정치권은 각각의 입장을 대변하며 논쟁을 벌인다. 그 결과 오랜 기간 동안 최저임금이 일정하게 유지될 수 있었다. 최저임금은 1981년 1월 1일부터 1990년 4월 1일까지 3.35달러였고 1997년 9월 1일부터 2007년 7월 24일까지 5.15달러였으며 현재(2013년) 임금은 2009년 7월 24일부터 적용되고 있다. 최저임금이 변경된 경우에도 물가 상승을 상쇄할 수 있을 만큼 크게 오른 경우는 많지 않다. 1975년의 최저임금 2.10달러는 2011년의 최저임금 7.25달러보다 3분의 1 정도 구매력이 컸다. 달리 말하면 1975년에 최저임금을 받은 사람은 1년에 4,200달러를 벌었을 것이고 이 금액은 3인 가족의 공식 빈곤선이었다. 2010년에는 소득이 14,500달러가 되겠지만 3인 가족의 빈곤선이 17,374달러로 높아진 상태였다. 가끔 부분적인 회복을 통해서만 중단된 이런 장기 쇠퇴는 소득이 최저임금이거나 최저임금에 가까운 노동자들의 정치적 영향력이 줄어들고 있음을 나타내는 척도이다.

최저임금의 영향은 정치가뿐 아니라 경제학자 사이에서도 논란의 대상이었다. 일반적이고 아주 조금 단순화한 이론에서는 정부가 임금 수준을 자유 시장 가격 이상으로 인상하는 경우 고용주가 새로이 값이 오른 노동자 일부를 해고할 것이라고 예측한다. 해당 노동자에 드는 비용이 이들의 기여도보다 높기 때문이다. 1990년대 초에 프린스턴의 경제학자 데이비드 카드David Card와 앨런 크루거Alan Krueger가 수행한 실증 연구에서는 적어도 최저임금이 조금 인상되는 경우에는 그런 영향이 없다고 암시한다.[20] 이 같은 이단적 주장은 직접적인 이해관계에 있는 사람뿐만 아니라 격분한 경제학자들에게서 맹렬한 비난을 받았다. 노벨상을 수상한 제임스 뷰캐넌James Buchanan은 〈월스트리트저널〉에 쓴 글에서 이런 식으로 증거가 이론과 모순되도록 허용하는 것은 '경제학에는 최소한의 과학적 내용이라는 것이 없으므로 경제학자는 사상적 이해관계의 옹호자로서 글을 쓰는 일밖에 할 수 없다'는 사실을 함축한다며 '군대를 따라다니는 한 무리의 매춘부가 아직 되지 않은' 대부분의 경제학자를 축하하는 말로 글을 맺었다.[21]

경제학에서 이의를 제기할 수 없는 경험적 증거는 별로 없지만 이처럼 정치적 이해관계 사이에 대립이 있는 경우 이념에 편향된 주장과 과학적으로 흠이 없다는(한쪽의 주장에 거의 국한되지 않았다는) 자기주장이 특히 흔하다. 그렇다 해도 이 경우에는 경험적 증거의 한 부분은 전혀 논란거리가 되지 않는다. 실제로 일자리가 있는 사람들 사이에서는 최저임금이 하락하면 그렇지 않은 경우에는 존재하지 않았을 낮은 임금이 존재하게 되므로 임금 불평등이 증가한다. 이런 효과는 상대적으로 급여가 높아 최저임금보다 적게 버는 사람이 거의 없는 집단이나 직종에서는 중요하지 않겠지만 저임금 분야, 저임금 직종 또는 임금이 상

대적으로 낮은 여성이나 아프리카계 미국인 같은 집단에서는 중요할
것이다.[22]

1970년대 이후의 최저임금 침식이 저임금 노동자 실질임금의 전반
적인 감소에 일부 책임이 있다면 정치권에서 이런 일이 발생하지 않게
막지 않은 이유는 무엇일까? 한 가지 이유는 특히 민간 부문에서 노동
조합이 쇠퇴했기 때문이다. 조합원이었던 민간 부문 노동자 중 조합원
의 비율은 1973년 24퍼센트에서 감소하여 2012년에는 6.6퍼센트에
불과했다. 공공 부문 노동자의 노동조합 결성은 1970년대에 증가했지
만 1979년 이후로 정체되었다. 대다수 조합원은 이제 공공 부문 노동
자들이다. 조합의 정치적 영향력 감소는 전혀 투표권이 없는 다른 집
단이 있다는 사실 때문에 악화되었다. 불법 이민자들은 분명 투표를
못 하지만 미국 시민이 아닌 합법 이민자도 투표를 하지 못한다. 1972
년부터 2002년 사이에 투표 연령 인구 대비 비시민권자의 비율이 4배
증가했으며 동시에 이들은 일반 인구에 비해 더 가난해졌다. 이민 정
책이 바뀌면서 합법 이민자들은 상대적으로 부유한 층에서 상대적으
로 가난한 층으로 옮겨갔다. 이들의 정치적 목소리는 노동조합의 정치
적 영향력이 감소하는 상황 속에서도 작아졌다.

그런데 또 다른 중요한 집단은 미국 시민인데도 불구하고 투표권이
없다. 버몬트 주와 메인 주에서만 중범죄자가 교도소에서 투표할 수
있게 허용하고 있으며 10개의 주에서는 중범죄자가 복역과 가석방 형
기를 마쳐도 투표권을 평생 박탈한다. 인권감시위원회Human Rights Watch의
양형 프로젝트Sentencing Project에서는 투표 연령대 인구 중 2퍼센트의 투표
권이 현재 또는 영구적으로 박탈되었다고 추정한다. 이 중 3분의 1은

아프리카계 미국인 남성이며 따라서 아프리카계 미국인 남성 인구의 13퍼센트가 투표를 할 수 없다. 앨라배마 주에서는 이 비율이 30퍼센트를 넘을 것으로 추산되며 미시시피 주에서도 거의 비슷하다. 투표권을 평생 박탈하지는 않는 뉴저지처럼 비교적 진보적인 주에서도 흑인 남성 18퍼센트가 투표를 할 수 없다. 이렇게 투표권이 박탈된 사람 대부분은 어떤 경우든 투표를 할 가능성이 별로 높지 않지만, 이들은 잠재적 유권자이며 이들이 참여 정치에서 소외되면 영향력 있는 정치 세력을 구성할 수 없으므로 정치인들이 이들이 바라는 점에 주의를 기울일 이유가 없다.

은퇴자는 경력과 자신의 저축, 본인과 과거 고용주의 연금 부담금, 퇴직자에게 연금을 지급하는 사회보장 제도의 규칙에 따라 연금이 달라지지만 노동 시작에서 발생하는 일에 즉각적인 영향을 받지는 않는다. 이러한 지급금은 정치와 정치적 영향력이 행사되는 다른 각축장이다. 노인층은 특별히 부유하지는 않지만 수가 많고(베이비붐 세대가 나이 들면서 점점 증가했다) 투표권이 있으며 이들의 로비 조직인 AARP(미국은퇴자협회)는 워싱턴에서 가장 힘 있는(그리고 사람들이 가장 두려워하는) 조직 중 하나이다.

한편으로는 최저임금에, 다른 한편으로는 사회보장 제도에 발생한 일 사이의 대조적 상황은 노동조합의 영향력 감소와 노년층의 영향력 확대의 증거이다. 노년층은 또한 노인 대상 의료보험을 제공하는 정부 프로그램인 메디케어Medicare를 통해 고가의 혜택을 (점점 많이) 받고 있다. 이 프로그램의 비용이 수급자의 소득 일부로 계산되는 경우 노년층은 현금 소득만 따졌을 때보다 더 잘 사는 셈이다. 다시 말하지만 (의료보험 제공자, 보험회사, 제약회사를 위한 강력한 로비 활동도 자체적으로 이루어지고 있지만) 노년층의 정치적 영향력은 예나 지금이나 이러한 혜택을 유지하는 데 중요하다.

세금은 정치의 중요한 요소이다. 소득세는 누진세에 속해서 부유한 사람이 가난한 사람보다 많이 내며 가난한 사람은 세액공제도 받을 수 있으므로, 세후 소득분배는 계획대로 세전 분배보다 균등하다. 세금 제도의 누진도에 대해서는 자본이득이나 배당금을 기타소득과 같이 취급해야 하는지 또는 공정성을 위해 재분배가 필요한지(좌파의 관점) 아니면 모든 사람이 자신의 몫을 내는지(우파의 관점) 여부에 대한 토론 등에서 끊임없이 이의가 제기된다.

절반 정도의 미국 가정은 연방 소득세를 내지 않는다. 그런데도 세금은 1970년대 이후 세전 소득에서 기인한 경우가 대부분인 불평등에 대해 변화를 만드는 데 별로 큰 역할을 하지 못했다. 1980년대에는 부유한 사람에게 유리한 세금 감면 정책으로 격차가 다소 벌어졌지만, 1990년대에는 최하위층에 혜택을 제공하는 근로소득 보전 세제Earned Income Tax Credit의 확장과 상위층의 세금 증가로 격차가 줄어들었다. 2001년 이후에는 세금 감면 정책이 다시 고소득 납세자에게 유리해졌다. 미국 의회 예산처Congressional Budget Office에서는 1979년과 2007년 사이에 소득 불평등(약간 다른 기준에서 지니계수로 측정)이 세전 소득의 경우 약 4분의 1, 세후 소득(메디케어의 가치 포함)의 경우 약 3분의 1 정도 증가했다고 추산한다. 이처럼 차이가 커진 이유는 부분적으로는 전체 기간 동안 세제의 누진도가 감소했기 때문이며 (정치적으로 약한) 빈곤층의 이전소득에 비해 (정치적으로 강한) 노년층의 이전소득이 증가하면서 소득분배에

서 이전소득이 상승했기 때문이기도 하다.[23]

소득과 가계

사람들은 급여를 집으로 가져와 다른 가족 구성원과 공유하며 다른 가족 구성원에게도 자신의 소득이 있을 수 있다. 소득자가 한 명도 없는 가구도 많으며 여기에는 은퇴하여 개인연금이나 정부 연금으로 생활하는 사람이 포함된다. 사람들이 어떤 식으로 함께 사는지 그리고 누가 일을 하는지에 관한 문제는 노동시장에서 소득에 무슨 일이 발생하는지와 더불어 가계소득의 분포를 형성한다. 남성의 소득에 비해 여성 소득의 증가, 1985년까지 백인의 소득에 비해 흑인의 소득 증가와 같은 경향은 노동시장의 임금 불평등 증가를 상쇄했다. 직업이 있는지 여부와 인종, 성별에 상관없이 모든 사람의 소득을 살펴보면, 일을 하고 있는 사람에게만 주의를 기울이는 경우에 비해 소득 불평등의 증가가 훨씬 작게 나온다. 근로자 사이의 소득 불평등 확대는 기혼 여성처럼 이전에는 일을 하지 않았고 소득이 전혀 없던 사람들이 노동인구에 유입되면서 일부 상쇄되었다. 그리고 정규직 백인 남성 같은 집단 내의 소득 불평등은 증가했지만 남성에 비해 여성 소득이 늘어나고 아프리카계 미국인의 소득이 백인의 소득에 비해 증가하면서 집단 간 불평등은 다소 줄었다.

다른 변화들도 가계소득을 벌어들이는 것보다 더 많이 확산시키도록 작용했다. 고등교육을 받은 남성은 고등교육을 받은 여성과 결혼하는 경향이 있다. 오랫동안 이런 경향이 있었지만 50년 전에는 고소득 남성의 아내가 일을 할 가능성은 저소득 남성의 아내가 일할 가능성보다 낮았다. 고소득 남성의 아내는 종종 교육 수준이 높았지만 당시의 관습에 따라 성공한 남편을 뒷바라지하는 전업주부였다. 요즘에는 여전히 남편과 아내의 교육 수준이 일치하며 고소득자의 배우자는 본인도 고소득자일 가능성이 더 많다. '파워 커플'은 두 사람 다 최고 연봉을 받으며 (개인) 소득분포의 상한을 넘어 (가계) 소득분포의 상한을 높이는 데 일조한다. 이 사실을 보여주는 한 가지 방법은 조사 자료를 가져와 모든 부부를 이혼시키고(통계상에서만!) 무작위로 다른 배우자와 재혼하게 한 후 가계소득의 분배를 다시 계산하는 것이다. 이렇게 하면 가계소득 불평등의 증가가 사라지지는 않지만 상당히 줄어든다.

소득분포의 상한은 파워 커플로 인해 높아지고 있는 반면 하한은 아예 짝이 없는 사람들로 인해 낮아지고 있다. 그중에서도 독신 여성이 이끄는 가정의 수가 총 가정 수보다 훨씬 빠르게 증가했으며 이들은 빈곤층에 속할 가능성이 상당히 높다.

대다수 미국 가정에서는 노동시장의 비인간적인 힘이 이들의 소득과 그것을 다른 사람의 소득과 비교하는 방식에 가장 중요한 영향을 미쳤다. 가족 구성의 변화도 가구 간 격차를 넓혔으며 정치적 영향력을 가진 사람들의 정치적 압박에 응하는 정책 입안자들의 조치도 격차를 벌어지게 했다. 노동시장에서는 기술과 교육의 상호 작용이 세계화와 최저임금의 감소로 인해 작아졌지만 여전히 중요한 역할을 하는 주연 배우였다. 급속히 늘어나는 의료보험 비용은 지속적으로 임금율에 장애가 되었다. 교육의 인센티브가 대폭 증가했으며 이런 인센티브를 무시하는 데 따르는 불이익도 커져 교육을 받지 않기로 선택하거나 능력 부족 또는 배경 때문에 교육을 받지 못한 사람들이 피해를 보았다. 깔끔한 아이와 그렇지 않은 아이의 비유에서 보았듯이 인센티브가 뚜렷할수록 불평등이 커졌다. 노동시장의 불평등은 시장의 최상층과 최하층에 새로운 직업을 만들어냈고 중간층을 텅 비게 만들었다. 가난한 사람들은 노동조합의 회원 수와 정치적 영향력이 줄어들면서, 노동 인구에서 투표권이 없는 더 가난한 이민자의 비율이 늘면서, 그리고 아프리카계 미국인이 투표를 하지 않거나 투표를 못 하게 되면서 정치 게임에서도 밀려났다. 그리 가난하지 않은 노년층은 그 수와 투표권, 정치 대표가 늘어나면서 점점 더 잘 살게 되었다. 하지만 시장과 정치 양 쪽에서 가장 성공한 집단은 소득과 이익 분포의 꼭대기에 있는 집단이며 이제 이 집단에 대해 이야기하려 한다.

미국의 상위 소득

현재 파리경제대학Paris School of Economics 교수인 토마 피케티Thomas Piketty와 버클리 소재 캘리포니아 대학의 에마뉘엘 사에스Emmanuel Saez라는 두 경제학자의 2003년도 연구로 소득 불평등에 대한 연구에 변혁이 생겼다.[24] 오랫동안 가계조사를 통한 소득에 대한 자료는 아주 높은 소득을 조사하는 데는 별로 유용하지 않다고 알려졌다. 그런 소득을 가진 사람은 수가 너무 적어 전국을 대상으로 한 대표 설문 조사에 통상 나타나지 않는다. (무작위로 접근한다 해도 이들이 응답할 가능성 또한 별로 없다.) 피케티와 사에스는 소득세 기록의 자료를 연구한 노벨상 수상자인 경제학자 사이먼 쿠즈네츠Simon Kuznets가 1953년에 사용했던 방법을 크게 확장시켰다.[25] 부유한 사람들은 다른 모든 사람과 마찬가지로 납세 신고를 해야 하므로 소득세 자료에 완전히 나타난다. 피케티와 사에스의 연구 결과는 특히 분포의 상위권에 존재하는 소득 불평등에 대한 사람들의 인식을 바꾸었다. 나중 연구에서는 세계 여러 나라의 비슷한 자료를 조사했으므로 이 같은 이해를 미국 바깥으로 넓혀볼 수 있다.

이 장에서 이 자료를 마지막까지 아껴둔 이유는 노동시장과 자본시장, 정치에서 무슨 일이 발생했는지 이해하는 일의 엄청난 중요성 때문인 동시에 이 자료에 각별한 주의를 기울이고 싶기 때문이다. 또한 나는 엄청난 금액의 돈이 관련되어 있다는 이유만으로도 최상위 임금에 특별한 중요성이 있다고 생각한다.

〈도표 4〉는 피케티와 사에스의 논문에서 핵심 그래프 중 하나를 업데이트한 버전이다.[26] 자료는 미국에 소득세가 도입된 1913년에서 시작하여 대침체기인 2011년까지 이어진다. 자료에 포함된 두 번의 세계대전은 옅은 음영으로, 대공황기는 짙은 음영으로 표시되어 있다. 세 개의 선은 전체 과세 단위 중 상위 1퍼센트(맨 위), 상위 0.5퍼센트(가운데), 상위 0.1퍼센트(맨 아래)에 돌아간 총 개인소득(자본이득 포함)의 백분율 추정치를 나타낸다. 오른쪽의 달러 금액은 2011년에 각 집단에 속한 사람들의 평균 소득으로 상위 1퍼센트의 경우 110만 달러, 상위 0.5퍼센트의 경우 170만 달러, 상위 0.1퍼센트의 경우 500만 달러이다. 상위 0.01퍼센트(그래프에 표시되지 않음)의 2011년 평균 소득은 2,400만 달러 이상이었고 이들이 총소득의 4.5퍼센트를 가져갔다. 좀 더 평

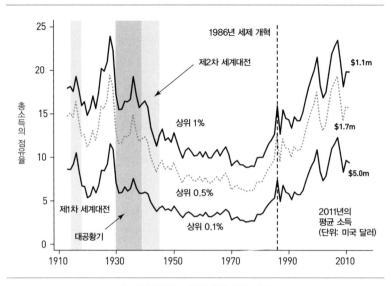

〈도표 4〉 자본이득을 포함한 상위 소득, 1913–2011

범하게 말하면 2011년의 과세 단위 중 상위 10퍼센트가 전체 소득의 47퍼센트를 차지했고 평균 소득은 255,000달러였다. (과세 단위는 가계와 동일하지 않으며 과세 목적의 세금 역시 다른 소득 측정치와 같지도 않지만 공통부분이 충분히 크기 때문에 이런 경향이 그릇된 것은 아니다.)

　도표를 보면 지난 세기 동안 상위 소득의 점유율이 U자 모양을 하고 있다. 최상위 점유율은 대공황기뿐만 아니라 두 번의 세계대전 동안(미국의 전쟁 분담금은 기업에 부과된 막대한 세금으로 마련되었고 따라서 부자들의 배당금이 급감했다) 급격히 감소했다. 2차 대전 후에도 하락이 이어졌지만 하락세는 완만했고 결국 1970년대 말과 1980년대 초에 상승세로 돌아섰다. 1986년에는 최상위 점유율이 가파르게 상승했고 그 후에도 계속 상승해서 2008년에는 가장 부유한 납세자가 총소득에서 1차 세계대전 직전과 거의 같은 점유율을 차지했다. 1986년의 중요한 세제 개정으로 인해 과세 가능한 소득의 정의가 바뀌어 해당 연도에 일시적인 하락이 발생했다.

상위 소득만 크게 변한 것이 아니라 소득을 얻는 사람의 유형도 바뀌었다. 예전에는 상위 소득이 자본에서 파생되었고 가장 부유한 사람은 피케티와 사에스가 '이표 분리자coupon clipper'라고 부른 사람들로, 배당금과 이자에서 소득 대부분을 얻는 사람들이었다. 이런 소득을 기초로 하는 부는 누진되는 소득세와 상속세로 인해 지난 세기에 걸쳐 쇠퇴했다. 그로 인해 상위권에서 자신의(혹은 조상의) 부에 의지해 살아가던 사람들이 연봉과 보너스, 스톡옵션으로 소득을 얻는 대기업 CEO, 월 스트리트 은행가, 헤지펀드 매니저처럼 돈을 버는 사람들로 대체되었다. 사업소득은 100년 전에도 중요했지만 현대에도 여전히 중요하며 상위 소득에서 사업소득의 점유율은 비교적 일정하게 유지되었다. 이는 이표 분리자가 대체되었다거나 '게으른 부자'가 '일하는 부자'로 바뀌었다는 큰 맥락의 이야기와 대비된다. 어지러울 정도로 높은 상위 0.1퍼센트에서는 자본소득이 여전히 상위 10퍼센트에서 보다 큰 부분을 차지하지만 이제는 급여소득이 상위 10퍼센트에서는 전체 소득의 거의 4분의 3에 달하고 상위 0.1퍼센트에서는 43퍼센트를 차지할 만큼 가장 크다. 1916년에는 이 엘리트 집단의 소득 중 10퍼센트만 급여소득이었다. 배당금과 이자는 여전히 중요하지만 연기금 펀드에서 아주 많은 주식을 보유하고 있기 때문에 배당금과 이자는 보다 광범위하게 분배된다.

지난 30년 동안 대다수 사람들의 물질적 웰빙과 상위에 속한 사람들의 물질적 웰빙 사이에 특히 뚜렷한 대조가 나타난다. 1980년 이후 납세자의 하위 90퍼센트에서는 물가 인상분이 반영된 세전 소득이 1년에 0.1퍼센트 미만씩 증가하여 28년 동안 전체 증가분이 1.9퍼센트였다. 각 세대는 부모 세대의 생활수준을 겨우 유지하고 있다.[27] 세후 소득을 따져보는 경우 특히 메디케어 비용의 몫에 대한 귀속분을 더한 후에는 하위 90퍼센트의 수치가 다소 개선되었다. 의회 예산처에서는 1979년과 2007년 사이에 하위 80퍼센트의 가정에서 세후 소득이 1년에 1퍼센트 미만씩 증가하여 4분의 1 정도 늘어났다고 보고한다. 메디케어는 가치 있는 프로그램이지만 혜택이 노년층에 돌아갈 뿐, 집세를 내거나 식료품을 사는 데 쓸 수 있는 돈이 아니다.

이와 대조적으로 상위 1퍼센트에서는 세전 소득이 2.35배 증가했다. 1980년과 2011년에 모두 상위 1퍼센트에 들 정도로 운이 좋은 부모와 자녀의 경우 실제로 발전을 누렸다. 도표에 표시된 범위를 벗어나 있는 최상층, 즉 상위 0.01퍼센트의 평균 소득은 4배 이상 증가했다. 이 숫자는 세전 소득을 가리키는 것이므로 2001년 이후 상위 소득에서 세금이 줄어든 까닭에 상위 소득자의 소득 점유율은 세후에 더 높아지기까지 한다. 다수와 운이 좋은 소수 사이의 이 같은 뚜렷한 대조가 〈도표 1〉과 〈도표 2〉 사이의 명백한 모순, 즉 상당한 경제성장을 이루었는데도 빈곤 문제 해결에는 진전이 거의 없는 이유를 잘 설명해준다. 또한 생활수준이 거의 향상되지 않은 것은 가난한 사람만이 아니라는 사실도 보여준다.

무슨 일이 발생했으며 그 일은 왜 중요한가?

부자는 다른 사람을 희생하여 더 부자가 되는가, 아니면 고등교육을 받은 재능 있는 다른 사람들과 마찬가지로 모든 사람이 누릴 수 있는 새롭고 보다 나은 방법을 만들어내 더 생산적이 된 것뿐일까? 모든 사람이 잘 살지만 일부가 다른 이들보다 조금 더 잘 사는 세상에서 불평등에 대한 불만은 타당한 것일까, 아니면 그저 질투심의 표출에 불과한 것일까? 애초에 우리는 왜 불평등에 신경을 쓰는 것일까? 모든 사람이 동등한 기회를 갖고 시작한다면 더 열심히 일하는 사람이 더 잘 사는 문제에 대해 왜 염려를 하는 것일까? 하지만 만약 모두가 동등한 기회를 갖고 시작하는 것이 아니라면 불평등한 결과가 아니라 불평등한 기회에 대해 염려해야 할 것이다.

동등한 기회와 열심히 일해서 성공을 거둔 사람들이 불이익을 당하지 않도록 하는 일에 관해 이야기할 것이 많다. 하지만 다른 부유한 국가들과 비교해서, 그리고 누구나 성공할 수 있다는 아메리칸드림을 많은 사람이 믿고 있음에도 사실 미국이 특별히 동등한 기회를 실제로 잘 제공하는 것은 아니다. 기회의 평등성을 측정하는 방법 중 하나는 아버지와 아들의 소득 간 상관관계를 살펴보는 것이다. 완전히 유동적인 사회에서는 기회가 완벽히 동등한 경우 자식의 소득은 아버지의 소득과 관련성을 갖지 않는다. 이와 반대로 한 세대에서 다음 세대로 직업이 대물림되는 세습 계급 사회에서는 상관관계가 1이다. 미국의 이 상관관계는 약 0.5로 OECD 국가 중 가장 높고 이 수치가 미국보다 높은 나라는 중국과 라틴아메리카의 몇몇 국가뿐이다. 실제로 소득 불평등이 큰 나라는 아버지와 아들의 소득이 밀접하게 관련된 나라이다.[28] 결국 미국을 비롯한 불평등 국가는 평등한 기회가 가장 적은 것으로 나타나는 나라들이다. 우리가 원하는 것이 동등한 기회가 아니라고 믿고 불평등한 결과에 신경 쓰지 않는다 해도 이 둘은 연관되는 경향이 있다. 이는 불평등 자체가 동등한 기회의 장애물이라는 사실을 암시한다.

그렇다면 부자에 대한 질투심은 어떤 영향을 미칠까? 경제학자들은 우리가 서문에서 얘기한 파레토 법칙Pareto principle에 강한 애착을 갖고 있다. 몇몇 사람이 더 잘 살고 더 못 사는 사람은 아무도 없다면 세상이 더 살기 좋을 것이다. 질투심은 계산에 넣지 말아야 한다. 이 격언은 종종 빈곤에 초점을 맞추고 상위층에서는 무슨 일이 벌어지고 있는지 염려하지 말아야 할 이유로 인용된다. 하버드 경제학자 마틴 펠드슈타인Martin Feldstein의 말에 따르면 '소득 불평등은 바로잡아야 하는 문제가 아니다'.[29] 파레토 법칙에 관해 얘기하자면 길지만 이제 살펴볼 내용처럼 이 법칙은 소득 불평등의 증가가 문제가 아니라고 암시하지 않는다. 하지만 이 문제에 접근하려면 최근에 상위 소득이 아주 빠르게 상승한 원인과 그 결과에 대해 자세히 알 필요가 있다.

한 가지 이론은 상위의 분포도 나머지 분포와 약간만 다를 뿐 크게 다르지 않다는 것이다. 새 기술은 학력이 높고 더 창의적인 사람들에게 새로운 기회를 제공했고, 극단적인 경우 가장 높은 수준의 교육을 받고 가장 창의적인 사람 또는 적어도 해당 집단에서 가장 운이 좋은 구성원에게 엄청난 부를 주었다. 마이크로소프트의 빌 게이츠, 애플의 스티브 잡스, 구글의 래리 페이지와 세르게이 브린 같은 사람들이 그 예이다. 이제는 연예인 또는 뛰어난 운동선수도 자기 나라뿐 아니라 전 세계 청중의 주목을 받을 수 있고 그런 청중의 수에 비례해서 보수를 받는다. 세계화 덕분에 성공한 연예인처럼 성공한 기업가도 영역을 넓혀 수익을 확대할 수 있게 되었다. 그리고 실제로 이제는 전 세계 많은 사람이 이런 사람들의 비범한 재능을 향유할 수 있다.

소득이 가장 높은 사람들 중에 잘 나타나는 다른 집단은 은행과 헤지펀드 회사의 고위 경영진이다. 이들도 아주 높은 수준의 교육을 받으며 자신이 받은 교육과 창의성을 사용해 새로운 상품을 고안한다. 모든 경제학자가 이런 새 금융 상품이 상품을 만든 사람을 위해 만들어내는 수익에 부합하는 사회적 가치를 갖는가 하는 문제에 의견이 일치하지는 않는다. '최근의 정말 유용한 금융 혁신은 ATM 기계'라는 폴 볼커Paul Volcker의 말에 공감하지 않을 수 없다. 만일 은행가와 자본가에게 그들의 사회적 인센티브를 과장하는 사적 인센티브가 있는 경우 은행 상품과 금융 상품이 너무 많아질 것이고 이로 인해 발생하는 불평등을 막을 방법은 없다.

금융 서비스는 경제 전반에 걸쳐 혁신에 자금을 대는 중요한 역할을 해왔고 자본을 효율적으로 할당하는 일은 시장경제에서 가장 가치 있는 일 중 하나이다. 하지만 수익성이 높은 금융 활동 중 몇몇은 전체 인구에 거의 아무런 이득이 되지 않으며 금융 시스템의 안정성을 위협하기까지 한다는 의혹이 널리 퍼져 있다. 투자가이자 사업가인 워런 버핏은 이런 활동을 재정적 대량살상 무기financial weapons of mass destruction라고 칭했다. 그렇다면 그와 같은 활동에서 발생하는 아주 높은 소득은 부당하고 비효율적인 것이다. 최고의 인재들을 금융 공학 분야에 많이 채용하면 경제의 나머지 부문에서는 이들을 잃게 되므로 다른 분야에서 혁신과 성장이 감소할 가능성이 많다. 이보다 논란이 훨씬 적은 것은 가장 크고 서로 밀접하게 연관된 기관들은 정부가 긴급 구제하리라는 암묵적인 보장이 그들로 하여금 거대한 보상을 노리고 과도한 위험을 감수하도록 이끌었다는 사실이다. 그로 인해 수백만 명이 일자리를 잃었거나, 소득이 줄었거나, 갚을 길 없는 빚을 안고 무너져 궁핍해졌는데도 말이다. 자신의 돈과 고객의 돈을 굴리는 사람들이 부자가 되는 것과 공금을 지원받은 사람들이 부유해지는 것은 완전히 별개의 사안이다. 이런 활동이 사회에 많을 해를 입힌다면 상황을 참고 보기만 해서는 안 된다.

보수의 큰 증가는 금융회사와 소수의 매우 창의적인 혁신가에게 국한되지 않고 많은 미국 기업의 고위 경영진에게 확대되었다. 어떤 사람들은 고위 경영진의 본질이 바뀌었으며 기업은 규모가 커졌고 정보기술의 변화로 인해 고위 경영진이 보다 큰 집단을 관리할 수 있게 되었다고 주장한다. 하지만 이런 경향이 최고위층의 보수 증가를 설명할 수 있는지 여부는 확신하기가 상당히 어렵다. 한 가지 예를 들면 도표 4의 변화는 너무 급격해서 기술 진보로 인한 것이라고 설명하기에는 이치에 맞지 않는다. 다른 예를 들면, 다음 장에서 살펴보겠지만 몇몇 다른 서구 국가도 새로운 관리 기술에 접근할 수 있고 똑같은 세계시장에서 경쟁하고 있지만 이들 국가 경제에서는 고위 경영진의 보수가 조금 증가했거나 전혀 증가하지 않았다. 가능한 한 가지 이유는 세계 경제에서 통용되는 언어가 영어이고, 영어를 할 수 있는 경영자는 여러 나라에서 가장 비싼 값을 부르는 사람에게 서비스를 판매할 수 있기 때문에 모국어가 영어인 사람에게 세계화가 가장 유리하다는 사실이다. 실제로 상위 소득은 다른 어느 곳보다 영어를 사용하는 국가에서 크게 증가했다.

한 연구에 따르면 석유 회사의 고위 경영진은 석유 가격이 높을 때 더 많은 돈을 받았다. 이는 포상을 받은 사람이 그 돈을 획득하기 위해 어떤 노력을 해서가 아니라 단지 돈이 있기 때문에 포상을 받았음을 뜻한다.[30] 대개의 경우 기업이 운이 좋으면 고위 경영진에게 보수를 더 주면서 운이 다 했을 때는 그에 따라 보수를 줄이지도 않는다. 보수 위원회는 일반적으로 최고 연봉을 정하며 그 구성원은 보통 명목상으로는 사외 이사들이다. 하지만 워런 버핏이 지적했듯이 이러한 이사회의 구성원은 이사직에서 자신의 총소득 중 큰 부분을 받고 사실상 CEO의 통제를 받는다. 버핏은 또한 거대한 보수 패키지를 기업들 사이에 퍼뜨리는 데 일조한 급여 컨설팅 회사('래칫 래칫 앤드 빙고Ratchet, Ratchet, and Bingo!')의 역할에 주의를 기울일 것을 촉구했다. 이런 회사의 이용과 CEO들이 흔히 서로의 회사 이사직을 맡는 관행을 함께 고려하면 어떻게 거대한 보수 패키지가 금융회사에서 다양한 기업들로 확산되었는지 설명할 수 있을 것이다. 이와 동시에 2차 세계대전 후의 누진적인 과세 체계와 평등화를 이끈 사회규범이 20세기 끝 무렵 크게 쇠퇴했으며 50년 전과는 사뭇 다른, 훨씬 큰 소득이 사회적으로 용인되는 분위기가 형성되었다.

정부 또한 상위 소득의 급격한 증가를 촉진하는 데 일조했다. '대마불사too big to fail'라는 약속과 이로 인해 허용된 엄청난 금액의 수익은 정부 규제의 실패를 보여준다. 경제학자 토마 필리퐁Thomas Philippon과 아리엘 레셰프Ariell Reshef는 1920년대에 높았던 금융 부문의 급여가 어떻게 대공황 이후의 규제 결과 하락했다가 특히 1980년 이후 다시 상승했는지 보여준다.[31] 그들은 4가지 유형의 금융 규제 및 규제 완화(은행의 복수 지점 허용, 일반은행과 투자은행의 분리, 이자율 상한제, 은행과 보험사의 분리)의 변화가 금융 부문의 급여 패턴과 일치할 수 있음을 보여준다. 1932년의 글래스-스티걸 법Glass Steagall Act 도입과 1999년의 폐지로 이야기가 시작되고 마무리된다.

의회가 독단으로 이런 법을 도입했다가 폐지하지는 않는다. 잠재적인 승자와 패자의 로비가 치열하며 재정이 탄탄한 이익단체는 정치적 캠페인을 지원하거나 응징하기 위해 어떻게 돈을 써야 하는지 알고 있다. 정치학자 제이콥 해커Jacob Hacker와 폴 피어슨Paul Pierson은 정치적 로비가 상위 소득의 증가에 핵심 역할을 했다고 주장한다.[32] 이들은 워싱턴의 등록된 로비스트가 대변하는 회사 수가 1971년에 175개에서 1982년에 2,500개로 늘어났으며 이는 상당 부분 위대한 사회Great Society(존슨 미국 대통령이 1964년 취임, 첫 일반 교서 중에 내건 중심 목표) 정책과 연관된 비즈니스에 대한 정부 규제 물결에 대응하여 일어난 것이라고 설명한다. 시장의 작용 방식이나 기업이 할 수 있는 일과 할 수 없는 일 또는 회계 규정에 대한 불가사의하고 모호해 보이는 규칙의 변경은 특정 이익단체에 어마어마한 금액을 뜻하는 것일 수 있다. 글래스-스티걸 법의 폐지가 바로 그랬고, 대침체에 이르는 기간과 그 후에도 다른 많은 예가 있다. 극적인 예는 준공영 모기지 금융회사FNMA, Federal National Mortgage Association인 패니 메이Fannie Mae다. 이 회사를 운영한 사람들은 연줄이 좋은 정치 조직원으로 넉넉한 자금을 바탕으로 정치적 영향력을 행사하는 방법을 통해 규제 기관의 접근을 막으면서 결국은 재앙이 된 위험 감수를 통해 자신과 고위 경영진의 부를 축적했다.[33]

이 같은 이야기가 일부만 정확하다고 해도 돈으로 살 수 있는 정치적 접근을 통해 상위 소득의 급격한 증가가 자체 강화될 위험이 있다. 규칙이 공공의 이익을 위해서가 아니라 해당 규칙을 이용해서 더 부유해지고 더 강한 영향력을 가지려는 부자들의 이익을 위해 정해지기 때문이다. 최상위층의 소득 점유율이 가장 크게 증가한 OECD 국가는 상위 소득에 대한 세금을 가장 많이 감면한 나라다.[34] 정치학자 래리 바텔즈Larry Bartels와 마틴 길렌즈Martin Gilens의 의원 투표 연구에서는, 의회에서 양쪽 정당의 표수가 가난한 유권자들의 희망에는 전혀 민감하지 않으면서 부유한 유권자들의 희망에는 얼마나 민감한지 설명한다.[35]

그리고 사회적으로 의심스러운 금융 공학 분야로 인재를 돌리는 것이 경제에 손실이 되는 것처럼 로비 분야로 인재를 전환하는 것도 손실이다. 이처럼 '직접적으로는 비생산적인 이익 추구 활동'은 여러 개발도상국에서 경제성장에 심각한 장해가 되며(규제 왕국License Raj으로 유명한 1990년 이전의 인도가 대표적인 예) 로비 활동의 막대한 보상과 상대적으로 적은 비용은 경제성장을 좌우하는 생산과 혁신 분야에서 인재들을 끌어갔다.[36] 정부의 경비와 치솟는 선거비용도 자주 언급되는 주제지만 최근의 대선 비용도, 예를 들어 자동차 제조사의 연간 광고 예산에 비하면 약과로 보인다. 정치적 호의는 잠재적인 이득에 비하면 놀랄 정도로 저렴한 비용으로 얻을 수 있다.

어느 날 델리에서 라자스탄Rajasthan 주의 자이푸르Jaipur로 향하는 비행기에서 어떤 상품의 제조업자 옆에 앉게 되었다. (수입품에 대한 규제로 보호되어야 한다는 사실 말고는 정확히 어떤 상품인지 알아내지 못했다.) 그는 정부 규제 기관 관계자들의 사악함에 대해서, 그리고 허가나 규제 유예를 신청하고 호의적인 규칙의 해석을 요청하는 데 자신이 (이 여행의 경우처럼) 얼마나 많은 시간을 들였는지 장황하게 설명했다. 규제 담당자들에 대한 그의 경멸은 끝이 없었다. 5성급 람바그 팰리스Rambagh Palace 호텔에서 근사한 아침을 산 후 경멸하는 관료를 만나러 가기 위해 나와 헤어지면서 그는 이렇게 속삭였다. "아하, 디턴 교수님. 수익이에요, 수익!" 글래스-스티걸 법의 폐지로 시티 그룹을 만들 수 있었던 샌퍼드 웨일Sanford Weill도 거의 같은 말을 했을 것이다.

돈과 정치를 통한 누적적 인과관계의 과정에 대해서는 충분한 문서 기록이 없지만 정치학자와 경제학자 모두 진지한 관심을 보이기 시작했다. 현재 우리는 상위층 급여의 증가분 중 로비 활동 또는 기타 성치적 활동으로 인한 비율은 얼마인지, 상위 소득자의 높은 생산성으로 인한 비율은 얼마인지, 노동조합처럼 워싱턴에서 역시 잘 대변되는 다수와 반대되는 이익단체 때문에 발생하는 정치적 활동은 얼마나 되는지와 같은 다양한 영향력의 규모에 대한 충분한 이해가 부족하다. 또한 우리는 이와 같은 영향력이 그렇게 실제로 시간이 지나면서 훨씬 더 강력해졌는지 그 이유도 잘 모른다. 이런 질문에 대한 답은 상위 소득의 증가에 대해 얼마나 염려해야 하는지 그리고 부자가 더 부유해지는 것에 대한 염려가 어째서 질투심 그 이상의 문제인지 결정하는 데 핵심적이다.

민주정치가 금권정치로 바뀌면 부자가 아닌 사람은 사실상 투표권을 잃는다. 루이스 브랜다이스Louis Brandeis 판사는 미국은 민주주의를 갖거나 소수의 손에 부가 집중되게 할 수 있지만 둘 다 이룰 수는 없다는 유명한 주장을 했다. 민주정치에 필수인 정치적 평등은 늘 경제적 불평등으로 인해 위협받았고 경제적 불평등이 극심해지면 민주정치에 대한 위협도 커졌다.[37] 민주정치가 위태로워지면, 사람들의 웰빙에도 직접적인 손실이 발생한다. 사람들은 나름의 타당한 이유로 정치 생활에 참여할 수 있는 자격을 가치 있게 여기기 때문이다. 이 같은 자격 손실은 여타의 해를 유발한다는 점에서도 중요하다. 아주 부유한 사람들은 국가가 제공하는 교육이나 의료보험이 거의 필요 없다. 이들에게는 메디케어의 축소를 지지하고 세금 증가에 저항할 이유가 충분하다. 모든 사람을 위한 건강보험을 지원하거나 전국 대부분에서 골머리를 앓고 있는 공립학교의 낮은 질에 대해 걱정할 이유도 별로 없다. 부자들은 모기지를 감당할 수 없는 사람들 돕거나 약탈적 대출, 과대광고 또는 반복되는 금융 위기에 맞서 대중을 보호하는 규제라도 수익을 제한하는 조치라면 반대할 것이다.[38] 이 같은 극단적인 불평등의 결과에 대한 염려는 부자에 대한 질투와 아무 관련이 없고 급격히 증가하는 상위 소득이 모든 사람의 웰빙을 위협한다는 두려움과 관계가 있다.

파레토 법칙에는 잘못된 점이 없으며, 타인의 부가 우리에게 아무 해도 끼치지 않는다면 그에 대해 염려하지 말아야 한다. 이 법칙을 웰빙의 한 요소인 돈에만 적용하고, 민주 사회에 참여하고 교육을 받으며 건강을 누리고 다른 사람이 부를 추구하는 데 희생자가 되지 않을 자격 같은 다른 요소를 무시한 것이 실수다. 상위 소득의 증가가 다른 소득의 감소에 아무 영향을 미치지 않지만 웰빙의 다른 요소를 해친다면 파레토 법칙으로 이를 정당화할 수 없다. 돈과 웰빙은 서로 다른 것이다!

소득에만 초점을 맞추고 다른 요소의 손상을 무시한다 해도 소득 불평등이 불공정한 것인지 여부에 대한 우리의 관점은 상위 소득의 증가가 모든 사람에게 득이 되는지 또는 해당 소득을 얻는 사람에게만 이득인지 여부에 따라 달라진다. 국내의 유명한 은행가가 스티브 잡스처럼 이른 나이에 사망해도 사람들은 스티브 잡스의 죽음을 슬퍼한 만큼 슬퍼하지는 않을 것이다.

오늘날의 미국은 이 책의 주제를 뚜렷하게 보여주는 실례다. 미국 경제는 2차 세계대전 이후 성장하면서 최고 성장률에 다다르지는 못했지만 성장 속도는 역사적 기준에 비추어 볼 때 훌륭한 것 이상이다. 이러한 팽창 속에 생산된 재화와 용역으로 많은 사람의 생활이 향상되었다. 그래도 빈곤과 퇴보(미국은 역사적 기준으로 볼 때 1945년에 이미 부유했다)로부터 거의 탈출하지는 못했지만 웰빙에 미친 성장의 영향을 과소평가해서는 안 된다. 사람들은 더 안전하고 좋은 집에서 살며 그들의 조부모에게는 불가능했던 방법으로 여행할 수 있고 상당한 세상 정보와 엔터테인먼트(이전에는 극소수만 이용할 수 있던)에 접근할 수 있으며 상상도 못했던 방법으로 서로 연락할 수 있다. 하지만 종종 그렇듯 성장은 분열을 낳았고 특히 성장이 둔화되고 훨씬 덜 포괄적이었던 1970년대 중반 이후 몇몇 사람이 다른 사람들보다 훨씬 잘살게 되었다. 이같은 분열은 생산적일 수 있으며 많은 경우에서 보았듯 더 부유한 사람을 따라잡고 소수의 이익을 많은 사람에게 퍼뜨릴 수 있는 기회와 인센티브를 만들어낸다. 최근 미국 역사에서 이는 '교육과 기술의 경주' 그리고 교육을 받은 미국인 수의 상당한 증가로 요약된다.

성장에서 불평등 그리고 따라잡기로 이어지는 과정은 동전의 양면 중 밝은 면이다. 어두운 면은 이 과정이 약탈당해서 따라잡기가 이루어지지 않는 경우 발생하는 일이다. 역사학자 에릭 존스Eric Jones는 장기간의 역사를 보았을 때 서구 국가는 1750년 이후 발전하고 아시아와 남쪽의 국가들은 그렇지 않은 이유에 대해 유려한 글을 썼다. 그의 주장에 따르면 서구 이외의 국가에서 성장이 전혀 없었던 것이 아니라 오히려 계속 반복해서 일어났다.[39] 하지만 늘 강력한 통치자나 지도자가 혁신을 독점하거나 자신의 지위를 위협한다는 이유로 활동을 모두 금지하여 성장의 불씨가 꺼졌다. 어느 쪽이든 지속적인 성장은 한 번도 자리를 잡지 못했고 황금알을 낳을 수도 있었던 거위는 태어나자마자 목이 졸려버렸다. 이런 사회의 극심한 힘의 불평등은 성장이 확고히 자리잡을 수 없고 영구적인 탈출 경로가 차단된 환경으로 이끌었다.

경제 역사학자 스탠리 잉거만Stanley Engerman과 케네스 소콜로프Kenneth Sokoloff는 성장(의 결핍)의 불평등에 대해 다른 버전의 이야기를 한다.[40] 권력이 소수의 손에 집중된 국가에서는(예를 들면 라틴아메리카 또는 미국 북부 대비 미국 남부의 대농장 경제에서) 부자들이 다수의 투표권에 반대하고 자신이 속한 엘리트 계층에 이를 수 있는 교육을 제한했다. 정치와 포괄적 교육의 실패는 사람들에게서 포괄적 경제성장의 근본이 되는 제도를 박탈했다. 이와 반대로 미국에서 보편적인 공공 교육의 이른 채택은 장기간의 경제적 성공에 중요한 요소였다.

엘리트층에 맞추어진 제도가 경제성장에 불리하다는 사실은 MIT 경제학자 대런 애스모글루Daron Acemoglu와 사이먼 존슨Simon Johnson이 하버드 정치학자 제임스 로빈슨James Robinson과 함께 쓴 글의 주제이기도 하다.[41] 자국의 국민으로 구성된 식민지를 세울 수 있었던 식민 강대국들은 자신의 제도를 함께 가져왔고(미국과 오스트레일리아, 캐나다, 뉴질랜드를 생각해보라), 이들 식민지에서 제도를 정착시키기는 무척 어려웠음에도 불구하고(예를 들면 높은 유병률 때문에) 지배 계층에 도움이 되도록 계획되었으나 경제성장을 뒷받침할 수는 없는 제도를 사용해서 근본적으로 자원을 수탈하는 '빨대' 국가를 세웠다(볼리비아나 인도, 잠비아를 생각해보라). 빨대 정권은 대개 사유재산 보호 또는 법치 정치의 촉진에 관심이 없으며 이러한 제도 없이는 기업가 정신과 혁신이 번성하기 어렵다. 식민 시대에 비교적 부유하고 인구가 많았던 나라들이 특히 정복자에게 무척 탐나는 목표였기 때문에 역사적인 성쇠의 반전이 발생했다. 유럽의 강대국들이 정복했던 나라 중 부유했던 나라는 지금 가난하고, 가난했던 나라는 이제 부유해졌다.

이 같은 성쇠의 반전은 현대의 번영과 경제성장을 늘 그랬고 결코 사라지지 않을 당연한 무엇으로 여기지 말라는 경고로 생각해야 한다. 지대 추구 행위는 경제성장을 각 집단이 감소하는 전체 이익에서 자신의 몫을 차지하기 위해 더 맹렬하게 싸우는 내부 다툼으로 바꾸어 버릴 수 있다. 이익집단은 다수를 희생하면서 소수의 배를 불릴 수 있고 다수 각자는 잃는 것이 아주 적기 때문에 수탈을 막기 위해 조직을 구성할 가치를 느끼지 못할 수도 있다. 하지만 이런 집단 다수의 누적 영향은 안에서부터 경제를 갉아먹어 성장을 억누를 수 있다.[42] 힘 있고 부유한 엘리트들이 전에 경제성장의 숨통을 막았다면, 이들이 포괄적 성장의 토대가 되는 제도의 기반을 손상하도록 내버려둘 경우 또 다시 그럴 수 있다는 점을 명심해야 한다.

CHAPTER 6

세계화와
대탈출

2차 세계대전 이후 현대 세계는 그 어느 때보다 규모가 큰 탈출을 목격했다. 여러 나라의 급속한 경제성장이 수많은 사람을 빈곤에서 구해냈다. 물질적 웰빙 수준은 높아지는 한편 사망률은 감소했고 사람들은 더 오래 풍족한 생활을 누리게 되었다. 언제나 그렇듯 진보는 균등하지 않았다. 가장 빠르게 성장하는 몇 나라는 부유한 나라와 격차를 좁혔지만, 이들의 진보는 자신과 뒤처진 나라 사이에 새로운 격차를 벌려놓았다. 한때는 가난했던 아시아의 국가들이 중간층으로 이동하며 이들과 아프리카의 많은 나라들 사이에 커다란 균열을 남겼다.

사망률, 특히 어린이의 사망률 감소는 인류 역사에서 전례가 없는 속도로 세계 인구가 증가하는, 진정한 인구 폭발의 원인이 되었다. 이 같은 인구수의 증가에도 세계의 빈곤이 감소하고 있는 상황을 목격했다면 서서히 다가오고 있는 '인구 폭탄'이 전 세계의 생활수준을 위협한다고 여겼던 1960년대의 논객 대부분이 크게 놀랐을 것이다. 뛰어난 경제학자이자 노벨상 수상자인 제임스 미드James Meade는 20세기의 커다란 재앙 세 가지는 '악독한' 내연기관, 인구 폭발, 그리고 경제학 분야의 노벨상이라고 불평하곤 했다. 인구 폭발에 대해서는 그와 같은 시대의 사람 대부분은 동의할 것이고 오늘날에도 많은 사람이 인구 증가를 심각한 위협(악독한 내연기관과 함께)으로 보고 있다. 하지만 지난 40년 간 40억의 인구가 세상에 더해지기만 한 것이 아니라 현재 살아 있는 70억의 사람이 평균적으로 부모와 조부모 세대보다 나은 삶을 살고 있다.

평균은 뒤에 남겨진 사람들에게는 위안이 되지 않는다. 우리는 이미 미국의 평균 성장이 평등한 공유와 거리가 한참 멀다는 사실을 살펴보았다. 불평등이 증가한 나라는 미국만이 아니며 중요한 예외가 있기는 하지만 최근 많은 나라가 공통적으로 소득 불평등의 확대를 겪고 있다. 그렇다면 국가 간 불평등은 어떤가? 한때 가난했던 많은 나라가 '후진성의 이점advantage of backwardness', 즉 현재 부유한 나라가 오랫동안 알고 있던 지식과 기술을 도입(그리고 개선까지)할 기회를 포착했다. 따라잡는 나라들은 과거에 성장을 제한했던 시행착오를 거치는 긴 과정을 건너뛸 수 있다. 홍콩, 싱가포르, 한국, 대만과 같은 아시아의 호랑이 국가들과 최근의 중국과 인도 같은 나라는 이전의 모든 성장 속도를 몇 배나 뛰어넘는 경제성장을 경험했다. 하지만 성장은 불평등하게 분배되었고 50년 전에 가난했던 나라 대부분은 중국이나 인도, 아시아의 호랑이들을 따라갈 수 없었다.

놀랍게도 빠르게 성장한 나라들의 성취에도 불구하고 국가 간 소득 불평등은 거의 좁혀지지 않았다. 따라잡기에 성공한 나라 뒤에는 꼭 뒤처진 나라가 있었다. 가난한 나라와 부자 나라 사이의 평균 소득 분산은 그 어느 때보다 크다. 가장 가난한 나라부터 가장 부유한 나라까지 평균 소득 순으로 나라를 배열하면 맨 아래에서 4분의 1 정도 위에 있는 나라(다소 가난한 나라)와 맨 위에서 4분의 1 정도 밑에 있는 나라(다소 잘사는 나라)를 비교할 수 있다. 1960년에는 다소 잘사는 나라의 평균 소득이 다소 가난한 나라 평균 소득의 7배였고 2009년에는 이 비율이 8.5배로 높아졌다.

이 장에서는 제2차 세계대전의 기적, 대탈출 중의 대탈출에 대해 살펴본다. 대탈출이 어떻게 발생했으며 어떻게 이전의 불평등을 마감하고 새로운 불평등을 초래했는지 알아볼 것이다. 또한 수치를 자세히 검토하고 해당 숫자가 믿을 만한 것인지 따져볼 것이다. 빈곤과 불평등의 세계적인 측정은 어려운 일투성이다. 우리가 알아야 할 것에 비해 아는 사실은 적고 대중을 상대로 한 발표를 보고 들어 알 수 있는 사실은 생각보다 확실히 적다.

세계의 수치화

물질적 웰빙 측정은 전혀 쉬운 일이 아니며 일상적인 용어인 소득도 정확히 파악하기 어렵다. 빈곤과 불평등의 척도는 소득의 기준만큼만 양호하다. 나라들을 서로 비교하려고 하면 더 힘들어진다. 사람들은 자신이 살고 있는 지역사회에서 가난해지지 않으려면 어떤 종류의 소득이 필요한지 상당히 잘 파악하고 있다. 국가 빈곤선이란 것이 부족에 대한 의견 차이는 고사하고 지역사회에서 생활하는 데 필요한 비용조차 포착하지 못해도, 국민 대부분과 정책 입안자들이 국가 빈곤선을 그럭저럭 살아가는 사람들과 그렇지 못한 사람을 나누는 타당한 수치로 보리라 기대할 수 있다. 그러나 전 세계의 가난한 사람을 세야 한다면 나이로비와 키토Quito, 카라치Karachi, 팀북투Timbuktu뿐 아니라 런던과 캔버라에서도 타당한 단일 빈곤선이 필요하다. 그러려면 소득에 대한 여느 국제적인 비교와 마찬가지로 하나의 통화를 다른 통화로 환산할 수 있어야 하는데 환율은 이런 용도에 쓸모가 없는 것으로 밝혀졌다.

그렇다면 하나의 통화를 다른 통화로, 예를 들면 달러를 루피로 환산하는 방법을 묻는 것에서 시작하는 것이 좋겠다. 시장에서 달러로 살 수 있는 루피의 수를 나타내는, 매일 바뀌는 환율이 있다. 이 책을 쓰고 있는 2013년 4월 현재 해당 환율은 54.33이다. 따라서 뉴욕에서 델리로 날아가 환전소를 찾으면 1달러에 약 50루피를 받거나 은행의 수수료에 따라 이보다 덜 받게 된다. 하지만 시내로 들어가면 가장 비싼 호텔에서조차 뉴욕에서 1달러로 살 수 있는 것보다 훨씬 많은 것을 50루피로 살 수 있다. 델리 경제 대학Delhi School of Economics의 구내식당에 가거나 길거리 음식을 살 경우 그 차이는 어마어마하다.

이를 설명하는 한 가지 간단한 방법은 뉴욕보다 인도의 물가수준이 낮다는 것이다. 화폐를 시장 환율로 환산하는 경우 인도의 물건 대부분은 미국의 물가에 비해 저렴하다. 사실 최근의 계산에 따르면 인도의 물가수준은 미국 물가 수준의 약 40퍼센트밖에 되지 않는다. 따라서 사람들이 일상적으로 구매하는 물품 묶음을 비교하면 인도의 묶음은 미국에서 구매할 때보다 40퍼센트의 비용밖에 들지 않는다. 달리 말하면 환율이 50루피가 아니라 20루피일 경우 양쪽 나라에서 물가가 같을 것이다. 양쪽 나라에서 1달러의 가치를 동일하게 만드는 이 '정확한' 환율을 적절하게도 구매력 평가 지수purchasing power parity 환율 또는 간단히 PPP 환율이라고 한다. PPP 비율은 양쪽 나라에서 동일한 구매력을 갖게 하는, 루피로 환산되는 달러 환율이다. 가난한 나라 대부분에서 그렇듯 뉴욕보다 델리의 물가수준이 낮으면 PPP 비율이 환율보다 낮을 것이다.

이런 숫자를 어떻게 알 수 있을까? 통화가 PPP 비율로 환산되는 시장은 없으므로 직접 가서 물가를 알아내는 수밖에 없다. 국제적인 연구원과 통계학자로 구성된 팀이 전 세계 국가에서 수백만 개에 이르는 가격을 수집해서 평균을 내어 각 나라의 물가수준을 알아낸다. 첫 번째 계산은 1970년대 중반 어빙 크래비스Irving Kravis, 로버트 서머스Robert Summers, 알란 헤스턴Alan Heston이 이끄는 펜실베이니아 대학University of Pennsylvania의 경제학자 팀이 여섯 개 나라를 대상으로 수행했다. 알란 헤스턴은 이 분야에서 계속 일하고 있으며 이 책에 언급된 숫자 중 상당수를 그의 연구 결과에서 가져왔다. 이 선구자들은 경제학자가 세상을 바라보고 생각하는 방식을 바꾸었다. 이들의 연구가 없었다면 여러 나라의 생활수준을 어떻게 비교해야 할지 몰랐을 것이다.[1]

이와 같은 국제적 비교를 통해 처음 알게 된 사실 중 하나는 내가 든 인도의 예가 과거나 지금이나 상당히 흔하다는 것이다. 물가수준은 가난한 나라에서 낮고 가난할수록 물가수준이 더 내려간다. 많은 사람이 이 같은 결론을 믿을 수 없어하고 놀랍게 여긴다. 어떻게 한곳의 물건

가격이 다른 곳에서보다 저렴한 세상이 있을 수 있을까? 강철이나 휘발유의 가격이 뉴욕보다 델리에서 훨씬 저렴하다면 어째서 무역업자들은 델리에서 물건을 사고 뉴욕에서 이를 팔아 부자가 되지 않는 것일까? 사실 운송 비용과 지방세, 보조금을 고려하면 강철과 휘발유의 가격도 별로 다르지 않다. 하지만 모든 것에 적용되는 이야기는 아니다. 델리의 이발 비용이나 방콕의 저녁 식사 값이 뉴욕에서보다 엄청나게 저렴하다는 사실은 무역업자들의 관심을 끌지 못한다. 이와 같은 서비스는 뉴욕이 아니라 델리와 방콕에서 제공되는 것이고 해당 서비스를 한 장소에서 다른 장소로 가져갈 수 없기 때문이다. 가난한 나라의 사람들은 가난하므로 서비스가 저렴하지만 이런 서비스 대부분은 이동할 수 없다.

모든 사람이 마음대로 이민할 수 있다면 부유한 나라의 급여는 내리고 가난한 나라의 급여는 올라서 세상이 훨씬 평등해질 것이다. 당연히 부유한 나라의 급여 하락에 대한 저항은 사람들의 자유로운 이민이 허용되지 않는 원인이며, 가난한 나라에서 식사와 이발 비용이 저렴한 이유이다. 지가price of land는 노무 가격price of labor과 마찬가지로 부유한 나라와 가난한 나라 사이에 재정 거래가 불가능하다. 인도나 아프리카의 저렴한 주택을 간단히 바다를 건너 땅을 옮겨와 미국의 가격으로 올릴 수 없다. 가난한 나라에 저렴한 땅과 저렴한 노동력이 존재한다는 사실은 가난한 나라의 물가수준이 부유한 나라보다 훨씬 낮은 이유를 설명해준다. 시장은 강철과 휘발유, 자동차, 컴퓨터와 같이 국제적으로 거래가 가능하고 또 거래되는 모든 물건의 가격이 동등해지도록 환율을 정하지만, 물가수준은 거래할 수 없는 재화와 서비스에 좌우된다. 이런 재화와 용역은 가난한 곳에서 더 저렴하므로 가난한 나라일수록 평균 물가가 낮다.

가난한 나라일수록 물가가 낮으므로 시장 환율을 사용해서 생계비를 환산하면 잘못된 답이 나온다. 신문 기사에서는 거의 언제나 이 값을 잘못 계산하고 있으며 경제학자들조차 가끔 이 사실을 잊는다. 2011년 봄, 인도 정부는 (현명하지 못하고 인색하게도) 인도 대법원 앞에서 하루에 26루피만 있으면 적어도 도시 바깥에 사는 사람들의 빈곤은 막을 수 있다고 주장했다. 그에 따른 엄청난 논란 속에 인도(그리고 국제) 언론은 (인도인 대부분이 자비로운 기관으로 보지 않는) 세계은행조차 1.25달러의 빈곤선을 사용한다고 지적했다. 이는 1달러당 53루피의 환율로 계산하면 정부가 정한 선보다 두 배 이상 후한 금액이다. 하지만 1달러당 20루피의 PPP 비율로 계산하면 세계은행의 빈곤선이 25루피가 되어 정부가 제안한 선에 가깝다. 〈파이낸셜타임스〉조차 시장 환율을 사용해서 루피를 달러로 환산하고 정부의 빈곤선이 세계은행이 인도에 대해 설정한 1.25달러 선이 아닌 0.52달러에 불과하다고 지적했다. 더 정확한 숫자는 1.3달러였을 것이다. 정말 보잘것없는 금액이지만 틀린 숫자의 세 배에 달한다.

유엔 개발계획United Nations Development Programme도 여러 해 동안 이런 실수를 해서 가난한 나라의 빈곤을 의도적으로 과장했다는 비난을 초래했다. 가난한 나라의 생활수준(임금율이든 진료비든 또는 식료품비든 교통비든) 자료를 읽고 시장 환율을 사용해서 빤한 환산을 할 때마다 두세 가지 요인으로 인해 그 결과가 너무 작게 나온다. 임금은 분명 가난한 나라에서 낮지만(해당 국가가 가난하다고 표현하는 다른 방법이다) 부유한 나라에 비해 얼마나 가난한지 과장해서 득이 될 일은 없다.

전 세계의 생활수준을 비교하거나 국제적 빈곤율 또는 불평등을 계산할 때 PPP 환율을 사용하는 것이 언제나 정확하다. 여기서 '전 세계'라는 말은 중요하다. 5장의 미국의 경우처럼 동일한 국가의 사람들을 조사할 때는 당연히 장소에 따라 물가 차이를 반영하지 않는 방법을 택한다. 캔자스 또는 미시시피에서 사는 것이 뉴욕 시에서 사는 것보다 확실히 저렴하지만 도시에는 생활 편의 시설이 더 많다. 실제로 사람들이 주거지를 자유롭게 선택할 수 있는 경우 대도시의 높은 물가가 생활 편의 시설의 가치를 알려주는 합리적인 길잡이가 될 수 있다. 그렇다면 물가를 반영해서 조정하지 않아도 지역 간 소득을 비교할 수 있다. 뉴욕 시 맨해튼의 고소득자가 실제로 캔자스 주 맨해튼 시의 저소득자보다 잘산다. 하지만 미국과 서로 자유로운 이동이 불가능한 인도 또는 같은 맥락으로 프랑스와 세네갈을 비교할 때는 사정이 다르다. 미국에서 살 경우 인도에서보다 많은 생활 편의 시설을 누릴 수 있다고 해도(진짜 그런지는 잘 모른다) 미국과 인도의 물가수준 차이가 생활 편의 시설의 차이를 반영한다고 가정할 이유는 없다. 따라서 세계의 불평등을 평가하기 위해 인도와 미국의 소득을 비교할 경우 물가를 반영해 조정한 PPP 환율을 이용해야 한다.

PPP 환율 비교는 시장 환율로 비교하는 것보다 낫지만 완벽과는 거리가 멀다. 물가수준은 하노이, 런던, 상파울루의 쌀 1킬로그램 또는 이발처럼 여러 나라에서 비교 가능한 품목의 가격을 수집하여 계산한다. 하지만 모든 품목의 가격을 쉽게 책정할 수 있는 것은 아니다. 가난한 가족이 마을에 스스로 지은 주거지 또는 도심 빈민가의 판잣집 가격을 어떻게 매겨야 할까? 부유한 나라에서 많은 유형의 주택에 임대 시장이 없듯이 이 같은 부동산에 대한 임대 시장도 없는 경우가 많다. 미국과 마찬가지로 정부가 국민에게 제공하는 서비스, 예를 들면 메디케어 같은 품목에 가치를 매길 방법도 알기 어려우며 확실히 비슷한 품목끼리 비교하면서 모든 나라에 일관된 방법으로 가치를 매기기는 더 어렵다. 사람들이 소비하는 것 중 상당 부분에는 시장가격이 없으므로 항상 합리적이긴 하지만 빗나갈 수도 있는 추측으로 만족하는 수밖에 없다. 우리가 잘못된 것임을 알고 있는 일반 환율을 사용하는 것이 더 낫다는 뜻이 아니라 올바른 수치인 PPP 환율도 불확실할 수밖에 없다는 얘기다.

잠시 여러 나라에서 비교 가능한 품목의 가격을 수집하는 일에 대해 생각해보자. 남성용 셔츠의 가격을 매긴다고 가정할 경우 미국에서는 표준 품목이 유명한 제조사인 브룩스 브라더스Brooks Brothers의 옥스퍼드 면 버튼다운 셔츠 같은 드레스 셔츠일 수 있다. 이 셔츠를 볼리비아, 콩고민주공화국 또는 필리핀의 남성용 셔츠와 비교할 경우 똑같이 불만족스러운 두 개의 대안 중에서 선택해야만 한다. 이들 나라의 표준 셔츠는 브룩스 브라더스 셔츠보다 훨씬 저렴하고 품질이 낮을 가능성이 크므로 가격을 매길 경우 비슷한 것끼리 비교하는 것이 아니며, 부유한 나라에 비해 가난한 나라에서의 가격을 과소평가하게 될 것이다. 대안은 정말 열심히 브룩스 브라더스 셔츠를 찾는 것이지만(아마도 수도의 가장 고급 상점에서) 이 방법에는 앞의 경우와 반대되는 위험성이 따른다. 손꼽히는 부유한 고객이 이용하는 매우 특화되고 값비싼 상점에서만 셔츠를 찾을 수 있을 것이기 때문이다. 이 방법을 따른다면 적어도 일반인의 경우에는 가난한 국가의 가격이 과대평가된다. 국제적으로 비교할 수 있는 품목의 가격만 수집하려는 의도와 대표적인 구매 품목의 가격만 수집하려는 의도, 상충하는 이 두 의도 사이에 끊임없는 줄다리기가 이루어진다. 극단적인 경우 한 나라에서 중요하고 널리 사용되는 물건이 다른 나라에는 아예 없으면 사실상 비교가 불가능하다. 테프_{teff}는 에티오피아의 기본 곡식이지만 다른 곳에서는 거의 이용되지 않는다. 두부는 인도네시아에서 중요하지만 인도에서는 그렇지 않다. 또한 대다수 무슬림 국가에서는 술을 구할 수 없다.

모든 가격을 수집할 수 있다 해도 사람들은 서로 다른 나라에서 각기 다른 비율로 다른 물건에 돈을 쓴다는 문제가 남는다. 영국에서 자라고 지금은 다른 곳에서 사는 나 같은 사람에게는 한 가지 예가 아주 친숙하다. 영국인들의 기본 생필품 중에 마마이트_{Marmite}라는 제품이 있다. 이 제품은 양조 과정의 부산물인 (매우) 짭짤한 이스트 추출물로, 원래 루이 파스퇴르_{Louis Pasteur}가 발견하여 영국 맥주 제조사에 허가권을 주었다. 영국에서는 마마이트가 저렴하고 널리 소비되며 커다란 검은색 병에 담겨 판매된다. 지금 내가 살고 있는 미국에도 마마이트가 있기는 하지만 비싸고 아주 작은 검은색 병에 담겨 있다. 마마이트는 미국과 영국 양쪽 나라에서 쉽게 가격을 책정할 수 있는 이해하기 쉽고 정확한 비교가 가능한 품목이다. 하지만 다량의 마마이트를 비롯해서 영국인이 구매하는 상품의 두 나라 간 상대적인 비용을 계산하여 미국과 영국의 가격을 비교하면 미국이 물가가 매우 높은 곳이라는 사실을 발견하게 된다. 영국에서는 보기 힘들고 값비싼 그레이엄 크래커_{graham cracker} 또는 버번처럼 미국인이 주로 구매하는 상품을 사용해서 상대가격을 조사하면 영국의 물가가 비싸다는 사실을 발견할 것이다.

영국과 미국처럼 부유한 나라 간 비교는 사실 비교 기준으로 미국 상품을 사용하는지 아니면 영국 상품을 사용하는지 여부에 그다지 민감하지 않지만, 마마이트 예는 모든 국제가격 비교에 영향을 미치는 기본적인 문제를 설명해 준다. 사람들은 국내에서 상대적으로 저렴한 물건을 많이 구매하고 국내에서 상대적으로 비싼 물건을 적게 구입하므로 모국의 시장바구니를 기준으로 해외 거주 시 생계비를 비교하면 해외 거주 시 생계비가 과대평가되는 경향을 보인다. 반대로 외국의 시장바구니를 사용하면 상대적 비용이 과소평가되는 경향이 있다. 실제로 통계학자들은 차액을 등분해서 평균값을 사용하는 경향이 있다.

차액 등분은 합리적인 해결책이지만 문제를 완전히 없애지는 못한다. 물가 통계학자들이 최근 영국의 물가와 서아프리카 국가인 카메룬의 물가를 비교했을 때 발생한 일에 대해 생각해보면 이에 대해 알 수 있다. 카메룬에서는 대다수 아프리카 국가와 마찬가지로 항공 여행 가격이 매우 비싸고 제공되는 수도 매우 적어서 보통 사람은 비행기를 이용하지 않는다. 반면 영국에서는 항공 여행이 저렴하고 상대적으로 가난한 사람들도 비행기를 타고 외국으로 휴가를 간다. 카메룬의 비행기 티켓 가격으로 영국인이 무엇을 살 수 있는지 따져보면 카메룬이 매우 물가가 비싼 곳처럼 보인다. 평균을 내면 도움이 되지만 우리가 어떻게 하든, 카메룬에 항공 여행이 거의 없는 상황인데도 항공 여행 가격은 카메룬의 PPP에 상당한 영향을 미친다(항공 여행을 무시할 경우 카메룬의 물가수준이 2~3퍼센트 내려갈 정도다). 국제적 비교가 별로 합리적이지 못한 이런 요소에 좌우된다는 것은 적어도 빈곤 측정과 같은 어떤 맥락에서는 씁쓸한 삶의 현실 중 하나이다. 다시 말하지만 여기서 문제점은 미국과 영국의 경우와 달리 카메룬과 영국은 서로 매우 다르다는 사실이다.

카메룬과 영국의 비교는 그리 큰 문제가 아니다. 정말 큰 문제는 미국과 중국을 비교하는 데 있다. 세계은행의 최근 추산에 따르면 2011년 중국의 1인당 GDP는 미국의 48,112달러에 비교했을 때 5,445달러였으므로 미국의 1인당 소득이 중국의 거의 9배이다. 하지만 이 계산은 시장 환율에 따른 것이고 중국의 물가수준이 미국 물가수준의 약 3분의 2라는 사실은 고려되지 않았다. PPP 환율로 환산하면 중국의 1인당 소득은 8,400달러가 되므로 상대적인 생활수준을 비교하는 데 더 나은 지표인 PPP에서 1인당 소득의 비율은 8.8배가 아니라 5.7배밖에 되지 않는다. 두 경제체의 절대적 규모에 관심을 둔다면, 즉 세계에 대한 해당 국가의 (총 자원에 의해 좌우되는) 군사적, 외교적 영향력을 파악하고자 한다면 미국 인구에 대한 중국 인구의 비율인 4.31을 곱해야 한다. 그러면 전체적으로 봤을 때 중국 경제는 미국 경제 규모의 4분의 3 수준이다. 중국이 미국보다 다소 뒤지고 있지만 더 빠르게 성장하고 있다는 사실을 고려하면 그리 멀지 않은 미래에 중국이 미국을 앞지를 것으로 예상할 수 있다. 중국의 성장률이 미국의 성장률보다 5퍼센트 포인트 높으면 6년 후 중국이 앞설 것이다.

앞 문단의 숫자들을 보면 우리가 시장 환율을 알듯이 PPP 환율을 정말 알고 있는 것처럼 여겨진다. 하지만 대표적이며 비슷한 무엇을 비교할 수 있는지에 대한 불확실성뿐 아니라 '마마이트' 또는 '카메룬의 항공 여행' 문제를 인정하고 나면 진짜 PPP 환율은 더 높거나 낮지 않을지 질문해보아야 한다. 알란 헤스턴과의 공동 연구에서 우리는 마마이트 문제를 인식한 후, 혹은 보다 구체적으로 말해서 중국이나 미국의 재화 묶음을 사용해서 두 물가의 평균을 낼 수 있다는 사실을 깨달은 후, 양쪽의 PPP에 오차 범위가 약 25퍼센트라고 계산했다.[2] 그러므로 2011년 국제 달러로 계산한 중국의 1인당 소득이 미국 1인당 소득의 13~22퍼센트 사이에 있다고만 말할 수 있다. 총 중국 경제는 총 미국 경제의 56~94퍼센트 사이에 있다. 광범위한 가능성을 다루며 작업하고 싶지 않기 때문이라면 이 차이를 나눠 평균을 적용하는 것이 편리하지만, 그것이 완전히 만족스러운 해결책이 없는 개념 문제를 해결하는 임시방편일 뿐이라는 사실은 남는다.

중국이라는 아주 특별한 사례에는 여기서 충분히 다룰 수 없는 다른 문제가 많다. 아마도 가장 중요한 문제는 많은 학자들의 생각처럼 공식적인 중국의 성장률이 너무 높아 믿을 만한 것인지, 그렇다면 얼마나 하향 조정되어야 하는지에 대한 오래되고 여전히 해결되지 않은 논쟁일 것이다.

국제적인 비교가 불가능하다거나 언제나 오차 범위가 매우 클 수밖에 없다는 인상을 남기고 싶지는 않다. 1949년 케임브리지 대학에서 내 멘토였던 리처드 스톤Richard Stone은 다음과 같은 질문을 했다. "왜 우리는 미국과 인도 또는 중국을 비교하고 싶어할까? 이런 일에 어떤 흥미로운 점이 있는 것일까? 누구나 경제적인 측면에서 한 나라는 매우 부유하고 다른 나라는 매우 가난하다는 사실을 알고 있다. 그 요인이 30개인지 또는 50개인지 여부가 중요한 것일까?"[3] 중국과 인도 모두 현재 1949년보다 훨씬 잘살며 미국 국방부와 국무부는 말할 것도 없이 언론에서도 중국 경제가 미국 경제를 앞설 것인지 여부에 대해 지속적인 관심을 보이고 있다. 스톤이 위 글을 쓴 이후 자료 수집과 사고 방식에 커다란 진보가 있었고 따라서 우리는 그 '요인들'이 무엇인지 어느 정도 알고 있다. 하지만 특히 부유한 나라를 중국이나 인도 같은 가난한 나라와 비교할 경우 여전히 불확실성이 남으며, 아프리카 국가들과 비교할 경우에는 더욱 그렇다. 경제구조가 서로 비슷한 부유한 국가 사이에서는 불확실성이 훨씬 작아 비교 결과를 어느 정도 신뢰할 수 있다. 캐나다, 미국 또는 서유럽 국가의 경우 시장 환율이 PPP 환율과 상당히 비슷해서 해당 국가들을 비교할 경우에는 확실한 근거 위에 서는 셈이다.

글로벌 성장

많은 유럽 국가들을 경제적, 사회적 혼돈에 빠뜨린 2차 세계대전이 끝난 후 더 부유한 나라들은 우선 손상을 복구한 후 새로운 수준의 번영을 향해 앞서 나가면서 급속히 성장했다. 또한 부유한 나라들은 서로 가까워져 현재 이들 나라 간 차이는 전 세계 다른 국가와의 차이에 비해 작다. 〈도표 1〉은 부유한 24개 국가의 국민소득(물가 변동이 반영됨)이 어떻게 변했는지 보여준다. 측정은 언제나 완벽하지 않지만 이 부유한 나라 집단에 대한 자료는 양호하며 PPP 환율은 일반적으로 신뢰할 수 있다. 상자—수염(또는 오르간 파이프) 도표는 4장의 〈도표 4〉와 같은 방식으로 해석된다. 음영 상자의 맨 위와 아래는 상위 25퍼센트와 하위 25

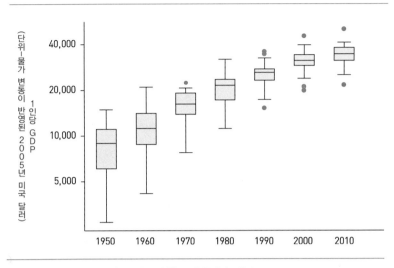

〈도표 1〉 부유한 24개 국가의 1인당 GDP

(오스트레일리아, 오스트리아, 벨기에, 영국, 캐나다, 덴마크, 핀란드, 프랑스, 독일, 그리스, 아이슬란드, 아일랜드, 이탈리아, 일본, 룩셈부르크, 네덜란드, 뉴질랜드, 노르웨이, 포르투갈, 스페인, 스웨덴, 스위스, 터키, 미국)

퍼센트 국가의 위치를 나타내므로 절반의 국가가 음영 표시된 영역에 있으며 가운데 선은 중앙값을 표시한다. 수염은 자료의 분산을 나타내고 점은 극단적인 사례를 표시한다.

이 도표는 우리가 이미 살펴본 미국의 경우처럼 다른 부유한 국가들도 성장 둔화를 겪었음을 보여준다. 1960년대는 전후 황금시대로 평균 성장률이 1년에 4퍼센트 이상이었고 이 비율은 10년 후 소득을 절반가량 증가시킬 정도로 높은 비율이다. 1970년대에는 성장률이 1년에 2.5퍼센트로 하락했고 1980년대와 1990년대에는 2.2퍼센트, 2010년까지는 1퍼센트 미만으로 떨어졌다. 폭넓은 하락의 정도는 한편으로 전후의 "따라잡기"형 성장(복구가 끝난 후에는 지속될 것으로 예상되지 않는다)과 다른 한편으로는 금융 위기로 인해 부풀려진다. 황폐해지고 파괴된 곳을 복구하는 일은 물론 어렵지만 이전에 도달한 적이 없는 소득수준을 향해 가는 것보다는 쉽다. 사람들은 예전 방식을 기억하며 기술을 새로 창조하기보다는 재창조해야 한다. 재건이 완료되면 새로운 성장은 새로운 방식을 발명하여 이를 실제로 적용하는 일에 달려 있고 이 같은 처녀지 개간은 묵은 밭을 가는 것보다 힘들다. 물론 서로 연결된 세상에서는 특히 비슷한 나라 사이에 혁신이 종종 확산될 수 있으므로 혁신의 부담이 여러 나라 사이에 확산된다. 이러한 상호 연결성 자체가 성장 속도를 높이는 경향이 있다.

세계화는 한 곳에서 다른 곳으로 재화와 정보를 옮기는 비용을 감소시킨다. 세계화로 인해 재화뿐 아니라 점점 더 많은 용역을 가장 효율적이고 비용이 적게 드는 곳에서 생산하고 수행할 수 있으며 어느한 곳에서 발견한 것을 다른 곳에서 빨리 받아들일 수 있다. 흡연이 건강에 미치는 영향에 대한 지식 또는 콜레스테롤과 고혈압을 낮춰 생명을 구하는 약처럼 새로운 건강 지식이나 치료법이 그러했듯, 물질적 생활수준을 높인 발견은 빠르게 국제화되었고 그로 인해 부유한 나라들 사이에서는 건강과 소득 모두 서로 비슷해졌다. 속도는 서로 달랐어도 적절한 정치적, 의학적, 경제적 제도를 통해 변화를 받아들일 수 있었던 이들 나라에서는 최근에 물질적 진보 속도가 느려졌어도 평균소득이 수렴되는 것을 볼 수 있다. 이들 나라의 경우 새 기술이 건강 불평등을 줄인 것처럼 소득 불평등을 줄이고 있다.

이들 국가 간 평균 소득의 수렴은 각 나라 안에서 무슨 일이 발생했는지에 대해서는 아무것도 말해주지 않는다. 실제로 우리가 미국의 경우에서 이미 본 것처럼 평균 소득의 성장은 널리 공유되지 않았다. 나라 간 격차가 줄어들고 있다는 사실은 부유한 세계의 모든 국민의 격차가 줄어들고 있다는 사실을 뜻하는 것이 아니다. 한때는 분리됐지만 지금은 합쳐져 섞이고 있는 두 개의 큰 무리를 생각해보자. 각 집단의 구성원이 집단 안에서 서로 멀어지고 있는 경우 내부 분산은 무리의 병합을 상쇄하거나 심지어 극복할 수도 있다. 누가 어느 나라에 속하는지 무시하고 전체를 보면 분산이 증가할 수 있다. 세상 모든 사람 사이의 불평등에 대해 이야기할 때 이 문제를 다시 다룰 것이다.

경제가 성장하고 국가 간 차이가 줄어드는 세상은 적어도 1945년 이후에 태어나서 부유한 세상에 살고 있는 사람에게는 익숙한 세상이다. 높은 생활수준이 정상적인 것이고 한층 더 성장하리라 자신 있게 기대한다. 소득과 건강 차이는 줄어들었고 보다 빠르고 저렴하며 손쉽게 여행할 수 있게 되었고 정보는 어디에나 있으며 즉시 사용할 수 있다.

나머지 세계에는 이런 일이 전혀 없다. 〈도표 2〉는 〈도표 1〉과 같지만 전 세계 모든 나라, 부유한 나라와 가난한 나라가 포함되었다. 당연하게도 가난한 나라를 포함하면 평균 소득의 범위가 훨씬 넓어진다. 상자는 더 길고 수염과 점은 더 멀리 뻗어 나간다. 자료는 〈도표 1〉의 자료만큼 신뢰성 있는 자료가 아니며 측정치의 오류는 소득의 차이를 실제보다 더 넓어 보이게 만들 수 있다. 뚜렷하지는 않지만 보다 흥미로운 사실은 모든 국가를 살펴보면 평균 소득의 차이(국가별 소득 불평등)가 시간이 지남에 따라 감소하고 있지 않다는 것이다. 일단은 1950년의 상자를 무시해야 한다. 자료가 전혀 없는 국가가 많으며 누락된 나라 중에 많은 나라가 매우 가난했기 때문에 상자가 너무 높이 있고 짧

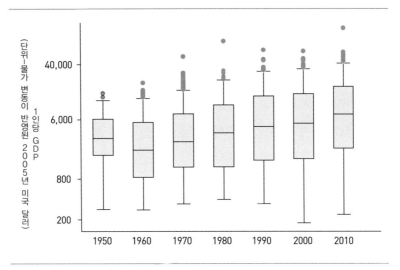

〈도표 2〉 전 세계 모든 국가의 1인당 GDP

다. 1950년 이후 맨 아래에서 4분의 1 정도 위에 있는 나라와 맨 위에서 4분의 1 정도 아래에 있는 나라 간 차이(각 상자의 맨 위와 맨 아래 사이의 거리)는 거의 동일하게 유지되었고 밑의 수염을 보면 특히 가난한 나라 사이에 분산이 실제로 증가했음을 알 수 있다.

새 아이디어와 새로운 방식이 성장을 유도하고 새 아이디어가 세상에 빠르게 퍼져나가면 부유한 나라 사이의 평균 소득은 수렴될 것으로 예상할 수 있다. 이해하기 어려운 점은 가난한 나라들이 따라잡기에 실패하여 〈도표 2〉를 〈도표 1〉과 매우 다르게 보이게 만든다는 것이다. 어쨌든 부유한 나라의 높은 생활수준의 기본이 되는 기술과 지식은 가난한 나라에서도 사용 가능하다. 물론, 공통 지식을 소유한다고 해서 모든 나라의 생활수준이 같아야 하는 것은 아니다. 부유한 나라의 생산방식을 사용하려면 부유한 나라의 교육수준은 말할 것도 없고

도로, 철도, 통신, 공장, 기계 같은 부유한 나라의 인프라까지 갖추어야 한다. 이를 모두 갖추려면 오랜 시간이 걸리고 많은 비용이 들어간다. 그렇지만 부유한 나라와 가난한 나라 사이의 격차는 이런 인프라와 설비에 투자해야 할 많은 인센티브를 제공하며, 로버트 솔로Robert Solow가 모든 경제학 분야 논문 중 가장 유명한 논문 중 하나에서 밝힌 것처럼 평균 생활수준은 시간이 지날수록 서로 가까워져야 한다.[4] 하지만 어째서 이런 현상이 발생하지 않았는가 하는 것이 경제학에서 중요한 의문이다. 아마 가장 좋은 답은 가난한 나라의 경우 성장이 이루어지는 데 필요한 배경이 되는 제도, 즉 정부의 능력, 제 기능을 하는 법제도와 세금 체계, 재산권 보장, 신뢰의 전통 등이 부족하기 때문일 것이다.

가난한 나라의 성장률은 부유한 나라의 성장률보다 낮지 않았고 가끔은 더 높기도 했다. 하지만 어떤 나라는 급속히 성장하여 부유한 나라를 많이 따라잡은 반면 다른 나라는 더욱 더 뒤처졌다. 성장 경험의 다양성diversity은 가난한 나라에서 훨씬 컸다. 몇몇 나라는 따라잡기 기회를 이용할 수 있었다. 중국, 홍콩, 말레이시아, 싱가포르, 한국, 대만, 태국과 같은 몇몇 아시아 국가와 아프리카의 보츠와나는 1960년부터 2010년까지 1년에 4퍼센트 이상 성장했으며 이는 50년 동안 평균 소득이 7배 넘게 증가했음을 의미한다. 이와 동시에 중앙아프리카공화국, 콩고민주공화국DRC, 기니, 아이티, 마다가스카르, 니카라과, 니제르는 2010년에 50년 전보다 더 가난해졌으며 자료는 없지만 거의 확실히 이 그룹에 속하는 다른 나라들도 더 있다. (아프가니스탄, 지부티, 라이베리아, 시에라리온, 소말리아와 1960년에 동구권에 속했던 몇몇 나라가 유력한 후

보이다.) 성공한 나라들의 급속한 성장 그 자체만으로 나라 간 소득 격차가 줄기도 했지만 전반적으로 나라 간 소득 불평등을 줄이는 데에는 실패했다고 봐야 옳다.

중국과 싱가포르 두 나라는 빠르게 성장한 그룹에 속하지만 중국은 싱가포르보다 인구가 300배 이상 많다. 또 다른 큰 나라인 인도는 중국만큼 일찍 속도를 내지 못했고 빠르게 성장하지도 못했지만 1990년 이후 세계 평균의 두 배가 넘는 성장을 보였다. 중국과 인도는 두 개의 나라일 뿐이지만 20세기 말 이들의 급속한 성장은 세계 인구의 40퍼센트가 매우 빠르게 성장 중인 나라에 살고 있음을 의미했다. 이와 반대로 성장 분배의 '나쁜' 쪽 끝에서 퇴보한 나라는 작은 나라인 경우가 많았다(콩고민주공화국처럼 크지만 인상적일 정도로 실패한 예외적인 나라도 있다).

얼마나 많은 나라가 크게 성장했는지가 아니라 얼마나 많은 사람이 높은 성장을 경험했는지의 관점에서 성장률을 보면 글로벌 성장은 희망적이다. 평균적으로 국가는 1960년 이후 반세기 동안 1년에 1.5퍼센트 성장했지만 국가에 거주하는 사람은 평균적으로 1년에 3퍼센트 성장했다. 아주 많은 사람이 살고 있는 중국과 인도는 일반적인 나라보다 훨씬 빠르게 성장했다.

무슨 일이 벌어졌는지 생각해볼 수 있는 한 가지 방법은 거대한 무리의 사람들, 즉 전 세계 인구가 올림픽대회의 거대한 개막식 같은 곳에서 각자 자기 나라의 국기를 들고 있는 모습을 상상해보는 것이다. 이 사람들이 소득 증가 속도에 비례하는 속도로 행진한다고 생각해보면 인도와 중국 사람들은 달려가고 콩고와 아이티를 비롯한 몇 나라 사람들은 뒷걸음질을 치고 있을 것이다. 이 군중을 지켜보면 전체 깃발 중 중국과 인도에 속하는 5분의 2는 거의 맨 뒤쪽에서 출발해서(두 나라 모두 1960년에는 매우 가난했다) 군중을 헤치고 꾸준히 전진하고 있고 아직 선두에는 도달하지 못했지만(유럽과 북미의 깃발에 비해 여전히 한참 뒤처져 있다) 조금씩 중간에 가까워지고 있다. 물론 이 두 나라에 속하는 모든 사람이 같은 속도로 움직이고 있지는 않으며 앞으로 살펴보겠지만 인도 사람들끼리, 중국 사람들끼리도 거리가 벌어지고 있다. 그래도 두 나라의 급속한 평균 성장은 수백만 명을 빈곤에서 끌어냈다. 모든 나라가 서로 가까워지고 있지는 않지만 인도와 중국이 빠르게 중간을 향해 전진하면서 적어도 전체 군중, 즉 세계 인구는 서로 가까워지는 것이 가능했다.

세상 모든 사람 사이의 소득 불평등과 같은 큰 문제에서는 가능이라는 말이 커다란 변명이다. 분명 우리는 더 잘할 수 있을까? 다시 말하지만 문제는 몇몇 주요 측정치의 불확실성이다. 중국의 성장률은 하나의 큰 의문점으로 중국 국민경제회계national accounting의 알 수 없는 신비를 풀려고 노력하는 전문 문헌의 수도 많다. 글쓴이 대부분은 공식 비율이 너무 높다는 데 동의하지만 정확히 얼마나 높은지는 모른다.[5] 또한 중국의 PPP 환율을 그다지 정확히 평가하지 못한다. 중국의(그리고 몇몇 다른 나라의)PPP는 상당히 불확실할 수밖에 없으며 중국 정부는 모든 가격 수집 활동에 참여한 바 없다. 세계의 불평등이 정말 빠르게 확대되거나 수축되는 경우 측정치 불확실성은 문제가 되지 않을지도 모른다. 현재로서는 우리가 모르는 일이다.

적어도 지난 25년 동안에는 세상에서 가장 큰 두 나라가 가장 성공한 나라에 속했다. 그 이유는 나라가 크기 때문일까, 아니면 성공을 거둔 두 나라가 우연히 크기도 했던 것일까? 다른 큰 나라들도 최소한 일정 기간 동안은 세계 평균치를 웃도는 성과를 보였다. 하지만 그 어느 나라도 중국에 맞먹는 지구력을 보이지 못했다. 브라질, 인도네시아, 일본, 러시아, 미국이 그런 예이다. 'BRIC' 국가들(브라질, 러시아, 인도, 중국)은 확실히 나라 크기에서 어느 정도 이득을 보고 있다. 몇 안 되는 유능한 사람들이 외교단, 유능한 관료, 잘 훈련된 소수의 지도자, 세계 최고 수준 대학의 교원 자리를 모두 채울 수는 없으며 나라가 클수록 인재를 뽑을 수 있는 풀pool이 크다. 과학적 발견이, 혹은 가난한 나라에 더 적절한 표현으로 이전 지식을 새 조건에 맞추는 방법이 과학자나 연구원 인구의 비율이 아니라 과학자 또는 연구원의 절대적인 수에 달려 있다면 이 또한 큰 나라에 유리하다.

어느 유명한 물리학자가 내게 무슨 연구를 하고 있느냐고 물었을 때 나는 세계 빈곤 측정법이라고 대답했다. '흥미롭군요'라고 그가 말했다. "어떤 나라들을 연구하시죠?" "인도요." 이 시점에서 그는 내가 말도 안 되는 소리를 하고 있다고 했다. 인도는 세상에서 가장 발전한 나라 중 하나라는 것이다. 총 과학자 수를 셀 경우, 그리고 1인당 소득이나 가난한 사람의 수를 고려하지 않으면 그가 옳다. 그리고 과학적 연구가 국민 모두에게 득이 되는 파급효과가 있다면 큰 나라가 축복받은 나라이다. 이 같은 크기 면에서의 이점이 성장률을 높이기에 충분한 것인지 또는 나라가 클수록 여타의 이유들 때문에 더 빠르게 성장하는 경향이 있는지는 아직 해결되지 않은 의문점이다.

어째서 어떤 나라는 급속히 성장하고 어떤 나라는 느리게 성장하는지에 대해서는 여전히 알 수 없는 점이 많다. 사실 장기간 지속적으로 빠르게 또는 느리게 성장하는 나라가 있다는 것은 전혀 사실이 아니다. 적어도 지난 반세기 동안에는 10년 간 빠르게 성장한 나라가 그 다음 10년 동안에는 그만큼 성장하지 못하는 경향을 보였다. 일본은 끊임없이 높은 성장을 보였던 나라지만 이제는 더 이상 그렇지 않다. 인도는 현재 가장 빠르게 성장하는 나라 중 하나지만 전에는 대부분 느린 성장만 가능해 보였고 성장이 전혀 없었던 독립 이전의 50년은 말할 것도 없다.[6] 중국은 현재 오랫동안 슈퍼스타 자리에 있지만 역사적 기준으로 볼 때 급성장이 이렇게 오래 지속되는 것은 극히 드문 일이다. 경제학자와 국제기구, 기타 논평가들은 소수의 고성장 국가를 선택해서 공통적인 특성이나 정책을 찾은 후 이를 '성장으로 향하는 열쇠'로 내놓기를 좋아한다. 적어도 다른 곳에서 성장으로 향하는 문을 여는 데 실패할 때까지는 말이다.[7] 제대로 성장하지 못한 국가('밑바닥 10억의 인구')를 조사하여 이들의 실패 원인을 알아맞히려는 시도도 마찬가지다.[8] 이 같은 시도는 룰렛 휠에서 0이 나오기 직전에 0에 돈을 거는 사람들의 공통적인 특성을 알아내려고 하는 것과 마찬가지다. 이런 시도는 우리의 근본적인 무지를 감추는 일밖에 되지 않는다.

이처럼 어리석은 계획은 내 젊은 시절 스코틀랜드에서 성공으로 가는 열쇠를 찾던 일을 상기시킨다. 스코틀랜드는 대개 춥고 습하며 바람이 많은 곳으로, 내가 어렸을 때는 경제성장에 대해 거의 아는 것도 없었고 신경도 쓰지 않았지만 날씨에 관해서는 늘 걱정했다. 1955년과 1959년의 길고 따뜻했던 여름은 끝날 줄 몰랐고 우리는 숲과 강을 누비며 야외에서 어린 날의 황금기를 향유했다. 이 같은 성공의 열쇠가 무엇이었을까? 여기에 대해 자주 생각해보다가 그 시절 여름은 내가 초등학교에 다니던 때였고 아마도 초등학교 교육이 마법의 열쇠였을 거라는 결론에 이르렀다. 하지만 나보다 나이가 많은 사촌 데이비드는 그 무렵 자신은 고등학생이었다는 사실을 지적했고, 그래서 우리는 초등학교 교육 덕택이라는 생각을 접었다. 그러다 우리는 두 해 모두 보수당이 집권한 시기였다는 사실을 기억해냈다. 그러므로 성공의 열쇠는 초등학교 교육이 아니라 아마도 정치였을 것이다. 이 모두 터무니없는 생각이지만 한두 건의 성공과 한두 건의 실패를 보고 우연에 기초해 어리석은 일반화를 시도하는 것도 터무니없기는 마찬가지다. 고대 에트루리아와 로마 시대의 창자 점쟁이들은 제물로 바친 동물의 창자가 어떤 모양인지를 보고 신의 뜻을 헤아리곤 했는데, 이 역시 터무니없는 행위였다.

성장, 건강 그리고 인구 폭발

2차 세계대전이 끝난 후 60년 동안 앞서 설명한 평균 소득의 급속한 성장과 함께 사망률은 전례 없이 감소했고 기대 수명은 이례적으로 증가했다(4장에서 설명). 하지만 이러한 기적은 당시에 보편적으로 예측된 것이 전혀 아니었고 사실은 그 반대였다.

세균 이론이라는 지식이 가난한 세계에 방역, 정수, 예방접종, 항생제를 가져오자 수백만 명의 사람, 특히 어린이들의 생명을 많이 구했다. 이러한 어린이들의 구명은 기대 수명의 급격한 상승을 가져왔고 가난한 나라의 생존 기회life chance가 부유한 나라의 그것과 가까워졌다.

상황이 달랐다면 목숨을 잃었을지도 모르는 수백만 명의 어린이가 살았다. 널리 환영받은 기대 수명의 증가와 함께 추가된 수백만 명의 인구로 인한 세계 인구 증가는 널리 환영받는 것과 거리가 멀었다. 인류 역사의 대부분을 지나 19세기 초가 되어서야 세계 인구는 10억에 도달했다. 거기서 다시 10억이 늘어 20억에 도달한 시점은 불과 125년 후인 1935년경이었고 35년밖에 지나지 않은 1960년에는 30억에 이르렀다. 이 시점에서 인구 증가 속도는 느려지기는커녕 1960년 세계 인구는 1년에 2.2퍼센트씩 증가하고 있었다. 이는 역사상 가장 높은 비율이며 32년마다 인구가 두 배가 되는 속도이다. 인구가 폭발적으로 증가했다는 주장은 전혀 과장이 아니었다.

인구 폭발은 1960년대에 적어도 부유한 나라에서는 일반 대중뿐 아니라 정책 입안자, 학자, 재단, 국제기구의 경각심을 불러일으켰다. 대부분의 우려는 인도주의적인 문제에 대한 것이었다. 이미 많은 가난한 나라에서 인구를 부양하는 데 어려움을 겪는 것으로 나타났고 따라서 수백만 명이 더 늘어나면 상황이 더욱 악화될 것이 뻔했다. 이는 근근이 먹고사는 가난한 가족에게 굶주린 친척 십 수 명이 찾아오는 것과 마찬가지였다. 대기근이 닥쳐오고 있었다. 특히 인도를 방문한 사람들은 그들에게 명백히 보이는 과잉인구에 충격을 받았고 수억의 인구가 추가된다는 가능성에 경악했다. 그리고 실제로 인도를 처음 방문하는 서구 사람은 델리나 콜카타 빈민가의 빈곤과 질병, 거지, 나환자, 불구가 된 아이들, 거리에서 용변을 보는 사람들에게, 그리고 거대한 인구만으로 충격을 받기 쉬웠다. 어떻게 하면 여기에 더 많은 인구가 추가되면서 이 모든 것이 악화되지 않을 수 있을까?

국가 안보도 우려되었다. 빈곤이 증가하면 중국에서 그랬듯 분명 공산주의가 싹틀 온상을 제공하게 될 것이고 미국과 미국의 동맹국들은 도미노가 쓰러지는 것을 막을 조치를 취해야 했다. 보다 덜 매력적인 동기도 일정 역할을 했다. 인구의 '질'에 대한 염려는 오랫동안 우생학 운동이 초점을 맞춘 문제였다. 나치 독일의 패배 이후 우생학 아이디어의 인기가 떨어지고 존중받지 못하는 상태가 되었지만, 가난하고 교육받지 못한 사람들이 부유하고 교육받은 사람들보다 훨씬 빠르게 불어날 것이라는 가능성은 인류의 미래에 대한 위협으로 보였다. 극단적인 경우로, 일각에서는 피부색 때문에 아프리카와 아시아의 인구를 통제하려는 열의가 일기도 했다. 이런 여러 가지 이유로 산아제한을 통해 세계 빈곤층의 인구 억제를 '돕는' 것이 나름의 외교 방침을 가진 나라, 돈을 빌려준 국제기구, 원조를 한 재단의 정책 목표가 되었다. 실제로 아이를 많이 갖는 세계 빈곤층이 이 모든 일에 대해 어떻게 생각하는지는 고려되지 않았다.

인구가 많을수록 가난하다고 보편적으로 생각하게 된 이유는 무엇일까? 세상의 식량과 다른 재화를 더 많은 사람이 공유할 경우 각자의 몫이 적어질 것이 분명해 보인다. 경제학자들은 이를 총량lump 오류라고 부르길 좋아한다. '물건'의 '총량'이 고정되어 있어 사람 수가 늘어나면 빈곤해진다는 생각은 저녁 식사에 예상치 못한 방문자를 맞은 가난한 가족의 예처럼 단순한 산술적인 문제이다. 물론 이 비유는 예상치 못한 방문자가 음식을 가져와 공동의 식사가 원래보다 훨씬 좋아지는 (영양상으로나 사회적으로 모두) 경우 무너진다. 숫자에 의한 궁핍화의 문제는 산술 문제가 아니라 새로운 사람들이 비용 외에 무엇을 더하는가에 관한 문제이다. 아마도 가장 간단한 설명은 입 하나가 늘면 손은 두 개가 는다는 사실일 것이다. 물론 너무 간단한 말이지만 각각의 새로운 사람이 아무것도 가져오지 않는다는 총량 이야기보다 진실에 가깝다.

또한 인구 폭발의 원인이 된 아프리카와 아시아의 어린이 대부분은 부모가 원한 아이들이라는 사실을 알아야 한다. 당시에는 이 결론도 때때로 반박 당했다. 사람들은 성욕의 노예이고 아이들은 유감스럽지만 피할 수 없는 결과라는 것이다. 물론 세상 모든 사람이 낮은 비용으로 현대의 편리한 피임 수단에 접근할 수 있는 것은 아니지만 (실로 증거가 필요하다면) 모든 가족이 그런 것은 아니더라도 평균적으로 사람들은 나름의 이유로 아이를 원한다는 강력한 증거가 있다. 억제되지 않은 욕망 이야기는 '그들'이 원했지만 '우리'가 원하지 않은 아이들을 더 적게 갖도록 가난한 사람들을 '돕는다'는, '우리'가 원한 일에 편리한 이유를 제공해주었다. 사람들이 그런 도움을 바랐다거나 아이를 적게 가지면 형편이 나아진다는 증거를 제시한 사람은 아무도 없다. 실로 그 반대였다.

부모들이 많은 아이를 원한다는 사실이 아이가 많을수록 사회에 보탬이 된다는 의미는 아니다. 부모들이 모르고 있거나 알아도 무시하기로 한 결과가 있을 수 있다. 아이들은 다른 가족에게 비용을 전가할 수 있다. 가족이 스스로 비용을 부담할 경우 우리는 그 부모가 비용과 이득을 저울질한 후 적절한 시기에 아이를 갖는다고 믿을 수 있다. 이 아이들은 가족의 다른 구성원이 사용할 수 있는 자원을 줄인다. 사실 자신의 경제적인 임무를 다할 준비를 하고 태어나는 아기는 없다. 하지만 부모가 되는 기쁨뿐 아니라 부모와 아이들의 경제적 전망을 비롯한 모든 사항을 고려하면 늘어난 아이들이 가족의 웰빙에 보탬이 된다고 가정해도 안전할 것이다. 소수의 부모는 아이들을 착취하거나 학대할 뿐이라는 염려도 있지만 그렇다 해도 다른 사람이 그들 대신 더 나은 선택을 할 것이라는 의미는 아니다. 보다 심각한 논쟁은 빽빽한 교실이나 병원, 적어진 공유지, 땔감, 깨끗한 물 또는 지구온난화처럼 다른 사람에게 비용이 전가될 때 발생한다. 종종 '공유지의 비극tragedy of the commons'으로 설명되는 이 주장은 사람들이 아이를 너무 많이 갖게 될 것이라는 사실을 암시하고 이는 오랫동안 인구 억제에 찬성하는 주장의 핵심 원칙이었다.

공유지의 비극을 피해 가는 다양한 방법이 있다. 경제학자들은 가격(돈)을 사용해서 이런 문제를 해결하기 좋아하고, 때로는 세금을 이용해 사람들이 무시하는 사회적 비용에 주의를 기울이도록 하는 것도 가능하다. 대표적인 예가 지구온난화에 맞서 싸우는 데 큰 역할을 하는 국제 탄소세이다. 하지만 이런 전략도 세금을 매기려면 쉽지 않은 정치적 합의를 어느 정도 이루어야 한다는 문제가 있다. 땔감 확보, 공유지 사용, 수리권 같은 지역 문제는 지역의 정치적 합의를 통해 처리할 수 있다. 정치 활동의 필요성이 실제 적절한 제도의 도출로 충족된다는 보장은 없지만, 지역의 정치적 논의는 종종 의견 차이를 해소하고 사람들이 다른 이들에게 비용을 지우는 일을 하지 않도록 막는다. 병원과 학교의 제공 역시 지역 또는 국가 정치를 통해 해결할 수 있다. 적절한 정치제도에는 가계 규모를 제한하기 위한 경제적 또는 사회적 인센티브가 포함될 수 있고 이런 유형의 인구 억제는 민주적인 방식으로 접근하는 경우 공유지의 비극과 이와 관련된 어려움을 해결하는 데 적절한 해결책이다. 이런 주장이 뒷받침하지 않는 사실은 외국 정부, 국제기구 또는 재단과 같은 외부인에 의한 인구 억제로 특히 이런 조직이 자신의 이익에 관심이 있고 자기들이 명목상 도우려는 사람들의 삶에 대해 이해가 너무 부족한 경우 그렇다.

결국 국제 인구 억제라는 이름으로 많은 위해와 그보다 나쁜 일들이 가해졌다. 최악의 권한 남용 사례 중 일부는 인도에서 발생했는데, 이곳에서 수행된 자발적인 불임 처치는 종종 자발적인 것과 거리가 멀었다. 이런 권력 남용을 저지른 것은 인도 정부와 관리들이었지만 미국국제개발처United States Agency for International Development와 세계은행 같은 기관도 이를 장려하고 인력과 재정을 지원한 책임이 크다.[9] 서구의 인구과잉에 대한 염려에 자극을 받아 비민주적인 정부가 도입한 중국의 '한 자녀' 인구정책(2015년에 중국은 두 자녀까지 허용했다.–옮긴이)은 오늘날까지 시행되고 있으며 현대 정부가 자국의 국민들에게 저지른 가장 심각한 범죄 중 하나이다. 이 정책이 효과가 있는지 여부도 분명하지 않다. 대만에서는 출산율이 훨씬 많이 떨어졌고 이는 태국과 정확히 같은 비율이며 인도 남부의 출산율 저하 속도만큼 빠르다. 이들 나라의 그 어느 정부도 사람들을 억압하거나 가장 내밀하고 개인적인 삶의 선택권을 침해하지 않았다.

파멸을 예측한 예언에도 불구하고 인구 폭발은 세상을 기아와 빈곤 상태에 빠뜨리지 못했다. 오히려 지난 50년 간 인구 폭발의 원인이 된 사망률 감소가 이어졌을 뿐 아니라 인구 폭발이 초래할 것이라 여겨졌던 빈곤과 결핍에서 대탈출이 벌어졌다. 대체 무슨 일이 벌어졌으며 어떻게 모두가 그렇게 잘못 생각할 수 있었을까?

모든 사람이 틀렸던 것은 아니다. 경제학자이며 인구 통계학자인 줄리안 사이먼Julian Simon은 예전보다 오늘날 더 폭넓게 받아들여지는 주장을 통해 미래의 풍요에 대해 신기할 정도로 정확한 예측을 하며 재앙을 예언하는 사람들에게 지속적으로 도전했다. 그의 책《궁극적 자원The Ultimate Resource》에서 사이먼은 번영의 진짜 근원은 언젠가 고갈될 수 있는 땅이나 천연자원이 아니라 사람이라고 주장했다.[10] 새 입이 늘면 미래의 노동자만 함께 느는 것이 아니라(이는 장기적으로 평균 소득이 인구 규모의 영향을 받지 않게 만든다) 창의적인 두뇌도 늘어난다. 새 두뇌 중에서 나오는 새로운 아이디어는 그 두뇌의 소유자뿐 아니라 인류 전체에 득이 된다. 입과 손이 두 배씩 늘어나도 모든 사람이 전과 똑같은 처지라면, 늘어난 머리가 모든 손이 더 많을 일을 할 수 있는 새로운 방법을 알아낼 수 있다. 물론 새로 태어나는 모든 사람이 아인슈타인이나 에디슨, 헨리 포드 같은 사람이 되거나 새로운 아이디어 전부 모든 사람에게 유용한 것은 아니다. 하지만 아이디어를 공유할 수 있으므로 모두 천재일 필요는 없으며, 다른 곳에 적용할 수 있는 아이디어는 창안자뿐 아니라 그 아이디어를 사용하는 모든 사람에게 혜택을 준다. 아이가 늘어나면 다른 사람들에게 새로운 비용(학교와 병원)이 전가되지만 경제성장의 근본적인 기초인 새 아이디어와 새로운 방식 즉, 대탈출의 도구 면에서 혜택도 가져온다. 그리고 이러한 혜택은 비용보다 훨씬 크다. 그렇다면 세상은 1950년대와 1960년대에 한 번은 건강 증진에 따른 기대 수명의 증가, 또 한 번은 인구수의 폭발적 증가에 따른 글로벌 지식과 창의성의 폭발적인 증가로 두 번 축복을 받은 것이다.

경제학자이자 인구 통계학자인 데이비드 람David Lam은 2011년 미국

인구학회Population Association of America에서 한 연설에서 기록적인 인구 증가율에 직면하여 세계적인 번영에 이르는 열쇠를 밝혔다.[11] 열쇠 하나는 출산율의 감소였다. 유아 사망률이 전례 없이 감소하자 가정에서는 자녀 수를 줄였다. 부모는 태어난 자녀의 수가 아니라 살아남은 수에 신경을 썼다. 이전에는 사망했을 아이들은 더 이상 태어날 '필요'가 없어 어머니들은 아이를 낳는 고난과 위험에서 벗어나고 부모는 아이의 죽음으로 인한 고통을 모면할 수 있게 되었다. 우리는 유아 사망률 감소의 주요 수혜자가 예전이라면 사망했겠지만 지금은 풍족한 생활을 누릴 기회를 갖게 된 수백만 명의 아이들이라고 생각하는 경향이 있다. 물론 그것도 사실이지만 부모, 특히 어머니들의 삶도 변해서 교육과 가정 외에서의 일 같은 다른 활동을 추구할 수 있게 되었다. 또한 살아남은 각 아이들의 양육과 성장에 더 많은 자원과 시간을 할애할 수 있었다.

사망하는 아이 수가 줄어들면 부모들은 위험성과 노력이라는 측면에서 낮은 비용으로, 성장해서 가족을 유지하고 자산을 상속하며 가족의 전통을 이어나갈 자녀의 수는 그대로 유지하면서 태어나는 자녀의 수는 줄일 수 있다. 출산율의 감소는 즉시 일어나지 않았지만(그랬다면 인구 폭발은 없었을 것이다) 10년 남짓한 기간 내의 자료에서 여실히 드러난다. 결과적으로 인구 폭발은 (영향은 오래 가지만) 일시적 사건이 되었다. 세상은 출생률과 사망률이 어느 정도 균형을 이룬 상황에서 출생률이 사망률을 훨씬 초과하는 상황으로 움직였다. 그리고 얼마 후 다시 균형을 회복했지만 출생률과 사망률 모두 1950년보다 낮아졌다. 1960년에 2.2퍼센트에 도달했던 세계 인구의 연간 성장률은 2011년에 그 절반밖에 되지 않았다. 사망률 하락 시기와 출산율 하락 시기 사이에 태어난 사람들은, 처음에는 제공할 수 있는 것보다 필요한 것이 더 많은 아동 인구를, 그다음에는 생산적이고 창의적인 성인 인구를, 마지막으로는 은퇴한 사람이 많은 노년 인구를 엄청나게 증가시켰다.

람Lam은 인구 성장이라는 난제에 대응하는 세계경제의 성공을 강조하기도 한다. 이는 우리의 현행 주제 중 하나이다. 사회는 부분적으로는 일을 행하는 새로운 방식을 찾아내고(인구가 폭발적으로 증가하는 경우 그 모든 추가된 두뇌의 도움을 받아), 또 부분적으로는 일을 다르게 행해야 할 인센티브를 창출함으로써 새로운 문제에 적응하는 경향이 있다. 녹색혁명Green Revolution과 다른 혁신들은 농업의 생산성을 증가시켰고 식량 생산은 인구보다 빠르게 늘어났다. 세계화 역시 효율성이 가장 높은 곳에서 생산을 수행할 수 있게 함으로써 글로벌 성장의 속도를 높이는 데 일조했다. 한정된 자원은 절약되거나 다른 것으로 대체되었다. 가격제는 인센티브를 만들어내는 데 중요한 역할을 한다. 재생 불가능한 자원이 불편할 만큼 부족해지면 가격이 오르고 사람들은 적은 양으로 견디거나, 대체재를 만들거나, 특정 자원을 전혀 사용하지 않아도 되는 방법을 찾는 기술 변경으로 방향을 돌린다.

경제학자들은 종종 가격제를 너무 맹목적으로 신뢰한다는 비난을 받는데 이런 비난은 때로 사실이다. 하지만 경제학자와 이들을 비판하는 사람 모두, 중요한 자원에 가격이 정해지지 않아 그 가치에도 불구하고 아무 비용 없이 사용할 수 있는 경우 커다란 위험이 따른다는 데 동의한다. 가격이 없으면 해당 재화를 절약할 인센티브가 없다. 오늘날 이와 관련된 가장 중요한 예는 지구온난화로, 어떻게든 해결하지 않으면 세계적인 번영이 지속적으로 증가하는 데 커다란 위협이 될 것이다.

대다수의 사회학자와 정책 입안자들이 내린 인구 폭발에 대한 잘못된 진단과 거기서 나온 잘못된 정책이 수많은 사람들에게 끼친 심각한 피해는 지적, 윤리적 과실이 많았던 세기에서도 가장 중대한 과실 중 하나였다.

피임 자체는 문제가 아니었다. 사람들은 피임 수단을 사용하여 자신과 자녀들에게 득이 되도록 출산율을 조정할 수 있었으며, 저렴하고 효과적으로 출산율을 통제하는 능력 덕분에 전 세계 여성들의 삶이 개선되었다. 대부분의 혁신이 그렇듯 첫 번째 수혜자는 부유한 나라들이었고 이런 상황은 세계적인 불평등을 초래했다. 하지만 곧 그 새로운 방법을 전 세계에서 사용할 수 있도록 만드는 일이 바람직하게 우선순위로 여겨졌고, 항생제와 예방접종처럼 상당한 도움이 될 잠재성을 보였다. 과거의 심각한 잘못은 억압으로 수백만 명의 자유를 박탈한 것이다. 부유한 나라들은 가난한 나라를 돕는다는 미명 아래 억압을 공모했다. 이들은 세계적 불평등을 없애도록 돕는 대신 세계적 불공정을 더 보태서 한층 키웠다. 어떤 피해는 실수로 인한 것이었다. 실로 많은 정책 입안자와 과학자는 그들의 진단과 처방이 가난한 사람들을 도울 수 있다고 믿었다. 하지만 부유한 나라의 이해관계 때문에 실수가 발생했을 가능성이 높다. 이들은 가난한 사람이 많아지면 자신들의 삶이 어떻게 될지 염려했고 인구 폭발이 세계적으로 공산주의를 강화시킬 것이라 두려워했던 것이다.

세계의 빈곤

우리는 이미 1975년 이후 미국에서 국가 번영이 빈곤을 줄이는 데는 거의 소용이 없다는 사실을 살펴보았다. 세계를 전체적으로 보았을 때는 다행히도 평균 소득의 급속한 증가, 특히 1975년 이후 중국과 인도의 평균 소득 증가가 세계의 극심한 빈곤을 줄이는 데 큰 영향을 미쳤다. 중국뿐 아니라 인도에서도 수십 억의 사람이 예전부터 이어져온 오래된 빈곤에서 탈출했다. 가히 대탈출이라 아니 할 수 없다.

이 이야기는 전체적인 개요에서 명확하며 또 그 결론이 심각한 도전을 받진 않겠지만, 나는 하루에 1.00달러 또는 1.25달러 이하로 사는 사람의 수에 대해 이야기할 때 우리가 의미하는 바와 세계 빈곤을 측정하는 방법이 분명하지 않다는 사실 때문에라도 어느 정도는 조심스럽게 이런 성과에 대해 말하고 싶다.

지역사회에서 누가 가난하고 누가 그렇지 않은지 결정하는 일은 쉽다. 개발 담당자들은 종종 '참여형 지역 평가'를 수행한다. 이 때 마을 사람들은 마을 가운데 회의 장소(아마도 반얀 나무 아래)에 모여 자료를 수집하는 사람에게 마을의 작물, 주요 직종과 활동, 식수, 교통수단, 주민 등 마을에 대한 정보를 제공한다. 여기서 가난한 것으로 나타나는 사람들은 종종 장애가 있거나 나이 들고 부양할 가족이 없는 사람들이다. 부유한 나라에서도 사람들은 자신이 속한 지역사회에서 '생계를 유지' 하기 위해 얼마만큼이 필요한가라는 질문에 기꺼이 합리적인 답을 준다. 국가 빈곤선을 정하는 일은 종종 다른 사람에게는 제공되지 않는 보조금같이 특별한 대우를 받을 자격이 수반된다는 이유만으로도 어려운 일이다. 그렇지만 미국의 경우를 보았듯 국가 빈곤선은 어떻게든 산출되고 나중에 정치적인 논의를 통해 개정하거나 업데이트될 수 있다. 미국에서와 거의 같은 일이 인도에서도 일어났다. 인도에서는 처음에 학자들이 생활수준을 측정하여 제안한 빈곤선을 나중에 정부가 채택했고(인도에서는 기획위원회Planning Commission가 빈곤선을 관리한다) 기존 선이 시대에 뒤떨어진 것으로 나타나거나 광범위한 지지를 얻지 못하게 될 때마다 인도에서 아주 인기 있는 장치인 '전문가 위원회'를 사용하여 개정된다.

인도와 미국의 국가 빈곤선은 민주주의 체제 안에서 언론 및 이해당사자들의 토론을 통해 생성되고 논의되었다. 이 사실은 두 나라에 내부적 정당성이라는 큰 장점을 부여하지만, 많은 국가 빈곤선, 아마도 대부분의 빈곤선은 그렇지 않을 것이다. 빈곤 감소가 순전히 수사적인 중요성을 갖는 수많은 정부의 경우 빈곤 측정은 또 다른 국제기구인 세계은행 또는 비정부기구NGO의 주도로 수행된다. 이런 나라의 빈곤선은 종종 국내의 토론이 아니라 세계은행이 도움을 주기 위해 제공하는 지침에 따라 작성된다.

세계은행이 또는 세계은행의 방식을 사용해서 그린 빈곤선은 적어도 외부의 전문가들이 보기에는 대개 합리적이다. 사실 빈곤선은 대개 해당 소득수준의 보통 가정이 실제 최소한으로 받아들일 수 있는 식료품을 구매하는 소득 금액으로 계산된다. 이러한 빈곤선의 결함은 타당성의 부족이 아니라 정당성의 부족이다. 그 나라의 가난한 사람은 말할 것도 없이 그 나라 사람 중 누구라도 이 선을 가난한 사람과 그렇지 않은 사람을 나누는 합리적인 구분점으로 보리라는 보장이 없다. 사실이러한 선은 근본적으로 자신의 목적을 위해 빈곤을 측정해야 하는 국제기구의 행정 편의에 따른 것이다.

세계은행에서 처음 정한 하루 1달러 이하로 생활하는 수준의 세계 빈곤선과 최근 업데이트된 1.25달러는 가장 가난한 나라들을 선택해서 이들 국가 빈곤선의 평균을 구한 값이다. 이들 나라의 빈곤선은 각 나라 통화로 표현되므로 평균을 계산하기 전에 먼저 공통 단위로 환산해야 하고 이 환산은 이미 설명한 PPP 환율을 사용하여 이루어진다. 세계은행이 20년 전 처음 이 계산을 수행했을 때 평균은 하루에 1인당 1달러(1985년) 또는 4인 가족의 경우 1년에 1,460달러에 가까웠다. 다른 국가 집단에 대해 계산한 최근의 평균은 1.25달러(2005년의 달러화 기준) 또는 4인 가족의 경우 1년에 1,825달러였다. 마지막 단계에서 다시 각 나라 통화로 환산된 이 국제 빈곤선은 각각의 가난한 나라에서(부유한 나라는 계산에서 제외된다) 국제 빈곤선과 동등한 수준에서 살고 있는 사람들의 수를 계산하는 데 사용된다. 이 계산은 각 나라에서 '국제 기준으로' 가난한 사람의 수가 몇 명인지 보여주고, 다시 이 숫자는 지역별 총계와 세계 전체의 총계를 내는 데 이용된다.

이 계산은 1990년 이후 비교적 지속적으로 수행되었고, 현재 세계은행은 1980년부터 2008년까지의 국제 빈곤에 대한 자료를 공개하고 있다. 이 자료가 바로 내가 1장에서 소개한 숫자이다. 1장의 〈도표 6〉은 세상에서 하루에 1(2005년)달러 미만으로 살아가는 사람의 수가 1981년에 약 15억에서 2008년에 8억 500만 명으로 감소했음을 보여준다. 자료에 포함된 국가에서 20억에 가까운 인구가 증가했음에도 불구하고 이런 감소가 발생했으므로 빈곤 인구의 비율은 42퍼센트에서 14퍼센트로 총계보다 훨씬 빠르게 하락했다. 이 같은 수의 감소는 거의 전적으로 중국의 성장 기적으로 인한 것이다. 중국을 제외한 경우에는 1981년에 하루 1달러 미만으로 생활한 사람이 7억 8,500만 명이고 2008년에는 7억 800만이다. 이 숫자는 다소 덜 인상적이지만 세계에서 중국인이 아닌 인구의 비율로 보면 가난한 사람이 29퍼센트에서 16퍼센트로 줄어든 것이다.

현대에 또 다른 성장 기적을 이룬 인도에서는 하루에 1달러 미만으로 생활하는 사람 수가 2억 9,600만에서 2억 4,700만으로 감소했고 빈곤 인구의 비율은 42퍼센트에서 21퍼센트로 떨어졌다. 중국과 인도는 성공 신화를 기록했다. 큰 나라의 급속한 성장은 세계 빈곤을 크게 줄일 수 있는 원동력이다. 사하라사막 이남의 아프리카에서는 빈곤 감소에 크게 실패했다. 2008년에 하루 1달러 미만으로 생활하는 인구 비율은 1981년의 43퍼센트와 비교했을 때 37퍼센트였고, 아프리카의 출산율은 아시아처럼 감소하지 않았기 때문에 가난한 사람의 수는 1억 6,900만에서 3억 300만으로 거의 두 배가 되었다.

아프리카는 면적이 상당히 넓고 지도에 크게 나타나지만 남아시아 또는 동아시아에 비해 인구가 그다지 밀집되어 있지 않아, 아프리카의 상대적인 빈곤 감소 실패는 아시아의 성공보다 세계 빈곤 계산에 적은 영향을 미쳤다. 그렇다 해도 중국의 성공을 무시하는, 다소 자주 발생하는 실수를 저질러서는 안 된다. 빈곤 비관주의자, 아마도 특히 구호 산업계의 비관주의자들은 종종 중국만 제외하고 세계화와 경제성장이 세계의 빈곤을 감소시키는 데 거의 아무런 영향도 미치지 않았다는 논지의 성명을 발표하곤 한다. 하지만 이런 생각이 바로 세계 빈곤에 대해 잘못 생각하는 것이다. 중국은 혼자가 아니라 13억의 인구를 가진 국가이며 이들의 빈곤 탈출을 무시하는 것은 중국인들이 에티오피아 인이나 케냐인, 세네갈인보다 덜 중요하다고 주장하는 것이나 다름없다. 나라마다 나름대로 연구하고 측정할 가치가 있지만 세계의 웰빙을 조사하고 측정할 경우에는 거주지에 상관없이 개개인을 똑같이 고려해야 한다. 작은 나라에 살아서 더 가치를 부여받거나 큰 나라에 살아서 불이익을 받는 일은 없어야 한다. 세계의 빈곤은 세계주의적 아이디어이므로 그 측정은 세계주의를 기초로 수행되어야 한다.

빈곤 수치는 얼마나 믿을 수 있을까? 앞서 간단히 설명한 세계은행의 측정 방법은 해당 지역의 민주적인 정보 입력이 부족하다는 점만 제외하면 합리적인 방법이지만 측정 과정에 어려움이 많다. 해당 숫자를 만들어내고 분석하는 데 관련된 사람들은 많은 자료 생성자와 마찬가지로 대부분의 사람들보다 그 숫자를 사용하는 데 회의적이고 사용을 망설인다. 그래도 나는 세계 빈곤 감소의 일반적인 패턴은 신뢰할 수 있다고 생각한다. 중국과 인도가 빠르게 성장한 것은 사실이고 빈곤 경향의 방향 역시 두 나라 특히 중국의 국민소득 증가에 대한 과대평가 가능성에 영향을 받지 않는다. 아프리카의 자료는 종종 품질이 좋지 않고 불확실성이 훨씬 크지만, 빈곤의 정체는 상대적으로 느린 국민소득 증가와 느린 출산율 하락처럼 우리가 아프리카에 대해 알고 있는 사실들과 맞아떨어진다. 이와 같은 전체적인 경향 이면에 존재하는, 세계 빈곤이라는 그림의 나머지 부분은 아주 어둡다.

세계 빈곤 추정치의 약점은 PPP 환율에 좌우된다는 점이다. 그래서 마마이트 문제 등의 경우에서처럼 비율의 불확실성에 대한 비판에 취약하다. 다른 약점은 각 나라에서 행하는 빈곤선 아래에 있는 사람 수에 대한 계산에 있다. 그리고 빈곤선 자체가 말이 되는지에 대한 의문도 있다.

PPP 환율은 매년 계산되지 않고 비정기적으로 계산된다. 최근 세 번의 계산은 1985년, 1993년, 2005년에 수행되었고 2011년도의 결과는 이 글을 쓰고 있는 현재 준비 중이다. 모든 나라가 매년 참여하지도 않으며 그 규모로 인해 어떤 결과에든 확실히 큰 영향을 미치는 중국이 2005년 이전에는 참여하지 않았기 때문에, 그 이전의 추정치는 부분적인 정보를 기초로 했다(추측보다는 낫지만 탄탄한 근거와는 거리가 먼 방식이다). 이런 이유로, 또는 단지 측정이 어렵다는 이유로(우리가 확실히 알 수 없는 부분이다) 세계 빈곤 수치는 PPP 환율이 수정될 때마다 변하는 우려되는 경향을 보인다. 이런 변동은 좋지 않을 것이 분명한 개별 국가들의 빈곤 수치뿐 아니라 대륙들 전체의 빈곤 수치에 영향을 미쳤다. 1993년의 수정은 갑자기 아프리카가 훨씬 더 가난하고 라틴아메리카는 훨씬 덜 가난하게 만들었다. 이는 사소한 수정이 아니었다. 사하라사막 남부 아프리카의 경우 빈곤율이 39퍼센트에서 49퍼센트로 올라갔기에 하는 말이다.

2005년 세계은행은 다시 한 번 새 자료를 사용해서 빈곤 추정치를 3분의 1 정도 높였다. 그 결과 가난한 나라로 분류된 범주에 아프리카보다 아시아에 속한 나라가 많았다. 이 같은 증가의 대부분은 세계은행이 빈곤선을 변경했기 때문이지만, 이런 변동은 그 수치를 일반적으로 신뢰할 수 없다는 점과 함께 세계은행이 자체의 빈곤 퇴치 노력을 평가하는 기준인 그 수치를 제공하는 유일한 원천이 되는 것은 바람직하지 않다는 점까지 보여준다. 물론 이 모든 변동은 통계상의 변동일 뿐이고 실제로 그런 것은 아니다. 계산 방법이 바뀌었다고 더 가난해지거나 부유해지는 사람은 세상에 아무도 없다. 하지만 이런 변동은 국제기구나 NGO가 그들의 노력(그리고 수사법)을 빈곤율이 가장 높아 '보이는' 곳으로 돌릴 경우 실질적인 영향을 미칠 수 있다. 이런 점이 수치가 중요한 많은 이유 중 하나이다. 최근의 아프리카 빈곤에 대한 집중적인 관심 중 상당 부분은 1993년의 수정 이후에 시작되었고 그 수정의 영향을 받은 것이라고 주장할 수 있다. 원조 또는 관심의 방향을 세상에서 가장 가난한 곳으로 돌리는 것은 환상 속의 동물인 키메라의 뒤를 쫓는 일과 다름없을 것이다. 왜냐하면 (다른 동물로 비유하자면) 세계 빈곤 지도의 색이 카멜레온처럼 바뀌기 때문이다.

세계 빈곤의 경향은 기본 자료가 수정되어도 그리 많이 변하지 않는 경향이 있다. 그래도 여전히 중국과 인도의 빈곤 감소율은 과소평가되었고 빈곤율은 공식적인 숫자가 보여주는 것보다 더 빠르게 하락하고 있을 가능성이 있다. 아직 해결되지 않은 이 문제는 기술적이고 매우 정치적인 문제이기도 하다.

빈곤선이 정해진 후에도 각 나라에서 가난한 사람이 얼마나 많은지 알아내는 일은 놀라울 정도로 어렵다. 계산에서는 가구 설문 조사를 사용하여 무작위 가구 표본에 소득 또는 지출이 얼마인지 물은 후, 빈곤선 밑에 있는 가정에서 사는 사람의 수를 셈한다. 그런 다음 나라 전체의 총지출과 총소득의 개별 추정치를 제공하는 국민소득 계정을 토대로 조사 결과를 비교 검토한다. 하지만 많은 나라에서 비교 검토하는 데 실패한다. 가구에서 얻은 총계 값은 종종 통계학자들의 예상보다 훨씬 작은 데다, 더 부정적인 것은 두 개의 총계 값이 점점 서로 멀어진다는 사실이다. 달리 말해서 어느 가정을 방문해 질문을 하면 그들은 생활수준이 우리가 국가의 성장률을 보고 예상하는 만큼 빠르게 향상되지 않고 있다고 대답한다. 어떤 면에서 이는 미국에서 벌어지고 있는 일과 비슷하다. 국민소득은 증가하고 있지만 보통 가정의 성장은 거의 없다. 미국의 이런 불균형이 커지는 주된 이유는 거의 확실히 인도와 다른 곳의 불균형이 커지는 이유 중 일부이다. 하지만 인도와, 정도는 덜하지만 미국에서도 가구 자료는 총 자료와 모순된다. 통계에서 이 같은 당혹스러운 차이는 인도에만 나타나는 것이 아니라 많은 나라에서 나타난다.[12]

인도에서는 통계적 모순이 종종 신랄한 논쟁을 불러일으켰다. 대개 정치적으로 우익인 한쪽에서는 총 자료를 믿기로 하고 세계은행과 인도 정부 모두 사용하는 조사 결과의 빈곤 측정치가 빈곤의 감소율을 실제보다 축소해서 나타낸다고 주장한다. 이들은 조사자들이 사람들에게 질문하러 다니는 대신 나무 그늘 아래 또는 찻집에 앉아 자료를 만들어내는 부정행위를 한다고 말한다. 좌익에 가까운 다른 쪽에서는 표본 조사를 통한 자료를 선호하며, 사람들에게 질문했을 때 빈곤 감소를 발견하지 못한다면 빈곤 감소가 있다고 주장할 근거가 없다고 주장한다. 조사자들이 찻집에 앉아 있었다는 증거가 부족하다는 점과 인도 국민 계정에 많은 결함이 있다는 사실이 이들의 주장을 뒷받침한다. 양측의 주장 모두 어느 정도 진실이라는 데는 의심의 여지가 없지만 이 논쟁은 빈곤에 대한 토론이 때로 탄탄한 것과는 거리가 먼 사실을 기반으로 한다는, 사람들이 자신의 정치적 견해에 따라 선호하는 버전의 진실을 선택한다는 사실을 상기시킨다. 이 모든 일의 기반은 인도 정부가 말로는 훨씬 더 기업 친화적이 되었고 훨씬 덜 빈곤 친화적이 되었다는 사실이다.[13] 그리하여 상당 부분 인도의 성장이 소수 도시의 한두 지역에 살며 그 수가 급증하고 있는 잘사는 중산층만이 아니라 모든 사람에게 이롭다는 설명에 의존한다. 조사 통계의 유효성을 부인하면 잘사는 사람들이 가난한 사람을 '보지' 못한다.

내가 가장 좋아하는 인도의 예 중 하나는 어떻게 해서 아주 작은 변화가 커다란 영향을 미칠 수 있는지 설명해준다. 콜카타 소재 인도통계협회Indian Statistical Institue의 위대한 경제학자이자 통계학자인 P. C. 마할라노비스P. C. Mahalanobis는 특히 사람들에게 소비지출에 대해 묻는 가구 설문 조사 분야에서 설문 설계의 이론과 실제에 많은 중요한 기여를 했다. 약간의 실험을 거친 후 그는 사람들에게 지난 30일 동안 얼마나 소비했는지(예를 들면 쌀이나 밀을) 질문하기로 결심했다. 1990년대 인도의 전국표본조사National Sample Surveys에서는 계속해서 마할라노비스의 30일 규칙을 사용했다. 하지만 당시 다른 여러 나라에서는 이보다 짧은 7일이라는 기간을 사용했다. 이 기간을 응답자가 이전의 사건을 정확하게 기억할 수 있는 시간이라고 여겼기 때문이다. 일부에서 30일 규칙을 준수하기 때문에 누락이 많이 발생하고 빈곤율이 실제보다 과장되는 것이라고 주장하기 시작했다. 결국 이 주장이 힘을 얻어 보고 기간이 7일로 바뀌었고 예상대로 평균 일일 지출이 상승했다. 이 같은 이해하기 힘든 기술적인 통계 변화로 인도의 국가 빈곤율이 절반 감소해서 1억 7,500만 명이 더 이상 가난하지 않게 되었다. 보고 기간의 길이는 통계학자들이나 흥미로워할 문제다. 요즘 표현대로 말하면 깨알 같은 디테일에 관한 문제이다. 하지만 이처럼 아주 작은 기술적 문제가 측정치와 빈곤에 대한 인식을 완전히 바꿔놓을 수 있다. 실제로 사람들을 잘살게 만드는 것보다 통계적 수단으로 빈곤 감소를 달성하기가 훨씬 쉽다!

덧붙이자면 인도의 변화는 지속되지 못했다. 마할라노비스의 실험을 다시 수행해보니 30일이라는 기간이 그렇게 부정확하지 않고 종종 7일 기간보다 정확해 보였다. 좌파들이 기쁘게도 조사에 30일이라는 기간이 다시 도입되었다. 더 일반적이고 중요한 요점은 상당한 인구가 가난한 여느 나라와 마찬가지로, 인도에서는 빈곤선 바로 위에 있든 바로 아래에 있든 빈곤선에 가까운 사람이 각각 수백만 명이라는 사실이다. 가난하지만 빈곤선이 약간 낮아지면 가난하지 않은 사람이 수백만이고 가난하지 않지만 빈곤선이 약간 높아지면 빈곤층으로 떨어지는 사람이 수백만이다. 이렇게 빈곤선 또는 자원을 측정하는 방법이 아주 약간 변경되어도 가난한 것으로 분류되는 사람의 수에 아주 큰 영향을 줄 수 있다. 이 같은 초민감성super-sensitivity은 빈곤 측정 전체를 위태롭게 한다. 우리는 빈곤선이 어디쯤 있어야 하는지 정확히 알지 못하지만, 그럼에도 빈곤선의 명확한 위치는 큰 차이를 만든다. 더 거침없이 말하자면 우리는 우리가 무엇을 하고 있는지 제대로 알지 못하며 중요한 일을 이런 숫자에 좌우되게 하는 것은 명백한 실수이다.

찰스 디킨스의 소설 《데이비드 코퍼필드David Copperfield》에 나오는 미코버 씨라는 인물은 빈곤선에 대한 나름의 생각을 갖고 있다. 그는 "연간 소득이 20파운드, 연간 지출이 19파운드 19실링 6펜스면 행복하지. 연간 소득이 20파운드, 연간 지출이 20파운드 6펜스면 불행한 거야"

라고 말한다. 이 인용문이 기억에 남는 이유는 아주 어리석은 말이기 때문이다. 어째서 그렇게 미미한 차이에 그토록 연연해야 하는가? 그리고 빈곤선 바로 아래 있는 사람은 가난한 사람으로 분류되고 세계은 행의 특별한 보조 또는 관심을 받을 가치가 있는 반면, 빈곤선 바로 위에 있는 사람은 아무 도움도 필요 없고 스스로 방책을 찾아야 하는 이유는 무엇일까? 우리가 빈곤선이 무엇이 되어야 하는지에 대해 잘 알지 못하고 소득을 측정하는 데 큰 어려움을 겪고 있을 때 미코버 씨 같은 판단을 내리는 것은 더더욱 터무니없다. 더 가난한 사람에 대해 염려하는 것은 수긍이 가지만 결정적 구분선에서 엄격하게 구분하는 것은 말이 되지 않는다.

세계 빈곤선에 대해 마지막으로 짚고 넘어가겠다. 미국이나 유럽에서 하루에 1인당 1달러로 사는 것은 대다수 사람들에게 명백히 불가능하다. 그렇게 산다고 생각되는 사람도 없고 미국과 유럽은 세계 빈곤 계산에 포함되지도 않지만 이 불가능성은 다른 나라들의 빈곤선에 대해서 그 유효성을 약화시킨다. 하지만 어쨌든 인도에서는 1달러당 약 22루피의 PPP 환율로 환산했을 때 수백만 명이 하루에 1달러 미만으로 살고 있으며, 이런 환율을 계산하는 이유는 국가 간 구매력을 동등하게 만들려는 것이다. 그러므로 인도에서 하루에 22루피로 살면서 최악의 처지에 놓이지 않을 수 있다면 왜 미국에서는 하루에 1달러로 살 수 없는 것일까?

이 질문에 완전히 납득할 수 있는 답이 있는지 확신하기 어렵다. 인도의 빈곤선에서는 미국에서 중요하고 값비싼 세 가지, 즉 주택, 의료보험, 교육(중 대부분)이 제외되어 있다. 그 외에도 인도처럼 따뜻한 나라에서는 난방이 거의 필요 없고 의복에 많은 지출을 할 필요도 없다. 거주지 가까이에서 일하는 사람들은 교통비도 거의 지출하지 않는다. 이런 항목이 제외되면 '전기, 수도 같은 공공시설을 사용하지 않는' 미국의 4인 가족도 어쩌면 대용량 쌀, 오트밀, 콩, 채소 같은 저렴한 식료품을 구입하여 1년에 1,460달러로 살아남을 수 있을지 모른다. 최근 한 논문에서는 미국의 이 같은 '최소한도의' 식료품 묶음에 하루에 1인당 약 1.25달러 또는 4인 가족의 경우 1년에 1,825달러라는 가격을 매겼다.[14] 빈곤선의 유효성을 지지하는 사람들도 하루에 22루피면 인도에서도 궁핍한 생활수준이고, 인도의 가난한 사람과 그 자녀들은 일상적으로 굶주리진 않는다 해도 세상에서 가장 영양이 결핍된 축에 속한다는 사실을 알아차릴 수 있다.

국제적 소득 불평등

세계화가 세상을 더 불평등하게 만들었고 부자들에게는 더 부유해질 수 있는 새로운 기회가 제공되었지만 가난한 사람에게는 거의 아무것도 주지 않았다는 주장이 자주 제기된다. 이런 주장은 그럴듯하게 들린다. 유럽 또는 북미 지역에 사는 운 좋은 사람들은 서로 연결된 새로운 세상의 모든 혜택을 누리고 있다. 한편 세계화가 제대로 교육받지 못하고 건강하지 못한 인구를 가진 내륙의 가난한 나라 국민들에게 어떤 도움이 되었는지는 알기 어렵다.

이와 반대되는 주장도 있다. 세계화로 인해 아시아의 노동자들이 부유한 나라의 시장에 전보다 쉽게 접근할 수 있고, 이민을 가지 않아도 부유한 나라에서 하던 많은 일을 자국에서 할 수 있게 되었다. 이런 현상이 큰 규모로 발생하면 아시아인의 급여는 올라가고 미국과 유럽인의 급여는 내려가 세계 전체의 소득 불평등이 줄어들 것이다. 자본을 소유한 사람에게도 세계화 덕분에 새로운 투자 기회가 생겼다. 부유한 나라에 상대적으로 자본이 풍부하고 가난한 나라에 상대적으로 부족한 경우, 세계가 개방되면 부유한 나라의 자본가는 더 부유해지는 반면 가난한 나라의 자본가는 더 가난해질 수 있다. 자본가는 더 부유해지고 노동자는 더 가난해지면 소득 불평등이 부자 나라에서 확대되고 가난한 나라에서는 축소될 것이다. (당연하지만 소득 불평등은 노동자와 자본가만 나누는 것이 아니다.)

이 장의 시작 부분에서 국가의 평균 소득이 서로 멀어지고 있다는, 또는 적어도 서로 가까워지는 경향은 결코 보이지 않는다는 사실을 나타내는 자료를 제시했다. 하지만 세상에서 규모가 큰 국가들이 매우 급속히 성장하고 있어 이들 나라에 살고 있는 수십 억 인구의 평균 소득이 빈곤층보다 중산층에 가까워졌고 이는 전 세계 소득을 균등화하는 데 중요한 힘이 되었다. 그러나 나라 안의 불평등이 어떻게 되어가고 있는지 무시하면서 평균만 사용해서 세상 모든 사람 사이의 불평등(세계주의적 불평등이라 할 수 있는) 정도를 평가할 수는 없다. 중국과 인도의 평균이 아주 빠르게 증가하고 있다고 해서 번영의 밀물이 중국과 인도의 모든 보트를 밀어 올린다는 보장은 없다. 또는 올림픽 경기의 깃발이라는 비유로 돌아가서 중국과 인도의 '평균' 깃발이 행렬의 맨 뒤에서 가운데로 행진하는 중이라고 해서 중국과 인도의 개별 깃발 모두 똑같이 행진 중이라는 사실을 의미하지도 않는다. 첨단 도시에 사는 부유한 인도 거물은 이미 오래전에 행렬의 선두에 도달했고 가난한 농부는 항상 있던 뒷자리에 남아 있을 수 있다. 나라 안의 불평등이 확산되면 그 정도가 극심할 경우 중간으로 향하는 거인국의 행진이 늦춰질 수 있으며 세계적 소득 불평등이 확대될 수 있다.

5장에서는 최근에 커진 미국의 불평등에 대해 설명했다. 미국은 한 개의 국가일 뿐이지만 새로운 기술, 세계화와 같이 미국의 사례에서 중요한 몇 가지 요인은 다른 곳, 또는 최소한 다른 부유한 국가에도 분명히 영향을 미친다. 가난한 나라들에서는 모든 사람이 세계화가 가져다 준 새로운 기회의 혜택을 갖지는 못했다는 증거도 있다. 나는 (측정하기 어렵다는 점은 제외하고) 세상 모든 국가에 적용되는 소득 불평등에 관한 어떤 설명이 있다고 믿지 않지만, 소득 불평등의 상승이 전반적인 경향이었음은 분명하다. 특히 최근의 경향이 그렇다. 미국은 불평등의 수준과 최근의 증가 규모 양면에서 상위권 국가치고는 특히 예외적인 양상을 보이지만 분명 소득 불평등이 현재 증가하고 있는 유일한 나라는 아니다. 몇몇 부유한 나라에서는 상위 1퍼센트의 점유율을 기준으로 측정된 소득 불평등이 20세기의 대부분 기간 동안 감소하며 1980년대에 이르렀다. 그들 국가에 나타난 최근의 작은 상승세는 미국의 경우보다 작을 뿐 아니라 늦은 현상이기도 하다.

중국의 경제성장은 지리적으로 고르지 않았고 도시가 시골 지역보다 크게 성장했다. 도시와 시골 사이의 이 같은 불평등은 사람들이 이주하도록 만드는 인센티브를 만들어냈고 이는 거대한 소득 격차를 줄이는 방향으로 작용할 것이다. 하지만 중국에서는 이주가 엄격히 제한되어 있어 수많은 이주 노동자들은 가족과 떨어져 지내는 경우에만 좋은 일자리에 접근할 수 있다. 인도에서는 불평등이 확대된다는 증거가 보다 덜 명확하지만 여기서도 일부 지역, 특히 인도의 남부와 서부는 다른 지역보다 크게 성장했다. 상위 소득에 대한 다국적 조사 프로젝트의 일환으로 수행된 중국과 인도의 소득세 기록에 대한 연구에서 상위 1퍼센트의 소득 점유율이 두 나라 모두 상당히 빠르게 증가한 사실이 밝혀졌다. 하지만 이는 미국에서 상위 1퍼센트로 가는 점유율 크기의 절반(인도) 또는 3분의 1(중국)에 불과하다.[15] 그림을 더욱 복잡하게 만들자면, 전통적으로 불평등 수준이 높은 국가인 아르헨티나와 브라질을 비롯해서 다른 몇몇 큰 국가에서도 불평등이 감소하고 있다는 몇 가지 증거가 있다.

많은 부유한 나라에서도 최근에 소득 불평등이 증가했다. 대부분의 나라에서는 전쟁, 인플레이션, 세금이 상당한 부를 깎아내면서 20세기 전반기에 상위권의 소득이 감소했다. 지난 이삼 십 년간 미국과 같은 영어권 부유 국가에서는 상위 1퍼센트의 점유율이 상당히 치솟았지만 나머지 유럽(노르웨이 제외)이나 일본에서는 이런 현상이 발생하지 않았다. 상위 1퍼센트가 나머지 모두와 멀어지면 하위 99퍼센트는 전국 평균보다 나빠진다. 상위 1퍼센트의 성공은 나라마다 달랐으며 이는 국가가 얼마나 발전했는지 나타내는 순위가 때로는 하위 99퍼센트의 경우 나라 전체의 순위와 다르다는 사실을 의미한다.

프랑스와 미국 사이에 한 가지 흥미로운 비교점이 있다. 프랑스는 최근의 미국보다 다소 느리게 성장했지만 프랑스의 하위 99퍼센트 인구는 미국의 하위 99퍼센트 인구보다 평균 소득이 더 빠르게 증가했다.[16] 다르게 표현하면 프랑스 인구의 상위 1퍼센트를 제외한 모두가 미국 인구의 상위 1퍼센트를 제외한 모든 사람보다 부유해졌다. 미국에서 일어난 상위권 연봉의 폭발적인 상승이 주도하는 세계시장에 상위권 소득자인 영어권 경영자는 자신의 서비스를 판매할 수 있지만 프랑스, 독일 또는 일본의 경영자에게는 시장이 같은 식으로 열려 있지 않은 경우 영어권 사람과 비영어권 사람의 차이는 예상할 수 있는 것이다.

이 말을 좀 더 친절하게 해석하면 세계화가 창출한 거대하고 풍요로운 시장 덕분에 영어권의 일류 경영자들은 현재 오페라 가수 또는 스포츠 스타처럼 CEO들의 통합된 세계주의 클럽 속에서 살고 있다는 얘기가 된다. 이 버전의 이야기에서 미국과 기타 영어권 국가의 슈퍼 사이즈 연봉은 미국 CEO가 스스로에게 과도한 급여를 지급하고 나머지 영어권 국가도 같은 일을 하도록 강요한 결과가 아니라, 새로 형성된 글로벌 시장이 슈퍼 사이즈 재능에 그러한 보상을 할 수 있게 환경을 조성해주었기 때문이다.

모든 부유한 나라는 급여가 낮은 나라와의 경쟁 외에도 기술의 변화에 직면해 있다. 모든 나라에서 미국에서 발생한 것과 같은 소득 불평등의 증가가 발생한 것은 아니다. 그리고 처음에는 이런 경향에 저항하는 것처럼 보이던 몇 나라에서도 최근 들어, 특히 중앙값 위의 나라들에서 불평등의 증가(소득의 퍼짐 현상)가 나타나고 있다. 많은 중간 소득 일자리는 기계 또는 아웃소싱으로 대체되는 반면 저임금 서비스직은 비교적 상황이 나은 가운데 부유 국가에서 일자리와 소득의 양극화가 널리 확산되고 있는 것으로 보인다.[17] 새로운 현상인 양극화는 소득분포의 맨 아래에서 불평등의 확대를 제한하고 있다. 하위 층에 만연한 한부모 가정과 상위 층에서 증가하는 파워 커플 등 다른 경향도 널리 확산되고 있다. 세금과 재분배 시스템(미국보다 유럽에서 더 포괄적이며 불평등을 제한하는 데 더 초점이 맞춰 있음)은 최근의 불평등 증가를 막을 수 없었던 것으로 보인다.

이들 나라의 경험은 전 세계의 불평등에 대해 우리에게 어떤 사실을 이야기하고 있는가? 국가의 불평등 확대가 거대 국가들이 세계 소득분포에서 위로 이동하는 것을 상쇄할 정도인가? 나라 간 평균 소득이 서로 멀어지고 있고 평균 국가가 불평등해지고 있다면 세상이 더 불평등해지고 있다는 의미는 아닌가?

마지막 질문에만 분명한 답이 있다. "아니오"이다. 나라마다 크기가 다르고, 적어도 최근에는 거대 국가들이 평균보다 훨씬 빠른 속도로 성장했다. 나라별로 살펴보게 되면 인구가 150만인 기니비사우Guinea-Bissau처럼 아주 작은 나라를, 인구수 10억 이상인 인도 같은 거인 국가와 똑같이 계산에 넣게 된다. 기니비사우와 아프리카의 다른 많은 작은 나라들이 발전하지 못하고 있다는 사실이 나라들이 서로 멀어지고 있는 이유지만, 이 사실은 사람들이 서로 멀어지고 있는지 여부를 살펴볼 때는 무슨 일이 벌어지고 있는지 아무것도 알려주지 않는다.

국내 불평등이 세계 불평등에 미치는 영향은 어떠한가? 이 영향은 세계 소득분포의 최상위에서 특히 중요하지만, 세상의 불평등 대부분이 국가 내부의 격차가 아니라 국가 간 격차에서 오는 것이기만 하면 대다수 사람에게는 결정적이지 않다. 그래서 다시 거인 국가(특히 중국과 인도)의 내부와 이들 국가가 나머지 나라에 비해 얼마나 빨리 성장하고 있는지 살펴볼 필요가 있다. 특히 중국처럼 내부의 불평등이 확대되어도 성장 속도가 충분히 빠르면 앞에 놓인 모든 것을 쓸어버릴 수 있으며 중국이 평균보다 가난한 나라로 남아 있는 한 세상 전체는 더 평등해진다. 모든 증거를 고려해서 신중하게 평가해보면 이는 사실이다. 나라들이 서로 멀어지고 있음에도 불구하고, 그리고 국가 내부의 불평등이 증가하고 있음에도 불구하고 세계의 불평등은 안정되어 있거나 천천히 감소하고 있다.[18] 이 역시 정확한 이야기일 수 있지만 나는 우리가 확실히 알고 있다고 확신하지는 않는다. 커다란 불확실 요소는 중국과 인도의 진짜 성장률이 공식적인 발표만큼 높은 것인가 하는 문제와, 이 두 나라를 다른 나라와 비교하기 어렵기 때문에 이런 불확실성이 배가된다는 사실에 기인한다.

마지막으로 우리는 세계의 불평등을 염려해야 하는지, 그렇다면 이유가 무엇인지 생각해보아야 한다. 한 나라 안에서는 불평등이 정의에 대해, 즉 싫든 좋든 세금을 내고 국가의 법과 정책을 준수해야 하는 전 국민이 의무에 다른 합당한 보상을 받고 있는지 여부에 대해 무언가를 알려준다. 철학자 로널드 드워킨Ronald Dworkin은 '국민에게 통치권을 행사하고 충성과 법에 대한 복종을 요구하는 정치 공동체는 국민 모두에게 공정하고 객관적인 태도를 취해야 한다'[19]고 말했다. 분명 사람들은 소득분배의 정의에 필요한 것이 무엇인지, 미국의 높은 수준으로 확대되고 있는 불평등 그 자체가 불공평한 것인지에 대해 서로 다른 견해를 갖고 있지만, 이는 소득 불평등에 대해 조치를 취해야 하는지, 그렇다면 어떤 조치를 취해야 하는지에 대한 국민적인 논의의 핵심 부분이다.

국제적 상황은 이와 다르다. 사람들이 복종해야 하는, 불공정한 국제적 불평등을 해결할 능력이 확실히 있는 세계정부는 없다. 국제적 불평등의 측정치가 국제 정책을 뒷받침하는 통계적 증거의 일부가 되는 방식은 그것이 국내 정책을 뒷받침하는 증거가 되는 방식과 다르다. 실제로 개인 사이의 국제적 소득 불평등에 대한 공식 통계는 없으며 아마도 이 주제는 개별 학자들의 호기심에 맡겨두어야 할 것이다. 이는 분명 사실이지만 여기에 대한 반론도 있다. 세계정부는 없을지 몰라도 세계무역기구WTO와 세계은행 같은 국제기구는 있다. 이들의 정책은 많은 나라 국민의 소득에 영향을 미치며 이들의 활동은 그 영향 아래 있는 사람들의 공정성을 기반으로 한 청구를 지원하는 만큼 충분히 국가와 같다. 이런 기구 중에서 국제 세금과 재분배 체제를 구현할 권한 또는 능력을 가진 기구는 없지만, 이익이나 해를 끼칠 수 있는 그들의 잠재력은 최소한 그들이 소득분배를 감독하는 것에 대한 정당성을 입증한다. 세상이 통일되지는 않았지만 서로 교류하지 않는 고립된 나라들의 집합도 아니라는 얘기다.

THE
GREAT
ESCAPE

PART 3

도움

뒤에 남겨진 사람들을
어떻게 도울 것인가

거의 10억 명에 달하는 사람들이 여전히 물질적 빈곤 속에 살고 있다. 수백만 명의 어린이가 여전히 태어난 곳에서 사고로 사망하고 있으며 거의 절반에 이르는 인도 어린이의 몸이 체중과 신장 미달로 망가지고 있다. 이런 사람들은 대탈출 뒤에 남겨진 많은 사람 중 일부이다. 과거에도 그랬듯 불평등의 엄청난 규모 자체가 불평등을 제거할 방법을 제시하고 있다. 탈출을 지원했던 과학과 기술의 진보는 모든 사람이 이용할 수 있으며, 탈출의 이점이나 뒤에 남겨지는 끔찍함에 대해서는 다시 말할 필요가 없을 것이다. 남아시아와 동아시아의 몇몇 나라는 따라잡기 시작할 수 있는 기회를 붙잡았고 수백만 명의 국민을 빈곤에서 끌어올렸으며 수백만 명을 때 이른 죽음에서 구했다. 하지만 극명한 불평등은 여전히 남아 있다.

2차 세계대전 이후 부유 국가는 국제 원조를 통해 이러한 격차를 좁히려 노력했다. 국제 원조는 가난한 사람들의 생활을 향상시킬 목적으로 부유한 국가에서 가난한 국가로 흘러 들어가는 자원의 흐름이다. 이전에는 이와 반대로 자원이 군사 정복 및 식민지 착취의 전리품으로 가난한 나라에서 부유한 나라로 흘러 들어갔다. 나중에는 부유한 나라의 투자가들이 가난한 나라에 자금을 보냈는데 그 나라 사람들의 보다 나은 삶을 위해서가 아니라 수익을 좇아서였다. 무역은 제조된 상품과 맞바꿔 원자재를 부유한 나라로 가져왔지만 원자재를 수출하여 부자가 되는 데 성공한 가난한 나라는 거의 없다. 많은 나라에 외국 소유와 내부의 불평등이라는 유산이 남겨졌다. 이런 역사에 반해 수혜자가 혜택을 받도록 명확하게 계획된 국제 원조는 완전히 다른 것이다.

과거에는 뒤에 남겨진 사람들이 기대할 수 있는 최선이 앞선 탈주자들에게서 배우는 것이었지만 앞서 나간 사람들이 자신들이 빠져나간 터널을 메우지 않았다면 운이 좋은 것이었다. 이 새로운 행운아들이 돕기 위해 돌아오는 일은 전에 없던 일이다. 이 장에서는 국제 원조가 정말 대탈출을 촉진했는지 또는 다양한 동기나 정치, 의도하지 않은 결과의 법칙을 통해 그 반대의 결과를 가져왔는지 알아보려고 한다.

물질적 원조와 세계 빈곤

세계 빈곤에 대한 놀라운 사실 중 하나는 우리가 마술처럼 가난한 사람의 은행 계좌에 돈을 이체할 수 있다면 문제를 바로잡는 데 드는 비용이 아주 적다는 사실이다. 2008년에는 약 8억 명이 하루에 1달러 미만으로 살았다. 평균적으로 보면 이들 각각은 하루에 0.28달러가 '부족'하다. 이들의 평균 일일 지출은 이들을 빈곤에서 끌어올리는 데 필요한 1달러가 아니라 0.72달러다.[1] 부족액은 하루에 10억 달러의 4분의 1 미만으로 보충할 수 있다. 0.28달러에 8억을 곱하면 2억 2,000만 달러이니까 말이다. 미국이 혼자 이 일을 하려고 했다면 미국인 남성, 여성, 어린이 각자 하루에 0.75달러를 지불하거나 어린이를 제외하면 1달러씩 지불하면 되었을 것이다. 영국, 프랑스, 독일, 일본의 성인이 여기에 참여하면 금액을 하루에 1인당 0.5달러로 줄일 수 있다. 게다가 이 금액은 정말 필요한 액수보다 많은 금액이다. 세상에서 가난한 사람 대부분은 식료품, 주거 및 기타 필수품이 부유 국가보다 저렴한 나라에서 산다. 인도에서 소비되는 1달러는 가난한 사람들이 구입하는 물건에 대해 약 2.5달러에 해당하는 가치의 구매력을 갖는다.[2] 이 사실을 고려하면 모든 미국 성인이 하루에 0.3달러를 기부할 경우 세계 빈곤을 없앨 수 있다는 놀라운 결론에 이른다. 또는 영국, 프랑스, 독일, 일본의 모든 성인들이 자발적 의지의 연합체를 구성할 수 있다면 각자 하루에 0.15달러만 기부하면 될 것이다.

이렇게 얼마 안 되는 액수를 지원하지 못해서 세계 빈곤이 존재할 수 있다는 사실은 믿기 어렵다. 이 계산이 빈곤 퇴치에 대해 아무것도 말해주지 않는 이유를 이해하는 것이 이 장의 주요 주제 중 하나이다. 앞으로 살펴보겠지만 문제는 0.15달러가 너무 적어서가 아니다. 액수를 0.3달러 또는 0.5달러까지 늘려도 빈곤의 새로운 역사를 만들지는 못할 것이다.

내 계산에는 사람들을 최소한도인 하루에 1달러 수준으로 끌어올리는 비용만 포함되어 있다. 이보다 중요한 건강 증진이나 생명을 구하는 문제는 다루지 않는다. 많은 웹 사이트에서 특히 이 문제와 관련해서 특히 효과적으로 활동하는 자선단체들을 추천하고 있다. 철학자 토비 오드Toby Ord가 운영하는 givingwhatwecan.org라는 웹 사이트에서는 1년에 15,000파운드의 소득을 올리는 사람이 소득의 10퍼센트인 1,500파운드를 기부할 경우 '1년에 1.5명의 생명을 구하거나 방치된 열대병에 걸린 아이들을 1년에 5,000명 가까이 치료할 수 있음을 의미한다'고 말한다.[3] 나중에 이 수치의 근거에 대해 이의를 제기하겠지만 이 수치는 신중하게 계산한 중요한 추정치이며 그 혜택에 비하면 적은 금액이다. 이보다 신중하지 못한 옹호자들은 종종 훨씬 적은 금액을 제시한다. 서론에서 소개한 배우 리처드 애튼버러Richard Attenborough는 2000년 어느 신문 기사에서 유니세프UNICEF는 17펜스, 약 0.27달러로 모잠비크 어린이 한 명씩 생명을 구할 수 있다고 주장했다.[4]

내가 시작한 계산을 포함해서 이런 계산 사례들을 나는 원조 환상aid illusion이라고 부른다. 이는 부유한 사람 또는 부유한 나라가 가난한 사람 또는 가난한 나라에 돈을 더 주기만 하면 세계의 빈곤이 사라질 것이라는 잘못된 믿음이다. 나는 이 원조 환상이 빈곤을 퇴치할 처방이 아니라 실제로는 가난한 사람의 생활을 개선하는 데 장애물이라고 생각한다.

하루에 0.15달러로 세상의 빈곤을 퇴치할 수 있다는 계산을 어떻게 이해해야 할까? 그렇게 적은 비용으로 퇴치할 수 있다면 어째서 여전히 세상의 빈곤이 존재하는 것일까? 가능성 있는 이유 네 가지는 다음과 같다.

- 도덕적 무관심: 부유한 사람들이 신경 쓰지 않는다.
- 이해 부족: 사람들이 신경은 쓰지만 빈곤을 없애기 위해 무언가 하기가 얼마나 쉬운지 깨닫지 못한다.
- 원조가 효율적일 수 있었지만 잘못 활용되어 현재 비효율적이다.
- 원조가 일반적으로 비효율적이고 어떤 상황에서는 해를 끼치기까지 한다.

위의 주장에 대해 이제 자세히 알아볼 것이며 도덕적 무관심과 '빈곤 문제는 해결하기 쉬운가?' 하는 문제로 시작하는 것이 좋겠다.

부자들이 냉담해서 수십 억의 사람들을 극심한 빈곤에서 구하기 위한 아주 조그만 희생조차 거부한다는 것이 사실일까? 친구와 가족에 관한 문제라면 냉담하지 않겠지만 자신과 매우 다르고 수천 킬로미터 떨어진 곳에 사는 사람들을 돕는 일에는 별로 책임감을 느끼지 않을 수 있다.

하지만 애덤 스미스는 그렇게 생각하지 않았다. 중국의 거대한 지진에 대해 상상하는 유명한 대목에서 그는 중국에 살고 있지 않은 누군가가 만난 적도 없는 수십만 중국인의 목숨을 구하기 위해 새끼손가락을 잃는 일을 거부할 것인가라는 질문을 던진다. 그는 다음과 같이 결론을 내린다. "세상은 부패와 타락 속에서도 결코 그걸 거부할 생각을 품을 만큼 악한 사람을 만들어내지 않았다."[5] 스미스와 동시대 사람인 데이비드 흄David Hume은 (18세기의) 세계화는 사람들이 좀 더 동정심을 갖고 지리적으로 멀리 떨어진 사람들을 기꺼이 돕도록 만들어야 한다고 주장했다. 이 주장은 분명 현대의 세계화에도 보다 강력히 적용

된다.[6]

철학자 피터 싱어Peter Singer는 누군가 아프리카의 어린이를 돕는 일을 거부하는 것과 길 가던 사람이 옷이 조금 상하는 것에 불과한 사소한 비용에도 불구하고 얕은 연못에 빠져 허우적대는 아이를 돕는 일을 거부하는 것을 비교하면서, 거리가 영향을 미친다는 생각에 반대하는 주장을 오래전부터 펼쳤다. 우리 대신 먼 거리를 오갈 수 있는 옥스팜Oxfam 같은 국제 구호단체가 있기 때문에 아프리카의 어린이가 멀리 있다는 사실은 도움을 주려는 도덕적 의무감에 영향을 미치지 않는다.

옥스팜과 같은 원조 단체들이 효율적이라고 인정할 경우 기부를 거부하는 것은 도덕적으로 물에 빠진 아이를 구하는 일을 거부하는 것과 같다. 1971년, 방글라데시가 결국 파키스탄에서 갈라져 나온 전쟁 중에 싱어는 그곳의 고통에 대한 글을 썼고 다음과 같이 결론을 맺었다. "나는 기근 구제라는 전통적인 방법이나 인구 억제책을 통해, 또는 두 가지 모두를 통해 우리가 무슨 일이든 할 수 있다는 주장을 누구도 진지하게 반박할 수 없다고 생각한다."[7] 싱어의 최근 글에서도 효율성에 관한 주장은 그대로 유지되고 있으며,[8] givingwhatwecan.org와 givewell.org 같은 웹 사이트는 국제 구호단체들을 심사하고 빈곤 감소와 건강 증진에 특히 효율적인 단체들을 추천함으로써 잠재적인(그러나 아마도 의심을 품거나 신중한) 기부자들을 돕는 것을 목적으로 하고 있다. 원조 의무에 대한 윤리적 주장은 압도적이다. 그러나 이는 도덕에 관한 문제가 아니라 '우리'(세상의 가난하지 않은 사람)가 '그들'(세상의 가난한 사람)을 도울 능력이 있는가 하는 현실성에 관한 문제이다.

아마 이제 이 장의 시작 단락에서 펼친 주장, 각자 하루에 0.15달러씩 내면 하루 1달러 미만으로 사는 수준의 빈곤을 없앨 수 있다는 주장이 불완전하다는 사실이 명백히 보일 것이다. 현실은 그렇게 간단하지 않다. 실제로 이 계산을 접한 많은 사람은 0.15달러가 충분하지 않을 것이라는 반응을 보였다. 분명히 중간에 손실되고 관리 비용이 들 것이므로 하루에 0.50달러 또는 1~2달러까지 필요할 것이라는 인식이었다. 도덕적 의무는 0.15달러만큼 낮은 비용이 아니라 '우리'가 가진 것에 비해 저렴한 비용에 따라 좌우된다. 그러나 특히 이미 상당한 어려움에 처해 있는 사람들에게 해를 끼치지 말아야 할, 훨씬 더 강력한 도덕적 의무도 있다. 금액이 얼마든 돈을 주는 것에 대한 모든 논거는 액수가 클수록 상황이 나아진다는 명제에 의존한다. 처음에는 역설적으로 보이겠지만 나는 현재 우리가 가진 것보다 더 많은 원조를 제공하면(적어도 현재 제공되는 방식으로 제공된다면) 상황이 나아지는 것이 아니라 나빠진다고 생각한다.

미국은 다른 많은 부유 국가보다 낮은 국민소득 비율을 국제 원조에 제공하지만 1인당 0.15달러보다 훨씬 많이 기부하고 있다. 2011년 모든 부유 국가의 공식 국제 원조 총액은 1,335억 달러였다.[9] 세상의 가난한 사람마다 하루에 0.37달러씩 줄 수 있는 금액으로, 가난한 나라의 구매력인 하루 1달러보다 약간 적은 돈이다. 여기에 민간 자선단체와 국제 NGO가 모은 상당히 큰 금액(약 300억 달러)은 고려되지 않았다. 원조 흐름은 최소한 돈이 부유한 나라의 국민과 정부에게서 세계 빈곤선보다 적은 액수로 살고 있는 사람들에게 바로 이전되었다면, 전 세계적으로 하루 1달러 미만으로 사는 수준의 빈곤을 없애는 데 충분하고도 남았을 것이다. 그런데 어째서 그렇지 않은지 이해하지 않으면 원조에 대해 합리적인 어떤 것도 이야기할 수 없다.

이 장 도입부의 계산은 국제 원조에 대한 '수력학적' 접근법의 한 예이다. 한쪽에서 물을 공급하면 다른 쪽으로 쏟아져 나온다.[10] 세계의 빈곤 문제를 해결하고 죽어가는 아이들의 생명을 구하는 일을 배관을 고치거나 고장 난 차를 수리하는 일과 같은 공학적인 문제로 여기는 접근법이다. 새 변속기에 얼마가 필요하고, 새 타이어 두 개에 각각 얼마 그리고 인건비로 얼마가 필요하다는 식이다. 이 접근법에 따르면 아이들의 생명은 하나에 2~3달러짜리 방충 처리된 모기장(말라리아로부터 보호하는)이나 0.25달러씩 하는 경구 수분 보충 요법oral rehydration therapy을 제공하거나 2~3달러씩 드는 예방접종을 해서 구할 수 있다. 또한 프로젝트, 프로그램, 기계에 투자하면 경제성장의 불씨를 점화할 수 있고 성장은 빈곤에 가장 좋은 치료법이다. 통계 분석에서는 경제성장과 투자되는 국민소득의 비율 사이에 강력한 상관관계가 있음을 보여주며, 따라서 빠르게 성장하고 빈곤을 더 빨리 퇴치하기 위해 국가에 얼마만큼의 추가 자본이 '필요'한지 간단히 계산할 수 있다.

이런 계산이 잘못되었다는 논쟁이 오랫동안 있었지만 이런 논쟁이 지금도 많은 사람을 유혹하는 이 계산의 힘을 없애지는 못하고 있다. 피터 바우어Peter Bauer는 1971년에 쓴 글에서 중요한 지적을 했다. "자본 이외에 발전에 필요한 모든 조건이 존재하는 경우 자본은 곧 해당 지역에서 생성되거나 해외 자본이 상업적 조건을 토대로 정부 또는 민간 사업체에 제공될 것이며, 이 자본에 대해 해당 정부가 세입을 늘리거나 기업체가 수익을 발생시켜 이자를 지불할 것이다. 그러나 발전에 필요한 조건이 존재하지 않는 경우 원조(이런 상황에서는 외부 자본의 유일한 공급원)는 필연적으로 비생산적이고 따라서 비효율적이다.”[11] 오늘날 국제 민간 자본 유량의 가용성과 규모는 바우어가 상상할 수 없었을 만큼 거대하다. 1971년에 이 주장이 정확했다면 지금은 더 강력하다.

이것이 국제 원조의 주요 딜레마다. '발전에 필요한 조건'이 존재하면 원조가 필요 없다. 해당 지역의 조건이 발전에 상당히 불리한 경우에는 원조가 유용하지 않으며 원조로 인해 불리한 조건이 영구적으로 지속되면 해가 될 것이다. 우리는 이 딜레마를 무시하면 무슨 일이 발생하는지 많은 사례를 통해 알아볼 것이다. 개발 기관들은 거듭해서 딜레마의 늪에 빠지고 있다. 원조는 최소한으로 필요한 경우에만 효과적이지만 최종 기부자들은 그것을 가장 필요로 하는 사람들을 위한 효과적인 원조를 고집한다. 바우어의 공식은 투자와 성장에 필요한 자본에 관한 것이지만 보다 폭넓게 적용된다. 빈곤이 자원이나 기회의 부족 때문이 아니라 열악한 제도와 미숙한 정부, 유해한 정치 때문이라면 가난한 나라에, 특히 가난한 나라의 정부에 돈을 주면 빈곤이 없어지는 것이 아니라 길어지고 영구적이 될 가능성이 높다. 원조에 대한 수력학적 접근법은 잘못된 것이고 빈곤 문제 해결은 고장 난 자동차를 고치거나 얕은 연못에서 허우적대는 아이를 끌어내는 문제와 전혀 다르다.

원조에 관한 사실

오늘날의 원조가 세계 빈곤을 퇴치하지 못하는 이유 중 하나는 퇴치 노력을 거의 하지 않기 때문이다. 세계은행은 빈곤 퇴치라는 깃발을 내걸고 있지만 원조 대부분은 세계은행 같은 다국적 조직을 통해 흘러들어가지 않고 한 나라에서 다른 나라로 '양자' 간 원조를 통해 흐르며 서로 다른 나라는 서로 다른 목적으로 원조를 이용한다. 최근 몇몇 기부국이 빈곤 경감을 위한 원조를 강조하고 있으며 영국 국제개발국DFID, Britain' s Department for International Development이 그 대표 중 하나이다. 하지만 대부분의 경우 원조는 받는 사람의 필요보다 기부 국가의 국내 및 국제적 관심사에 따라 이루어진다. 기부국 정부가 민주주의 정부이고 납세자들의 돈을 쓰고 있다는 사실을 생각하면 그리 놀라운 일도 아니다. 많은 나라에 세계 빈곤 감소에 찬성하는 강력한 국내 지지층이 있지만(영국이 좋은 예이다) 기부자는 종종 중요한 이해관계가 걸린 이전 식민지와의 관계 유지나 정치적 동맹 관계 등 여러 가지 고려 사항의 균형을 맞춰야 한다. 기부자의 국내 이해관계에는 인도주의적 관심을 가진 국민뿐 아니라 국제 원조에서 기회(자국의 재화 판매)와 위협(개발도상국과의 경쟁)을 모두 보는 상업적 이해관계도 포함된다. 그렇다 해도 일본과 미국을 비롯한 여러 나라는 풍요롭고 민주적인 세상을 만드는 일 같은 보편적인 목표를 이유로 대고 있으며, 이런 목표는 분명 세계의 빈곤 감소와 일치한다.[12]

원조의 공식적인 목적은 보이는 것보다 덜 중요할 수 있다. 원조는 대개 사용처가 대체 가능하기 때문에 군사 원조조차 (생각할 수 있는 바로는) 정부가 탱크와 비행기를 구입하는 대신 학교와 병원에 기금을 사용하게 할 수 있다. 일반적으로 이보다 염려스런 일은 그러한 전환이 반대로 일어나는 상황이다. 경제개발 분야의 선구자 중 한 명인 폴 로젠

슈타인-로단Paul Rosenstein-Rodan은 1940년대에 (이 같은 상황을 가리켜) 발전소를 짓는 데 돈을 주었다고 생각했는데 사실은 매음굴에 자금을 댄 것일 수도 있다고 지적했다.[13] 미국이 자국에 대한 정치적 지지를 공고히 할 목적으로 동맹국에 기부하는 경우 해당 동맹국이 자금을 빈곤 감소에 사용하든 의료나 교육에 사용하든 이를 통제할 수단이 없다. 그러므로 원조 목적에 따라 원조를 분류하는 것은 그다지 타당하지 않을 수 있다.

국제 원조의 가장 큰 구성 요소는 공적개발원조ODA, Official Development Assistance라는 것이다. 이 용어는 부유한 기부 국가가 가난한 수혜 국가의 복지와 개발을 위해 기부하는 자금에 적용된다. 점수 기록원 역할을 하는 OECD의 개발원조위원회DAC, Development Assistance Committe에 따르면 2011년 ODA 총액은 1,335억 달러였다. 국민소득의 0.1퍼센트(그리스와 한국)에서 1퍼센트(노르웨이와 스웨덴)까지 기부한 DAC 국가는 23개국이며 2011년의 평균은 국민소득의 0.5퍼센트 조금 아래였다. ODA는 1960년대와 1970년대에 급속히 상승했고 1960년에서 1980년까지 실질적인 가치가 두 배로 올랐다. 냉전이 끝나자 ODA는 크게 감소했고 (이 사실 자체가 기부국의 의도가 무엇이었는지를 드러낸다), 1997년 총액은 1980년의 액수에 미치지 못했다. 이후 지금까지 ODA는 다시 50퍼센트 이상 증가했다. 1960년 이래로 누적 원조 금액은 약 5조 달러(2009년 물가 기준)이다.

미국은 현재 ODA의 가장 큰 제공자이고 독일과 영국, 프랑스, 일본이 그 뒤를 가까이 따르고 있다. 국민소득의 비율 면(가난한 사람들의 필요 충족 정도가 아니라 기부국의 헌신에 대한 척도)에서는 미국이 국민소득의

0.2퍼센트 미만을 제공하여 가장 아래에 있고 스칸디나비아반도의 국가들과 네덜란드, 룩셈부르크가 상위를 차지하고 있다.

기부자 소득에 대한 비율에 초점을 맞추는 것은 이상하다. UN이 소득의 0.7퍼센트를 제공하도록 계속해서 기부 국가들을 설득한 이유는 무엇인가? 우리가 정말로 연못에 빠진 아이를 구하고 있다면 구조자의 소득은 상관이 없어야 하는 것 아닌가. 여기에도 수력학적 설명이 가능하다. 새천년개발목표Millennium Development Goals와 같은 목표에 도달하려면 부유한 나라 GDP의 0.7퍼센트에 달하는 비용이 필요하기 때문이다. 이 계산은 내가 이 장을 시작하면서 했던 계산과 비슷하고, 마찬가지로 터무니없다. UN이 원조가 많을수록 더 좋다고 생각하고(회원국 국민은 어떨지 모르겠지만 많은 회원국 정부들은 마찬가지 입장이다) 마련할 가능성이 있는 최대치가 0.7퍼센트일 수도 있다. 이보다 중요한 설명은, 목표를 받아들이는 정부는 가난한 사람들을 돕는 데 찬성하는 강력한 국내 지지층이 있는 정부이고 이 지지층은 결과가 아니라 사용된 금액만 감시할 수 있다는 것이다. 이 경우 원조는 가난한 사람의 생활을 개선하는 것보다 우리 자신의 도우려는 욕구를 충족시키는 일이 된다.

국제 원조는 공적 원조 말고도 많이 있다. 수많은 자선단체와 NGO가 세계적 인도주의 및 개발 작업에 관여하고 있으며 그중 가장 큰 단체는 규모가 매우 크고 연간 예산이 5억 달러를 넘는다. 이들은 독자적으로 활동하지만 국내 및 국제기관의 대리인으로 활동하기도 한다. 이들은 자신들이 부유한 나라에서 가난한 나라로 이전되는 총액에 25~30퍼센트를 추가하는 것으로 추산한다. 이들 단체는 투명성과 효율성 면에서 매우 다양한 양상을 보인다. 또한 DAC에 보고하지 않으며 DAC 통계에 포함되지 않는 브라질, 중국, 사우디아라비아 같은 비전통적인 기부국도 있다.

ODA의 80퍼센트 정도는 양자 간 원조이다. 나머지 20퍼센트는 세계은행과 유엔개발계획UNDP, United Nations Development Programme 또는 에이즈, 결핵, 말라리아 퇴치를 위한 국제 기금Global Fund to Fight AIDS, Tuberculosis and Malaria 등과 같은 다국적 조직을 통해 지원된다. 때때로 다자간 원조는 양자 간 원조보다 국내 정치의 고려사항에 영향을 덜 받고 보다 투명하며 효율적이라는 주장이 나온다. 하지만 세계은행은 기부를 가장 많이 하는 국가의 뜻에 쉽게 반대할 수 없으며 UNDP는 가장 불투명하고 비효율적인 기부 단체 중 하나로 평가된 바 있다.[14] 기부자와 기관이 다양하면(때로는 공적 원조가 한 국가 내의 독립적인 여러 정부 기관(미국의 경우 50개)을 통해 전달되기도 한다) 총액을 추적하기가 어려울 뿐 아니라 모든 유형의 공조에 그리고 기관들이 서로의 정책을 약화시키지 않도록 막는 일에 막대한 문제가 따를 수도 있다.

원조는 많은 나라로 확산되고 일부 기부국은 150개가 넘는 수혜국에 기금을 제공한다. 기부국들은 원조를 사람에게가 아니라 나라에 제공하기를 원하는 듯 보이며, 가난한 사람이 어디 사는지에는 별 주의를 기울이지 않고 가능한 한 많은 나라에 기부하는 것을 선호한다. 결과적으로 작은 나라가 큰 나라보다 1인당 기준으로든 소득에 비례해서든 원조를 많이 받는다. 하지만 가난한 사람 대부분은 큰 나라에 살고 있으므로 기부국들의 '원조 분할'은 원조가 가난한 사람들을 효과적으로 겨냥하지 못하는 또 다른 이유가 된다.

세계은행 자료에 따르면 2010년 원조의 1인당 최대 수혜국은 사모아(802달러), 통가(677달러), 카보베르데(664달러)였고, 반면에 두 거인 국가가 그동안 받은 1인당 최대 금액은 3.10달러(인도, 1991년)와 2.90달러(중국, 1995년)였다. 이미 보았듯이 세상의 가난한 사람 중 약 절반(2008년에 48퍼센트)이 인도 또는 중국에 살지만 2010년에 중국과 인도는 ODA에서 합해서 고작 35억 달러, 즉 총 원조액의 고작 2.6퍼센트를 받았다. 가난한 사람의 절반이 공적개발원조의 40분의 1 정도만 받았다는 사실은 분명 아주 기이한 불평등 측정치 중 하나이다.

물론 매우 빠르게 성장하고 있는 중국과 인도를 스스로 빈곤을 퇴치할 수 있는 나라, ODA가 거의 필요 없는 나라로 보았을 수도 있다. 분명히 두 나라에는 인도의 경우 ODA의 6배, 중국의 경우 ODA의 57배에 달하는 민간투자가 유입되고 있다. 따라서 원조가 그것을 가장 필요로 하는 곳으로 돌려지고 있다고 생각할 수도 있다. 하지만 어째서 사모아와 통가는 그렇게 꽤 많은 원조가 필요한지 분명하지 않다. 이들의 성장률이 특별히 인상적이지도 않았다. 이러한 사실은 기부국이 사람들을 빈곤에서 끌어내기 위한 기금을 1인 기준에 맞춰 제공해야 한다는 관점, 또는 원조가 경제성장을 촉진하여 빈곤을 감소시켜야 한다는 관점과 조화를 이루기 어렵다.

원조의 분배에는 여러 기부 국가의 서로 다른 정책이 반영된다. 프랑스의 원조는 프랑스의 예전 식민지에 많이 집중되어 있다. 미국의 원조는 냉전 기간에는 공산주의에 대항하는 동맹국을 지원하거나, 캠프데이비드협정Camp David accords 후에는 이집트와 이스라엘을 지원하거나, 이라크 및 아프가니스탄 전쟁 후에는 그곳의 재건에 필요한 기금에 초점을 맞추는 등 항상 미국의 대외정책을 반영하고 있다. 몇몇 국가는 원조를 '구속'하여 기금을 기부국의 재화(식량 원조 포함)를 구매하는 데 사용하도록 요구하거나, 기부국의 재화를 기부국 국적 선박으로 운송해 전달하는 방식을 수용하라고 요구하기도 한다. 어떤 계산에 따르면, 미국의 원조 중 70퍼센트는 적어도 현금 형태로는 수혜국에 전혀 도달하지 않는다. 구속성 원조는 기부 국가에 원조에 찬성하는 지지층을 늘려 주지만 수혜자가 누릴 수 있는 원조의 유용성은 거의 확실히 감소한다. 최근에는 구속성 원조가 많이 줄었지만(예를 들면 영국에서는 이제 불법이다) 여전히 널리 퍼져 있다. 최근의 추정치에 따르면 1987년에서 2007년 사이에 ODA 중 식량 원조 또는 기술 지원(둘 다 일반적으로 수혜자에게 가치가 낮다)과 더불어 구속성 원조의 비율이 80퍼센트에서 25퍼센트로 떨어졌다.[15]

소위 말하는 빈곤 규정과는 정반대로, ODA의 상당 부분은 가난한 사람이 사는 국가는 고사하고 저소득 국가에 가지도 않는다. 다시 한 번 대상 선정 부분에서 눈에 띄는 증가가 있었지만 상당히 낮은 기반을 토대로 했다는 의미다. OECD에서 최저 개발국이라고 일컫는 나라에 지원되는 ODA 비율은 1960년 10퍼센트를 약간 넘는 금액에서 현재 약 3분의 1로 증가했다. 지금도 ODA의 절반 이상은 중간 소득 국가로 가고 있다. 이는 들리는 것만큼 그렇게 나쁘지 않을 수도 있다. 중국과 인도의 최근 성장 때문에 세계은행은 이제 중국을 중상위 소득 국가로, 인도를 중하위 소득 국가로 분류한다. 두 나라 모두 빈곤 문제를 스스로 해결할 수도 있지만 말이다. 오늘날 세상에서는 가난한 사람을 대상으로 삼는 일이 가난한 국가를 대상으로 삼는 것과 사뭇 다르다.

공적 원조와 NGO의 인도주의적 원조를 포함해서 원조는 종종 자국 국민을 돕는 일에 관심이나 실적이 거의 없는 정권에 제공된다. 기부국이 정치적 목적을 충족시키기 위해 그럴 수도 있다. 미국이 오랫동안 자이르Zaire(콩고민주공화국의 옛 이름—옮긴이)의 모부투 세세 세코Mobutu Sese Seko 정권을 지원하고 보다 최근에는 이집트와 에티오피아를 지원한 것이 그 예다. 프랑스의 경우 예전 식민지들을 지원하는데 그중 몇 나라의 정부는 독재적이고 부패한 상태다. ODA의 거의 절반이 독재 정권을 지원하고 있다(그렇지만 민주국가가 된 나라는 전보다 훨씬 많은 원조를 받는다는 증거도 있다).[16]

한 가지 예만 들자면 2010년 로버트 무가베Robert Mugabe가 통치한 짐바브웨는 국민소득의 10퍼센트 이상, 즉 1인당 거의 60달러에 해당하는 ODA를 받았다. 이런 경우 기부자는 심각한 버전의 바우어 딜레마에 직면한다. 원조가 심각한 결핍 상태에 있는 사람들을 대상으로 한다면 토고나 짐바브웨 같은 나라가 좋은 후보가 될 것이다. 하지만 이들 국가의 운영 방식 때문에 원조가 도움이 될 가능성이 낮고 실제로는 독재 정부의 권력 유지나 축재 또는 이 둘 모두를 돕는 결과가 될 수 있다. 정부에 대해 독립적인 NGO를 통해 원조를 제공할 수도 있지만 불완전한 해결책일 뿐이다. 원조는 대체 가능하므로 NGO가 운영하는 학교와 병원이 정부가 사용할 기금을 사용할 수 있고 정부는 NGO의 자원에 세금을 부과(또는 용도를 전환)할 방법을 찾을 수도 있다. 정부는 NGO가 수입하는 재화와 기기에 세금을 부과하거나 비싼 운영 허가권을 받도록 요구할 수도 있다(그리고 그렇게 한다). 똑같은 일이 인도주의적 긴급지원에서도 발생하며 특히 전쟁 시 그 나라 국민에 대한 인도주의적 접근을 허용하도록 군부 지도자를 매수해야 하는 경우에도 그렇다. 극단적인 경우 국제 NGO가 식량과 함께 무기를 들여오고, 굶주리는 어린이들의 사진을 이용해서 모은 기금 일부가 전쟁을 지속하는 데 사용되고, NGO 기금으로 운영되는 수용소가 집단 학살을 자행하는 민병대 훈련 기지로 사용되기까지 했다.[17] 운영이 잘 되고 있어 원조가 도움이 될 수 있지만 긴급한 도움이 필요하지는 않은 나라에 원조를 보내는 것과, 심각한 곤경에 처해 있지만 원조가 거의 도움이 될 수 없고 오히려 해를 끼칠 위험이 있는 나라에 원조를 보내는 일 사이에 항상 갈등이 있다.

원조 흐름에 대한 이 간략한 서술에서는 좋게든 나쁘게든 부유한 나라가 가난한 나라에 영향을 미치는 다른 많은 방식은 고려하지 않는다. 실제로 원조는 이런 관계에서 가장 덜 중요한 것 중 하나이다. 부유한 나라는 종종 보다 기꺼이, 그리고 세계은행보다 관료주의적인 번잡한 절차를 덜 거치고 민간투자의 형태로 자본을 제공한다. 그 결과 예전보다, 특히 중간 소득 국가에서 세계은행의 원조를 요청하는 일이 적어졌다. 이민자가 고향의 가족에게 하는 송금과 같이 부유한 나라에서 가난한 나라로 이루어지는 개인 송금이 ODA 금액의 두 배에 달한다. 새로운 약품, 백신, 질병을 약화시키는 메커니즘의 발견과 같은 기초과학은 거의 언제나 부유한 나라에서 시작되었지만 가난한 나라에도 혜택을 안겨주었다. 휴대폰이나 인터넷과 같은 발명도 마찬가지다. 이와 동시에 무역 제한이나 특허 적용은 가난한 나라가 부유한 시장 또는 중요한 치료법에 접근하는 것을 제한할 수 있다. 이 같은 비원조 관계는 좋든 나쁘든 종종 국제 원조보다 훨씬 중요하다. 이 장의 끝 부분에서 이 문제를 다시 다루겠다. 하지만 물론 원조에 가장 큰 판돈이 걸려 있는 개별 국가에서 원조가 중요하다는 사실을 부인하는 것은 아니다.

원조는 얼마나 효과적일까?

내가 제일 처음 원조와 경제발전에 대해 연구하기 시작했을 때는 얼마나 효과가 있었는지 알아내는 일이 간단해 보였다. 대부분의 사람과 마찬가지로 나는 원조가 분명 효과가 있다는 가정에서 출발했다. 어쨌든 나는 가난하고 당신은 부자인데 당신이 내게 돈을 준다면, 더 좋게는 매년 꾸준히 돈이 흘러들어온다면 나는 덜 가난해질 것이다. 이런 직관이 원조에 적용되어야 한다는 믿음(이제는 원조 환상이라고 생각하지만)은 아주 강력해서 많은 사람이 이 믿음이 잘못된 것일 수 있다는 가능성조차 생각하지 않으려 한다. 이 직관은 근본적으로 원조를 수력학적으로 설명하는 것으로 우리가 이미 살펴보았듯이 틀린 것이다.

원조는 개인에게서 개인에게로 주어지는 것이 아니라 대부분 정부에게서 정부에게로 지원되며, 상당 부분이 사람들을 빈곤에서 구해내도록 설계되지 않는다. 실제의 원조 체계에 대해 내가 간략히 설명한 내용에서 이런 사실을 알 수 있지만 그것이 원조가 지난 50년간 경제성장과 빈곤 감소를 도왔는지 아니면 방해했는지 여부까지 말해주지는 않는다. 경제성장과 빈곤에 대한 정보는 물론 DAC 및 여타 출처에서 나온 것까지 원조에 대한 자료는 풍부하다. 나라마다 다른 대우를 받는다. 어떤 나라는 다른 나라보다 원조를 많이 받으며, 원조 금액은 해마다 달라지고 있다. 이러한 자료를 사용하여 원조가 어떤 효과가 있었는지 알아낼 수 있을까? 보다 구체적으로 말하면 더 많은 원조(1인당 기준으로 혹은 국민소득에 비례해서)를 받는 나라가 더 **빠르게** 성장하는가? 물론 빈곤 감소와 경제성장은 서로 다른 일이지만 이론과 경험 모두 경제성장이 빈곤을 해결하는 데 가장 확실하고 가장 오래 지속되는 해결책임을 암시한다.

앞 절의 설명을 돌이켜보면 쉬운 답, 또는 적어도 쉬운 긍정적인 답은 없는 것이 분명하다. 경제 규모에 비해 매우 적은 원조를 받은 중국과 인도의 경우는 두 개의 훌륭한 성공 스토리를 만들었지만, 규모에 비해 많은 원조를 받은 아프리카의 훨씬 작은 나라들은 그다지 인상적이지 못한 경제성장 기록을 갖고 있다. 기관들은 모든 사람에게 무언가 돌아가도록 원조를 퍼뜨리는 경향이 있기 때문에 작은 나라는 큰 나라보다 많은 원조를 받는다. 따라서 원조가 성장에 중요하다면 작은 나라가 더 **빠르게** 성장해야 한다. 이 기준으로만 보면 원조는 완전한 실패작이다. 물론 이는 너무 성급한 결론일 수 있다. 규모가 더 큰 경제가 더 **빠르게** 성장하는, 원조와 상관없는 다른 이유가 있을 수 있으며 6장에서 이 중 몇 가지를 살펴보았다. 그래도 국가가 보다 **빠르게** 성장하는 데 원조가 도움이 된다는 개념에 긍정적인 발견은 아니다.

원조의 효율성을 연구하는 다른 방법은 원조 과정에서 특히 특혜를 입은 국가들을 조사하는 것이다. 이런 나라 중에는 식민지 시대에 생긴 유대 관계를 강력하게 유지하는 나라(특히 프랑스의 예전 식민지), 정치적인 이유로 더 많은 원조를 받은 나라(캠프데이비드협정 때문에 원조를 받은 이집트 등), 냉전 시대에 공산주의에 대한 방어막으로 여겨졌던 나라(모부투 치하의 자이르 같은 나라)까지 있다. 말할 필요도 없이 이런 나라들은 가장 부정적인 축에 속하는 빈곤 감소 기록을 갖고 있었고 그 이유는 명백하다. 이집트와 토고, 자이르에서는 원조가 경제개발에 사용되지 않고 외부에서 선호한 정권을 유지하도록 돕는 데 사용되었으며 그럼으로써 국민들에게 해를 입히기까지 했다.

억압적인 부패 정권에 제공된 원조는 우리가 말하는 원조가 아니며 이를 개발원조로 생각해서는 안 된다고 주장하는 사람도 있을 것이다. 하지만 이런 변명은 너무 쉽다. 이런 원조 대부분은 선택에 따라 그것을 개발에 사용했을 수도 있는 정권에 대한 제한 없는 흐름의 형태를 취했으며, 상당 부분은 궁핍한 사람이 많은 국가로 가기도 했다. 그러므로 이런 예가 원조를 더 잘 계획하거나 다른 국가를 지원했더라도 성과가 더 좋지는 않았을 것이라고 증명하지는 않지만, 국민이 궁핍한 나라에 조건 없는 원조를 제공하는 것은 일반적으로 좋은 생각이 아니라는 사실은 명확히 보여준다. 나는 또한 이 지독하게 나쁜 사례에서 작용하는 힘이 더 유리한 조건에서도 문제가 된다는 사실을 입증할 것이다.

사하라사막 남부 아프리카에서 원조에 어떤 일이 발생했는지 살펴보면 특히 교훈적이다. 세상에서 가장 가난한 나라 중 한두 국가는 아프리카에 있지 않지만 대부분은 아프리카에 있다. 아프가니스탄, 방글라데시, 캄보디아, 아이티, 네팔, 동티모르만 세상에서 가장 가난한 40개 국가 중 아프리카에 속하지 않은 나라다. 아프리카는 가난한 사람의 본거지는 아니어도 가난한 나라의 본거지다. 아프리카의 국가들은 원조를 경제성장에 사용했다면 성장률이 달라졌을 만큼 많은 원조를

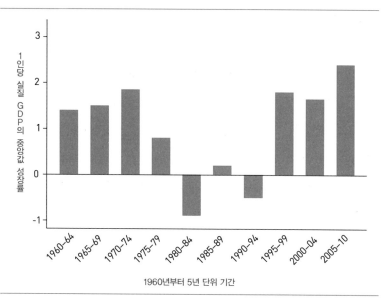

〈도표 1〉 아프리카의 1인당 GDP(실질 PPP)의 중앙값 성장

받았다.

　〈도표 1〉은 아프리카 국가들이 1960년 이후 얼마나 성장했는지 5년 단위로 보여준다. 최근 기간(도표의 오른쪽 끝 막대그래프)에는 2010년의 기록까지 포함되었다. 세계은행은 사하라사막 남부 아프리카의 49개 국가를 열거하고 있다. 이들은 코모로 제도와 마요트 섬에서 에티오피아, 나이지리아, 남아프리카공화국에 이르기까지 각각의 크기와 중요도가 매우 다르기 때문에 단순 평균을 구하는 것은 좋은 생각이 아니다. 대신 각 기간의 중앙값 성장률을 연구했으며 이 비율을 기준으로 절반은 더 나은 성과를 보였고 절반은 더 나쁜 성과를 보였다.

　1960년대와 1970년대 초반, 1인당 소득의 일반적인 성장률은 1년에 1~2퍼센트였다. 어느 모로 보나 엄청난 성장률은 아니지만 아프리카 국가들은 전반적으로 생활수준이 나아지고 있었다. 1980년대와 1990년대 초반에는 일반적인 아프리카 성장률이 마이너스였다. 아프리카 국가들은 보다 성공한 아시아 국가들에 비해서만이 아니라 자신이 이전에 가졌던 것에 비해서도 절대적으로 퇴보했다. 1980년대와 1990년대의 비참한 기준으로 보면 독립 이후 천천히 성장한 시기는 황금기였다. 아프리카가 경제 마비 상태에 빠졌다는 평판을 얻은 때가 바로 1980년대와 1990년대였다. 1960년에 한국은 가나보다 3배 부유했으나 1995년에는 19배 부유해졌다. 1960년에 인도의 1인당 소득은 케냐의 40퍼센트에 불과했지만 1995년에는 케냐보다 40퍼센트 많아졌다.

1995년 이후에는 경기가 호전되었다. 성장률이 상승세로 돌아섰고 2010년까지 6년 동안에 아프리카의 최고 성장 실적을 보였다.

이처럼 상승했다 하락하고 다시 상승하는 패턴은 국제 원조의 변동에 얼마나 많은 영향을 받았을까? 〈도표 2〉는 원조 수치를 보여주며 역시 중앙값을 사용하고 1인당 달러로 표현한다. 아프리카의 낮은 물가수준을 계산에 넣으려면 이 달러 금액에 약 2 정도의 인수를 곱해야 한다. 이 수치는 물가 상승을 반영하여 조정되지 않았다. 조정된 수치를 적용해도 이와 비슷한 모양이 나오지만 보다 느린 성장세를 보여준다. 최근 몇 년 동안 사하라사막 남부 아프리카의 중앙값 국가 주민들은 구매력 면에서 1년에 약 100달러의 원조를 받았으며 그 합계는 중앙값 국가 국민소득의 약 20퍼센트에 해당한다.

이 두 가지 수치는 아프리카의 원조와 성장에 대해 어떤 사실을 알

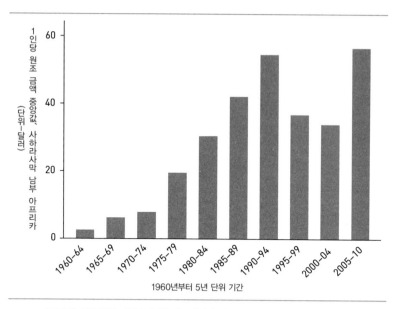

〈도표 2〉 5년 단위 기간으로 본 아프리카에 제공된 1인당 원조 금액의 중앙값

려주는가? 분명히 다른 요소도 작용하고 있지만 단순한 시각으로 시작하는 충분한 이유가 있으며 다시 말하지만 상황은 원조에 좋아 보이지 않는다. 원조는 꾸준히 증가한 반면 성장은 꾸준히 감소했다. 냉전이 끝난 후 원조가 감소하자 성장은 호전되었다. 냉전이 끝나자 아프리카를 원조해야 하는 주된 이유 중 하나가 사라졌고 아프리카의 성장이 반등했다. 이 결과를 가리켜 '냉전은 끝나고 아프리카를 잃었다' 고 하는 씁쓸한 농담까지 생겼다. 하지만 도표는 보다 정확한 농담이 '냉전은 끝나고 아프리카가 이겼다' 임을 시사한다. 서구 국가들이 원조를 줄인 덕분이었다. 이는 모부투와 자이르의 경우 말이 되지만 일반적인 명제로 보기에는 분명 너무 강하다.

원조를 긍정적으로 보는 사람들은 끝부분의 기간을 보고 최근의 원조는 개발을 위한 원조였으며 반공산주의 독재자를 지원하기 위한 것이 아니었다고 강조한다. 이들은 보다 진보된 원조 기간에 원조가 많을수록 더 많이 성장했다는 사실을 지적한다. 아마도 그럴 것이다. 모부투는 사라졌지만 에티오피아의 멜레스 제나위 아스레스Meles Zenawi Asres 정부는 2010년에 미국, 영국, 세계은행 등으로부터 30억 달러가 넘는 원조를 받았다. 2012년에 사망한 멜레스는 아프리카에서 가장 억압적이고 전제적인 독재자 중 한 명이었다.[18] 에티오피아에서는 하루에 1.25달러 미만으로 살아가는 사람이 4,000만 명(2,000만 명은 1달러 미만으로 생활)에 달해 원조를 빈곤 경감 수단으로 믿는 사람들이 가장 관심을 갖는 나라이다. 멜레스는 이슬람 원리주의를 확고히 반대하는 사람이었기 때문에 미국이 호의를 가졌다. 미국은 당연히 동맹국을 선택할 권리가 있다. 하지만 원조의 동기가 국내 안보에 대한 염려와 기부 행위를 기부 성과보다 중요하게 여기는 국내 지지층이 결합된 것이라면 '그들'을 위해서가 아니라 '우리'를 위해 기부를 하고 있는 것이다.

아프리카 성장의 한 가지 열쇠는 상품 가격에 발생하는 일이다. 많은 아프리카 국가는 오랫동안 가공되지 않은 광물 또는 농산물이 대부분을 차지하는 '1차' 상품의 수출에 의존했고 지금도 마찬가지다. 보츠와나는 다이아몬드를 수출한다. 남아프리카공화국은 금과 다이아몬드, 나이지리아와 앙골라는 석유, 니제르는 우라늄, 케냐는 커피, 코트디부아르와 가나는 코코아, 세네갈은 땅콩을 수출한다. 1차 상품의 국제 시세는 불안정하기로 악명이 높다. 흉작이거나 국제적인 수요가 늘어날 경우 엄청나게 치솟고 가격 폭락도 마찬가지로 극적이며 상승과 하락을 쉽게 예측할 수도 없다. 아프리카 정부 상당수는 광산과 유정, 대농장을 소유하고 있고 어떤 정부들은 코코아와 커피 같은 상품의 수출에 세금을 부과하므로, 상품 가격의 등락에 따라 정부 수입이 극적으로, 감당하기 어려울 정도로 흔들린다. 이 장의 뒷부분에서 상품 판매로 인한 수입과 국제 원조에 따른 수입을 비교하겠지만 지금은 상품 가격이 1960년대와 1970년대 초기에 전반적으로 올랐고 1975년 이후에는 꾸준히 하락했으며, 석유와 구리 같은 일부 상품의 경우 지난 10년 동안 가격이 되살아났다는 사실만 언급하겠다. 높은 상품 가격으로 인한 수입이 국민소득의 일부이므로 상품 수출이 호황을 누리고 있는 경제가 최소한 잠시 동안이라도 성장하지 않기란 거의 불가능하다. 결국 보다 공식적인 증거가 상품 가격 인상에 대한 반응으로 아프리카의 소득이 증가한다는 사실을 분명히 보여준다.[19]

사치스럽게 사는 사람들은 몰락하는 경향이 있고, 1975년 이후 상품 가격이 폭락했을 때 함께 몰락했다. 외국의 민간 대출 기관이 아프리카 정부의 미숙한 운영을 부추겨(세계은행의 미숙한 충고가 그랬듯) 붕괴가 시작되자 필요 이상으로 크게 악화되었다.[20] 이것이 〈도표 1〉에 보이는 성장 패턴의 가장 중요한 원인 중 하나이다. 논쟁의 여지가 더 많지만 타당성이 있는 다른 요인은 아프리카 국가들이 현재 전보다 훨씬 나은 재정정책과 통화정책을 펴고 있다는 사실이다. 이는 1980년대 구조 조정 정책의 유산 중 일부지만 또한 이제는 잘 훈련된 아프리카인 재무 장관과 중앙은행장이 많기 때문이기도 하다. 원조의 효과를 평가하려면 상품 가격 등락을 포함해서 이러한 다른 요인도 고려해야 한다.

상품 가격 폭락 후 '안 좋은' 시기에 원조가 매우 급속히 증가했다.

이는 원조가 그다지 좋은 성과를 내지 못했다는 이야기일 수도 있지만 아프리카에 대한 원조가 이들의 고통에 응답하여 이루어졌다는 좀 더 긍정적인 이야기일 수도 있다. 실제로 새 원조 중 일부는 원조가 없었다면 채무불이행 상태에 빠졌을 나라들이 이전 빚을 '상환'할 수 있도록 대출해준 것이다. 원조가 부실한 경제 성과를 뒤이어 발생시킨다면 (인도주의적 원조가 명백한 예이다), 성장과 원조의 부정적인 관계(즉 부적 상관관계: 한 변인이 증가할 때 다른 변인의 값이 적어지는 상관)가 바로 우리가 보게 되길 바라는 무엇일 것이다! 원조가 저성장 국가로 향한다는 사실은 원조의 실패를 나타내는 것이 아니라 원조가 필요한 곳으로 가고 있다는 성공을 나타내는 것이다. 구명선 승무원이 물에 빠진 선원들을 구하면 그 선원들은 물에 젖고 거의 죽을 뻔한 경험으로 인해 고통을 겪겠지만, 폭풍 전보다 선원들 상태가 나빠졌다고 해서 구조자를 비난할 수는 없다.

원조 연구자들은 성장에 미치는 원조의 영향을 구분하고 동시에 벌어지고 있는 다른 상황을 감안하며 고통에서 원조까지의 피드백을 고려하기 위해 어마어마한 창의력(그리고 더 많은 어리석음)을 발휘해왔다. 다른 상황을 고려하는 일은 비교적 쉽다. 원조(국민소득의 일부로서)와 성장의 상관관계는 성장의 다른 중요한 원인을 고려했을 때조차도 부정적으로(즉 부적 상관관계로) 남는다. 이 사실은 고통에서 원조까지의 피드백을 무시하고 있기 때문에 결정적이지는 않지만 그래도 중요하다. 이와 비슷한 연구에서 투자(기계, 공장, 컴퓨터, 인프라, 미래의 번영을 뒷받침할 항목에 대한 지출)의 효과에 대해 조사하면 성장에 미치는 영향을 아주 쉽게 알 수 있다.[21] 원조는 분명 투자처럼 작용하지는 않는다. 하지만 이전의 수력학적 원조 이론에서는 가난한 나라는 가난하기 때문에 마래를 위해 투자할 여력이 없으며 원조가 그 격차를 메울 것이라고 가정한다. 다시 말하지만 원조가 어떤 역할을 하든 이 역할은 아니다.

고통에서 원조에 이르는 피드백은 어떨까? 원조가 성장에 미치는 영향이 정말 있을지도 모르지만 그 효과는 원조가 고통에 대응하는 에피소드로 인해 상쇄된다. 이 문제를 정리하는 일은 전형적인 '닭이 먼저냐 달걀이 먼저냐'의 문제이고 해결하기도 그 만큼 어렵다. 많은 연구에서 이를 해결하려고 노력했지만 정말 설득력 있는 답은 나오지 않았다. 사실 우리는 이 의문에 대해 보통 어떻게 연구하는지 이미 살펴보았다. 원조가 형편없는 성과에 대한 응답으로 제공되지 않는 나라를 찾을 수 있다면 고통의 영향으로 오염되지 않은 원조의 영향을 연구하여 원조가 성장에 영향을 미치는 방식에 대한 명확한 해석을 얻을 수 있을 것이다. 어떤 예가 있을까? 큰 나라가 작은 나라보다 원조를 적게 받는다는 사실이 그 한 가지 예이다. 정치적으로 선호되는 동맹국과 이전 식민지가 더 많은 원조를 받는 것도 한 예이다. 이미 살펴본 것처럼 이 사고 실험 모두 원조에 대해 긍정적인 해석(즉 정적 상관관계: 두 변인이 동시적으로 증가하는 관계)을 산출해내지 못했고, 두 접근 방식 모두 쉽게 이의 제기에 부딪힐 수 있다.

여기서 얻을 수 있는 결론은 무엇일까? 여러 학자들이 서로 다른 방법으로 대차대조표를 작성한다. 한 가지 입장은 통계 분석이 매우 불분명해서 어떤 답이든 찾을 수 없다는 것이다. 시간 경과에 따라 여러 나라의 원조와 성과를 보는 것만으로는 질문에 답할 수 없다. 내 관점은 문헌(논문이나 연구 조사 보고서 등)에 대해서는 약간 더 긍정적이고 원조에 대해서는 상당히 부정적이다. 많은 기부국은 자본을 마련할 방법이 없는 가난한 나라에 원조를 통해 자본을 제공하여 더 나은 미래를 마련해준다는 수력학적 아이디어에 여전히 매달려 있다. 하지만 원조는 투자처럼 작용하지 않기 때문에 이 생각은 자료와 모순되며, 실제로 많은 가난한 나라가 국제 민간 자본시장에 접근할 수 있다는 사실을 생각하면 전체 아이디어 자체가 전혀 말이 되지 않는다. 작은 나라와 정치적으로 선호되는 나라 모두 빠르게 성장하지 못했다는 사실도 원조(의 그런 역할)에 반하는 증거이다. 큰 나라가 빨리 성장하거나 정치적으로 선호되는 나라가 성장하지 못하는 다른 이유가 있을 수 있지만 아직 뚜렷하지 않다. 제한 없는 원조를 '더 나은' 나라에 제공할 경우 결과가 다르다는 사실을 제시할 수 없는 한, 정치적으로 선호되는 국가의 상당수 정부가 부패했다는 사실은 핑계가 되지 못한다. 이 주제에 대해서는 다시 다룰 것이다.

개발 사업의 효과

많은 사람(일반인과 개발 전문가 모두)은 원조가 경제성장에 미치는 영향을 살펴보는 관점에서 원조를 평가하려 하질 않는다. 이들에게 원조는 학교 또는 진료소를 위한 기금을 모으거나 방충 모기장을 제공하거나, 에이즈 예방법에 대한 정보를 제공하거나, 마이크로파이낸스microfinance(소액금융) 조직을 세우는 프로젝트다. 한 마을의 생활을 바꾼 도로 또는 수천 명의 생계 수단을 만들어낸 댐 같은 게 주제다. 국제 개발 분야에서 일하는 모든 조직(NGO, UNDP, 세계은행)은 저마다 성공 스토리가 있다.

관련된 사람은 종종 직접 경험한 사람들이어서 자신이 한 일의 효과에 의심을 품지 않는다. 이들은 실패한 적도 있다는 사실을 인정하지만 그러한 실패를 전반적으로 크게 성공적인 사업의 비용으로 여긴다. 이 지식을 통계 증거에서 나온 모호하고 부정적이기까지 한 평가와 어떻게 조화롭게 연결할 수 있을까?

한 가지 가능성은 NGO 또는 세계은행의 평가가 너무 장밋빛이라는 사실이다. 비평가들은 NGO가 실패는 보고하지 않고 성공을 과장해야 하는 강력한 인센티브를 보유한다는 사실을 지적한다. 어쨌든 이들은 기금을 분산시키는 사업과 함께 기금을 마련하는 사업도 하고 있기 때문이다. 비평가들은 또한 평가의 방법론적 실패, 특히 원조 수혜자들이 원조를 받지 못했을 경우 이들에게 어떤 일이 발생했을지 알기 어렵다는 사실을 지적한다. 세계은행과 UN 기구는 긍정적인 측면으로 자신의 일을 평가하도록 이끄는 비슷한 인센티브를 갖는다. 세계은행 평가는 종종 사업이 완전히 마무리되기 전에 평가 결과를 빨리 제공하라는 끊임없는 압박에 시달린다. 이사진이 주기적으로 바뀌고 직원은 여러 부서를 순환 근무하는 세계은행 직원의 인센티브는 돈을 밖으로 잘 내보내는 것이지, 오랜 시간이 걸리는 프로젝트를 잘 해냈음을 보여주는 것이 아니다. 경력의 성공이 사업의 성공 여부와는 상관이 없기 때문에 설득력 있는 평가 결과를 도출해야 한다는 압박도 없다.

이런 상황과 관련된 논쟁은 결국 종종 무작위 대조군 시험randomized controlled trial을 주어진 사업이 성공적이었는지 알아내는 가장 좋은 방법이라고 강조하면서, 전반적으로 '효과적인 것'을 찾아내는 보다 주의 깊은 평가를 이끌어냈다. (무작위 대조군 시험에서는 특정 '단위'(사람, 학교 또는 마을)는 조치를 받고 다른 단위(통제 집단)는 조치를 받지 않으며 두 집단 중 하나로 지정되는 단위는 무작위로 선택된다.) 이 관점에 따르면 원조는 과거의 사업을 진지하게 평가했을 경우보다 훨씬 덜 효과적이었다. 세계은행이 자신의 모든 사업을 철저히 평가하도록 했다면 지금쯤이면 효과가 있는 사업과 그렇지 않은 사업을 알 수 있을 것이고, 세계 빈곤은 오래전에 사라졌을 것이다. 무작위 대조군 시험을 신봉하는 사람들은 NGO의 전형적인 자체 평가를 매우 회의적으로 보는 경향이 있으며 협력적인 NGO와 함께 일하여 평가 절차를 강화하는 데 도움을 준다. 또한 이들은 일부 작업에 무작위 대조군 시험을 사용하도록 세계은행을 설득했다.

주어진 사업이 성공적이었는지 또는 그렇지 않은지 여부를 알아내는 일 자체는 중요하지만 전반적으로 효과적인 것 또는 그렇지 않은 것에 대해 아주 유용한 정보를 밝혀낼 가능성은 별로 없다. 종종 실험과 통제 집단이 아주 작아서(실험은 비쌀 수 있다) 결과를 신뢰할 수 없는 경우가 있다. 더 심각한 문제는 한 곳에서 효과가 있다고 해서 다른 곳에서도 효과가 있을 것이라고 가정할 근거가 없다는 사실이다. 원조 자금으로 수행된 사업이 사람들을 잘 살게 만든 원인인 경우에도(이 사실을 절대적으로 확신할 수 있다고 해도) 이런 원인은 대개 홀로 작용하지 않는다. 원인이 작용하려면 작용을 돕는 다양한 다른 요소가 필요하다는 의미다. 밀가루 없이 만든 케이크는 밀가루를 사용하여 만든 케이크보다 형편없다(이를 입증하기 위해 얼마든지 실험해 볼 수 있다)는 점에서 밀가루는 케이크의 '원인cause'이다. 하지만 부풀림제, 달걀, 버터와 같이 케

이크를 '만드는 원인'에 필요한 보조 요소가 없으면 밀가루는 제 기능을 발휘하지 못할 것이다.[22]

이와 비슷하게 혁신을 가르치는 일도 어느 곳에서 실험할 때는 효과가 있지만 다른 마을 또는 다른 나라에서는 실패하거나 효과가 크지 않을 수 있다. 마이크로파이낸스 계획의 성공은 여성이 사회에 편성된 방식과 남성이 이들에게 허용하는 일에 따라 좌우될 수 있다. 농업 교육 서비스는 농부들이 서로 가까이 살고 일상적으로 대화를 나누는 곳에서는 성공적이지만 외진 농장 지역에서는 실패할 수 있다. 이 같은 메커니즘(케이크를 굽는 데 필요한 것이 무엇인가)을 이해하지 못하면 '단일 성공 사례'에서 '전반적으로 성공적인 것'으로 옮겨 갈 수 없을 것이다. 사실 무조건의 '성공적인 것'이라는 전체 아이디어 자체가 도움이 되지 않는다. 이 메커니즘에 대한 분명한 탐구가 인도하지 않는 복제로는 문제를 해결하지 못한다. 보조 요소를 구성할 수 있는 방법이 너무 다양하기 때문이다. 그러므로 원조 기구가 자신이 수행한 사업이 나름의 관점에서 성공적이었다고 설명하는 경우 세상은 더 살기 좋은 곳이 되었을 수도 있지만, 그런 설명이 우리에게 본질적으로 그리고 저절로 세계 빈곤 퇴치의 비밀을 알려주지는 않을 것이다.

원조 기금으로 운영되는 프로젝트는 성과가 좋지만 원조는 실패할 가능성도 있다. '이상적인' 원조 기관이 일단의 엄격한 평가를 통과한 프로젝트에만 기금을 지원하는 경우에도 원조는 여전히 실패할 수 있다. 일례로 실험할 때는 성과가 좋았던 프로젝트가 실제로 전개될 때는 그다지 좋지 않은 성과를 내는, 불편하지만 자주 발생하는 문제가 있다. 시제품은 실제 제품과 똑같지 않다. 실제 관료들이 구현하는 정책은 학자들 또는 세계은행의 직원들이 구현하는 정책만큼 잘 수행되지 않기 때문에 이런 일이 발생할 수도 있다. 또한 사전 평가에서 고려되지 않은 부작용이 따를 수도 있다. 중요한 한 가지 예가 원조 기금으로 지원되는 민간의 특정 서비스가 정부가 제공하는 동일한 서비스를 약화시키는 상황이다. 정부의 출산 전 의료 시스템이 아주 좋지는 않아도, 그리고 간호사와 의사가 자주 자리를 비운다 해도, NGO가 운영하는 병원은 어디서든 간호사와 의사를 구해야 하고 이들이 지급하는 더 많은 급여는 공공 시스템을 텅 비게 만들 수 있다. 이 경우 원조의 순편익net benefit은 그런 식의 전환을 고려하지 않는 평가에서 나타나는 것보다 낮게 나오기 마련이다. 논쟁이 많은 다른 예는 댐의 평가인데 직간접적으로 영향을 받는 모든 사람을 식별하기 어렵다는 이유만으로도 그렇다.

시범 사업을 이용해서 새로운 아이디어를 평가하면 종종 많은 정보를 얻을 수 있지만 그 결과는 대개 사업의 규모를 키우면 달라진다. 교육 관련 프로젝트는 사람들이 고등학교 또는 대학교를 졸업하고, 많은 가난한 나라에서 모든 직업 중 가장 선호되는 정부의 좋은 일자리를 얻는 데 도움이 될 수 있다. 하지만 계획을 모든 사람을 포함하도록 확장하고 정부는 확장되지 않으면 최소한 정부 일자리라는 면에서는 순편익이 없을 것이다. 농업 프로젝트에도 비슷한 문제가 있을 수 있다. 한 농부가 생산성을 높일 수 있지만 모든 농부가 그렇다면 곡물 가격이 하락할 것이므로 한 명에게는 수익성 있는 일이 모든 사람에게는 그렇지 않을 수 있다. 농부, 회사 또는 무역업자들의 생산이 관련된 거의 모든 프로젝트는 규모가 커질 경우 재화와 서비스의 가격에 영향을 미치지만 격리된 시험에서는 그렇지 않다. 그러므로 다시 말하지만 사업은 그 나름의 기준으로 보면 성공적이어도 국가 차원으로 규모를 키우면 실패할 수 있다. 완벽한 프로젝트 평가는 나라 전체에 대한 원조 실패와 동시에 존재할 수 있다.

원조 기관은 종종 과중한 업무를 감당하고 있는 현지 정부에 무거운 관리 부담을 지우기도 한다. 정부 기관은 프로젝트를 승인해야 하고 NGO의 활동을 감시해야 하며 자신의 나라에서 활동 중인 수십 또는 수백 개 외국 기관과도 수시로 회의를 가져야 한다. 많은 가난한 나라에서는 국가의 역량과 규제 능력이 부족해서 이 이유만으로도 개발과 빈곤 감소에 한계가 생긴다. 역설적이게도 도움을 주려는 원조가 정부 관료들을 보다 중요한 일에 집중하지 못하게 하고 성공적인 개발에 중요한 국가 역량을 위태롭게 하는 것이다. 더 살펴보겠지만 이는 원조로 인해 정부가 국민에게서 원조 기관으로 관심과 주의를 돌리게 되는 예 중 한가지일 뿐이다. 이 같은 주의 전환은 나라가 작고 정부가 미숙하며 원조 규모가 클수록 더 심각한 결과를 가져온다.

사업 목표가 충족되었는지 여부를 알아내고 다른 곳에서도 이용할 수 있는 교훈을 얻기 위한 신중한 사업 평가에 대해서는 할 이야기가 많다. 평가가 성공적이고 믿을 만하면 그 예가 지역적이고 쉽게 일반화할 수 없는 경우라 해도 돈으로 삶을 개선하는 데 도움을 줄 수 있는 곳을 식별해낼 수 있다. 하지만 사업 평가 그 자체는 우리에게 전반적으로 효과적인 것과 그렇지 않은 것을 알려줄 수 없다. 또한 성공적인 사업 평가가 원조의 효율성을 보장하지도 않는다. 이는 궁극적으로 경제 전체에 대한 문제이지 특정 사업 또는 좋은 사업과 나쁜 사업을 구분 짓는 문제가 아니다. 사업 평가를 통해 전체 원조와 원조의 전국적인 영향에 대해 생각하는 문제에서 벗어날 수는 없다.

원조와 정치

원조가 어떻게 작용하는지 이해하려면 원조와 정치의 관계에 대해 공부해야 한다. 정치제도와 법 제도는 번영과 경제성장을 육성할 수 있는 환경을 조성하는 데 중요한 역할을 한다. 국제 원조는, 특히 원조가 많을 경우 제도가 기능하고 변화하는 방식에 영향을 미친다. 정치는 종종 경제성장의 숨통을 조였고 원조라는 게 생기기 전의 세상에도 좋은 정치체제와 나쁜 정치체제가 있었다. 하지만 많은 양의 국제 원조가 유입되면 지역 정치가 악화되는 쪽으로 변하고 장기 성장의 기반을 조성해야 하는 제도가 약화된다. 또한 원조는 민주주의와 시민 참여의 기반을 약하게 만들며 이는 경제발전이 약화되는 데서 오는 손실에 더해지는 직접적인 손실이다. 이 같은 원조의 피해는 학교에 가지 못했을 아이들을 교육하는 일이든 죽었을 수도 있는 사람들의 생명을 구하는 일이든 원조로 인한 좋은 결과에 대해 균형을 맞춰 고려할 필요가 있다.

　개발 경제학은 2차 세계대전 이후 시작되면서부터 성장과 빈곤 감소를 기술적인 문제로 보았다. 경제학자들은 새로운 독립국 통치자들에게 국민에게 번영을 안겨주는 방법을 알려주는 지식을 제공하곤 했다. 개발 경제학자들이 정치에 대해 생각을 했든 하지 않았든 정치가를 사회복지 증진이라는 동기를 가진 국민의 보호자로 본 것이다. 그 자체가 목적이고 사회활동 참여의 수단이며 갈등을 관리하는 방법인 정치는 개발 경제학자들이 생각한 운영 매뉴얼의 일부가 아니었다. 혹은 개발 전문가들이 자신들이 함께 일하고자 하는 정부가 많은 경우 그들을 포괄적인 개발 노력의 별난 파트너로 만드는 나름의 이해관계를 갖는다는 사실을 간과했는지도 모른다. 수 년간 반대하는 목소리가 있었지만 주류 개발 경제학이 정치제도를 비롯한 제도의 중요성과 정치 자체에 초점을 맞춘 것은 비교적 최근의 일이다.

다스리는 측과 다스림을 받는 측 사이에 모종의 계약이 없으면 경제개발을 수행할 수 없다. 정부는 그 기능(최소한으로는 영토를 보전하고 폭력의 독점을 유지하며 나아가 법 체제와 공공 안전, 국가 방위, 기타 공공 재화를 제공하는 등의 기능)을 수행할 자원이 필요하며 이런 자원은 다스림을 받는 사람들이 내는 세금에서 충당되어야 한다. 정부를 제한하고 납세자들의 이해관계를 어느 정도 보호하는 것이 바로 이 같은 세금 징수의 필요성과 세금을 내는 사람들의 참여 없이는 세금을 부과하기 어렵다는 사실이다. 민주주의에서는 유권자의 직접적인 피드백이 정부의 성과를 평가하며 이는 사실상 납세자들의 돈을 사용해서 수행되는 프로그램에 대한 일종의 사업 평가이다. 이런 유형의 피드백이 민주주의에서 가장 효과적이지만, 자금을 모아야 할 필요성은 어디에나 존재하며 이는 종종 통치자가 최소한 국민 중 일부의 요구에 주의를 기울이도록 만든다. 큰 규모의 원조 흐름에 반대하는 가장 강력한 주장 중 하나는 많은 원조가 자국민의 동의에 따라 제한 속에서 돈을 마련해야 하는 필요성을 없애고 그럼으로써 정치제도에 이로워야 할 것을 해로운 것

으로 바꿔버릴 수 있다는 것이다.[23]

적절한 징수 능력이 없는 경우 정부는 부유한 세계에서는 당연하게 여겨지는 보호의 상당 부분을 국민에게 제공하기를 거부한다. 법원이 제 기능을 하지 않거나 부패하여 법의 보호가 없을 수도 있고 경찰이 가난한 사람들을 보호하는 대신 괴롭히거나 착취할 수도 있다. 사람들이 빚을 갚지 않고 계약이 지켜지지 않아서 또는 '공무원'들이 뇌물을 갈취하기 때문에 사람들이 사업을 시작하지 못할 수도 있다. 조직 폭력배나 군벌의 폭력 위협에 직면할 수도 있다. 깨끗한 물 또는 최소한의 위생 시설이 부족할 수도 있다. 의학적으로 예방이 가능하지만 잠재적으로 치명적인 질병이 번져 사람들 특히 아이들의 생명이 위협당할 수도 있다. 또한 전기 등의 공익 설비, 제 기능을 하는 학교, 제대로 된 의료 서비스가 제공되지 않을 수도 있다. 이 모든 위험은 세상에서 가난한 많은 사람들이 겪는 일 중 일부이며 빈곤의 원인이 되고 정부 역량의 부족으로 인해 발생한다. 정부의 역량을 위협하는 것은 무엇이든 가난한 사람들의 생활개선과 부합하지 못한다.

원조가 제도를 위협한다는 주장은 원조의 규모에 좌우된다. 중국이나 인도, 남아프리카공화국에서는 최근 ODA가 국민소득의 0.5퍼센트 미만이었고 총 정부 지출의 1퍼센트를 넘은 경우는 아주 가끔이었다. 원조가 정부의 행동이나 제도 발전에 중요한 영향을 미치지 않는 상황인 것이다. 하지만 아프리카의 상당수 나라에서는 상황이 아주 다르다. 사하라사막 남부 아프리카에서 36개국(49개국 중)이 30년 이상 국민소득의 최소한 10퍼센트를 ODA로 받았다.[24]

ODA가 정부에 제공되는 점을 감안하면 정부 지출에 대한 원조 금액의 비율은 더 크다. 베냉, 부르키나파소, 콩고민주공화국, 에티오피아, 마다가스카르, 말리, 니제르, 시에라리온, 토고, 우간다 같은 나라에서는 최근 몇 년간 계속해서 원조 금액이 정부 지출의 75퍼센트를 초과했다. 케냐에서는 ODA가 정부 지출의 4분의 1, 잠비아의 경우 절반이었다. 정부 지출의 상당 부분이 사전에 정해져 있고 단기간에 바뀌기는 거의 불가능하다는 사실을 고려하면 이들 국가(그리고 자료가 없는 기타 국가)에서는 정부의 자유재량에 의한 지출이 거의 전적으로 해외 기부자들의 기금에 의존하는 셈이다. 이제 살펴보겠지만 이는 기부자가 정부의 지출에 간섭한다는 의미는 전혀 아니다. 그럼에도 기부자와 수혜자 모두의 행동 방식은 근본적으로 원조 흐름의 존재와 규모에 영향을 받는다.

원조가 통치자들이 국민적 합의 없이 통치할 수 있는 유일한 방법은 아니다. 상품 가격의 폭등을 이용하는 것도 한 가지 방법이다. 19세기 중반 이집트에서 한 가지 유명한 예를 볼 수 있다. 당시 산업혁명이 최고조에 이른 상황에서 면에 대한 수요가 충족되지 않았고 두 주요 공급원은 미국 남부와 이집트였으며 이집트의 면 판매량은 외부 세계와의 무역 중 대부분을 차지했다. 종종 현대 이집트의 건설자로 묘사되는 이집트의 통치자 무함마드 알리 파샤Muhammad Ali Pasha는 면을 생산한 영세농민들에게 국제 시세의 일부만 지불했고 그 과정에서 그와 왕실은 엄청나게 부유해졌다. 미국 남북전쟁으로 인해 3년 만에 국제 시세가 세 배로 뛰어 올랐고 이는 알리의 후계자 이스마일 파샤Isma'il Pasha의 치하에서 나중에 한 영국인 기자가 '환상적인 사치'라고 묘사한 결과로 이어졌다. 또한 동시에 '엄청난 금액이 동양식으로, 잘못된

방법으로 또는 너무 이른 시기에 생산적인 공공사업에 소비되었다.'
여기에는 수에즈운하도 포함되었다.[25] 지출의 규모가 엄청나서 전쟁
시기의 면 가격으로도 감당할 수 없었고 이스마일은 국제 자본시장에
서 돈을 빌려야 했다. 전쟁 후 면 가격이 폭락하자 폭동이 발생했고 외
부 세력이 무장 개입하였으며 결국은 영국에게 점령당했다.

면 가격은 1853년 112파운드에 9달러에서 1860년에 14달러로 오
르고 1865년에 최고치인 33.25달러를 기록한 후 1870년에 15.75달러
로 떨어졌다. 이스마일은 그렇지 않았다 해도 외국 채권자들은 다가올
문제를 알고 있었으면서도 지금처럼 다른 정부, 즉 영국이 자신들의
투자금을 보호하고 회수해줄 것으로 믿었을 것이다. 하지만 이 재난
스토리에도 밝은 면이 없지는 않다. 어쨌든 수에즈운하는 유용한 투자
였고 운하로 인한 혜택은 인정해야 한다.

상품 가격 폭등과 국제 원조 사이에는 많은 유사점이 있다.[26] 그중
하나는 국내의 필요 또는 국내 정치와 분리되어 들고나는 현금 흐름이
다. 면 가격이 폭등한 원인은 미국의 남북전쟁이었다. 원조가 급증하
는 원인은 기부 국가의 경제 상황과 정치 상황 또는 냉전이나 테러와
의 전쟁 같은 국제적인 사건이다. 원조가 정부 지출을 장려한다는 사
실은 거듭 실례로 입증되었다. 이집트의 경우처럼 정부는 국민과 의논
하거나 국민의 승인을 얻을 필요가 없어진다. 국영 광산, 높은 국제 시
세, 가난한 노동자의 무제한 공급 또는 자금이 든든한 군대를 통해 통
치자는 국민의 동의 없이도 권력을 유지할 수 있다. 국제 원조가 충분
하면 통치자는 광산이 없어도 권력을 유지할 수 있으며 결국 모부투
치하의 자이르에서 그런 일이 벌어졌다. 해외에서 제공되는 원조가 정

권을 계속 유지시켰고 원조 대부분이 정권 유지에 사용되었으며, 따라서 정권이 쓰러졌을 때 스위스 은행 계좌에든 어디에든 남은 것이 거의 없었다.[27] 물론 원조를 받을 경우 그 정부는 기부자에게 져야 할 책임이 생기고, 냉전의 지정학으로 인해 생긴 모부투의 경우와 달리 기부자가 사람들의 이해관계를 유념하고 있을 것으로 기대할 수 있다. 하지만 이제 살펴볼 내용처럼 실제로는 그렇지 않은 훌륭한 이유들이 있다. 기부자의 동기는 생각보다 별로 도움이 되지 않는다.

원조는 상품 가격 폭등처럼 지역 제도에 다른 좋지 않은 영향을 미칠 수 있다. 제한 없는 유입이 없다면 정부는 세금이 필요할 뿐 아니라 세금을 걷을 수 있어야 한다. 중동의 막대한 석유 수익은 원유 생산국에서 민주주의 제도가 미숙한 이유 중 일부이다. 아프리카에서는 대통령제가 일반적이며 외부의 자금 지원을 받는 대통령이 관직 제공이나 군사적 억압을 통해 통치할 수 있다. 의회의 권력은 제한되어 있다. 대통령은 의회와 거의 상의하지 않으며 의회나 사법부나 대통령을 제어할 힘이 없다.[28] 견제와 균형도 없다. 극단적인 경우 원조나 상품 판매로 인한 커다란 외부 흐름이 내전의 위험성을 증가시킬 수도 있다. 통치자가 권력 공유를 피할 수단을 갖고 있기 때문에, 그리고 유입되는 가치가 양측 모두에게 싸워 얻을 가치가 있는 전리품이 되기 때문이다.[29]

기부자에 대한 책임이 지역 인구에 대한 책임을 대체하지 못하는 이유는 무엇일까? 대통령이 의회와 상의하기를 거부하거나, 부패한 공권력을 개혁하지 않거나, 원조 흐름을 자신의 정치적 입지를 다지는 데 사용하는 경우 기부자가 원조를 중단할 수 없는 이유는 무엇일까?

한 가지 문제는 기부국의 정부와 그 지지층(궁극적인 기부자)이 원조의 영향을 현장에서 경험하지 않기 때문에 올바른 판단을 내릴 수 없다는 사실이다. 억압이 가해지고 기부자들이 무슨 일이 벌어지고 있는지 아는 경우에도, 합의가 어처구니없이 위반된 경우라도 원조 중단은 대개 기부 국가의 관심 밖에 놓인다.

원조 기금이 사용되는 사업을 직접적으로 경험하고 판단을 할 위치에 있는 사람은 기부자가 아니라 그 지역 사람들이다. 그런 판단이 항상 충분한 정보를 바탕으로 하는 것은 아니며 언제나 원인과 결과, 특정 정부 활동의 가치에 대한 국내 토론이 생길 수도 있지만, 정치적 과정이 이러한 정상적인 관점의 전환을 중재할 수 있다. 해외 기부국 또는 그 지지층(수혜 국가에 살지 않는)에게는 이런 피드백이 없다. 결과에 대한 직접적인 정보가 없어 원조 기금을 지출하는 기관의 보고서에 의존해야 하므로 원조의 효율성이 아니라 원조의 규모에 초점을 맞추는 경향이 있다. 원조 기관은 그 대신 최종 기부자에게 책임을 지지만, 수혜자에게 안 좋은 일이 발생할 경우 그들에게 책임을 지게 만드는 메커니즘은 없다. 언젠가 나는 가장 유명한 비정부 원조 기관 중 한 곳의 관리에게 세계 어느 장소에서 가장 많은 시간을 보내는지 물어보았다. 그녀는 '서부 해안'이라고 답했다. 알고 보니 이곳은 아프리카가 아니라 몇몇 기관의 가장 큰 기부자들이 살고 있는 미국의 서부 해안이었다. 이미 확인했듯이 세계은행 관리들은 자신이 한 일의 효과가 눈에 보이기 시작할 무렵이면 이미 진즉에 다른 일에 착수한 상태다. 기부자에게는 자신의 원조를 받는 수혜자들에 대한 책임이 전혀 없다.[30]

때로는 기관들이 원조가 잘못되어 가고 있음을 알고 그들이 목격하는 사실에 불안을 느끼지만 아무 일도 할 수 없는 경우가 있다. 어느 국제 원조 기관의 감독관은 어떻게 해서 원조 기금이 살인자 일당에게 흘러 들어갔는지에 대한 오싹한 이야기를 들려주었다. 이들은 이미 한 차례 대학살을 저질렀고 그 끝을 보기 위해 훈련을 하고 무장하는 중이었다. 나는 그에게 왜 계속해서 원조를 하는지 물었다. 그는 자기 나라 국민들이 기부가 원조 기관의 의무라고 믿고 있으며 원조가 사람들을 해치고 있다는 주장을 받아들이지 않기 때문이라고 대답했다. 그가 할 수 있는 최선은 피해를 제한하려 노력하는 일이었다.

기부국이 어떤 조건을 내걸어야 하는지 아는 경우에도 조건을 무시하는 수혜국 정부에 벌칙을 가하는 것은 종종 망설인다. 기부국은 좋은 행동을 유도하기 위해 벌칙을 가할 것이라고 위협하기도 하지만, 좋은 행동이 나타나지 않는 경우에도 벌칙이 자신 또는 자신의 지지층에 해가 된다고 판단되면 조치를 취하는 것을 망설일 수 있다. 이는 살인자들을 무장시키는 일에는 거의 적용되지 않지만 덜 심각한 사례에서도 문제가 될 수 있다. 사실 원조의 조건은 경제학자들이 좋아하는 표현으로 '시간에 따라 변한다.' 내가 애초에 원하던 일은 그 일이 이루어진 후에는 더 이상 내 관심사가 아니다. 원조를 받고 있는 정부는 이 사실을 아주 잘 이해하고 있다. 그들은 기부국에 해볼 테면 해보라는 태도로 대응하며 처벌 받지 않고 조건을 무시할 수 있다. 조건의 강제성을 망설이는 이유는 무엇일까?

경제학자 라비 칸부르Ravi Kanbur는 1992년 가나에 파견된 세계은행 대표였다. 그는 공공 부문 근로자들의 급여를 80퍼센트 인상함으로써 합의를 위반한 정부 조치에 대응해서 이전에 합의한 대출금의 트랑쉐

tranche(출자금 인출 권리)를 보류하여 조건을 강제하도록 부탁받았다. 그 트랑쉐에 걸린 금액은 가나의 연간 수입 대금의 거의 8분의 1에 달할 정도로 막대했다. 그러자 가나 정부만이 아니라 여러 곳에서 중단에 대한 반대가 일었다. 가나 국민들과 대금을 지급받지 못하게 될 가능성이 높은 외국 기업 같은 죄 없는 많은 주변인이 피해를 보게 될 터였다. 보다 근본적으로 기부국들과 가나 정부 사이의 정상적인 좋은 관계가 손상되어, 가나 정부뿐 아니라 원조 사업의 운영 자체가 위태로워질 수 있었다. '기부국들이 기금을 상당히 많이 통제하기 때문에 그것을 중단하면, 어쨌든 그렇게 갑자기 중단하면 경제에 심각한 혼란이 올 터였다.' 사실 기금을 지출하는 일은 원조 사업체에서 하는 일이고 그것을 운영하는 사람들은 지출을 집행하고 고객 국가들과 좋은 관계를 유지하는 일로 돈을 받았다. 결국 서로 체면을 세워주는 선에서 타협이 이뤄졌고 대출은 계속되었다.[31]

케냐는 원조 주체와 대통령, 의회 사이의 줄다리기에 대한 또 다른 예를 제공한다. 원조 주체는 주기적으로 대통령과 그 족벌의 부패에 질려 원조 흐름을 막아버렸다. 그러자 의회가 모여 정부가 임무를 다하는 데 필요한 수입을 어떻게 충당할 것인지 의논하는 성의를 보이기 시작했다. 원조 주체는 큰 안도의 한숨을 내쉬고(이들도 원조 흐름이 멈출 경우 위협 받는다) 수도꼭지를 다시 열었다. 그러자 다음 회기까지 의회의 문이 닫혔다.[32] 정부 각료들도 안도의 한숨을 내쉬고 독일에서 최신 모델의 메르세데스를 주문했다. 케냐 사람들은 이 부유한 수혜자들을 '와벤지WaBenzi'라고 부른다.

엄청난 창의성에 대한 상은 1984년부터 2005년까지 모리타니

Mauritania의 대통령을 지낸 마우야 울드 시다메드 타야Maaouya Ould Sid'Ahmed Taya에게 돌아가야 할 것이다. 그는 친서구 입장을 취하고 1991년 이라크의 사담 후세인 정권에 대한 지지를 버렸다. 그렇지만 1990년대 초반 그의 국내 억압은 기부국들이 보기에 지나친 수준이 되었고 원조가 중단되었다. 그러자 실제 정치 개혁이 시작되었고 개혁은 대통령이 이스라엘을 인정하는 소수의 아랍 국가 중 하나가 되기로 하는 멋진 아이디어를 낼 때까지 계속되었다. 원조 수도꼭지가 다시 열렸고 개혁은 철회되었다.

기부 국가의 국내 정책도 원조를 중단하기 어렵게 만들 수 있다. 정부 원조 기관은 세계 빈곤에 대해 '조치를 취하라'는 국내 지지층의 압력(의도는 좋지만 정보는 부족한 국내 인구가 부추기는 압력)을 받고 있으며 이 때문에 정부 기관은 현장에 파견된 대표가 원조가 해를 끼치고 있음을 알고 있는 경우에도 원조를 줄이기기 어렵다. 기부국과 수혜국 양쪽의 정치인들은 이 과정을 이해하고 있다. 수혜국 정부는 자국의 가난한 국민들을 '기부국의 원조를 끌어낼 인질'로 이용할 수 있다.[33] 이 같은 사례의 최악의 사례 중 하나에서는 시에라리온의 정부 관리들이 UNDP가 다시 한 번 그들의 나라를 세계에서 가장 가난한 나라로 분류하여 원조의 1년 연장을 보장했다는 사실을 축하하기 위해 파티를 열었다.[34]

다른 한편으로는 기부국의 정치인들이 전혀 무관한 이유로 인기가 없는 경우 자신의 나라에서 정치적 신뢰성을 사기 위해 원조를 제공할 수 있다. 이들도 원조가 분명 잘못 사용된다 해도 원조 중단에 반대할 것이다. 이런 일이 발생하면(2001년 케냐의 선거 기간 동안 영국의 원조에 이런 일이 발생했다. 원조는 선거를 뒤엎고 부패한 엘리트의 권력을 유지하는 데 사용되었다), 아프리카 국민들은 서구 정치인들의 흐려진 명성을 빛나게 하기 위해 고통받는 셈이 된다.[35] 린든 존슨Lyndon Johnson은 미국 농부들에게서 곡식을 사들여 그들의 지지를 얻는 것은 물론 베트남전쟁에서 국민들의 주의를 돌리기 위해 인도에 거의 존재하지 않는 기아를 과장하도록 부추겼다.[36] 원조를 주는 쪽과 받는 쪽인 양 나라의 정부는 자국의 국민에 대항해서 동맹을 맺는다. 추출되는 성격만 달라졌을 뿐 식민시대와 달라진 점은 없다.

기부자가 조건을 강제하는 능력이 제한되는 현실적인 이유도 있다. 원조는 용도 대체가 가능하다. 수혜자는 원조 기금을 의료 복지에 사용하겠다고 약속한 후 원조가 없었어도 수행했을 사업을 통해 의료 복지를 이행하고 승인받지 않은 용도에 기금을 사용할 수 있다. 종종 기부자가 이런 전용을 감시하기는 어렵다. 원조 산업은 경쟁이 심하고 한 나라가 기금 제공을 거부하면 다른 나라가 다른 우선 사항과 조건을 내걸고 나서는 경우가 자주 있다. 그러면 조건을 강제하려는 기부자는 배제되고 보상 소득 없이 정치적 영향력 또는 상업적 기회를 잃을 수 있다.

원조 기관들은 최근 조건부에서 멀어지려 노력하고 이들이 사용하는 언어는 파트너십을 강조하는 쪽으로 바뀌었다. 수혜자는 자신의 필요에 맞게 계획을 제안하고 기부자는 무엇에 자금을 지원할지 결정한다. 물론 이 어느 것도, 기부자는 부유한 세상에 있는 지지자들에 대한 책임이 있고 이를 잘 아는 수혜자는 기부자가 제안할 것으로 생각되는 내용을 흉내 낸 계획을 설계한다(적절하게도 '복화술'이라고 설명되는 과정)는 현실의 문제를 해결하지 않는다.[37] 한쪽이 돈을 모두 갖고 있는 경우에 어떤 종류의 파트너십이 지속 가능한지는 명확하지 않다.

정치와 정치인은 그들이 통상 하는 일, 즉 원조의 효율성을 위태롭게 하는 일을 하지만 반대 방향으로 효과가 나타나기도 한다. 즉 원조 흐름이 정치의 효율성을 악화시키는 경우다. 기부자가 수혜자가 결정해야 하는 문제를 결정하면 이런 일이 생긴다. 기부 국가의 민주정치라 해도 아프리카에서 산전 건강관리보다 에이즈 문제를 우선 해결해야 하는지 여부를 결정하는 데 관여할 권한은 없는데도 말이다. 조건부는 국가의 자주권을 침해한다. 기금이 풍부한 스웨덴 원조 기관이 워싱턴 D.C에 와서 국가 빚을 갚아주고 50년 동안 메디케어에 대한 자금 지원을 약속한다고 상상해보자. 그 조건은 미국이 사형 제도를 폐지하고 동성 결혼을 완전히 합법화하는 것이다. 아마 어떤 정부는 기능 장애가 심해서 이런 침해에도 그 나라 국민이 거의 아무런 대가도 치르지 않을 것이다. 하지만 나라를 국제 원조를 받는 국가로 만드는 것은 오랫동안 경제성장을 뒷받침할 수도 있는 정부와 국민 간 계약과 같은 것을 구축하는 데 좋은 출발점이 아니다. 다른 사람의 나라를 외부에서 개발하는 것은 불가능하다.

우리는 경제성장에 미치는 원조의 영향에 대한 설득력 있는 증거를 제시하기 어렵다는 사실을 이미 살펴보았다. 민주주의 또는 기타 제도에 미치는 원조의 영향에 대해서도 증거가 부족하기는 마찬가지다. 하지만 우리는 원조를 많이 받는 작은 나라들이 덜 민주적인 경향도 있다는 사실을 알고 있다. 사하라사막 남부 아프리카는 세상에서 가장 민주적이지 않고 원조를 가장 많이 받는 지역이다. 예전 식민 통치국으로부터 원조를 받는 나라는 가장 민주적인 나라가 아니다. 아마 가장 흥미로운 것은 〈도표 1〉과 〈도표 2〉의 대조적 양상일 것이다. 냉전이 끝난 뒤 원조가 감소한 이후 아프리카에서는 성장뿐 아니라 민주주의 면에서도 큰 상승이 있었다. 언제나 그렇듯 이러한 사실에 대한 다른 설명이 가능하겠지만 이 사실은 국제 원조로 인해 민주주의가 위태로워진다는 점을 역으로 보여주는 실례라 할 수 있다.

국제 원조의 반민주주의적 측면은 원조와 경제발전 자체는 기술적 문제이지 정치적 문제가 아니라는 기부국들의 오랜 믿음으로 인해 악화된다. 수력학적 이론에서는(배관을 고치는 경우에나 적합한 이론임을 기억하라) 해야 하는 일이 무엇인지에 대한 타당한 논쟁이 있을 수 없다. 이 믿음은 기부국과 조언자들이 현지 정치를 무시하거나 현지 정치에 대해 인내심을 갖지 못하게 만드는 결과로 이끌었다. 더 부정적인 것은 기부국이 종종 사람들에게 무엇이 필요한지 또는 그들이 무엇을 원하는지 아주 잘못 이해했다는 사실이다. 기부국이 보기에는 사람 수가 적으면 각자 더 잘살게 될 것이 분명했지만 수혜국에게는 그 반대도 명백히(그리고 정확히) 진실이었다. 종종 비민주적이거나 든든한 보상을 받은 수혜국 정부의 도움을 받아 서방 국가들이 주도한 인구 억제는 반민주적이고 억압적인 원조의 가장 터무니없는 예가 되었다. 효과적인 민주주의는 외국의 좋은 의도라는 독재의 해독제이다.[38]

인류학자 제임스 퍼거슨James Ferguson은 원조와 경제개발에 관한 가장 훌륭한 책 중 하나인 《반정치 기계The Anti-Politics Machine》에서 1980년대에 캐나다의 자금 지원을 받아 리소토Lesotho에서 수행된 큰 개발 사업에 대해 설명한다. 이 사업의 바탕에는 경제가 작동하는 방식에 대한 심각한 오해가 있었다. 사실은 남아프리카공화국의 광산에서 일할 노동력의 원천인 것을 교과서적인 자급 농업 경제로 다시 상상한 것이다. 상상의 경제에 맞게 설계된 농업 투자 사업의 성공 가능성은 달에서 꽃을 키우는 사업이 성공할 가능성과 비슷하다. 이 사업 관리자들은(분주하게 배관을 고치느라) 지배 정당이 정치적 반대파에 맞서 자신의 정치적 목적에 맞도록 사업을 조작하고 있다는 사실을 알지 못했다. 결국 발전이나 빈곤 감소는 없었고 수탈적인 엘리트들이 국민의 요구에 덜 부응하게 만드는 반정치 기계, 즉 국가의 정치적 통제력에 대한 독점만 확대되었다.[39]

개발원조에 대한 기술적, 반정치적 관점은 아주 분명한 기술적 해결책이 산업화, 경제개발 계획, 인프라 구축에서 거시경제의 구조 조정으로, 의료와 교육으로, 그리고 가장 최근에 다시 인프라로 계속해서 바뀌어왔다는 사실에도 불구하고 살아남았다. 아이디어가 계속 변해왔다는 사실은 개발자들에게 굴욕이나 불확실성을 안겨주지도 않았고 제1세계 정치의 방식에 대한 민감성은 원조 산업의 기술적 확실성을 약화시키는 것으로 보이지도 않았다. 린든 존슨이 미국 대통령이었을 당시 세계은행의 빈곤 퇴치 관련 미사여구는, 로널드 레이건Ronald Reagan이 대통령이었을 때는 '가격을 바로잡자'는 수사로 바뀌었다. '우리'의 정치는 개발 사고의 적절한 부분인 반면 '그들'의 정치는 그렇지 않은 모양이다.

원조와 원조 기금이 지원되는 사업은 의심할 여지없이 좋은 결과를 낳았다. 원조가 없었다면 존재하지 않았을 도로와 댐, 병원 등이 그 증거다. 하지만 부정적인 영향도 항상 모습을 드러낸다. 좋은 여건에서조차 원조가 제도를 손상하고 지역 정치를 오염시키며 민주주의를 위태롭게 만든다. 빈곤과 저개발이 근본적으로 미숙한 제도의 결과라면 큰 원조 흐름은 그러한 제도를 약화시키거나 발전을 저해함으로써 의도와는 정반대의 일을 하는 것이다. 그렇다면 종종 긍정적인 원조의 직접적인 영향에도 불구하고 원조 성적이 전반적으로 이로운 결과에 대한 증거를 보이지 못하는 것이 별로 놀랍지도 않다.

국제 원조와 빈곤 감소에 대한 논거는 가난한 사람을 돕는 국내 원조에 대한 논거와 상당히 다르다. 복지 혜택에 반대하는 사람들은 종종 가난한 사람에 대한 원조가 빈곤이 영구화되도록 돕는 행동 방식을 키우는 인센티브를 만들어낸다고 주장한다. 여기서는 이 이야기가 논점이 아니다. 국제 원조에 대해 우려되는 점은 원조가 전 세계 가난한 사람들에게 어떤 영향을 미치는가 하는 문제가 아니라(사실 이런 문제는 거의 건드리지 않는다) 가난한 나라의 정부에 어떤 영향을 미치는가 하는 문제이다. 국제 원조가 빈곤을 악화시킬 수 있다는 주장은 국제 원조 때문에 정부가 가난한 사람의 결핍에 덜 응답하여 그들에게 해를 입힌다는 주장이다.

좋은 점도 있기는 하지만 원조의 해악은 어려운 윤리적 문제를 부과한다. 철학자 리프 웨너Leif Wenar는 이 장을 시작하면서 언급한 피터 싱어의 견해를 비판하면서 '빈곤은 연못이 아니다'라고 지적한다. 싱어의 비유는 유용하지 않다는 뜻이다.[40] 더 많은 원조를 지지하는 사람들은 정치적 제약을 해결하면서 더 많은 원조를 줄 수 있는 방법을 설명해야 한다. 또한 원조 시대 이전에 있었던 식민주의와 원조의 유사성에 대해서도 열심히 생각해야 한다. 지금은 식민주의를 우리를 이롭게 하기 위해 남에게 해를 입히는 나쁜 일로 생각하고 원조를 남을 돕기 위해 우리를 희생하는(아주 약한 정도지만) 좋은 일로 간주한다. 하지만 이런 관점은 너무 단순하고, 역사를 너무 무시하고, 너무 자화자찬하는 관점이다. 식민주의의 수사도 어쨌든 사람들을 돕는다는 것이었다. 그들의 인간적 속성은 전혀 인식하지도 않은 채 문명과 개화를 안겨준다는 내용이었지만 말이다.[41] 이런 말은 절도와 착취를 덮으려는 수사법이었을 뿐이다. 감동적이고 영감을 주는 미사여구로 표현된 UN 헌장의 서문은 남아프리카공화국 총리 얀 스무츠Jan Smuts가 작성했다. 그는 UN을 대영제국과 백인 '문명'의 지배를 보전하는 최선의 희망으로 보았다.[42] 하지만 최악은 탈식민화가 태어난 곳과 피부색만 다를 뿐 전임자와 거의 다를 바 없는 지도자들을 세웠다는 사실이다.

오늘날에도 인도주의라는 수사는 정치인들이 돈으로 덕목을 산다는 사실을 은폐하는 수단이다. 원조가 세계 빈곤을 해결하려는 우리의 도덕적 의무를 충족하는 길이라면 절대 해를 끼치지 않도록 해야 한다. 우리가 해를 입히고 있다면 '그들'이 아니라 '우리'를 위해 원조를 하고 있는 것이다.[43]

의료 원조는 다른가?

외부 원조는 가난한 나라의 수백만 생명을 구했다. 유니세프UNICEF와 기타 기관들은 수백만 명의 어린이에게 항생제와 예방접종을 제공하여 유아와 아동의 사망률을 줄였다. 질병 보유 해충의 통제와 제거로 예전에는 위험했던 지역이 안전해졌다. 국제적인 노력으로 천연두가 사라졌고 현재의 노력으로 소아마비도 거의 사라져가고 있다. 원조 기관들은 수백만 명의 어린이에게 경구 수분 보충 요법을 실시하고 방충 모기장을 제공하여, 지금도 매년 백만 명에 이르는 아프리카 어린이의 목숨을 앗아가는 말라리아로부터 보호한다. 1974년과 2002년 사이에 세계은행, 세계보건기구World Health Organization, UNDP, 유엔 식량농업기구UN Food and Agriculture Organization의 공동 노력으로 아프리카의 심각한 공공보건 문제 중 하나인 사상충증을 거의 제거했다.[44]

최근에는 에이즈 치료를 위해 수십 억 달러를 다시 아프리카에 기부했다. 2010년 말에는 완치는 못 해도 생명을 유지해주는 항레트로바이러스 치료를 받은 사람의 수가 2003년의 백만 명 미만에서 천만 명에 이르렀다.[45] 가장 중요한 기부자는 (미국이 가장 큰 돈을 대는) 에이즈, 결핵, 말라리아 퇴치를 위한 국제기금Global Fund to Fight AIDS, Tuberculosis and Malaria과 에이즈 퇴치를 위한 대통령 비상계획PEPFAR. President's Emergency Plan for AIDS Relief이다. 전자는 다자간 지원을 통해 국가가 주도하는 계획에 기금을 제공하는 반면 후자는 양자 간 지원으로 미국이 최우선 순위로 생각하는 사업에 기금을 제공한다. 이들 기관은 또한 자발적 남성 포경수술의 보호적 가치에 대한 연구는 물론, 전염과 감염까지 예방하는 항레트로바이러스 약물의 개발을 포함하여 에이즈 예방 및 치료 분야의 각종 연구를 개시하도록 도왔다. 효과적인 백신이 만들어지려면 아직 갈 길이 멀지만 꾸준한 노력이 이어지고 있다. 냉소적인 사람들은 에이즈로 고통 받는 미국인이 아무도 없었어도 미국이 에이즈 연구와 치료에 그렇게 헌신적이었을지 의구심을 품지만, 동기를 의심한다고 해서 성과의 가치가 미미해지지는 않는다.

지금까지 한 이야기가 전부라면 의료 원조에 대한 이야기는 빛이 바래지 않는 성공 스토리가 될 것이다. 도덕적 의무는 사람들이 죽어가고 우리에게 별로 크지 않은 비용으로 그들을 도울 방법이 있는 경우 특히 강하다. 우리는 그저 문명사회 시민이라면 당연히 해야 할 일을 하는 것뿐이다. 우리는 이미 오래전에 이런 원인으로 인한 사망에서 벗어났고 이제 나머지 인류에게까지 탈출을 확대하고 있다.

물론 우리는 대부분 어린이인 많은 사람이 '잘못된' 장소에 태어나지 않았다면 죽지 않았을 호흡기 감염, 설사, 영양 결핍 등으로 죽어가고 있다는 사실을 잘 알고 있다. 이는 더 많은 원조를 지지하는 논거가 될 수 있다. 아마도 건강이 의료 원조 이야기의 전부는 아닐까? 생명을 구하는 일은 보다 뚜렷한 목표이고 목숨을 구한 하나의 생명은 쉽사리 계산에 넣을 수 있다. '가격을 바로잡자'거나 정부 재정을 복구하는 것 같은 구조조정 프로그램은 말할 필요도 없이 도로나 댐, 다리 같은 혜택이 덜 명료한 것들에 비해 명확한 개선을 느낄 수 있는 분야라는 얘기다. 하지만 이런 사업에 대한 원조도 의료 지원을 위한 원조만큼 사람들에게 도움이 되며 단지 덜 투명하게 이루어질 뿐이다. 그리고 이전 절에서 논의한 원조가 정치를 부패하게 만든다는 문제점은 과장되었거나 아니면 적어도 혜택을 받기 위해 지불해야 하는 합리적인 대가일지도 모른다.

하지만 의료 영역에서도 만사가 좋지만은 않다. 원조가 이미 하고 있는 것보다 더 많은 일을 할 수 있는지 여부가 명백하지 않고, 지금까지의 성공에 아무 대가가 없었는지도 분명하지 않다. 물론 어떤 대가

였든 치를 만한 가치는 있었을 것이다.

전 세계의 기대 수명 증가에 상당한 공을 세운 성공적인 계획 대부분은 우리가 수직적 의료 프로그램이라고 부르는 것이다. 이 용어는 유니세프 같은 상급 기관이 해당 지역 보건 당국과 협력하고 그 지역 의료 종사자들을 모집하여 운영하는 프로그램을 가리킨다. 이 용어는 해충 제거(예를 들면, 말라리아 예방을 위한 모기 통제) 또는 천연두나 소아마비 같은 질병의 제거 프로그램뿐만 아니라 초창기 예방접종 프로그램 중 일부에도 분명히 적용된다. 하지만 에이즈 프로그램에는 잘 적용되지 않는다. 항레트로바이러스 약을 제공하려면 클리닉과 해당 지역 의료 담당자들이 대규모로 참여해야 하기 때문이다. 하지만 이와 관련된 문제를 해결하기 위해 종종 에이즈 약품만 취급하는 특수 클리닉이 지어지기도 했다.

'단일 질병 프로그램'과 '질병 기반 프로그램'이라는 표현은 '수직적 프로그램'과 겹치며 질병을 없애려는 프로그램뿐 아니라 PEPFAR 또는 에이즈, 결핵, 말라리아와 같은 특정 질병을 대상으로 삼는 국제 기금 프로그램도 가리킨다. 이러한 수직적 또는 질병 기반 프로그램은 일반적으로 '수평적' 또는 현지 의료 서비스 체계와 대조된다. 후자는 정기적인 의료 서비스를 제공하는 의료진, 클리닉, 병원 외에 안전한 물과 위생, 기본 약품, 건강에 충분한 영양 제공과 지역 풍토병 통제와 같은 공중 보건 조치도 포함한다. 수직적 프로그램의 성공은 종종 수평적 프로그램의 실패, 특히 적절한 기본 의료 서비스 체계를 구축하지 못하는 실패와 대비된다. 1978년의 유명한 알마 아타Alma Ata(지금은 카자흐스탄의 알마티Almaty) 선언에서는 '모두를 위한 의료'와 이를 달성하기 위한 수단으로 기초 의료 서비스의 중요성을 강조했다. 정부와 국제기관, 원조 그룹은 가난한 국가의 기초 의료 서비스에 대한 재정적, 기술적 지원을 촉구했다. 이 선언은 건강을 위해 다른 종류의 의료 원조를 요구하는 사람들의 구호로 남아 있다.

기초 의료 서비스를 제공하려면 수직적 프로그램으로는 불가능한 국가의 역량이 필요하다. '헬리콥터 지원'은 후자에 아주 좋지만 전자에는 아무 도움이 되지 않는다. 사실 수직적 프로그램은 예를 들면 간호사와 구급 요원을 산전 건강관리 또는 예방접종과 같은 일상 업무에서 빼내어 외진 마을의 소아마비 발병을 추적하도록 파견함으로써 해당 지역의 의료 서비스 제공을 약화시키기도 한다. 하지만 의료 서비스 체계는 가난한 나라에서만이 아니라 부유한 나라에서도 세우고 유지하기가 복잡하며, 3장에서 보았듯 가장 가난한 나라에 가장 부족하기 마련인 국가적 역량이 필요하다. 이 사실은 원조와 지역 능력의 개발이 종종 조화되지 못한다는 사실을 상기시킨다. 하지만 원조가 가난한 나라의 나머지 의료 문제를 해결하고 아이들이 잘못된 장소에 태어나서 죽어간다는 스캔들을 멈추는 것을 돕는 일이라면 '지정된' 질병을 해결하는 이상의 일을 해야 한다. 문제는, 늘 그렇듯 외부 자금 없이 이 일을 이룰 수 있느냐는 것이다.

세계은행의 경제학자 디온 필머Deon Filmer, 제프리 해머Jeffrey Hammer, 란트 프리쳇Lant Pritchett의 말을 인용하면, 세계의 많은 정부는 기초 의료 서비스에 적게 지출하지만 대신 '보건을 위한 공공 예산은 원칙적으로 공공 병원에 흡수된다. 공공 병원은 공공 비용으로 값비싼 훈련을 받은 의료진을 갖추고 있으며 이 의료진은 비싼 의료 기술을 사용하여

도심 엘리트를 치료한다. 반면 같은 나라에서 어린이들은 1~2센트로 치료가 가능하거나 기본 위생 수칙만 지켜도 예방할 수 있는 질병으로 사망하고 있다.' 부패한 관료들은 종종 보건에 사용하도록 지정된 돈을 전용하고 대중의 반응은 거의 없다. 위의 경제학자들은 보건 당국이 5,000만 달러의 외부 자금을 남용한 사실을 고발한 한 신문사의 이야기를 들려준다. 보건 당국은 신문사가 그러한 남용이 단 한 차례가 아니라 수년에 걸쳐 이뤄졌다는 사실을 분명히 하지 않았다며 강하게 반발했다.[46] 헬렌 엡스타인Helen Epstein은 우간다의 농담에 따르면 에이즈에는 두 종류의 에이즈, '뚱뚱한 에이즈fat AIDS'와 '날씬한 에이즈slim AIDS'가 있다고 쓰고 있다. "'날씬한 에이즈'에 걸린 사람은 점점 마르다가 결국 사라진다. '뚱뚱한 에이즈'는 이국적인 장소에서 열리는 호화로운 콘퍼런스와 워크숍에 참석하며 많은 연봉을 받고 점점 뚱뚱해지는 개발 기관 관리, 외국인 컨설턴트, 의료 전문가들을 괴롭힌다."[47] 기초 의료 서비스에 사용할 자금 부족과 의료 서비스 지출의 부패는 가난한 나라들의 공통점이다.

많은 나라의 의료 서비스 분야 공공 지출은 너무 적어서 인구에 필요한 의료 서비스를 충족시킬 수 없으며 종종 그 격차를 메우기 위해 국제 원조가 필요하다는 점을 암시한다. 지출이 너무 적은 것은 대개 사실이지만 지금과 같은 상태로 의료 서비스 체계를 확장해서는 아무 소용도 없을 것이다. 비정기적으로만 문을 여는 클리닉이 늘고, 더 많은 관료가 기금을 전용하며, 본분을 다하지 않는 더 많은 의료 서비스 종사자들에게 급여를 지불하게 될 뿐이다.

수직적 프로그램이 '모두를 위한 의료'를 촉진하는 데 거의 아무런 영향을 주지 못해도, 이와 연관된 대규모 자금 유입이 다른 원조와 마찬가지로 모든 종류의 의도하지 않은 부정적 부작용을 가져온다 해도, 우리는 구조된 생명이 그만한 가치가 있는 한 여전히 프로그램을 수행할 것이다. 공공 부문을 통해서든 규제가 잘 되는 민간 부문을 통해서든 높은 품질의 의료 서비스를 제공하는 문제의 경우 대부분의 저소득 국가보다 훨씬 큰 역량을 가진 나라에서도 어렵다는 사실을 인식해야 한다. 어떤 경우든 국제 원조를 통해 외부에서 제공할 수는 없다. 이는 역량이 작은 나라에 유용하게 제공할 수 있는 의료 서비스 수단이 없다는 사실을 의미하지는 않는다. 예를 들면 안전한 물, 기초 위생, 방역과 같은 공중 보건 공급의 전형적인 공공 재화가 있다. 이 중에서 쉬운 일은 없지만 적어도 민간 부문에서 제공할 수 없는 영역에서, 그리고 개인 의료 서비스 체계를 구축하는 것보다 달성하기 쉬울 가능성이 높기 때문에 시도해볼 가치가 충분하다.

우리가 해야 할 일은 무엇인가?

원조 노력은 우리가 무엇을 해야 하는가라는 질문 또는 그 강제 버전인 우리가 무언가 해야 한다는 생각에 영감을 받는다. 하지만 이 질문은 분명 잘못된 질문이고 이렇게 질문하는 자체가 해결의 시작이 아니라 문제의 일부일 수 있다. 무언가 해야 하는 사람이 어째서 우리인가?[48] 이 장 전반에 걸쳐 주장한 것처럼 우리는 종종 그들이 무엇을 필요로 하는지 또는 무엇을 원하는지, 그들의 사회가 어떻게 돌아가는지 제대로 이해하지 못하며 우리 생각대로 도움을 주려는 미숙한 시도는 좋은 일을 하기보다 해를 입힌다. 가난한 나라들로 하여금 그들의 인구를 억제하도록 '돕는다'는 이야기, 리소토의 농경 원조 이야기, 전쟁 시 인도주의적 원조에 대한 끔찍한 이야기가 대표적인 예이다. 이런 식의 의도치 않은 부정적 결과는 우리가 노력하는 경우 이미 정해진 것이나 다름없다. 우리가 실패하면 우리의 이해가 위험에 처하기 때문에(위험에 처하는 것은 우리 전문가들을 고용하고 우리 정치인들을 위한 영광과 표를 만들어내는 우리의 원조 산업이다), 그리고 결국 우리는 무언가 해야 하기 때문에 계속 노력하게 된다.

반드시 일어나야 하는 일은 각 나라가 나름의 방식대로, 각자의 속도에 맞게, 자신의 정치 구조와 경제구조 속에서 나라를 발전시킨 현재의 부유한 세계에서 일어난 일이다. 아무도 이들에게 자신을 위해 정책을 받아들이라고 원조를 하거나 뇌물을 주려 하지 않았다. 지금 우리가 해야 할 일은 현재 가난한 나라들이 우리가 이미 한 일을 하는 데 있어 방해하지 않는 것이다. 우리는 가난한 사람들이 스스로 일어나 탈출하도록 놓아두거나 보다 긍정적으로, 그들의 앞길을 가로막는 일을 그만두어야 한다. 이전 탈출 세대는 탈출이 가능하다는 사실을 보여주고 탈출 방법을 개발함으로써 할 일을 다 했다. 그러한 방법 중 (전부는 아니라 해도) 일부는 여전히 다른 환경에서도 유용하다.

원조는 역설적이게도 특히 사하라사막 남부 아프리카와 몇몇 다른 나라에서 우리가 이들의 앞길을 가로막는 여러 가지 방법 중 하나이다. 해당 지역에서는 원조 규모가 상당히 커서 지역 제도를 약화시키고 장기 번영을 망친다. 공산주의 또는 테러리즘에 대항하는 동맹을 만들기 위해 수탈적인 정치인 또는 정치 체계를 유지시키는 원조는 우리의 이득을 위해 가난한 나라의 일반 국민을 빈곤하게 만드는 원조이다. 우리가 이들을 돕고 있는 척하는 것은 상처에 소금을 뿌리는 격일 뿐이다. 어마어마한 양의 국제 원조는 잠재적으로 좋은 지도자와 좋은 정치 체계조차 타락시킬 수 있다.

그러므로 우리가 해야 할 일 한 가지는 우리가 해야 할 일이 무엇인지 묻기를 그만두는 것이다. 또한 원조가 도움이 되는 만큼 해가 될 수도 있으며, 돈이 그들에게 도움이 되든 해가 되든 상관없이 우리 GDP의 1퍼센트 또는 0.75퍼센트를 준다는 목표를 세우는 것은 터무니없는 일이라는 사실을, 부유한 나라의 국민이 이해하도록 도와야 한다. 이 같은 맹목적인 목표 설정이 대사들과 원조 관리자들이 총격을 멈추도록 호소하고, 남을 돕는 데 헌신하는 그들의 일이 피해를 경감시키는 일로 바뀌었다는 사실에 통곡하는 결과를 이끌어냈다.

원조는 부유한 나라들이 빈곤에서 탈출하는 길목에 놓아둔 유일한 장벽이 아니다. 가난한 나라와 부유한 나라는 무역과 조약을 통해, 세계무역기구, 국제통화기금과 세계은행, 세계보건기구, 유엔 같은 기구를 통해 경제적으로나 정치적으로 상호 의존한다. 이러한 기구와 국제 교전 수칙이 가난한 나라가 부유한 나라가 되는 기회에 상당한 영향을 미친다. 이 장의 뒷부분에서 이 문제에 대해 다룰 것이다.

원조를 지지하는 사람들은 종종 적어도 반대 주장의 일부는 인정하면서도 계속해서 과거의 원조가 효과적이지 않았고 게다가 때때로 해를 입히기도 했지만 미래에는 더 잘할 수 있다고(그리고 그래야 한다) 주장한다. 이들은 원조가 더 똑똑하고 효과적이 될 수 있으며 해를 입히지 않는 방식으로 제공될 수 있다고 믿는다. 과거에 이 같은 주장(이번만 마시고 술을 끊을 거야!)을 수없이 들었다는 사실은 그 자체로, 보다 나은 규칙이 있다(12단계 금주 프로그램이 효과가 있을 거야!)는 가능성을 배제하지는 않는다.

더 똑똑한 원조에 대해 생각해보아야 하는 다른 이유는 세계은행이나 영국 국제개발부DFID가 없으면 더 좋은 세상이 될 것이라고 생각해도, 좋은 원조란 원조를 하지 않는 원조일 뿐이라고 해도 원조가 조만간 사라지지는 않을 것이라는 사실 때문이다. 국내외 원조 기관 또는 수많은 NGO를 철수시킬 수 있는 국제 당국은 없다. 그러면 어떻게 해야 원조가 더 좋아질 수 있을까?

경제학자이자 유엔 고문인 제프리 삭스Jeffrey Sachs는 원조의 문제는 너무 많은 것이 아니라 너무 적은 것이라고 지속적으로 주장해왔다.[49] 삭스는 내가 원조에 대한 수력학적 접근법이라고 말한 방식을 지지하여 농업, 인프라, 교육, 건강 부문에서 고쳐야 하는 문제를 나열한 긴 목록을 보고 각 항목의 비용을 계산하고 더한다. 그가 뽑는 총계는 현재 주어지는 것의 몇 배가 된다. 그의 주장대로 무엇이든 제대로 돌아가게 만들려면 수십 년 전에 '밀어주기Big Push'라고 불렸던 수단을 통해 모든 것을 한꺼번에 고쳐야 한다는 것이 사실이라면, 실로 그렇다면 원조는 늘어나야 한다. 하지만 역사를 보면 현재 부유한 나라들에 어떤 종류의 밀어주기든 필요했다는 이야기는 없다. 다른 누군가의 밀어주기는 분명 필요 없었다. 그리고 유엔이 삭스의 아이디어를 구현하기 위해 시작한 새천년 개발 마을Millennium Development Villages이 같은 나라에 있는 다른 마을들 보다 잘산다는 증거도 없다. 원조에 대한 수력학적 접근 방식에서는 내가 핵심 문제라고 주장한, 상당한 금액의 원조는 해당 지역 정치를 부패하게 만들어 개발을 더 어렵게 만든다는 사실을 무시한다. 돈을 얼마를 쓰든 홈디포_{Home Depot}같은 상점에서 구매할 쇼핑 목록을 갖고서 외부에서 다른 사람의 나라를 개발할 수는 없다.

보다 나은 원조를 위한 원칙은 111개 국가와 26개 다국적 조직이 2005년에 서명한 파리 선언_{Paris Declaration}이라는 문서에 명시되어 있다.[50] 이 선언은 파트너십, 수혜국 소유권, 높은 품질의 평가, 책임, 예측 가능성을 비롯한 많은 좋은 일을 촉구한다. 새해 결심 목록과 다를 바 없다. 실로 이 선언은 대부분의 새해 결심 정도만큼만 효과적인 것으로 보였다. 또는 비유를 바꿔보면 환자가 아픈 원인을 진단하고 치료 과정을 알아내기보다 건강하면 어떤 모습일까 하는 내용을 목록으로 만든 것과 같다. 이 장에서 살펴보았듯이 파트너십, 책임, 국가 소유권, 평가의 실패에는 모두 원조의 현실에 뿌리를 둔 원인이 있다. 한 '파트너'가 모든 돈을 갖고 있으면 진정한 파트너십을 맺기가 불가능하며, 그 책임이 제대로 정보를 제공받지 못한(좋은 의도를 갖고 있다 해도) 외국인 탓이라면 수혜국 소유권은 실현 가능하지 않다. 덕목이 훌륭한 선언에 동참하기는 쉽지만 원조의 정치적 현실을 거스르는 좋은 의도는 그 운영을 개선하는 데 거의 아무 도움이 되지 않는다.

원조는 그 성공을 확실히 할 조건과 함께 오는 경우 더 좋은 결과를 낼 수 있을 것이다. 하지만 이는 쉬운 문제가 아니다. 칸부르_{Kanbur}가 가나의 세계은행 대표로 있을 당시의 이야기는 수혜자가 다시 약속을 지키면 기부자가 현금 공급을 중단하기 어렵거나 불가능하다는 사실을 보여준다. 그리고 한 명의 기부자가 원조를 중단하면 종종 좋은 정책이란 무엇인지 다른 관점을 갖고 있거나 국내 정치 방식에 대한 개입은 옳지 않다고 생각하는 다른 기부자가 날개를 달고 나타난다. 그래도 원조 산업은 부유한 나라의 기부자들에게 궁극적으로는 책임을 지우므로 분명 어떤 종류의 조건이 필요하다. 문제는 이를 강제할 효과적인 방법이 있는지 여부이다.

한 가지 아이디어는 수혜국 정부가 원조를 받을 후보가 되기 전에 자국 국민에게 이로운 좋은 정책을 약속하는 것이다. 이를 선별성 selectivity이라고 하며 조건부의 한 형식으로 생각할 수 있다. 미국의 밀레니엄 챌린지 재단Millennium Challenge Corporation이 이런 방식으로 활동한다. 국가들이 덕목을 먼저 설명하면 그때서야 기부자들이 공통 목표를 이루기 위해 일하자는 파트너십을 제안한다. 선별성은 억압적인 정권이 권력을 유지하는 데 원조가 사용되는 것을 막지만 정권이 옳은 길에서 이탈하면(원조 자체가 사실 이런 이탈을 조장할 수 있다) 다시 원조 중단이라는 어려운 문제로 돌아가게 된다.

선별성의 아킬레스건은 원조가 가장 필요한 많은 사람들, 즉 정권이 국민의 복지에 전혀 관심이 없는 나라에서 살고 있는 사람들을 원조에서 제외한다는 사실이다. 이런 사람들에 대해서는 또한 도움을 제공하려는 도덕적 의무가 가장 강력하게 표출된다. 국민들이 원조에 매우 헌신적인 부유한 나라(미국은 이 경우에 속하지 않는다)에서는 염려 많은 국민의 압력 때문에, 원조 기관이 '좋은 정책' 시험에 탈락한 국가에 살고 있는 사람들을 무시하는 것이 불가능하다. 이는 민족국가에서 모든 원조의 근본적인 문제점이다. '양호'한 나라에서는 빈곤을 해당 지역에서 해결할 수 있는 합당한 기회가 있으며 외부의 도움이 상대적으로 덜 필요하다. '불량'한 나라에서는 외부 원조가 상황을 악화시킬 가능성이 있다. NGO를 통한 원조는 해당 정권이 국민에게 하는 것처럼 NGO를 먹이로 삼을 수 있기 때문에 해결책이 아니다.

다른 아이디어는 원조 개선에 대한 새 아이디어의 원천이며 경제개발에 관한 정보의 금광인 워싱턴의 씽크탱크 글로벌 개발 센터CGD, Center for Global Development에서 나온 것이다. CGD 회장 낸시 버즈올Naancy Birdsall과 보건 경제학자 윌리엄 자베도프William Savedoff는 '대금교환도cash on delivery'이라고 부르는 원조 제안을 개발했다.[51] 기부자와 국가는 양측이 모두 원하는 목표(지정된 날짜까지 어린이의 80퍼센트 예방접종, 영아 사망률을 6년 간 1,000명당 20명씩 낮추기, 깨끗한 물 공급 등)를 정하고 목표가 달성되는 경우에만 원조금을 지불한다. 이 방법의 지지자들이 이미 인식하고 있는 것처럼 대금교환도 원조는 가난한 나라의 이미 약한 측정 체계에 무리를 주고 숫자를 속이는 일을 장려(그리고 보상)하게 될 것이다. 목표의 상당수는 수혜국 정부가 완전히 통제할 수 있는 것이 아니다. 나쁜 날씨가 이행을 방해하거나 전염병 유행으로 영아 사망률이 증가할 수 있다. 그럼에도 불구하고 지불이 이루어지면 인센티브가 약해지고 기부자가 엄격한 선을 긋는 경우에는 수혜국 정부가 자금이 없고 정산되지 않을 수도 있는 비싼 프로그램을 수행하는 위험을 감수할 준비를 갖추지 못할 수 있다.

대금교환도 원조는 이제는 익숙한 좋은 정권과 나쁜 정권이라는 딜레마를 해결하지 못한다. 기본적으로 제대로 된 나라의 경우 이들이 원하지 않는 사업을 수행하도록 우리가 그들에게 인센티브를 제공할 필요가 없다. 우리의 우선순위가 자연스럽게 자리잡은 경우에는 도움이 필요 없다. 그렇지 않은 경우 우리의 우선순위를 그들에게 부여하려고 하는 것은 비윤리적이다. 스웨덴 원조 기관이 미국에 사형 제도를 폐지하고 동성 결혼을 합법화하도록 돈을 지불한다는 예를 다시 생각해보라. 수탈적이고 억압적인 정권의 경우 뇌물이 통할 수 있다. 이들은 자국 국민에게서 수탈하는 것만큼 우리에게서 자원을 뽑아 가는 것을 좋아하며 자국의 국민에게 신경을 쓰지 않으므로 돈이 지불되기만 하면 국민들이 상처 입는 것만큼 도움을 받는 것에도 만족한다. 이런 종류의 악을 상대하는 일에 대해 논쟁이 있을 수 있다. 하지만 우리는 다시 원조 기관이 인도주의적 지원을 이행하도록 허가받기 위해 보상으로 무기를 제공하는 세상에, 또는 르완다에서 발생한 집단학살 이후 고마Goma에서 그랬듯 살인자들의 가족을 돕도록 허락받기 위해 과거와 미래의 살인자 무리를 무장시키는 세상에 있다.

대규모 원조는 제대로 기능할 수 없으므로 효과가 없고, 이를 개혁하려는 시도는 계속해서 똑같은 근본적인 문제에서 좌초된다. 다리가 건설되고 학교가 문을 열며 약품과 백신이 생명을 구하지만 치명적인 영향은 항상 있다.

기금 축소와 관련된 가장 강력한 사례는 국제 원조가 국민소득의 큰 비율을 차지하고 정부 지출의 거의 대부분을 차지하는 국가(대부분 아프리카 국가)에서 보인다. 기부 국가의 국민들이 원조의 문제점과, 돈을 주면 빈곤이 감소할 것이라는 '명백한' 논점이 사실은 명백히 잘못이라는 사실을 보다 잘 이해하는 것도 중요하다. 원조가 그렇게 많은 피해를 입히고 있는 이유 중 하나는 '원조 환상'과 개혁을 필요 이상으로 어렵게 만드는 기부 국가 내의 정치적 압력 때문이다. 헌신적이고 윤리적인 사람들이 이미 상당한 고통을 겪고 있는 사람들에게 피해를 입히고 있다는 사실은 원조의 비극 중 가장 작은 부분이 아니다.

원조가 최소한 균형을 이루어 좋은 일을 하는 사례도 있을 것이다. 나는 이미 의료 분야에 지정된 원조에 그 점을 입증했다. 다른 사례들은 원조가 경제에서 상대적으로 낮은 비율을 차지하고, 능력 있는 해당 지역 제공자가 불리한 가운데에서도 기부자에게 휘둘리는 일 없이 원조를 합당한 지역 목적에 사용하는 제대로 된 정부가 있는 나라에서 찾을 수 있을 것이다.

나는 종종 얼마나 많은 것이 너무 많은 것인가, 어디에서 중단해야 하는가, 어디서 멈춰야 하는지 어떻게 알 수 있는가라는 질문을 받는다. 이런 질문은 유용한 질문이 아니다. 브레이크를 걸 수 있는 초국가적 권한이 '우리'에게는 없기 때문이다. 현재로서는 더 많은 원조를 원하는 사람들이 해놓은 일을 되돌리고, 너무 많은 원조는 해롭고 원조가 많을수록 더 해로우며 대규모 원조를 제공하지 않음으로써 세상의 가난한 사람들을 가장 많이 도울 수 있다고 설득하는 일이 가장 시급한 임무다. 이 일에 성공하여 원조를 줄이게 되면 우리의 도울 의무를 해제하기 위해 무엇을 할 수 있을까?

피해를 덜 입히는 일이 좋은 출발점이 될 것이다. 원조를 줄이는 일 이면에는 우리가 중지할 수 있는 다른 나쁜 일 몇 가지와 우리가 시행을 고려해봐야 할 좋은 일 몇 가지가 있다.

원조와 관련된 많은 어려움은 수혜국 안에서 발생하는 의도하지 않은 결과에서 온다. 우리가 멀리 떨어져서 해당 국가 밖에 머물면서 행동할 수 있다면 아마 그런 결과를 피할 수 있을 것이다. 경제학자 자그디시 바그와티Jagdish Bhagwati가 주장했듯 "원조의 상당한 증가분이 아프리카 안에서 효과적으로 사용되는 경우를 생각하기는 어렵다. 하지만 더 많은 원조 기금이 다른 곳에서 아프리카를 위해 생산적으로 사용되는 경우를 생각하기는 그리 어렵지 않다."52 우리는 이미 많은 예를 보았다. 질병의 세균설, 다수성 종자 개량, 예방접종, 에이즈가 성적 접촉을 통해 전염된다는 사실, 항레트로바이러스 치료에 대한 기초 지식은 나머지 세상에 어마어마한 가치가 있었고 여기에 수혜 국가에서 사용된 국제 원조의 부작용은 아무것도 없었다.

우리는 이런 발견이 즉각적으로 또는 부유한 세계의 필요에 대한 응답으로 따라오기를 기다릴 필요가 없다. 부유한 국가를 위협하지 않는 질병(말라리아가 대표적인 예이다)에 국제 원조의 형태로 투자할 수 있다. 바로 지금, 제약 회사들은 일반적으로 부유한 나라에서 사람들 또는 그들의 보험회사 또는 그들의 정부에 일시적인 특허 보호 아래 높은 가격으로 약품을 판매하여 연구와 개발 분야에 대한 투자를 회수한다. 가난한 나라의 환자들은 신약이 특허 보호를 받는 동안에는 신약을 구입할 여력이 없을 것이고 부유한 나라의 정부는 상업적 이해관계의 압력 아래 국제 규칙을 협상하여 가난한 나라가 특허 문제를 해결하기 어렵거나 불가능하게 만들어놓았다. 이러한 규칙은 지적 재산권의 무역 관련 측면에 대해 트립스TRIPS라는 이름 아래 적용되며, 이 규칙에 동의하는 것은 가난한 나라의 관심사가 아니지만 이 규칙을 준수하는 것은 세계무역기구의 회원국을 비롯해서 가난한 나라들이 정말 원하는 다른 일들과 관련이 있다. 제약 회사들은 자신의 지적 재산권이 전 세계에서 보호되어야 한다고 주장하며, 가난한 나라에서 높은 가격을 유지하는 것보다 가난한 나라의 제조 회사들이 약품 개발에 대한 대가를 지불하지 않고 약을 모방해 부유한 나라로 다시 수출하는 일을 더 우려하고 있다고 말한다.

TRIPS와 높은 약품 가격은 에이즈의 항레트로바이러스 약품이라는 맥락에서 특히 지난 십여 년간 많이 논의되었다. 이 기간 동안 해당 약품은 기본적으로 부유한 나라 밖에서는 구할 수 없었다. 하지만 이미 살펴보았듯이 이 문제는 아직 해결되지 않았지만 심각하게 다루어지고 있으며 치료를 받는 환자의 수는 천만 명이 넘고 계속 증가하고 있다. 3장의 표 1에 나열된 사망의 원인과 같은 에이즈 이외의 질병은 필수 약품이 대부분 특허에 묶여 있지 않고 저렴하게 구할 수 있다. 에이즈 외에는 비싼 약이 주요 문제가 아니다.

백신 또는 약이 없는 경우는 다른 문제이다. 부유한 나라에서는 드물거나 알려지지 않은 말라리아 또는 결핵 같은 질병의 경우 잠재적인 구매자가 거의 없으므로 제약 회사가 신약을 개발할 인센티브가 없다. 약이 필요한 사람들이 있고 약을 개발할 수 있는 가능성이 있지만 이 둘을 연결할 고리가 없다. 인센티브 부족 문제의 경우에는 새 기술이 올바른 방향으로 인도되지 않는다. 기부자가 가난한 사람의 구매력이라는 빈자리를 채워주는 '원조'가 인센티브를 제공할 수 있다면 신약이 개발될 것이다.

철학자 토머스 포기Thomas Pogge는 그가 건강 영향 기금Health Impact Fund이라고 부르는 방법을 제시했다. 이 방법은 제약 회사가 가져오는 의료 혜택에 비례해서 제약 회사에 보상을 주는 것이다.[53] 이런 기금은 전 세계에서 신약과 기존 약이 필요한 사람들에게 낮은 가격으로 약을 구할 수 있도록 도와 높은 약품 가격과 신약을 제공할 인센티브의 부족 문제를 해결할 것이다. 제약 회사에는 기금에서 돈을 지불할 것이다. 이 아이디어는 굉장히 야심찬 계획이고 회사들이 국제적인 의료 혜택을 최대화할 수 있는 질병을 공략 대상으로 선택할 수 있는 큰 이점이 있다. 하지만 문제는(이 책에서 여러 번 본 문제이다) 특정 신약은 고사하고 건강 증진을 혁신 덕이라고 여기기도 불가능하다는 사실이다. 의료 역사학자들은 모든 자료를 모아 본 후에도 오랫동안 지난 2세기에 걸친 사망률 감소에서 백신과 신약의 역할에 대해 여전히 논쟁을 벌이고 있다. 우리는 현대 세계 대부분의 사망률 또는 이환율에 대한 좋은 자료가 없으며, 더 좋은 자료가 있어도 건강 수준이 결정적으로 개선되거나 감소한 원인을 알 수 없을 것이다. 이러한 데이터가 없으면 각 회사에 얼마나 지불해야 하는지 결정할 수긍할 만한 방법이 없을 것이다.

정부와 국제기관의 컨소시엄이 현재 존재하지 않는 약품을 사전에 지정된 가격으로 사전에 지정된 자산으로 구매하는 데 동의하는 사전시장협약advance market commitment은 보다 덜 야심차지만 더 구체적이고 실제적이다.[54] 이 사전 협약은 제약 회사에 현재는 없는 인센티브를 제공한다. 이 같은 사전시장협약 중 하나는 이미 성공을 거두었고 현재 해마다 50만 명에 이르는 어린이가 사망하고 있는 폐렴구균성 질병에 대해 열 개 나라의 어린이들이 면역을 갖추어가고 있다. 주요 기부자는 캐나다, 이탈리아, 영국이고 이들보다 적은 금액을 내는 곳은 노르웨이, 러시아 그리고 게이츠 재단이다. 세계백신면역연합GAVI Alliance, Global Alliance for Vaccines and Immunisation이 계획을 운영하며 이들의 웹 사이트에서는 제조사

에 대한 상세 정보와 제조사와 기부자 양측에 적용되는 이 계획의 규칙을 제공한다.[55]

돈을 빌려주는 것이 아니라 조언을 제공하기 위해 원조를 사용할 수도 있다. 현재 세계은행의 구조는 효과적으로 지원에 대해 돈을 지불하는 대출과 연계된 경우가 아니면 상당한 기술적 지원을 제공하기 어렵게 되어 있다. 하지만 세계은행이 충족시킬 수 있는 한계를 넘는 기술 지식에 대한 욕구가 있다. 세계은행의 사업이 경험을 기반으로 한 지식이라는 가치 있는 기금을 제공해야 한다는 아이디어는 합리적이지만 무작위 대조군 시험은 해당 지식을 한 곳에서 다른 곳으로 이전할 수 있게 만들 사업 성공 원인을 이해하는 방법이 아니다. 댐 건설 프로그램을 수행하거나 수도 공급 민영화를 고려중인 정부는 평균 결과만이 아니라 가능한 위험성, 이득을 본 사람과 잃은 사람, 주의해야 할 일 등 비슷한 경험을 한 다른 정부에 어떤 일이 생겼는지 알고 싶어 한다. 물론 세계은행과 다른 기부 기관이 제공하는 지식이 반드시 틀림이 없는 것은 아니며 무지와 자만의 예도 많다.

국제 조직은 국제 협상에서, 특히 무역협정에서 국가의 역량을 보조할 수도 있다. 미국과 그 외의 부유한 나라들은 다른 나라와 양자 간 무역 협정을 논의하며 해당 국가에 이들을 대표하는 변호사 또는 전문가가 거의 없는 경우 이런 협상은 공평한 경쟁의 장에서 이루어지지 않는다. 세계은행은 이 누락된 전문성을 제공하도록 도울 수 있다. 물론 이 일은 어려울 가능성이 많다. 예를 들어 세계은행이 미국 제약 업계에 유리한 계획을 사실상 차단하는 조언을 제공할 경우 미국이 세계은행 이사회를 통해 압력을 가할 것이 거의 분명하다. 세계은행의 가장 큰 주주는 세계은행이 가난한 사람을 정말 도울 일을 하지 않는 한 세계은행을 용인할 것이라는 결론을 내리기 쉬울 것이다. 이 결론은 너무 냉소적일지 몰라도 세계 빈곤을 유지하고 있는 일부 관행의 제거를 막는 제약을 가리키고 있다.

원조가 개발을 가로막는 유일한 장애물은 아니다. 부유한 세계는 돈을 지불할 사람에게는 거의 누구에게나 기꺼이 무기를 제공한다. 또한 자국 국민의 웰빙을 증진시키는 데 관심이 없는 것이 분명한 정권을 쉽게 인정하고 이들과 무역을 하며 이들에게 돈을 빌려준다. 이 영역에도 많은 제안이 있다. 경제학자 마이클 크레머Michael Kremer와 시마 자야칸드란Seema Jayachandran은 '혐오스러운' 정권에 대해 국제 융자 제재를 사용하자고 주장했다. 어느 정권이 '혐오스럽다'는 선언을 받으면 국제 대출 기관은 후계 정권으로부터 빚을 회수하기 위해 국제재판소를 이용할 수 없을 것이다.[56] 이 같은 규칙으로 인해 혐오스러운 정권에 대한 대출이 중단되거나 최소한 대출이 훨씬 어렵고 비싸질 것이다. 국제사회는 해당 정권으로부터 석유와 기타 상품commodity을 구입하기를 더 꺼리거나, 적어도 구매 시기와 조건 등에 대해 더 투명하게 접근할 것이다.[57] 미국의 최근 재정 개혁에서는 미국에 등록된 석유, 가스, 광산 회사들이 정부에 지불하는 모든 돈을 공개하도록 했다.[58] 물론 우리는 조정을 완료해야 한다. 합의에 서명하지 않은 나라는 여전히 상품(완곡하게 '관광객' 상품이라고 불리는)을 구입하여 사용하거나 다시 수출할 수 있다.

부유한 나라의 무역 제한은 종종 가난한 나라의 농부에게 피해를 입힌다. 농업은 아프리카 고용 인구의 거의 4분의 3을 차지하며 부유한 나라는 자국의 농부들을 지원하는 데 매년 수천 억 달러를 소비한다. 예를 들어 설탕과 면의 경우 부유한 나라의 생산자에게 지급되는 보조금은 국제 가격을 낮추고 가난한 농부들의 기회를 제한한다. 또한 부유한 나라의 소비자에게 해가 되며 이러한 보조금의 존재는 다수에 비해 잘 조직된 소수의 정치적 영향력을 보여주는 증거이다. 많은 식료품이 그렇듯 가난한 나라가 순 수입자인 농산물의 경우 부유한 나라의 보조금이 국제 가격을 낮추어 실제로 가난한 소비자를 도울 수 있다. 하지만 미국의 바이오 연료 보조금은 그 반대다. 해가 되는 지원을 제한하거나 없애기 위한 국제사회의 포괄적 조치가 세계의 빈곤을 감소시키는 데 도움이 될 것이다.

빈곤 감소에 미치는 이민의 영향은 자유무역의 영향을 작아 보이게 만든다. 가난한 나라에서 부유한 나라로 이주하는 데 성공한 이민자들은 고향에서보다 형편이 좋아지고 이들의 송금으로 고향의 가족들이 잘살 수 있다. 송금은 원조와 매우 다른 영향을 미치며 송금을 받는 사람이 정부에 더 많은 것을 요구할 수 있는 힘을 부여하여 통치를 약화시키는 것이 아니라 개선할 수 있다. 물론 이민과 관련된 정치는 도움을 주라는 목소리가 가장 강한 나라에서조차 자유무역 관련 정치보다 까다롭다. 도움이 되는 유형의 일시적 이민은 특히 아프리카인들을 위해 서구 국가에서 대학 및 대학원 장학금을 제공하는 것이다. 운이 따른다면 장학금을 받은 학생들이 원조 기관으로부터 또는 그들의 국내 정권으로부터 독립하는 방법을 발전시킬 것이다. 이들이 바로 고향으로 돌아가지 않는다 해도 아프리카의 디아스포라(흩어진 사람들)는 고향에서 벌어질 개발 사업의 비옥한(그리고 내부에서 발생하는) 원천이다.

이것들은 모두 현재의 원조 방식과는 다른 방법으로 세계 빈곤을 줄이기 위한 전략이며 일부의 경우는 부유한 나라에 적은 비용으로 또는 비용 없이 실행할 수 있다. 어떤 전략은 다른 것보다 정치적으로 더 실현 가능할 수도 있고 사전시장협약과 같은 전략은 작은 규모로 이미 효과를 내고 있다. 이 중 가난한 나라에 대한 원조 제공에 현재 수반된 모든 문제가 관련되어 있는 전략은 없다. 프린스턴 대학의 학생들이 세상이 더 살기 좋고 부유한 곳이 되도록 돕는 데 깊은 도덕적 의무감을 품고 나를 찾아와 이야기하는 경우, 나는 이런 아이디어에 대해 토론하며 학생들이 장래 소득에서 10퍼센트를 기부하려는 계획, 종종 어마어마한 설득력을 사용해서 국제 원조 금액을 늘리려는 계획에서 이들을 멀리 떼어놓는다. 나는 학생들에게 정부에 대항하지 말고 자신의 정부를 상대로 자신의 정부 안에서 일하며 가난한 사람들을 해치는 정책을 중단하도록 정부를 설득하고, 세계화가 가난한 사람들에게 도움이 되게 만드는 국제 정책을 지원하라고 이야기한다. 이것이 아직 탈출하지 못한 사람들을 위해 대탈출을 촉진하는 최선의 기회이다.

이후의 문제

대탈출에 관한 내 이야기는 수백만 명이 죽음과 궁핍에서 구출되고, 불평등과 뒤에 남겨진 수백만 명에도 불구하고 역사상 그 어느 때보다 살기 좋은 세상에 대한 긍정적인 이야기이다. 하지만 내가 비유로 사용한 영화의 결말은 해피엔딩이 아니다. 몇몇 탈주자 외에는 모두 다시 붙잡혔고 그중 50명은 처형당했다. 우리의 대탈출은 다를 것이라고 확신할 수 있을까?

확신할 순 없지만 희망은 가질 수 있다.

우리 자녀와 그 자녀들은 이전 문명을 몰락시킨 힘에서 특별한 면제를 기대할 수 없을 것이다. 유럽과 북미 지역 사람들은 언제나 상황이 더 좋아질 것이라고 믿도록 배웠다. 지난 250년 동안 유례없는 진보가 있었지만 250년은 그들이 영원히 지속될 것이라고 의심 없이 믿었던 과거의 문명과 비교하면 그리 긴 시간이 아니다.

수많은 위협이 우리를 몰락시킬 수 있다. 기후변화는 가장 분명한 위협이지만 정치적으로 실현 가능한 확실한 해결책이 없다. 개인의 이익이 공공의 요구에 대해 승리를 거둘 수 있다는 사실은 이스터 섬에서 마지막 나무를 잘라낸 사람의 머릿속에서 무슨 일이 벌어지고 있었을까 하는 문제에 대한 제레드 다이아몬드Jared Diamond의 사색에서 인상 깊게 포착되었다.[1]

전쟁은 없어지지 않았다. 위험한 정치는 도처에 있다. 역사를 통해 짐작할 수 있듯 중국의 경제성장은 언젠간 멈출 것이다. 그 경우 일어날 수 있는, 중국의 리더십을 집어삼킬 수 있는 격변을 상상해보라. 대만 침공은 터무니없는 반응이 아니라 숙명적인 불운이 될 수도 있다. 세상은 지난 50년 동안 많이 변했지만 중국 리더십의 성격은 별로 변하지 않았고 우리는 마오쩌둥Mao Zedong 시대의 대기근처럼 심각한 다른 재앙을 배제해서는 안 된다. 온 세상이 알게 될 것이므로 오늘날에는 그런 기근이 일어날 수 없다고 상상하면 위안이 된다. 하지만 정확히 세상이 무엇을 할 수 있을까?

과학혁명과 계몽사상은 물질적 웰빙과 건강에 지속적인 발전을 가져왔다. 하지만 과학은 미국을 비롯한 세계 여러 곳에서 종교 근본주의자들의 공격을 받고 있다. 이러한 근본주의자들 중 상당수가 정치적으로 강력하며 과학 지식으로 인해 이익이 위협 받는 사람들의 지원을 받고 있다.

과학은 질병에 대한 면역을 가져올 수 없다. 새로운 감염성 질병은 언제든 나타날 수 있다. 가장 무서운 전염병은 소수의 사람을 죽이고 소진시킨 다음, 다시 동물 숙주 속에 들어가 잠복하는 것들이다. 하지만 에이즈 유행은 우리에게 무슨 일이 발생할 수 있는지 경고하며 이는 결코 최악의 가능성이 아니다. 3,500만 명이 목숨을 잃어 현대의 가장 큰 재앙 중 하나가 되었지만 바이러스가 빨리 식별되어 치료법이 개발되었다. 다른 질병은 비밀을 풀어 치료하기가 더 어려울 수 있다. 좀 더 현실적으로, 세계 보건 시스템은 무분별하게 농업용으로 사용되고 그로 인해 내성이 증가해 그 효험이 위협받고 있는 항생제에 의존하고 있다. 세균에 대한 우리의 승리는 최종적인 승리가 아니다. 그보다는 물결이 이쪽저쪽으로 왔다 갔다 하며 계속되는 전투와 같다. 우리가 지금은 상승세에 있을지 몰라도 이는 끝을 알리는 전조가 아니라 전투의 한 국면에 불과할 수 있다. 진화는 인간 활동과 무관하지 않다. 벌레들이 반격을 가하고 있다.

경제성장은 빈곤과 물질적 결핍에서 탈출하는 동력원이다. 하지만 성장은 부유한 세계에서 흔들리고 있다. 최근 10년마다 성장이 그 전 10년에 비해 낮아졌다. 거의 모든 곳에서 성장의 흔들림이 불평등의 확장과 함께 왔다. 미국의 경우 현재와 같은 극단적인 소득과 부의 불평등한 본포는 100년 이상 본 적이 없다. 부의 엄청난 집중은 성장을 가능하게 하는 창조적 파괴의 숨통을 막아 민주주의와 성장의 기반을 약화시킬 수 있다. 그만한 불평등은 앞선 탈주자들이 뒤에 남겨진 탈출 경로를 막도록 장려할 수 있다.

맨커 올슨Mancur Olson은 조화되지 않은 다수를 희생하여 자신의 이익을 좇는, 그 수가 꾸준히 증가하는 이익집단의 '지대 추구'로 위태로워진 부유한 국가들이 이와 같이 쇠퇴할 것이라는 사실을 예측했다.[2] 성장 저하로 다른 사람을 희생해야만 내가 앞으로 나갈 수 있기 때문에 분배 갈등을 피할 수 없게 되었다. 성장이 거의 없는 가운데 부유한 사람과 가난한 사람, 노년층과 젊은층, 월 스트리트와 메인 스트리트, 의료 서비스 제공자와 환자, 이들을 대표하는 정당들 사이에 분배 갈등이 끝없이 펼쳐지는 세상을 상상하기는 쉽다.

그렇다 해도 나는 조심스럽게 낙관한다. 탈출 욕구는 깊이 뿌리 내리고 있으며 쉽게 좌절되지 않을 것이다. 탈출 수단은 누적된다. 미래의 탈주자들은 거인의 어깨에 올라설 수 있다. 앞선 사람들이 자신 뒤의 터널을 막을 수도 있지만 터널을 파는 방법에 대한 지식까지 차단할 수는 없다.

통계학자들이 국민생산에서 비중이 커가고 있는 용역 분야에서 커다란 품질 개선을 놓치고 있어 성장 저하가 과장되었을 가능성이 있다. 정보혁명과 이와 연관된 기기들은 우리가 측정할 수 있는 것보다 웰빙에 더 많은 기여를 할 수 있다. 이 같은 즐거움이 성장 통계에 거의 반영되지 않는다는 사실은 기술 또는 기술이 가져다주는 기쁨의 부정확성이 아니라 통계의 역부족을 나타낸다.

세상 인구 대부분은 부유한 나라에 살고 있지 않으며 이들에게는 성장 저하가 없었다. 실제로 중국과 인도에 살고 있는 25억 이상의 사람들은 최근 어느 나라 또는 어느 시기에도 유례가 없는 성장률을 목격했다. 이 성장률이 감소된다 해도 '후진성의 이점advantage of backwardness' 덕분에 앞으로 수년간 평균 이상의 따라잡기 성장이 가능할 것이다.

아프리카에는 무한한 가능성이 있으며 그중 몇몇 가능성은 경제관리 능력이 향상되어 과거에 자초한 재앙을 일부 피할 수 있게 되면서 가시화되고 있다. 그리고 서구 국가들이 자신의 원조 중독을 치료하고 아프리카 정치의 기반을 약화시키는 일을 중지한다면 자체적으로 주도되는 개발을 실제로 희망해볼 수 있다. 우리는 아프리카 사람들의 무한한 재능 발현의 숨통을 조이는 일을 멈추어야 한다.

기대 수명 증가율이 낮아지고 있지만 이는 나쁜 일이 아니라 좋은 일이다. 사망하는 연령이 높아지고 있다. 나이가 많은 사람의 생명을 구하는 일은 어린이의 생명을 구하는 일보다 기대 수명에 미치는 영향이 적다. 다시 말하지만 문제는 실체가 아니라 척도이다. 기대 수명이 항상 사회가 얼마나 발전했는지 말해주는 올바른 척도는 아니며 중년층과 노년층의 생명을 구하는 일이 본질적으로 어린이의 생명을 구하는 일보다 덜 가치 있는 일이라고 말할 수는 없다.

건강이 위협받고 있다면, 한편으로 곧 커다란 진보도 있을 것이다. 지난 40년 동안 이뤄진 심혈관계 질병 부문의 발전이 있었듯이 암에 대항할 수 있는 실질적인 진보의 신호가 우리 앞에 펼쳐질 것이다.

건강이 계속 증진되리라 믿는 궁극적인 이유는 사람들이 건강 증진을 바라고 기초과학, 행동연구, 약품, 의학적 처치와 이를 지원할 기기에 기꺼이 돈을 지불하려 하기 때문이다. 혁신은 매장 선반에서 물건을 사듯 살 수 있는 것이 아니며 필요할 때 항상 이루어지는 것도 아니다. 하지만 자금이 풍족히 지원되는 요구에 결과가 따라온다는 사실에는 의심의 여지가 없다.

무시무시한 대가를 치렀지만 에이즈 유행에도 새로운 기초 지식과 새 치료법이 필요에 부응할 수 있고, 사망한 사람에게는 너무 길었지만 다른 역사적 유행 질병을 기준으로 보면 아주 짧은 시간 안에 기대에 부응할 수 있다는 성공 스토리가 있다. 과학은 정말 효과가 있다.

이 책에서 논의하지는 않았지만 지금도 지속되고 있는 다른 많은 발전이 있다. 폭력은 감소했다. 현대 사람들은 옛날보다 살해당할 확률이 훨씬 낮다.[3] 민주주의는 50년 전보다 세상에 더 널리 퍼져 있다. 어느 한 사회 집단이 다른 사회 집단을 억압하는 일도 적어졌고 점점 더 줄어들고 있다. 사람들은 그 어느 때보다 사회에 참여할 수 있는 기회가 많다.

전 세계적으로 사람들의 키가 커지고 있으며 더 똑똑해지고 있기도 하다. 세상 거의 모든 곳에서 교육이 증가하고 있다. 1950년에는 세계 인구의 절반만이 글을 알았던 것에 비해 지금은 전 세계 인구의 5분의 4가 글을 안다.[4] 거의 모든 성인 여성이 학교에 간 적이 없지만 지금은 거의 모든 딸들이 학교에 가는 인도의 시골 지역도 있다.

이런 일들이 모든 곳에서 향상될 것이라고, 또는 방해받지 않고 발전할 것이라고 기대할 수는 없다. 나쁜 일들이 생기기 마련이고 새 탈주자들은 이전 탈주자들처럼 새로운 불평등을 가져올 것이다. 하지만 나는 과거에 그랬던 것처럼 미래에도 이런 장애를 극복할 것이라고 믿는다.

머리글. 이 책은 무슨 이야기를 하는가

1. *The Great Escape*, directed by John Sturges, starring Steve McQueen, James Garner, and Richard Attenborough, the Mirisch Company, distributed by United Artists, 1963 (based on a book of the same title by Paul Brickhill).

2. Lant Pritchett, 1997, "Divergence, big time," *Journal of Economic Perspectives* 11(3): 3–11, and Kenneth Pomeranz, 2000, *The Great Divergence: China, Europe, and the making of the world economy*, Princeton University Press.

3. Jack Goldstone, 2009, *Why Europe? The rise of the West in world history, 1500–1850*, McGraw-Hill.

4. Ian Morris, 2010, *Why the West rules-for now: The patterns of history, and what they reveal about the future*, Farrar, Straus and Giroux.

5. Ibid.

6. Eric L. Jones, 2000, *Growth recurring: Economic change in world history*, University of Michigan Press.

7. Robert Allen, 2011, *Global economic history: A very short introduction*, Oxford University Press.

8. Daron Acemoglu and James Robinson, 2012, *Why nations fail: The origins of power, prosperity, and poverty*, Crown.

9. E. Janet Browne, 2002, *Charles Darwin*, Volume 2: *The power of place*, Jonathan Cape.

10. Allen, *Global economic history*.

11. Roy Porter, 2000, *The creation of the modern world: The untold story of the British Enlightenment*, Norton, and Joel Mokyr, 2009, *The enlightened economy: An economic history of Britain, 1700–1850*, Yale University Press.

12. Morris, *Why the West rules*.

13. Acemoglu and Robinson, *Why nations fail*.

14. Amartya Sen, 1992, *Inequality re-examined*, Harvard University Press, and 2009, *The idea of justice*, Harvard University Press.

15. Sen, *Idea of justice*, and Jonathan Haidt, 2012, *The righteous mind: Why good*

people are divided by politics and religion, Pantheon.

16. Daniel Kahneman and Jason Riis, 2005, "Living, and thinking about it: Two perspectives on life," in Felicia Huppert, Nick Baylis, and Barry Keverne, eds., *The science of well-being*, Oxford University Press, 285–304.

17. Ronald Inglehart and Hans-Dieter Klingemann, 2000, "Genes, culture, democracy and happiness," in Ed Diener and Eunkook M. Suh, eds., *Culture and subjective well-being*, MIT Press, 165–83; Richard Layard, 2005, *Happiness: Lessons from a new science*, Penguin; and Richard Wilkinson and Kate Pickett, 2009, *The spirit level: Why greater equality makes societies stronger*, Bloomsbury.

CHAPTER 1. 전 세계와 웰빙

1. For a related calculation, see James Vaupel and John M. Owen, 1986, "Anna's life expectancy," *Journal of Policy Analysis and Management* 5(2): 383–89.

2. Robert C. Allen, Tommy E. Murphy, and Eric B. Schneider, 2012, "The colonial origins of the divergence in the Americas: A labor market approach," *Journal of Economic History* 72(4): 863–94.

3. Amartya Sen, 1999, *Development as freedom*, Knopf.

4. Layard, *Happiness*.

5. Samuel Preston, 1975, "The changing relation between mortality and level of economic development," *Population Studies* 29(2): 231–48.

6. Wilkinson and Pickett, *Spirit level*, p. 12, and Richard Wilkinson, 1994, "The epidemiological transition: From material scarcity to social disadvantage," *Daedalus* 123: 61–77.

7. Elizabeth Brainerd and David M Cutler, 2005, "Autopsy on an empire: The mortality crisis in Russia and the former Soviet Union," *Journal of Economic Perspectives* 19(1): 107–30, and Jay Bhattacharya, Christina Gathmann, and Grant Miller, 2013, "The Gorbachev anti-alcohol campaign and Russia's mortality crisis," *American Economic Journal: Applied* 5(2): 232–60.

8. Robert W. Fogel, 2004, *The escape from hunger and premature death, 1700 to 2100: Europe, America, and the Third World*, Cambridge University Press, and 1997, "New findings on secular trends in nutrition and mortality: Some implications for population theory," in Mark R. Rosenzweig and Oded Stark, eds., *Handbook of population and family economics*, Elsevier, 433–81.

9. Sen, *Development as freedom.*

10. Yang Jisheng, 2012, *Tombstone: The great Chinese famine, 1958–62*, Farrar, Straus and Giroux.

11. Ainsley J. Coale, 1984, *Rapid population change in China, 1952–1982*, National Academy Press, and Cormac Ó Gráda, 2009, *Famine: A short history*, Princeton University Press.

12. Preston, "The changing relation between mortality and level of economic development."

13. Stanley Fischer, 2003, "Globalization and its challenges," *American Economic Review* 93(2): 1–30.

14. Martin Ravallion and Shaohua Chen, 2010, "The developing world is poorer than we thought, but no less successful in the fight against poverty," *Quarterly Journal of Economics* 125(4): 1577–625. Update to 2008: "An update of the World Bank's estimates of consumption poverty in the developing world," http://siteresources.worldbank.org/INTPOVCALNET/Resources/Global_Poverty_Update_2012_02-29-12.pdf.

15. Charles Kenny, 2011, *Getting better*, Basic Books.

16. Joseph E. Stiglitz, Amartya K. Sen, and Jean-Paul Fitoussi, 2009, *Report of the commission on the measurement of economic performance and social progress*, http://www.stiglitz-sen-fi toussi.fr/en/index.htm.

17. Anna Wierzbicka, 1994, " 'Happiness' in cross-linguistic and crosscultural perspective," *Daedalus* 133(2): 34–43, and Ed Diener and Eunkook M. Suh, 2000, *Culture and subjective wellbeing*, MIT Press.

18. Amartya K. Sen, 1985, *Commodities and capabilities*, Elsevier; 1987, *On ethics and economics*, Blackwell; and 2009, *The idea of justice*, Belknap.

19. Martha C. Nussbaum, 2008, "Who is the happy warrior? Philosophy poses questions to psychology," *Journal of Legal Studies* 37(S2): S81–S113.

20. Richard A. Easterlin, 1974, "Does economic growth improve the human lot? Some empirical evidence," in R. David and M. Reder, eds., *Nations and households in economic growth: Essays in honor of Moses Abramowitz*, Academic Press, 89–125, and 1995, "Will raising the incomes of all increase the happiness of all?" *Journal of Economic Behavior and Organization* 27(1): 35–47.

21. Betsey Stevenson and Justin Wolfers, 2008, "Economic growth and subjective

wellbeing: Reassessing the Easterlin paradox," *Brookings Papers on Economic Activity* (Spring), 1–86, and Daniel W. Sacks, Betsey Stevenson, and Justin Wolfers, 2012, "Subjective wellbeing, income, economic development and growth," in Philip Booth, ed.,... *And the pursuit of happiness*, Institute for Economic Affairs, 59?97.

22. Angus Deaton, 2008, "Income, health, and wellbeing around the world: Evidence from the Gallup World Poll," *Journal of Economic Perspectives* 22(2): 53–72.

23. Daniel Kahneman and Angus Deaton, 2010, "High income improves evaluation of life but not emotional wellbeing," *Proceedings of the National Academy of Sciences* 107(38): 16489–93.

24. Keith Thomas, 2009, *The ends of life: Roads to fulfillment in early modern England*, Oxford University Press.

25. Adam Smith, 1767, *The theory of moral sentiments*, third edition, printed for A. Millar, A. Kincaid, and J. Bell in Edinburgh and sold by T. Cadell in the Strand, 272, 273, 273, and 271.

26. David E. Bloom, 2011, "7 billion and counting," *Science* 333 (July 29), 562–68.

CHAPTER 2. 선사시대부터 1945년까지

1. See Massimo Livi-Bacci, 2001, *A concise history of world population*, third edition, Blackwell; James C. Riley, 2001, *Rising life expectancy: A global history*, Cambridge University Press; and Mark Harrison, 2004, *Disease and the modern world*, Polity Press.

2. The data are taken from the Human Mortality Database, http://www.mortality.org/.

3. The following account relies on Graeme Barker, 2006, *The agricultural revolution in prehistory: Why did foragers become farmers?* Oxford University Press, and Mark Nathan Cohen, 1991, *Health and the rise of civilization*, Yale University Press. See also Morris, *Why the West rules*.

4. David Erdal and Andrew Whiten, 1996, "Egalitarianism and Machiavellian intelligence in human evolution," in Paul Mellars and Kathleen Gibson, eds., *Modelling the early human mind*, McDonald Institute Monographs, 139–50.

5. Marshall Sahlins, 1972, *Stone age economics*, Transaction.

6. Cohen, *Health and the rise of civilization*, p. 141.

7. Ibid., p. 30.

8. Esther Boserup, 2005 [1965], *The conditions of agricultural growth*, Transaction.

9. Morris, *Why the West rules*, p. 107.

10. Clark Spenser Larsen, 1995, "Biological changes in human populations with agriculture," *Annual Review of Anthropology* 24: 185–213.

11. John Broome, 2006, *Weighing lives*, Oxford University Press.

12. E. A. Wrigley and R. S. Schofi eld, 1981, *The population history of England, 1541–1871*, Harvard University Press, and E. A. Wrigley, R. S. Davies, J. E. Oeppen, and R. S. Schofi eld, 1997, *English population history from family reconstitution 1580–1837*, Cambridge University Press.

13. Thomas Hollingsworth, 1964, "The demography of the British peerage," *Population Studies* 18(2), Supplement, 52–70.

14. Bernard Harris, 2004, "Public health, nutrition, and the decline of mortality: The McKeown thesis revisited," *Social History of Medicine* 17(3): 379–407.

15. Massimo Livi-Bacci, 1991, *Population and nutrition: An essay on European demographic history*, Cambridge University Press.

16. Roy Porter, 2001, *The creation of the modern world: The untold history of the British Enlightenment*, Norton.

17. Thomas, *The ends of life*, p. 15.

18. Peter Razzell, 1997, *The conquest of smallpox*, Caliban.

19. http://www.nlm.nih.gov/exhibition/smallpox/sp_variolation.html.

20. Sheila Ryan Johansson, 2010, "Medics, monarchs, and mortality, 1600–1800: Origins of the knowledge-driven health transition in Europe," electronic copy available at http://ssrn.com/abstract=1661453.

21. Thomas McKeown, 1976, *The modern rise of population*, London, Arnold, and 1981, *The origins of human disease*, Wiley-Blackwell.

22. Thomas McKeown, 1980, *The role of medicine: Dream, mirage, or nemesis*, Princeton University Press.

23. Robert W. Fogel, 1994, "Economic growth, population theory, and physiology: The bearing of long-term processes on the making of economic policy," *American Economic Review* 84(3): 369–95, and Robert W. Fogel and Dora L. Costa, 1997, "A theory of technophysio evolution, with some

implications for forecasting population, healthcare costs, and pension costs," *Demography* 34(1): 49–66.

24. Richard Easterlin, 1999, "How beneficent is the market? A look at the modern history of mortality," *European Review of Economic History* 3: 257–94.

25. Livi-Bacci, *Population and nutrition.*

26. Samuel J. Preston, 1996, "American longevity: Past, present, and future," Center for Policy Research, Maxwell School, Syracuse University, Paper 36, http://surface.syr.edu/cpr/36.

27. George Rosen, 1991, *A history of public health*, Johns Hopkins University Press.

28. John Snow, 1855, *On the mode of transmission of cholera*, London, John Churchill. See also Steven Johnson, 2007, *The ghost map: The story of London's most terrifying epidemic and how it changed science, cities, and the modern world*, Riverhead.

29. David A. Freedman, 1991, "Statistical analysis and shoe leather," *Sociological Methodology* 21: 291–313.

30. Nancy Tomes, 1999, *The gospel of germs: Men, women and the microbe in American life*, Harvard University Press.

31. Alfredo Morabia, 2007, "Epidemiologic interactions, complexity, and the lonesome death of Max von Pettenkofer," *American Journal of Epidemiology* 166(11): 1233–38.

32. Simon Szreter, 1988, "The importance of social intervention in Britain's mortality decline c. 1850–1914: A reinterpretation of the role of public health," *Social History of Medicine* 1(1): 1–36.

33. Tomes, *The gospel of germs*, and Joel Mokyr, *The gifts of Athena: Historical origins of the knowledge economy*, Princeton University Press.

34. Samuel J. Preston and Michael Haines, 1991, *Fatal years: Child mortality in late nineteenth century America*, Princeton University Press.

35. Howard Markel, 2005, *When germs travel: Six major epidemics that have invaded America and the fears they have unleashed*, Vintage.

36. Valerie Kozel and Barbara Parker, n.d., "Health situation assessment report: Chitrakot district," World Bank, unpublished.

CHAPTER 3. 죽음의 손길에서 벗어난 열대 지역

1. Davidson R. Gwatkin, 1980, "Indications of change in developing country mortality trends: The end of an era?" *Population and Development Review* 6(4): 615-44.

2. "Water with sugar and salt," *The Lancet*, August 5, 1978, pp. 300-301; quote on p. 300.

3. Preston, "The changing relation between mortality and level of economic development."

4. Joshua H. Horn, 1970, *Away with all pests: An English surgeon in the People's Republic of China, 1954-1969*, Monthly Review Press.

5. Jean Dreze and Amartya Sen, 2002, *India: Development and participation*, Oxford.

6. Deaton, "Income, health, and wellbeing around the world."

7. Nazmul Chaudhury, Jeffrey Hammer, Michael Kremer, Karthik Muralidharan, and F. Halsey Rogers, 2006, "Missing in action: Teacher and health worker absence in developing countries," *Journal of Economic Perspectives* 20(1): 91-116.

CHAPTER 4. 현대사회와 건강

1. For many of the issues discussed in this section, see Eileen M. Crimmins, Samuel H. Preston, and Barry Cohen, 2011, *Explaining divergent levels of longevity in high-income countries*, National Academies Press.

2. These and other data about smoking are compiled by P. N. Lee Statistics and Computing Ltd. in their International Mortality and Smoking Statistics database, http://www.pnlee.co.uk/imass.htm.

3. Tomes, *The gospel of germs*, and Mokyr, *The gifts of Athena*, especially Chapter 5.

4. Graphs are from the author's calculations using data from the World Health Organization's mortality database, http://www.who.int/healthinfo/morttables/en/.

5. http://www.mskcc.org/cancer-care/adult/lung/prediction-tools.

6. Crimmins, Preston, and Cohen, *Explaining divergent levels of longevity*.

7. http://www.mayoclinic.com/health/diuretics/HI00030.

8. Veterans Administration Cooperative Study Group, 1970, "Effects of treatment

on morbidity in hypertension. II. Results in patients with diastolic blood pressure averaging 90 through 114 mm Hg," *Journal of the American Medical Association* 213(7): 1143–52.

9. Earl S. Ford, Umed A. Ajani, Janet B. Croft, et al., 2007, "Explaining the decrease in U.S. deaths from coronary disease, 1980–2000," *New England Journal of Medicine* 356(23): 2388–98.

10. David Cutler, 2005, *Your money or your life: Strong medicine for America's health care system*, Oxford, and David Cutler, Angus Deaton, and Adriana Lleras-Muney, 2006, "The determinants of mortality," *Journal of Economic Perspectives* 20(3): 97–120.

11. John C. Bailar III and Elaine M. Smith, 1986, "Progress against cancer?" *New England Journal of Medicine* 314(19): 1226–32, and John C. Bailar III and Heather L. Gornik, 1997, "Cancer undefeated," *New England Journal of Medicine* 336(22): 1569–74.

12. David M. Cutler, 2008, "Are we fi nally winning the war on cancer?" *Journal of Economic Perspectives* 22(4): 3–26.

13. Archie Bleyer and H. Gilbert Welch, 2012, "Effects of three decades of screening mammography on breast-cancer incidence," *New England Journal of Medicine* 367(21): 1998–2005.

14. Siddhartha Mukherjee, 2010, *The emperor of all maladies*, Scribner.

15. H. Gilbert Welch, Lisa Schwartz, and Steve Woloshin, 2011, *Overdiagnosed*, Beacon Press.

16. Gabriele Doblhammer and James W. Vaupel, 2001, "Lifespan depends on month of birth," *Proceedings of the National Academy of Sciences* 98(5):2934–39.

17. For my own experience with hip replacement, see http://www.princeton.edu/~deaton/downloads/letterfromamerica_apr2006_hip-op.pdf.

18. Henry Aaron and William B. Schwartz, 1984, *The painful prescription: Rationing hospital care*, Brookings.

19. Nicholas Timmins, 2009, "A NICE way of influencing health spending: A conversation with Sir Michael Rawlins," *Health Affairs* 28(5): 1360–65.

20. http://www.dartmouthatlas.org/. See also John E. Wennberg and Megan M. Cooper, 1999, *The quality of medical care in the United States: A report on the Medicare program. The Dartmouth atlas of healthcare 1999*, American

Hospital Association Press; John E. Wennberg, Elliott Fisher, and Jonathan Skinner, 2002, "Geography and the debate over Medicare reform," *Health Affairs* 96–114, DOI: 10.1377/hlthaff.w2.96; and Katherine Baicker and Amitabh Chandra, 2004, "Medicare spending, the physician workforce, and beneficiaries' quality of care," *Health Affairs Web Exclusive* W4: 184–97, DOI: 10.1377/hlthaff.W4.184.

21. A brief and readable summary is Ezekiel J. Emanuel and Victor R. Fuchs, 2008, "Who really pays for health care?: The myth of 'shared responsibility,'" *Journal of the American Medical Association* 299(9): 1057–59. See also Jonathan Gruber, 2000, "Health insurance and the labor market," in A. J. Culyer and J. P. Newhouse, eds., *Handbook of health economics*, Volume 1, Elsevier, 645–706, and Kate Baicker and Amitabh Chandra, 2006, "The labor market effects of rising health insurance premiums," *Journal of Labor Economics* 24(3): 609–34.

22. Victor R. Fuchs, "The financial problems of the elderly: A holistic view," in Stuart H. Altman and David I. Shactman, eds., *Policies for an aging society*, Johns Hopkins University Press, 378–90.

23. Katherine M. Flegal, Barry I. Graubard, David F. Williamson, et al., 2003, "Excess deaths associated with underweight, overweight, and obesity," *Journal of the American Medical Association* 293(15): 1861–67; Edward W. Gregg, Yiling J. Chen, Betsy L. Caldwell, et al., 2005, "Secular trends in cardiovascular disease risk factors according to body mass index in US adults," *Journal of the American Medical Association* 293(15): 1868–74; S. Jay Olshansky, Douglas J. Passaro, Ronald C. Hershow, et al., 2005, "A potential decline in life expectancy in the United States in the 21st century," *New England Journal of Medicine* 352(12): 1138–45; and Neil K. Mehta and Virginia W. Chang, 2011, "Secular declines in the association between obesity and mortality in the United States," *Population and Development Review* 37(3): 435–51.

24. Jim Oeppen and James W. Vaupel, 2002, "Broken limits to life expectancy," *Science* 296 (May 10), 1029–31. See also Jennifer Couzin-Frankel, 2011, "A pitched battle over life span," *Science 333* (July 29), 549?50.

25. Morris, *Why the West rules*; quote on p. 296.

26. Alfred W. Crosby, [1973] 2003, *The Columbian exchange: Biological and*

cultural consequences of 1492, Greenwood; Jared Diamond, 2005, *Guns, germs, and steel: The fates of human societies*, Norton; and Charles C. Mann, 2011, *1493: Uncovering the new world that Columbus created*, Knopf.

27. Phyllis B. Eveleth and James M. Tanner, 1991, *Worldwide variation in human growth*, Cambridge University Press, and Roderick Floud, Kenneth Wachter, and Anabel Gregory, 2006, *Height, health, and history: Nutritional status in the United Kingdom, 1750–1980*, Cambridge University Press.

28. Anne C. Case and Christina H. Paxson, 2008, "Stature and status: Height, ability, and labor market outcomes," *Journal of Political Economy* 116(3): 499–532.

29. T. J. Cole, 2003, "The secular trend in human physical growth: A biological view," *Economics and Human Biology* 1(2): 161–68.

30. Timothy J. Hatton and Bernice E. Bray, 2010, "Long-run trends in the heights of European men, 19th–20th centuries," *Economics and Human Biology* 8(3): 405–13.

31. Timothy J. Hatton, 2011, "How have Europeans grown so tall?" CEPR Discussion Paper DP8490, available at SSRN: http://ssrn.com/abstract= 1897996.

32. Rosen, *History of public health*, p. 182.

33. Dean Spears, 2012, "How much international variation in child height can sanitation explain?" http://www.princeton.edu/rpds/papers/Spears_ Height_and_Sanitation.pdf.pdf.

34. Floud, Wachter, and Gregory, *Height, health, and history*.

35. Angus Deaton, 2008, "Height, health, and inequality: The distribution of adult heights in India," *American Economic Review* 98(2): 468–74.

36. S. V. Subramanian, Emre Özaltin, and Jocelyn E. Finlay, 2011, "Height of nations: A socioeconomic analysis of cohort differences and patterns among women in 54 low- to middle-income countries," *PLoS ONE* 6(4): e18962.

CHAPTER 5. 미국의 물질적 웰빙

1. Lant Pritchett, 1997, "Divergence, big time," *Journal of Economic Perspectives* 11(3): 3–17.

2. François Bourguignon and Christian Morrisson, 2002, "Inequality among world citizens: 1820–1992," *American Economic Review* 92(4): 727–44.

3. These numbers and those in Figure 1 come from http://www.bea.gov/iTable/iTable.cfm?ReqID=9&step=1#reqid=9&step=3&isuri=1&903=264.

4. William Nordhaus and James Tobin, 1972, "Is growth obsolete?" in *Economic Research: Retrospect and prospect*, Volume 5: *Economic growth*, National Bureau of Economic Research, 1–80.

5. Gordon M. Fisher, 1992, "The development and history of the poverty thresholds," http://www.ssa.gov/history/fisheronpoverty.html.

6. Connie F. Citro and Robert T. Michael, 1995, *Measuring poverty: A new approach*, National Academies Press.

7. Amartya K. Sen, 1983, "Poor, relatively speaking," *Oxford Economic Papers*, New Series 35(2): 153–69.

8. The Census Bureau maintains a website covering the experimental measures, http://www.census.gov/hhes/povmeas/.

9. Bruce D. Meyer and James X. Sullivan, 2012, "Winning the war: Poverty from the Great Society to the Great Recession," *Brookings Papers on Economic Activity*, Fall, 133–200.

10. David S. Johnson and Timothy M. Smeeding, 2012, "A consumer's guide to interpreting various U.S. poverty measures," *Fast Focus* 14, Institute for Research on Poverty, University of Wisconsin at Madison.

11. James C. Scott, 1999, *Seeing like a state: How certain schemes to improve the human condition have failed*, Yale University Press.

12. Jan Tinbergen, 1974, "Substitution of graduate by other labor," *Kyklos* 27(2): 217–26.

13. Lawrence F. Katz and Claudia Goldin, 2010, *The race between education and technology*, Belknap.

14. Anthony B. Atkinson, 2008, *The changing distribution of earnings in OECD countries*, Oxford University Press.

15. Daron Acemoglu, 2002, "Technical change, inequality, and the labor market," *Journal of Economic Literature* 40(1): 7–72.

16. Jonathan Gruber, 2000, "Health insurance and the labor market," in Anthony J. Culyer and Joseph P. Newhouse, eds., *Handbook of health economics*, Volume 1, Part A, Elsevier, 645–706.

17. Emanuel and Fuchs, "Who really pays for health care?"

18. Robert Frank, 2007, *Richistan: A journey through the American wealth boom*

and the lives of the new rich, Crown.

19. David H. Autor, Lawrence F. Katz, and Melissa S. Kearney, 2006, "The polarization of the U.S. labor market," *American Economic Review* 96(2): 189–94, and David Autor and David Dorn, "The growth of low-skill service jobs and the polarization of the US labor market," *American Economic Review*, forthcoming, available at http://economics.mit.edu/fi les/1474.

20. David Card and Alan B. Krueger, 1994, "Minimum wages and employment: A case study of the fast food industry in New Jersey and Pennsylvania," *American Economic Review* 84(4): 772–93, and David Card and Alan B. Krueger, 1995, *Myth and measurement: The new economics of the minimum wage*, Princeton University Press.

21. James Buchanan, 1996, "A commentary on the minimum wage," *Wall Street Journal*, April 25, p. A20.

22. David S. Lee, 1999, "Wage inequality in the United States during the 1980s: Rising dispersion or falling minimum wage," *Quarterly Journal of Economics* 114(3): 977–1023.

23. Congressional Budget Office, 2011, *Trends in the distribution of household income between 1979 and 2007*, Washington, DC.

24. Thomas Piketty and Emmanuel Saez, 2003, "Income inequality in the United States 1913–1998," *Quarterly Journal of Economics* 118(1): 1–41.

25. Simon Kuznets, 1953, *Shares of upper income groups in income and saving*, National Bureau of Economic Research.

26. Incomes in the Piketty-Saez analysis are taxable incomes and are incomes of tax units, not of families or of households, which would include unrelated individuals. The Congressional Budget Office income numbers quoted earlier include some of the items included in the national accounts, but not in the surveys. In some studies, family or household incomes are corrected for the number of people in the unit and for whether they are adults or children. I have tried to spare the reader these details, which I do not believe affect the broad story that I am telling, but it can be dangerous to compare the different defi nitions of income without correction or adjustment.

27. Congressional Budget Office, *Trends in the distribution of household income*.

28. Miles Corak, "Inequality from generation to generation: The United States in comparison," University of Ottawa, http://milescorak.files.wordpress. com

/2012/01/inequality-from-generation-to-generation-the-united-statesin-comparison-v3.pdf.

29. Martin S. Feldstein, 1998, "Income inequality and poverty," National Bureau of Economic Research Working Paper 6770; quote from abstract.

30. Marianne Bertrand and Sendhil Mullainathan, 2001, "Are CEOs rewarded for luck? The ones without principals are," *Quarterly Journal of Economics* 116(3): 901–32.

31. Thomas Philippon and Ariell Reshef, 2012, "Wages and human capital in the U.S. financial industry: 1909?2006," *Quarterly Journal of Economics* 127(4): 1551–1609.

32. Jacob S. Hacker and Paul Pierson, 2011, *Winner-take-all politics: How Washington made the rich richer-and turned its back on the middle class*, Simon and Schuster.

33. Gretchen Morgenson and Joshua Rosner, 2011, *Reckless endangerment: How outsized ambition, greed, and corruption created the worst financial crisis of our time*, St. Martin's Griffin.

34. Thomas Piketty, Emmanuel Saez, and Stefanie Stantcheva, 2011, "Optimal taxation of top labor incomes: A tale of three elasticities," National Bureau of Economic Research Working Paper 17616. Note that these authors interpret the relationship differently than I do in the text.

35. Larry Bartels, 2010, *Unequal democracy: The political economy of the new gilded age*, Princeton University Press, and Martin Gilens, 2012, *Affluence and influence: Economic inequality and political power in America*, Princeton University Press.

36. Anne O. Krueger, 1974, "The political economy of the rent-seeking society," *American Economic Review* 64(3): 291–303, and Jagdish N. Bhagwati, 1982, "Directly unproductive profit-seeking (DUP) activities," *Journal of Political Economy* 90(5): 988–1002.

37. Gilens, *Affluence and influence*.

38. Joseph E. Stiglitz, 2012, *The price of inequality: How today's divided society endangers our future*, Norton.

39. Eric Jones, 1981, *The European miracle: Environments, economies, and geopolitics in the history of Europe and Asia*, Cambridge University Press, and 1988, *Growth recurring: Economic change in world history*, Oxford University

Press.

40. Stanley Engerman and Kenneth L. Sokoloff, 2011, *Economic development in the Americas since 1500: Endowments and institutions*, Cambridge University Press.

41. Daron Acemoglu, Simon Johnson, and James Robinson, 2002, "Reversal of fortune: Geography and institutions in the making of the modern world income distribution," *Quarterly Journal of Economics* 117(4): 1231–94, and Acemoglu and Robinson, *Why nations fail.*

42. Mancur Olson, 1982, *The rise and decline of nations: Economic growth, stagflation, and social rigidities*, Yale University Press.

CHAPTER 6. 세계화와 대탈출

1. See https://pwt.sas.upenn.edu/icp.html for information on the International Comparison of Prices Program. The price collection program is housed at the World Bank; see http://siteresources.worldbank.org/ICPEXT/Resources/ICP_2011.html.

2. Angus Deaton and Alan Heston, 2010, "Understanding PPPs and PPPnational accounts," *American Economic Journal: Macroeconomics* 2(4): 1–35.

3. Milton Gilbert, Colin Clark, J.R.N. Stone, et al., 1949, "The measurement of national wealth: Discussion," *Econometrica* 17 (Supplement, Report of the Washington Meeting): 255–72; quote on p. 261.

4. Robert M. Solow, 1956, "A contribution to the theory of economic growth," *Quarterly Journal of Economics* 70(1): 65–74.

5. Angus Maddison and Harry X. Wu, 2008, "Measuring China's economic performance," *World Economics* 9(2): 13–44.

6. William Easterly, Michael Kremer, Lant Pritchett, and Lawrence H. Summers, 1993, "Good policy or good luck? Country growth performance and temporary shocks," *Journal of Monetary Economics* 32(3): 459–83.

7. Commission on Growth and Development, 2008, *The growth report: Strategies for sustained growth and inclusive development*, World Bank.

8. Paul Collier, 2008, *The bottom billion: Why the poorest countries are failing and what can be done about it*, Oxford University Press.

9. Matthew Connelly, 2008, *Fatal misconceptions: The struggle to control world population*, Harvard University Press.

10. Julian L Simon, 1983, *The ultimate resource*, Princeton University Press.

11. David Lam, 2011, "How the world survived the population bomb: Lessons from 50 years of extraordinary demographic history," *Demography* 48(4): 1231–62.

12. Angus Deaton, 2005, "Measuring poverty in a growing world, or measuring growth in a poor world," *Review of Economics and Statistics* 87(1): 1–19.

13. Atul Kohli, 2012, *Poverty amid plenty in the new India*, Cambridge University Press.

14. Robert C. Allen, Tommy E. Murphy, and Eric B. Schneider, 2012, "The colonial origins of the divergence in the Americas: A labor market approach," *Journal of Economic History* 72(4): 863–94.

15. Anthony B. Atkinson, Thomas Piketty, and Emmanuel Saez, 2011, "Top incomes in the long run of history," *Journal of Economic Literature* 49(1): 3–71.

16. Ibid.

17. Maarten Goos, Alan Manning, and Anna Salomons, 2009, "Job polarization in Europe," *American Economic Review* 99(2): 58–63.

18. Branko Milanovic, 2007, *Worlds apart: Measuring international and global inequality*, Princeton University Press. An important update is Branko Milanovic, 2010, "Global income inequality," http://siteresources.worldbank.org/INTPOVRES/Resources/477227-1173108574667/global_inequality_ presentation_milanovic_imf_2010.pdf.

19. Ronald Dworkin, 2000, *Sovereign virtue*, Harvard University Press, p. 6. Quoted in Thomas Nagel, 2005, "The problem of global justice," *Philosophy and Public Affairs* 33(2): 113.47, p. 120.

CHAPTER 7. 뒤에 남겨진 사람들을 어떻게 도울 것인가

1. These numbers and calculations are from the World Bank's website for poverty calculations, http://iresearch.worldbank.org/PovcalNet/index.htm?3.

2. Angus Deaton and Olivier Dupriez, 2011, "Purchasing power parity exchange rates for the global poor," *American Economic Journal: Applied Economics* 3(2): 137–66.

3. http://www.givingwhatwecan.org/.

4. Richard Attenborough, "17p to save a child's life," *The Observer*, March 4, 2000,

http://www.guardian.co.uk/ world/2000/mar/05/mozambique.theobserver.

5. Smith, 1767, *Theory of moral sentiments*, p. 213.

6. David Hume, 1912 [1777], *An enquiry concerning the principles of morals*, Project Gutenberg edition, part I (originally published in 1751).

7. Peter Singer, 1972, "Famine, affl uence, and mortality," *Philosophy and Public Affairs* 1(1): 229–43; quote on p. 242.

8. Peter Singer, 2009, *The life you can save: Acting now to end world poverty*, Random House.

9. The data on aid in this chapter, unless otherwise noted explicitly, come from Development Assistance Committee, OECD, http://www.oecd .org/dac/stats/, or from World Bank, World Development Indicators, http:// databank.world-bank.org/data/home.aspx.

10. The term comes from Jonathan Temple, 2010, "Aid and conditionality," *Handbook of development economics*, Elsevier, Chapter 67, p. 4420.

11. Peter Bauer, 1971, *Dissent on development*, Weidenfeld and Nicolson, quoted in Temple, "Aid and conditionality," p. 4436.

12. The source for many of the facts in this section is Roger Riddell, 2007, *Does foreign aid really work?* Oxford.

13. Quoted in Devesh Kapur, John P. Lewis, and Richard Webb, eds., 1997, *The World Bank: Its fi rst half century*, Volume 1: History, Brookings Institution Press, p. 128.

14. William Easterly and Claudia R. Williamson, 2011, "Rhetoric v. reality: The best and worst of aid agency practices," *World Development* 39(11): 1930.49.

15. Ibid., and for the next two paragraphs.

16. Alberto Alesina and David Dollar, 2000, "Who gives foreign aid to whom and why," *Journal of Economic Growth* 5(1): 33.63.

17. Michael Maren, 2002, *The road to hell: The ravaging effects of foreign aid and international charity*, Free Press; Alex de Waal, 2009, *Famine crimes: Politics and the disaster relief industry in Africa*, Indiana University Press; and Linda Polman, 2011, *The crisis caravan: What' s wrong with humanitarian aid*, Picador.

18. Helen Epstein, 2010, "Cruel Ethiopia," *New York Review of Books*, May 13.

19. Angus Deaton and Ronald I. Miller, 1995. *International commodity prices, macroeconomic performance, and politics in sub-Saharan Africa*, Princeton Studies in International Finance 79, Princeton University Press.

20. Angus Deaton, 1999, "Commodity prices and growth in Africa," *Journal of Economic Perspectives* 13(3): 23–40.

21. Arvind Subramanian and Raghuram Rajan, 2008, "Aid and growth: What does the cross-country evidence really show?" *Review of Economics and Statistics* 90(4): 643–65.

22. Nancy Cartwright and Jeremy Hardie, 2012, *Evidence-based policy: A practical guide to doing it better*, Oxford University Press.

23. Nicolas van de Walle, 2005, *Overcoming stagnation in aid-dependent countries*, Center for Global Development; Todd Moss, Gunilla Pettersson, and Nicolas van de Walle, 2007, "An aid-institutions paradox? A review essay on aid dependency and state building in sub-Saharan Africa," in William Easterly, ed., *Reinventing foreign aid*, MIT Press, 255–81; and Timothy Besley and Torsten Persson, 2011, *Pillars of prosperity: The political economics of development clusters*, Princeton University Press.

24 Moss, Pettersson, and van de Walle, "An aid-institutions paradox?"

25. Quoted in Deaton, "Commodity prices and growth in Africa," p. 23.

26. Arvind Subramanian and Raghuram Rajan, 2011, "Aid, Dutch disease, and manufacturing growth," *Journal of Development Economics* 94(1): 106–18.

27. Michela Wrong, 2001, *In the footsteps of Mr. Kurz: Living on the brink of disaster in Mobutu's Congo*, Harper.

28. Nicolas van de Walle, *Overcoming stagnation*.

29. Besley and Persson, *Pillars of prosperity*; see also Timothy Besley and Torsten Persson, 2011, "Fragile states and development policy," *Journal of the European Economic Association* 9(3): 371–98.

30. Jakob Svensson, 2003, "Why conditional aid does not work and what can be done about it," *Journal of Development Economics* 70(2): 381–402, and 2006, "The institutional economics of foreign aid," *Swedish Economic Policy Review* 13(2): 115–37.

31. Ravi Kanbur, 2000, "Aid, conditionality, and debt in Africa," in Finn Tarp, ed., *Foreign aid and development: Lessons learnt and directions for the future*, Routledge, 318–28; quote on p. 323.

32. Robert H. Bates, 2006, "Banerjee's approach might teach us more about impact but at the expense of larger matters," *Boston Review*, September, pp. 67–72.

33. William Easterly, 2002, *The elusive quest for growth: Economists' adventures*

and misadventures in the tropics, MIT Press; quote on p. 116.

34. Polman, *The crisis caravan*.

35. Michela Wrong, 2009, *It's our turn to eat: The story of a Kenyan whistleblower*, Harper.

36. Nick Cullather, 2010, *The hungry world: America's Cold War battle against poverty in Asia*, Harvard University Press.

37. Nicolas van de Walle, *Overcoming stagnation*.

38. Connelly, *Fatal misconceptions*.

39. James Ferguson, 1994, *The anti-politics machine: "Development," depoliticization, and bureaucratic power in Lesotho*, University of Minnesota Press.

40. Leif Wenar, 2010, "Poverty is no pond: Challenges for the affluent," in Patricia Illingworth, Thomas Pogge, and Leif Wenar, eds., *Giving well: The ethics of philanthropy*, Oxford University Press, pp. 104–32.

41. William Easterly, 2006, *The White Man's Burden: Why the West's efforts to aid the rest have done so much ill and so little good*, Penguin.

42. Mark Mazower, 2009, *No enchanted palace: The end of empire and the ideological origins of the United Nations*, Princeton University Press.

43. Michela Wrong, 2006, *I didn't do it for you: How the world betrayed a small African nation*, Harper.

44. Ruth Levine et al., 2004, *Millions saved: Proven successes in global health*, Center for Global Development.

45. Anthony S. Fauci and Gregory K. Folkers, 2012, "The world must build on three decades of scientifi c advances to enable a new generation to live free of HIV/AIDS," *Health Affairs* 31(7): 1529–36.

46. Deon Filmer, Jeffrey Hammer, and Lant Pritchett, 2000, "Weak links in the chain: A diagnosis of health policy in poor countries," *World Bank Research Observer* 15(2): 199–224; quote on p. 199.

47. Helen Epstein, 2005, "The lost children of AIDS," *New York Review of Books*, November 3.

48. A favorite (and effective) question put by William Easterly; see, for example, 2012, "How I would not lead the World Bank: Do not, under any circumstances, pick me," *Foreign Policy*, March 5.

49. World Health Organization, 2001, *Macroeconomics and health: Investing in*

health for economic development, http://www.cid.harvard.edu/archive/ cmh/cmhreport.pdf, and Jeffrey Sachs, 2006, *The end of poverty: Economic possibilities for our time*, Penguin.

50. http://www.oecd.org/dac/aideffectiveness/parisdeclarationandaccra agendaforaction.htm#Paris.

51. Nancy Birdsall and William Savedoff, 2010, *Cash on delivery: A new approach to foreign aid*, Center for Global Development.

52. Abhijit Vinayak Banerjee, 2007, *Making aid work*, MIT Press, pp. 91.97; quote on pp. 95−96.

53. Thomas Pogge, 2012, "The Health Impact Fund: Enhancing justice and efficiency in global health," *Journal of Human Development and Capabilities*, DOI: 10.1080/19452829.2012.703172.

54. Michael Kremer, Ruth Levine, and Alice Albright, 2005, *Making markets for vaccines: Ideas to action*, Report of the Advance Market Commitment Working Group, Center for Global Development.

55. http://www.gavialliance.org/funding/pneumococcal-amc/about/.

56. Michael Kremer and Seema Jayachandran, 2006, "Odious debt," *American Economic Review* 96(1): 82−92.

57. The Extractive Industries Transparency Initiative, www.eitc.org.

58. Kofi Annan, 2012, "Momentum rises to lift Africa' s resource curse," *New York Times*, September 14, http://www.nytimes.com/2012/09/14/opinion/kofi - annan-momentum-rises-to-lift-africas-resource-curse.html?_r=0.

후기. 이후의 문제

1. Jared Diamond, 2004, *Collapse: How societies choose to fail or succeed*, Viking.

2. Olson, *Rise and decline of nations*.

3. Steven Pinker, 2011, *The better angels of our nature: Why violence has declined*, Viking.

4. Kenny, *Getting better*.

감수자
김민주

서울대학교와 미국 시카고대학에서 경제학을 공부했다. 한국은행과 SK그룹에서 근무했고, 현재 (주)
리드앤리더 대표이사다. 대기업 · 정부기관 · 비영리기관을 대상으로 경영 컨설팅 활동을 하고 있으며
트렌드 · 마케팅 · 경제 · 문화 · 환경 이슈를 넘나들며 다양한 주제로 강의하고 있다. 《자본주의 이야
기》의 저자이며, 《노벨 경제학 강의》의 역자이다.

옮긴이
이현정

충남대학교 항공우주공학과를 졸업하고, 호주 뉴사우스웨일스대학에서 통번역 석사 학위를 받았다.
글밥아카데미 수료 후 바른번역 소속 번역가로 활동 중이다.

최윤희

컴퓨터공학을 전공하고 이동통신과 휴대전화 소프트웨어 개발자로 일했다. 주간번역가와 바른번역 아
카데미를 거쳐 현재 바른번역 소속 번역가로 활동 중이다.

건강, 부 그리고 불평등의 기원
위대한 탈출

제1판 1쇄 발행 | 2014년 9월 3일
제2판 1쇄 인쇄 | 2015년 11월 20일
      1쇄 발행 | 2015년 11월 27일

지은이 | 앵거스 디턴
감수 | 김민주
옮긴이 | 이현정 · 최윤희
펴낸이 | 고광철
펴낸곳 | 한국경제신문 한경BP
편집주간 | 전준석
편집 | 마현숙 · 추경아
기획 | 이지혜 · 백상아
홍보 | 이진화
마케팅 | 배한일 · 김규형 · 이수현
디자인 | 김홍신

주소 | 서울특별시 중구 청파로 463
기획출판팀 | 02-3604-553~6
영업마케팅팀 | 02-3604-595, 583 FAX | 02-3604-599
H | http://bp.hankyung.com   E | bp@hankyung.com
T | @hankbp   F | www.facebook.com/hankyungbp
등록 | 제 2-315(1967. 5. 15)

ISBN 978-89-475-4053-7   03320

THE
GREAT
ESCAPE